印 顺 法 师 佛 学 著 作 系 列

印度佛教思想史

释印顺 著

中华书局

图书在版编目(CIP)数据

印度佛教思想史/释印顺著. —北京:中华书局,2010.6
(2025.5 重印)
(印顺法师佛学著作系列)
ISBN 978-7-101-07478-9

Ⅰ.印… Ⅱ.释… Ⅲ.佛教史-思想史-印度
Ⅳ.B949.351

中国版本图书馆 CIP 数据核字(2010)第 130551 号

经台湾财团法人印顺文教基金会授权出版

书　　名	印度佛教思想史	
著　　者	释印顺	
丛 书 名	印顺法师佛学著作系列	
责任编辑	朱立峰	
封面设计	毛　淳	
责任印制	管　斌	
出版发行	中华书局	
	(北京市丰台区太平桥西里 38 号　100073)	
	http://www.zhbc.com.cn	
	E-mail:zhbc@zhbc.com.cn	
印　　刷	北京建宏印刷有限公司	
版　　次	2010 年 6 月第 1 版	
	2025 年 5 月第 8 次印刷	
规　　格	开本/880×1230 毫米　1/32	
	印张 13　插页 2　字数 260 千字	
印　　数	10301-10800 册	
国际书号	ISBN 978-7-101-07478-9	
定　　价	55.00 元	

"印顺法师佛学著作系列"出版说明

释印顺（1906—2005），当代佛学泰斗，博通三藏，著述宏富，对印度佛教、中国佛教的经典、制度、历史和思想作了全面深入的梳理、辨析与阐释，取得了一系列重要学术成果，成为汉语佛学研究的杰出典范。同时，他继承和发展了太虚法师的人生佛教思想，建立起自成一家之言的人间佛教思想体系，对二十世纪中叶以来汉传佛教的走向产生了深刻影响，受到佛教界和学术界的的高度重视。

经台湾印顺文教基金会授权，我局于 2009 年出版《印顺法师佛学著作全集》(23 卷)，系统、全面地介绍了印顺法师的佛学研究成果和思想，受到学术界、佛教界的广泛欢迎。应读者要求，我局今推出"印顺法师佛学著作系列"，将印顺法师的佛学著作以单行本的形式逐一出版，以满足不同领域读者的研究和阅读需要。为方便学界引用，《全集》和"系列"所收各书页码完全一致。

"印顺法师佛学著作系列"的编辑出版以印顺文教基金会提供的台湾正闻出版社出版的印顺法师著作为底本，改繁体竖排为简体横排。以下就编辑原则、修订内容,以及与正闻版的区别等问题,略作说明。

编辑原则

编辑工作以尊重原著为第一原则,在此基础上作必要的编辑加工,以符合大陆的出版规范。

修订内容

由于原作是历年陆续出版的,各书编辑体例、编辑规范不一。我们对此作了适度统一,并订正了原版存在的一些疏漏讹误,主要包括以下几项:

1. 原书讹误的订正:

正闻版的一些疏漏之处,如引文、纪年换算、人名、书名等,本版经仔细核查后予以改正。

2. 标点符号的订正:

正闻版的标点符号使用不合大陆出版规范处甚多,本版作了较大幅度的订正。特别是正闻版对于各书中出现的经名、品名、书名、篇名,或以书名号标注,或以引号标注,或未加标注;本版则对书中出现的经名(有的书包括品名)、书名、篇名均以书名号标示,以方便读者。

3. 梵巴文词汇的删削订正:

正闻版各册(特别是专书部分)大都在人名、地名、名相术语后一再重复标出梵文或巴利文原文,不合同类学术著作惯例,且影响流畅阅读。本版对梵巴文标注作了适度删削,同时根据《望月佛教大辞典》、平川彰《佛教汉梵大辞典》、荻原云来《梵和大辞典》等工具书,订正了原版的某些拼写错误。

4.原书注释中参见作者其他相关著作之处颇多,为方便读者查找核对,本版各书所有互相参见之处,均分别标出正闻版和本版两种页码。

5.原书中有极少数文字不符合大陆通行的表述方式,征得著作权人同意,在不改变文义的前提下,略作删改。

印顺法师佛学著作对汉语佛学研究有极为深广的影响,同时在国际佛学界的影响也日益突出。我们希望"印顺法师佛学著作系列"的出版,有助于推进我国的佛教学以及相关学科的研究。

中华书局编辑部

二〇一一年三月

目　录

自　序

　　一九六七年，我在《说一切有部为主的论书与论师之研究》"自序"中说：在战乱中所写的《印度之佛教》，"是用文言写的，多叙述而少引证，对佛教史来说，体裁是很不适合的，而且错误与空疏的也不少。……我要用语体的，引证的，重写一部"。但直到现在，二十年的悠长岁月，《说一切有部为主的论书与论师之研究》以外，只写了《原始佛教圣典之集成》、《初期大乘佛教之起源与开展》、《如来藏之研究》、《空之探究》，晚年衰病，"重写一部"——分为多少册的意愿，已无法达成，所以三年前，将《印度之佛教》重印出版。《印度之佛教》的错误与空疏，在上面几部写作中，虽已做部分的改正与补充，但印度佛教演变的某些关键问题，没有能做综合联贯的说明，总觉得心愿未了。现在据我所理解到的，再扼要地表达出来。

　　"佛法"在流传中，出现了"大乘佛法"，更演进而为"秘密大乘佛法"，主要的推动力，是"佛涅槃后，佛弟子对佛的永恒怀念"。怀念，是通过情感的，也就可能有想像的成分；离释尊的时代越远，想像的成分也越多，这是印度佛教史上的事实。

　　佛弟子对佛的怀念，起初是：释尊遗体——舍利的建塔供养,释尊遗迹的巡行,表示对释尊的信敬与思慕。释尊过去生中——菩萨的大行,也从"本生"、"譬喻"、"因缘"中流传出来。佛及过去生中菩萨行的伟大,是因佛弟子的怀念释尊而引发的,成为佛教界的共同信念。涅槃,涅槃了的释尊,不是神教想像的"神"那样的存在;但一般信众,对于佛入涅槃而再见不到了,不免引起内心的怅惘。态度自由而重于理想的大众系说:佛是不可思议的存在;佛寿是无量的;现在的十方世界,有佛出世:这多少满足了一般人心——"大乘佛法"在这样的情形下出现。

释尊开示的正法,是"先知法住,后知涅槃"。修学者先彻了因果的必然性——如实知缘起;依缘起而知无常,无我无我所,实现究竟的解脱——涅槃寂灭。涅槃不落有无,不是意识语言所可表示,为修行而自觉自证知的。以菩萨大行为主的"初期大乘"经,继承"佛法"的正法中心,但"佛法"是"先知法住,后知涅槃",而"初期大乘"经,却是直显深义——涅槃,空性、真如、法界等,都是涅槃的异名。所以,"佛法"从缘起入门,"初期大乘"是直显诸法的本性寂灭。诸法本性是无二无别、无著无碍的,在"佛"的怀念中,传出一切众生有如来(胎)藏、我、自性清净心的"后期大乘"经。这样,"正法"由缘起论而发展为法法平等无碍的法(本)性论,又由法(本)性论而演化为佛性(如来藏)本具论,再进就是本来是佛了。这是佛教思想发展中,由法而佛的始终历程。

佛法甚深——缘起甚深,涅槃更甚深,一般人是难以受学的。为了方便普化,施设"念佛,念法,念僧,念施,念戒,念天"——六念法门,使不幸的人,在恐怖、苦恼或病重时,能内心安定，不失善念，这有点近于一般宗教了。"念(忆念，系念，观念)佛"是特别发达的！大乘兴起不久，犍陀罗、摩偷罗一带，有塑造、绘画的佛像流行。方便的"念佛"，过去是念佛的功德，现在也取(佛像)相而念佛的色身。一心系念，佛于自心中现起；依据这种修验，得出"自心作佛"、"三界唯心"的理论。后期的大乘经说：如来藏、我是相好庄严的，自性清净心是清净光明的，众生本具，所以念佛不只是念三世十方佛，更要念(观)自己是佛。"念佛"，是从"初期大乘"、"后期大乘"，进入"秘密大乘佛法"的通途。

菩萨发菩提心，久在生死修难行大行，精神伟大极了！但在一般人，可说向往有心而不免无力承担的，于是继承"佛法"的方便，说佛前忏悔、劝请、随喜、回向菩提。这是广义的"念佛"，容易修行，为养成大乘法器的方便。一般的"念佛"方便，着重称名，有"消业障"、"生净土"、"不退菩提"，种种的现生利益。西元前后，经典的书写流行，为了普及流通，经中极力称扬读、诵、书写、供养经典有种种现生利益。般若"是一切咒王"，胜过一切神咒，也就承认了世间的神咒。以唱念字母，为悟入无生的方便。大乘经的音声佛事：唱字母、称佛名、诵经、持咒，是"大乘佛法"能普及民间的方便。

"佛法"说到了"念天"，菩萨本生中，有以天、鬼、畜生身而修行的，"大乘佛法"也就出现了"天(大力鬼王、高等畜生)菩萨"。帝释等每说陀罗尼——明咒护法，咒语渐渐重要起来。"后期大乘"的《楞伽经》等，进一步说：印度民间信仰的天、鬼神、古仙，都是佛的异名，佛所示现的，奠定了"佛天一如"的理

论。西元三世纪起,印度梵文学复兴,印度教也渐渐兴起。在
"大乘佛法"的方便道及如来果德的倾向下,适应外在情势,发
展为"秘密大乘佛法",多与神(天)教相通。如教典不名为
"经",而名怛特罗(续)。取"奥义书"式的秘密传授,师长的地
位重要起来。咒——佛、菩萨等的真言,是"语密"。神教的手
印,佛法也有了,是"身密"。护摩——火供("佛法"所禁止
的),成为自利利他的重要事业。民间信仰的鬼神进入"秘密大
乘"的堂奥:有手执武器,忿怒相的天菩萨(或佛所示现)。湿婆
天派有"性力"崇拜,"秘密大乘"也有相抱相合的(俗称)欢喜
佛。适应与融摄神教,"佛天一如"的具体化,为"秘密大乘"的
特色!

　　"大乘佛法"的菩萨大行太难了,一般倾向于重"信"的"易
行道"。恰好如来藏是佛智与色相庄严的本来具足,与"念佛"
的是心作佛、自心是佛相通,"秘密大乘"这才观自身是佛——
"天慢",发展为即身成佛的"易行乘"。即身成佛,不用修利济
众生的菩萨大行,等成了佛再来利济众生。难行不用修,佛果可
以速成,对一般人来说,真可说太好了!

　　大乘经中,十方世界的佛、菩萨多极了,再加入印度群神,不
免杂乱。"秘密大乘"作了有组织的序列,如"瑜伽续"以中央毗
卢遮那,及四方四佛,分五部(族)而统摄一切。五方五佛,是仿
照忉利天主帝释在中央,四方来的四大天王四面坐的集会方式。
帝释是执金刚(杵)的夜叉,夜叉是一向分为五族的。夜叉
王——执金刚,金刚手,金刚藏,普贤(坐六牙白象,与帝释相
同),是"秘密大乘"的当机者。忉利与四大王众天,是欲界的地

居天,天龙(鬼畜)八部的住处。欲界是有淫欲的,地居天形交成淫而不出精,正是"无上瑜伽续",修天色身,贪欲为道的理想境界。太虚大师称"秘密大乘"为"依天乘行果而趣佛果",这是不以人事为本,适应印度神教,以天(鬼神)法为本的大乘。

　　以上是大乘经法的情形。分别抉择经文,成为条理严密的义解(论义也影响后起的经典),是论。大乘论有:1.中观系。"初期大乘"的直显深义,学者容易流入歧途,龙树起来造论,说缘起无自性故空;以"佛法"的"中道、缘起",贯通"大乘佛法"的"性空、唯(假)名"。龙树说:"若不依俗谛,不得第一义",那是回归于"佛法"的立场,"先知法住,后知涅槃"了。所以中观是三乘不二的正观,有贯通"佛法"与"初期大乘"的特长! 2.瑜伽行系。无著依(文体近于论的)《解深密经》等造论:"初期大乘"的一切法空,是不了义说,缘起——依他起相是自相有的;"后期大乘"的如来藏、我,是真如的异名。瑜伽行系的特色,是依虚妄分别(的"分别自性缘起"),说"唯识所现"。为了论证唯识所现,陈那与法称发展了量论与因明。说到转染成净,立佛的"三身"、"四智";佛果是当时佛教界的重要论题。中观与瑜伽行二系,都分别如实与方便,多少纠正了佛教界的偏差。不幸的是,后学者为了龙树说缘起无自性,无著说缘起自相有,彼此间引起无边的论诤,忘失了佛法"无诤"的精神! 3.如来藏系。如来藏、我、自性清净心,近于神教的真我、真心,适应世俗而流行。坚慧的《究竟一乘宝性论》,受到无著论的影响,却没有说种子与唯识。论说四法:"佛界"是本有如来藏;"佛菩提"、"佛法"、"佛事业",是如来藏离染所显的佛体、佛德与佛的业用。

有的学者,融摄瑜伽行派的"五法、三自性、八识、二无我",使虚妄的阿赖耶——藏识,与如来相结合,说"如来藏藏识心"。以真常为依止而说唯心,是文体近于论的《楞伽》与《密严》。《宝性论》明佛的因果体用,《密严经》说如来藏是念佛三昧者的境界,也就是观自身本来是佛。后起的"秘密大乘",摄取"中观"与"瑜伽",继承"如来藏"说,从信仰、修行中发展完成。

印度佛教(学)思想史,一般都着重于论义。论是分别抉择,高层次的理论,是不能普及一般的。"大乘佛法"后期,那烂陀寺的论学,成为佛教权威,而重信仰、重他力、重事相、重修行、重现生利益的佛法,正以"念(佛天一如)佛"为中心而普遍流行。晚年多读经典,觉得适应信增上的方便,如造塔、造像、念佛、诵经……存在于佛教中的异方便,对佛法思想的演化有极为深远的影响,所以曾写了《佛法方便之道》十余万字。又觉得:如实与方便,是相互影响而演化的,所以又想起了《印度佛教思想史》的写作。如实与方便,有佛法自身的开展,也受到外来——神教思想、不同地区、政治情况……的影响。把握佛法特质,理解发展中的重要关键,多方面的种种影响,才能完整地表达出印度佛教思想史的真相。这是我的学力所不能达成的,而衰朽余年,念力减退,也不容许作广泛的写作构想。所以本书只能着重佛法自身,作概略的叙述,而《印度之佛教》所说过的,有些不再重述了。

我对印度佛教的论究,想理解佛法的实义与方便,而缩短佛法与现实佛教间的距离。方便,是不能没有的;方便适应,才能有利于佛法的弘布。然方便过时而不再适应的,应有"正直舍方便"的精神,阐扬佛法真义,应用有利人间、净化人间的方便。希望诚信佛法的读者,从印度佛教思想的流变中,能时时回顾,不忘正法,为正法而怀念人间的佛陀!

　　一九八八年二月三日,印顺序于南投寄庐。

凡　　例

一、本书所引日本《大正新修大藏经》,今简称"大正"。

二、日本所译《南传大藏经》,简称"南传"。所引文字,并转译为华文。

三、日本所译《タ丨ラナ丨タ印度佛教史》。作者梵文拼音为Tāranātha,或音译为多罗那他。本书引用,简称为多氏《印度佛教史》。

四、法尊所译书,如《入中论》等,原本为四川汉藏教理院刊行,简称"汉院刊本"。

五、印度波罗(Pāla)王朝的年代,依吕澂《西藏佛学原论》(商务本)所说。

第一章 "佛法"

第一节 佛法兴起与印度的时代文明

释迦牟尼(Śākyamuni,以下简称"释尊")诞生于印度,宣扬"佛法",为人类开显了真理与自由的光明。释尊的出现人间,有他的时节因缘,也就是印度当时的文化环境,有发生佛教的可能与需要。说到印度文明,开拓者是西方移来的阿利安(Ārya)人。古印度文明史的开展,通常分为三期:殖民于五河地方时期,移殖于恒河流域时期,开拓南方时期。移殖恒河(Gaṅgā)时期,约从西元前十世纪起,为印度文明的灿烂时期,这又可分三期来说明。

一、阿利安人向南移殖,以拘罗地方(Kurukṣetra)为中心,到达恒曲一带,这是婆罗门教(Brahmanism)所说的"中国"。教典方面,先集出古代传来(部分新出)的赞歌,为《梨俱吠陀》、《娑摩吠陀》、《夜柔吠陀》——三吠陀。吠陀是用于祭祀的赞歌。对祭祀仪式的规定,祭式及赞词的意义,更作详尽记述的,成为《梵书》。那时的教义,确立了婆罗门教的三纲:吠陀天启,婆罗门至上,祭祠万能。"吠陀天启"是:古代传下来的宗教赞歌,看作神的启示,作为神教最有力的权证。"婆罗门至上"是:神的启示,分人类为四种阶级:祭司的婆罗门(Brāhmaṇa)、武士(王)的刹帝利(Kṣatriya)、自由工商的吠舍(Vaiśya)——都是阿利安人,享有宗教的再生权;非阿利安的原住民,成为被奴役的首陀罗(Śūdra),死了完事,名为一生族。严格的阶级,出于神的意思;作为祭师的婆罗门,地位最为崇高。"祭祀万能"是:神与人的关系,依于祭祀,祭祀为宗教第一目的。进而以为,天神、人、世界,一切因祭而动作,因祭而存在;天神也不能不受祭祀的约束。此外,古代阿闼婆阿耆罗(Atharvâṅgiras)传来的息灾、开运、咒诅、降伏的咒法,为一般人民的低级信仰,后来集为《阿闼婆吠陀》。

二、阿利安人渐向东移殖,恒河中流出现了毗提诃王朝,首府弥绨罗,在今恒河北岸。毗提诃不是纯正的阿利安人,有悠久的王统传说。那时拘罗中心的婆罗门,着重于祭祀的事相,努力使它通俗化;而恒河中流,受阿利安宗教文化的熏陶,开展出新的文化,就是古奥义书(Upaniṣad)。那时,苦行与隐遁者渐渐多起来。隐遁者不再从事形式的祭祀,不再为衣食劳心,专心于禅思。这种似乎消极的学风,不但哲理深入,更有不受祭祀束缚的积极意义。如迦尸(Kāśi)国的阿阇世王(Ajātaśatru),以"梵"(brahmā)教授吠陀学者跋梨格(Balāki);毗提诃王庭以祀皮衣(Yājñavalkya)仙为中心,召开哲理的讨论会①。奥义书的勃兴,

---

① 《布利哈德奥义书》(二·一、三·六)。

由王家领导思想,"婆罗门至上",不能不退处于受教的地位。奥义书重视真我(ātman)的智识,祭祀已不再是万能,所以说:"行祭祀苦行者入天界,于其中轮回;惟住于梵者能得不死。"①吠陀也不过是名目的学问,与真我无关。奥义书的重要建树有二:一、真心的梵我论;二、业感的轮回说。从《梨俱吠陀》的创造赞歌以来,一元倾向的创造神话,经理论化而成宇宙的本原,为神秘的大实在。在奥义书中,称之为"梵";如显现为人格神,就是梵天(Brahman)。有情生命的本质,称之为我。在生死历程中,人类似乎是迷妄的、虚幻的,然探索到自我的当体,到底与真常本净的梵是同一的,所以说"我者梵也"②。自我是超经验的纯粹主观,所以是"不可认识的认识者";此"唯一不二的主观,即是梵界,即是最高的归宿,最上的妙乐"③。至于业感轮回(saṃsāra)说,是在生死的相续中,依自己的行为——业(karman),造成自己未来的身份,如说:"人依欲而成,因欲而有意向,因意向而有业,依业而有果"报④。奥义书的业力说,与真我论相结合。"我"为自身的行为所限制、拘缚,从此生而转到他生。对照于自我的真净妙乐,加倍感觉到人生的迷妄与悲哀,因而促成以后解脱思想的隆盛。真我论,为吠陀文化的开展,而业力说却是时代的新声。有人请问死后的归宿,祀皮衣仙说:"此不可于众人中说,惟两人间可传"⑤,所说的就是业。在当时,业

----

① 《圣德格耶奥义书》(二·二三,一)。
② 《布利哈德奥义书》(一·四,一〇)。
③ 《布利哈德奥义书》(二·四,一三、四·三,三二)。
④ 《布利哈德奥义书》(四·四,五)。
⑤ 《布利哈德奥义书》(三·二,一三)。

是新说而不公开教授的,所以耆婆利王(Pravāhaṇa-jaivali)对婆罗门阿尔尼说:"此(轮回)教,直至今日,婆罗门未曾知之。"①这一东方思想,业力与真我相结合,而后随业轮回中,首陀罗人如此,阿利安诵习吠陀,也不过如此。反之,如依智而悟真我,首陀罗也能入于不死的梵界。奥义书的精神,显然存有革新婆罗门教的意义。这是阿利安人文化到达东方,展开温和的宗教革新的前奏②。

三、毗提诃王朝没落了。约在西元前六世纪初,恒河南岸,以王舍城(Rājagṛha)为首都的摩竭陀(Magadha),建立尸修那伽(Śaiśunāga)王朝。摩竭陀也是毗提诃族;而恒河北岸,形成小邦自立。恒河两岸,杂有非阿利安人的东方,受阿利安文化影响,展开了思想的全面革新,这就是反婆罗门的沙门(śramaṇa)文化。沙门,本为婆罗门教所规定的,再生族晚年,过着林栖与隐遁期的名称。东方不受婆罗门教的限定,不问阶级,不问老少,都可以过沙门的生活,因而游行乞食、从事宗教生活的沙门团流行起来。当时的思想,属于刹帝利,然沙门不分阶级,为种族平等的全人类的宗教。沙门团很多,佛教称之为外道的,著名的有六师:富兰迦叶(Pūraṇa-kāśyapa),末伽黎拘舍罗子(Maskarī-gośālīputra),阿夷多翅舍钦婆罗(Ajita-keśakambala),鸠(罗)鸠陀迦旃延(Kakuda-kātyāyana),散惹耶毗罗梨子(Sañjaī-vairaṭī-putra),尼乾陀若提子(Nirgrantha-jñātiputra)。六师都是东方的一代师宗,有多少学众随从他(尼乾子即耆那教,现在还有不少

---

① 《布利哈德奥义书》(六·二)。
② 以上参考木村泰贤、高楠顺次郎《印度哲学宗教史》。

信徒）。六师有共同的倾向：一、分析人生（宇宙）的要素，大抵是二元论的，是机械的"积集"说。如阿夷陀立五大说：人死了，属于物质的，还归于地、水、火、风（四大）；"诸根"——感觉与意识的根源，归于虚空。人的生死，不过是五大的集散。末伽黎以为：地、水、火、风、空、苦、乐、生、死、得、失、命（自我），为宇宙（人生）的根本要素。鸠鸠陀立七要素说：地、水、火、风、苦、乐、命（或加虚空为八）。尼乾子立六根本事：命、法（动）、非法（静止）、时、空、四大。二、论到事物的认识时，散惹耶是这样的：如有人问有无后世，他是不以为有的，也不以为无的，不反对别人说有说无，自己却不说是非有非无的。他的真意不容易明了，所以佛教称之为不死矫乱论（Amarāvikkhepa）。末伽黎以为一切都可说，可从三方面去说：可以说是，可以说不是，也可以说也是也不是：这恰好与散惹耶对立。尼乾子立或然主义，以为同一事物，可从七方面去说，如：一、瓶是实；二、瓶非实；三、瓶也实也非实；四、瓶不可说；五、瓶实不可说；六、瓶非实不可说；七、瓶也实也非实不可说。新宗教的思辨，多少了解事物的相对性（似乎否认真理的怀疑论）。三、论到行为的善恶时，阿夷多以生死为五大的集散，否定善恶业力（轮回）的存在。富兰那是无因论者，以为生死杂染与清净解脱，非人类意欲的产物，实为偶然。末伽黎为必然论者，以为生死轮回的历程有一定的时劫，人类对解脱没有丝毫的力量。鸠鸠陀为要素不灭说，以为杀生并不损害任何物，无所谓杀生。这四说，似乎都达到了善恶业果的否定。然六师都是沙门，过着出家的、游行乞食的生活，到底为了什么，要过这样的宗教生活呢？如尼乾子，以"业"为自我命不能解脱的要素,所以要以严格的苦行来消灭宿业,防止新业。在"内的苦行"中,有禅定。末伽黎初从尼乾子派分出,信仰轮回与解脱,但认为必然而有一定期限的,所以今生的行为,什么都与解脱无关。他的生活,也有苦行、禁食等行为,有时却又饱食、美食。他说"淫乐无害,精进无功",耆那教指责他为妇女的奴隶。这应该是适应情趣、境遇,什么都不勉强,过着任性随缘的生活。真能任性随缘,现生自在,非有相当的定力不可。散惹耶的不知主义,似乎是怀疑真理,其实是了解认识的相对性,所以"中止认识",而想直下忘念去体验真理。从忘念去体验,当然是重于禅定的。富兰那为偶然论者,主观的意欲及依此而有的行为,对轮回与解脱来说,都是无关的,解脱可于无意中得之。他与鸠鸠陀及末伽黎的学说有关,都被称为邪命派(Ājīvaka),那他当然会倾向于任性随缘的生活。阿夷多,或者以为是唯物论的、感觉论的,以快乐的满足为目的,这应该是不对的! 如以享乐为目的,怎么会度着出家乞食的生活? 他的名字,有"毛发衣"的意思,可见是过着极简单生活的学派。过着极简陋的生活,不受物欲的干扰,而求现生精神生活的解脱自在,这不会是修苦行的,但可能修习禅定。总之,六师的宗教生活,是修定主义、苦行或是任性的随缘,以求人生苦迫(现生或来生)的解脱[①]。

神意论者,定命论者,无因的偶然论者,道德的引起怀疑,行为又或苦或乐趋于极端。时代的思想界,活跃而陷于混乱。释

---

① 参阅《长阿含经》(二七)《沙门果经》,《长部》(二)《沙门果经》;宇井伯寿《印度哲学研究》第二。

尊适应于这一情形,在理性与德行的基础上,后来居上,建立实现解脱的正道。

第二节 释尊略传

佛教是释尊所创立的。释尊在人间自觉觉他的行迹深入人心,传说于僧伽(saṃgha)及民间。有关释尊的事迹,主要的出于"律"部。一、为了说明僧伽的成立,叙述释尊的出家、修行、说法;到成佛第六年,回迦毗罗卫(Kapilavastu)省亲,教化释族止。后来加上诞生因缘(或更早些),集成佛传。这部分,"摩诃僧祇师名为大事,萨婆多师名此经为大庄严,迦叶维师名为佛往因缘,昙无德师名为释迦牟尼佛本行,尼沙塞师名为毗尼藏根本"①。二、释尊晚年,作最后游行,到拘尸那(Kuśinagara)入涅槃。起初也属于"律"部,如《有部毗奈耶杂事》所说,《大毗婆沙论》也说"如大涅槃,持律者说"②。这部分,又增补而集为《游行经》(南传名《大般涅槃经》),编入《长阿含》。这二部分集合起来,如《佛所行赞》、《佛本行经》等,为现存佛传的全部。但回国省亲以后、最后游行以前,三十多年的化迹,虽有无数的片段传说,却缺乏前后次第的叙述!

关于释尊出世的年代,由于印度古代缺乏精确的信史,很难下一定论。经近代的研究,阿育王(Aśoka)已有相当明确的年代

---

① 《佛本行集经》卷六〇(大正三·九三二上)。
② 《根本说一切有部毗奈耶杂事》卷三五——三九(大正二四·三八二下——四〇二下)。《阿毗达磨大毗婆沙论》卷一二六(大正二七·六六〇上)。

可考,也就有了论定释尊年代的可能性。因为佛教界传说,阿育王是佛灭多少年登位的,依此可推定释尊在世的年代。阿育王登位,学者间仍有二、三年的出入,今姑依西元前二七一年登位说。但佛教界异说纷纭,古老的传说有三:一、说一切有部(Sarvāstivādin)等说,如《十八部论》说:"佛灭度后百一十六年,城名巴连弗,时阿育王王阎浮提。"①依此说,佛灭于西元前三八七年;生年八十,释尊应生于西元前四六七年。二、南传赤铜鍱部(Tāmraśāṭīya)的传说,如《善见律毗婆沙》说:"阿育王自拜为王,从此佛涅槃已二百一十八年。"②依此说,释尊入灭于西元前四八九年,生于前五六九年。三、清辨(Bhavya)的《异部精释》说:"佛世尊无余涅槃后,经百六十年,俱苏摩弗罗城,达摩阿育王支配帝国。"③这可能是上座部的传说。依此说,释尊于西元前四三一年入灭,生于前五一一年。"百六十年"说,过去也有译出,但总以为是"百十六年"的误写,不受重视,其实是古说之一。"百十六年"与"百六十年",可能本为一说,因误而分为二说,如"百八法门"被误为"八百法门"那样。部分学者,以赤铜鍱部说为可信,有的以"众圣点记"为证。在每年自恣、诵戒后,在"戒经"上加一点,年年如此,有几点就是佛灭几年:说得似乎信而有据。其实,印度早期并没有书写"戒本"(西元五世纪,手写的戒本还不多),自恣诵戒后,在哪里去下这一点! 这三说都

---

① 《十八部论》(大正四九·一八上)。《部执异论》(大正四九·二〇上)。

② 《善见律毗婆沙》卷一(大正二四·六七九下)。《一切善见律注序》(南传六五·五五)。

③ 多氏《印度佛教史》译者附注所引(寺本婉雅日译本三七五)。

是古老传说,说到阿育王登位于佛灭多少年。这里提出这三说,不能详为考论,但我觉得:阿育王登位于佛灭百六十年,也许更近于事实。

释尊是释迦(Śākya)族。释族的所住地,在今尼泊尔南境的罗泊提(Rāpti)河东,卢呬尼(Rohiṇī,今 Kohāna)河两岸,传说有十城。卢呬尼河西北的迦毗罗卫,是释尊的父王——净饭王(Śuddhodana)所治理的,在今尼泊尔的 Tilorakot 地方。从释族的住地,沿雪山(Himālaya)向东,蓝莫(Rāmagāma)是拘利(Koli)族,拘利族是与释族通婚嫁的。再向东,到拘尸那——释尊的涅槃处,这里是末罗(Malla)——"力士"族。向南到毗舍离(Vaiśālī),这一带是跋耆(Vṛji)——"金刚"族。跋耆有八支族,领导的贵族名梨车(Licchavi)。还有酥摩(Himā)族,是尼泊尔一带的民族。这些东方民族,都与释族相近。如释尊的堂弟阿难(Ānanda),被称为"毗提诃牟尼(Videhamuni)"。释尊被婆罗门称为 Vaiśālīka,也就是毗舍离人。波夷那或作波婆(Pāvā),是佛受纯陀(Cunda)最后供养的地方。七百结集时,波夷那比丘竟这样说:"世尊出在波夷那国,善哉大德! 当助波夷那比丘。"①跋耆比丘等,对释族是认为同一族系的。在佛教的传说中(除使用梵语的说一切有部),释族是从东方,沿雪山而向西方迁移的民族,与跋耆族等是大同族,所以《长阿含经》有六族——"释种、俱利、冥宁、跋祇、末罗、酥摩"奉佛的传说。释尊的时代,恒河南岸,以王舍城为首都的摩竭陀兴盛起来;而在西

---

① 《四分律》卷五四(大正二二·九七〇中)。

进最前端的释族,与舍卫城(Śrāvastī)为首都的(北)憍萨罗
(Kośalā)国毗连。事实上,当时的释族,已成为憍萨罗的附庸。
憍萨罗代表阿利安(或准阿利安)人,而摩竭陀是六师流行,代
表抗拒西方宗教的中心。释迦族是东方的,却是接近西方的,这
是有助于理解释尊的立场,不落二边的思想特性①。

　　释尊姓瞿昙(Gautama),名悉达多(Siddhārtha),是迦毗罗卫
净饭王的王子,母亲名摩诃摩耶(Mahāmāyā),诞生于岚毗尼
(Lumbinī)园,在今尼泊尔的 Tarai 地方。诞生七天,摩耶夫人就
去世了,所以释尊是由姨母摩诃波阇波提(Mahāprajāpatī)抚育
长大的。生在王家,从小就被称许为:"若当出家,成一切种智;
若在家者,成转轮王。"②转轮王(Cakravarti-rāja),是不以武力,
不为民族移殖,经济掠夺,而是为了以十善教化,使世间和平、繁
荣、安乐、统一的仁王③。一切种智(sarvathā-jñāna)就是佛
(buddha),佛是彻悟人生实相,阐扬正法的教化,而使人实现真
平等与大自在。在当时,宗教的思想,趋于极端;政治上,以强凌
弱而进行兼并。所以,轮王是人类新的政治要求,佛是人类新的
宗教仰望:释尊是出生于这样的时代。

　　释尊少年时代,受到王家的良好教育,娶了耶输陀罗(Yaśo-
dharā)为妃,生儿名罗睺罗(Rāhula),过着王家的尊荣、优越和
富裕的生活。然而释尊却起了不满现实的意念,传说是:一、由

────────

　　①　参阅拙作《佛教之兴起与东方印度》(《以佛法研究佛法》五○——七○,本
版三四——四七)。
　　②　《过去现在因果经》卷一(大正三·六二六下)。
　　③　《长阿含经》(三○)《世记经》(大正一·一一九中——一二一上)。

于在田野里见到农耕而引起的,如《佛所行赞》说:"路傍见耕人,垦壤杀诸虫,其心生悲恻,痛逾刺贯心。又见彼农夫,勤苦形枯悴,蓬发而流汗,尘土坌其身。耕牛亦疲困,吐舌而急喘。太子性慈悲,极生怜愍心。"①释尊见到贫农(或是农奴)的劳苦而不得休息,众生的互相残害,不觉慈悯心起,因而在树下作深长的静思。二、由于外出游行,见到老年的龙钟艰苦、病人的病患缠绵、死人的形容变色,而深感人生的无常。在当时解脱(vimokṣa)的宗教风气下,二十九(或说"十九")岁时离家国而去,过着出家的沙门生活,以求得究竟的解脱。

出家的沙门行,为东方新宗教的一般情形。然依佛法说:"家"为男女互相占有,物质私有的组合;依此发展下去,人世间的相侵相争,苦迫不已②。出家,只是为了勘破自我,舍却我所有的,以求得解脱的生活。为了求得解脱,向南游行,参访了阿罗逻伽罗摩(Ārāḍa-kālāma)、郁头罗摩子(Udraka Rāmaputra),学习高深的禅定。但学成了,却不能得到解脱,所以又到优楼频螺(Uruvilvā)村,专修苦行。调息、止息,节食,断食,这样的精严苦行,濒临死亡边缘,还是不能解脱。这才舍弃了苦行,恢复正常的饮食。这样,舍弃王家的欲乐生活,又舍弃了禅定、苦行的生活;学习、了解而又超越它,踏上又一新的行程。

释尊受牧女的乳糜供养,在尼连禅(Nairañjanā)河中沐浴,身体渐康复了。这才到河东,在现在的佛陀伽耶(Buddhagayā),敷草作座,于树下禅思,立誓说:"我今若不证,无上大菩提,宁

---

① 《佛所行赞》卷一(大正四·八下)。
② 《长阿含经》(三○)《世记经》(大正一·一四七下——一四八下)。

可碎是身,终不起此座。"①起初修习四禅,在禅定中正观缘起(pratītya-samutpāda),终于证觉缘起的寂灭(vyupaśama),超脱一切障碍而成佛。释尊表达其自觉解脱的信念,如《五分律》说:"一切智为最,无累无所染;我行不由师,自然通圣道。唯一无有等,能令世安稳。"②释尊修证的内容,称为"古仙人之道"、"古王宫殿"③。释尊无师自悟,是独到的创见,而其实是无分于古今中外,圣者所共由共证的永恒普遍的大道!佛法是与神教不同的,佛不是神,也不是神的儿子或使者,佛是以人身而实现正觉解脱的圣者。佛教不是神教那样的,以宗教为"神与人的关系",而是人类的彻悟,体现真理,而到达永恒的安乐、自在、清净。佛是人,人间的"勇猛"、"忆念"、"梵行",神(天)界不及人类多多④。所以究竟成佛,不是天神,也不在天上,惟有在人间,所以释尊说:"我今亦是人数";"佛世尊皆出人间,非由天而得也"⑤。释尊成佛后,四十五(或作"四十九")年间,踏遍了恒河两岸,化导人类,不是神教那样的化作虹光而去。释尊是真正的"父母所生身,直登大觉位";"即人成佛",创开人类自己的宗教。

释尊成佛后,曾作七七日的禅思,享受解脱的法乐。释尊感到正法(saddharma)的深奥,众生(sattva)的爱著,而有不想说法

---

① 《方广大庄严经》卷八(大正三·五八八上)。
② 《弥沙塞部和醯五分律》卷一五(大正二二·一〇四上)。
③ 《杂阿含经》卷一二(大正二·八〇下)。《相应部》(一二)《因缘相应》(南传一三·一五四)。
④ 《阿毗达磨大毗婆沙论》卷一七二引经(大正二七·八六七下)。
⑤ 《增一阿含经》(二六)《四意断品》(大正二·六三七中),(三四)《等见品》(大正二·六九四上)。

的传说,如《弥沙塞部和醯五分律》卷一五(大正二二·一〇三下)说:

> "我所得法,甚深微妙,难解难见,寂寞无为,智者所知,非愚所及。众生乐著三界窟宅①,集此诸业,何缘能悟十二因缘甚深微妙难见之法! 又复息一切行,截断诸流,尽恩爱源,无余泥洹,益复甚难! 若我说者,徒自疲劳。"

佛法是甚深的,但不是世俗学问的精深,而是众生本性(兽性、人性、神性)的症结窟宅,不容易突破,也就难于解脱。传说自称人类、世界的创造者——最高神(印度名为"梵天"),殷勤地请佛说法:众生的确难以度脱,但也有利根而可能达成解脱的。释尊这才到迦尸国的波罗奈(Vārāṇasī),今 Benares,为五(位)比丘初转法轮。传说轮王治世,有"轮宝"从空而行;轮宝飞到哪里,哪里的人就降伏而接受教令。释尊依八正道(āryâṣṭ-âṅga-mārga)而成佛,八正道就是法,所以说"正见是法,乃至……正定是法"②。释尊依八正道成佛,为众生说法,弟子们依法修行,八正道也就出现于弟子心中。从佛心而转到弟子心,降伏一切烦恼,如轮宝那样的从此到彼,降伏一切,所以名为转法轮。法轮,是以"八支正道"为体的③。释尊与五比丘共住,开始僧伽的生活——法味同尝,财味共享④。不久,随佛出家的弟

---

① 《相应部》(六)《梵天相应》,作"众生乐阿赖耶,欣阿赖耶,憙阿赖耶"(南传一二·二三四)。

② 《杂阿含经》卷二八(大正二·二〇二下)。

③ 《阿毗达磨大毗婆沙论》卷一八二(大正二七·九一一中)。

④ 《四分律》卷三二(大正二二·七八九上)。

子已有一百多人,释尊嘱咐他们去分头教化:"汝等各各分部游
行! 世间多有贤善能受教诫者。……诸比丘受教,分部而
去。"①释尊所宣扬的正法迅速地发展。第二年,游化到王舍城,
得到频婆沙罗王(Bimbisāra)的归依。佛的二大弟子,舍利弗
(Śāriputra)与大目犍连(Mahāmaudgalyāyana),也加入释沙门的
僧伽。那时,出家弟子已有一千二百五十人了。释尊"以法摄
僧",使出家众过着"和乐清净"的集体生活。僧伽是"众",是有
组织的集合。在僧伽中,人人平等,依德化的法治——戒律而
住。彼此间互相警策,互相教诫,互相勉励,在和——团结、
乐——身心安乐、清净——健全的僧伽里,努力于修证及教化的
活动。释尊曾劝优波离(Upāli)住在僧中,劝大迦叶(Mahākāś-
yapa)放弃头陀行而来僧中住。离众的精苦行,受到当时(东
方)摩竭陀与央伽(Aṅga)民间的崇敬,但释尊戒律的精神,是集
体的僧伽;僧伽是佛法在人间的具体形象。释尊一直在恒河两
岸平等地施行教化,五十多岁后,体力差些,虽也游行教化,但多
住在舍卫城。

　　佛与弟子们的长期教化,佛法是相当兴盛的。但在释尊晚
年,也有些不幸事件,世间就是这样的! 一、提婆达多(Devadatta)
的"破僧"——叛教:在僧伽中,释族与释族关系密切的东方比
丘,觉得佛法是我们的。释尊的堂弟提婆达多,有了领导僧众的
企图,但得不到释尊的支持。依释尊的见解,佛法不是种族的、
国家的,而是世界全人类的,不应该以某一种族为主体。释尊曾

---

　　① 《弥沙塞部和醯五分律》卷一六(大正二二·一〇八上)。《赤铜鍱部律·
大品》(南传三·三九——四〇)。

说:我不摄受众,亦无所教令①。释尊不以统摄的领导者自居,也不交与大弟子领导,何况提婆达多!因此,提婆达多索性与五百初学比丘,脱离佛法而自立教诫,说苦行的"五法是道"。在这破僧事件中,释尊受到了石子打击而足指出血。虽由舍利弗与目犍连说法,而使初学者回归于佛法的僧伽,而教团分裂的不幸将影响于未来②。二、释迦族被灭:释族早已成为憍萨罗的附庸,在释尊晚年,终于为憍萨罗军队所毁灭。释族地小而人少,在强邻的兼并政策下,是无可奈何的事。目睹祖国与亲族的不幸,释尊也不能不有所感吧!三、舍利弗与大目犍连入灭:舍利弗与大目犍连,称"双贤弟子",在释尊晚年,游化各方,使佛法得到正常的开展。但不幸,目犍连为婆罗门所袭击,伤重而死;舍利弗也回故乡入灭了!对佛法的开展,是不幸的,如《杂阿含经》说:"若彼方有舍利弗住者,于彼方我释尊则无事";"我观大众,见已虚空,以舍利弗、大目犍连般涅槃故。我声闻弟子,唯此二人善能说法,教诫教授"③。晚年的不幸事件接踵而来,释尊始终以慈忍理性来适应,这就是世间呀!

释尊八十岁那年,在毗舍离安居。身体衰弱有病,自己说如"朽车"那样。安居三月终了,率领阿难等比丘向北方游行。在波婆,受纯陀的供养饮食,引起病势的急剧变化。勉力前进到拘尸那,就在这天半夜里,释尊在娑罗双树间般涅槃(parinirvāṇa)

---

① 《长阿含经》(二)《游行经》(大正一·一五上)。《长部》(一六)《大般涅槃经》(南传七·六七)。

② 参阅拙作《初期大乘佛教之起源与开展》第六章(三一六——三一八,本版二七〇——二七二)。

③ 《杂阿含经》卷二四(大正二·一七七上)。

了。将入涅槃前,身体极度虚弱,还化度须跋陀罗(Subhadra)为
最后弟子。谆谆地教诲弟子:"我成佛来所说经戒法·毗奈耶,即
是汝护,是汝所(怙)恃。"①不要以为世尊涅槃,就没有依怙了。
"诸行是坏法,精进莫放逸,此是如来最后之说。"②诸行是无常
的,必然要灭坏的,佛的色身也没有例外。最要紧的,是依佛所
说而精进修行,所以说:"我诸弟子展转行之,则是如来法身常
在而不灭也!"③人间的佛陀入涅槃,也就是去世了。众生是生
死死生,无限的流转,正觉而得究竟解脱的入涅槃,又是怎样呢?
大迦旃延(Mahākātyāyana)对婆蹉(Vātsī)种说:不可说如来死后
是有的,也不可说死后是无的,说死后也有也无或非有非无,都是
不可这样说的④。那死后怎样呢?"惟可说为不可施设,究竟涅
槃。"⑤涅槃是超越的,不能以世间的存在或不存在来表示。这不
是分别言语所可及的,只能说:无限的生死苦迫是彻底地解脱了。

第三节　中道正法

释尊本着现等觉(abhisaṃbodhi)的自证,为人类说法,提供
了不共世间的正道。佛法不是重信仰的、他力的、神秘的,也不
是学问的,而是从现实人生着手的正道,从正道的修行中得解

---

　　① 《长阿含经》(二)《游行经》(大正一·二六上)。
　　② 《长部》(一六)《大般涅槃经》(南传七·一四四)。《长阿含经》(二)《游
行经》(大正一·二六中)。
　　③ 《佛垂般涅槃略说教诫经》(大正一二·一一一二中)。
　　④ 《杂阿含经》卷三四(大正二·二四四下——二四五上)。
　　⑤ 《本事经》卷三(大正一七·六七八上)。

脱。释尊为五比丘初转法轮(dharma-cakra-pravartana)，首先提出了中道(madhyamā-pratipad)，如《赤铜鍱部律·大品》(南传三·一八——一九)说：

> "诸比丘！世有二边，出家者不应亲近。何等为二？于诸欲爱欲贪著事，是下劣，卑贱，凡夫所行而非圣贤，无义相应。自烦苦事，是事非圣贤法，无义相应。如来舍此二边，依中道而现等觉，眼生，智生，寂静，证智，正觉，涅槃所资。"

> "诸比丘！何谓如来现等觉，眼生，智生，寂静，证智，正觉，涅槃所资之中道？即八圣道：谓正见，正思惟，正语，正业，正命，正精进，正念，正定。"①

当时印度民间的风尚，有的贪著欲乐，主要是在家的婆罗门；有的过着苦行(duṣkara-caryā)生活，主要是出家的沙门。极端的倾向，是不正常的。释尊揭示"中道"，对时代的一切，是摄取精英而吐弃糟粕。对西方传统的婆罗门教，几乎全部地否定了。如所说的创造主——梵天，释尊批评为："若彼三明婆罗门无有一见梵天者，若三明婆罗门先师无有见梵天者，又诸旧大仙——三明婆罗门阿咤摩等亦不见梵天者，当知三明婆罗门所说(梵天)非实。"②"梵志婆罗门自高，事若干天神，若众生命终者，彼能令自在往来善处，生于天上。"③不问人的行为如何，以

---

① 《弥沙塞部和醯五分律》卷一五(大正二二·一〇四中)等。
② 《长阿含经》(二六)《三明经》(大正一·一〇五中——下)。
③ 《中阿含经》(一七)《伽弥尼经》(大正一·四三九下——四四〇上)。

信神及祈祷为生天法门,批评为如投石到水中,而在岸上祈祷,
希望大石浮起来。祭祀,特别是牺牲的血祭,释尊以为,"若邪
盛大会,系群少特牛、水特、水犊,及诸羊犊,小小众生悉皆杀伤;
逼迫苦切仆使作人,鞭笞恐怛,悲泣号呼。……是等邪盛大会,
我不称叹";"种种供养,实生于罪"①。所以当时人说"沙门瞿
昙呵责一切祭法"。至于《阿闼婆吠陀》的咒法、占卜等迷信,
"沙门瞿昙无如是事"②。这只是愚人的迷信,所以"见(真)谛
人信卜问吉凶者,终无是处。……生极苦……乃至断命,从外
(道)求……一句咒……百千句咒,令脱我苦……,终无是处"③。
真正体见真谛的智者,是不会从事这类迷妄行为的。彻底地说,
"幻法,若学者令人堕地狱"④。总之,因神权而来的祈祷、祭祀、
咒术,给以彻底的廓清。对于四姓阶级,是社会发展中的分工,
无所谓优劣⑤。假借神权而来的阶级制,"如有人强与他肉而作
是说:士夫可食,当与我直"⑥,这种人为的阶级制,是没有接受
义务的。但有关人生道德,婆罗门称之为法(dharma)的——正
常生活,善良风俗,释尊摄取它,使它从神权与阶级不平等中脱
离出来。破除神权与阶级制,祭祀与咒法,把人类的合理生活,
确立于社会关系、彼此应尽的义务上⑦,显出了"人间佛教"的特

---

① 《杂阿含经》卷四(大正二·二二下、二四下)。
② 《长阿含经》(二一)《梵动经》(大正一·八九中——下)。
③ 《中阿含经》(一八一)《多界经》(大正一·七二四上)。
④ 《杂阿含经》卷四〇(大正二·二九六中)。
⑤ 《长阿含经》(三〇)《世记经》(大正一·一四八下——一四九中)。
⑥ 《中阿含经》(一五〇)《郁瘦歌逻经》(大正一·六六一上)。
⑦ 《长阿含经》(一六)《善生经》(大正一·七一下——七二中)。《中阿含
经》(一三五)《善生经》(大正一·六四〇下——六四二上)。

色。奥义书的思想,如依业(karman)而有轮回,依智(jñāna)而得解脱,释尊大致是看作事实的;但生死的根源,是烦恼(kleśa)。释尊是东方的,所以理性是出发于现实,不是形而上的玄想。彻底地说:"无常故苦,苦故无我",而否定常、乐的真我(ātman)。也就因此,不是见真我以契入梵界,而是从无我(nirātman)以契入正法。因奥义书而来的苦行与瑜伽(yoga),释尊曾修学而又舍弃了。摄取它的精义,用作修证的方便,而不落入苦行与修定主义。释尊所说的正法,是东方的,如重现实、重变化、重自由思考;主张种族平等,反对吠陀(Veda)权威,与东方沙门团采取一致的立场。然而,一、抨击极端的纵欲与苦行,倡导不苦不乐的中道说①。二、对阿耆多"命即是身"的断灭论、尼乾子等"命异身异"的二元论、"色(心)是我,无二无异,常住不变"的梵我论,一一地破斥,而宣扬无常、无我的缘起中道。三、对于否定道德、否定真理的倾向,释尊举扬正法(saddharma)——中道行,如实理,究竟涅槃,给以"法性、法住、法界"的意义。这是道德与真理的肯定,实现绝对的理想。释尊从自觉的圣境里,陶铸东西印度文明,树立中道的宗教。

中道行,是正见(samyag-dṛṣṭi)为先导的圣道(āryamārga)的实践。圣道的内容,释尊随机说法,有种种组合,主要的有七类,总名为三十七菩提分法(saptatriṃśad-bodhi-pākṣikā-dharma)。其中根本的,是八正道:正见,正思惟(samyak-saṃkalpa),正语(samyag-vāc),正业(samyak-karmānta),正命(samyag-ājīva),正

---

① 《中阿含经》(一六九)《拘楼瘦无诤经》(大正一·七〇一下)。

精进(samyag-vyāyāma)，正念(samyak-smṛti)，正定(samyak-samā-
dhi)。正见是正确的知见；正思惟是正确的思考，引发出离的意
愿；正语是正当的语文(及书写文字)；正业是正当的身体行为；
正命是正当的经济生活；正精进是离恶行善的正当努力；正念是
纯正的专心一意；正定是纯正的禅定。圣道是以正见为先的，这
是说：人生世间的无限苦逼，相对的改善或彻底解脱，惟有从正
确地理解问题去解决，不是凭传统信仰、想像，或某些神秘经验
所能达成的。我们的身心自体，释尊分别为：重于心理分别的是
五蕴(pañca-skandha)，重于生理分别的是六处(ṣaḍ-āyatana)，重
于物理分别的是六界(ṣaḍ-dhātavaḥ)。身心自体，不外乎蕴、界、
处；身心的活动情形是现实的存在，需要有所了解。身心的或苦
或乐，不是神所规定的，不是宿世命定的，也不是偶然的，一切都
是依于因缘(nidāna)而如此的。论到这些问题，释尊曾这样说：
"苦乐(苦乐是当前的感受，也是现生的苦乐报体)从缘起生"；
"我论因说因"①。现实身心充满了无限的苦恼，这是由于处身
现实人间，受到身心变化——"生"、"老"、"病"、"死"；自他聚
散——"爱别离"、"怨憎会"；物我关系不协调——"求不得"而
来的。进一步说，现实的身心活动——内在的知、情、意作用，表
现于外的身、语行为，相互影响而有苦有乐的。生死边事，释尊
大分为三类："烦恼"是知情意的惑乱；"业"是行为与行为的潜
力；"苦"(duḥkha)是身心自体。生死苦迫，以烦恼的无明
(avidyā)、爱(tṛṣṇā)为先，而实一切都是依于因缘的。释尊没有

---

① 《杂阿含经》卷一四(大正二·九三下)。《相应部》(一二)《因缘相应》(南
传一三·五五)。《杂阿含经》卷二(大正二·一二下)。

提出什么形而上的实体或第一因来说明众生世间的开展，而只是从因缘关系去理解问题，也就依因缘去解决问题。这就是不共世间的中道，如《杂阿含经》卷一二（大正二·八五下）说：

> "义说、法说，离此二边，处于中道而说法。所谓此有故彼有，此起故彼起：缘无明行，乃至（缘行识，缘识名色，缘名色六入处，缘六入触，缘触受，缘受爱，缘爱取，缘取有，缘有生，缘生老死忧悲恼苦，如是）纯大苦聚集。（此无故彼无，此灭故彼灭：）无明灭则行灭，乃至纯大苦聚灭。"①

这是著名的中道缘起（pratītya-samutpāda）说。有——存在的，生起的，世间的一切，都依于因缘——种种关系、条件、因素而有而生的。依因缘有而有的，也就依因缘无而无，依此而确知生死解脱的可能性。有、无、生、灭——一切都依因缘而如此的，就是不落二边，恰到好处的中道。这是缘起说的基本法则：

$$
缘起\begin{cases} 此有故彼有·此生故彼生……众苦集起（流转）\\ 此无故彼无·此灭故彼灭……众苦息灭（解脱） \end{cases}
$$

缘起，依缘有而有的，是生死苦的集起（samudaya）；依缘无而无的，是生死苦的息灭（nirodha）。苦聚的止息，实现了涅槃（nirvāṇa）寂静。生死与涅槃，都是依缘起而如此的，佛弟子也就依缘起生灭的如实知（yathābhūta-jñāna）而得解脱。如实

----

① 《相应部》（一二）《因缘相应》（南传一三·一一一——一一二）。

知缘起而能得解脱的,是正见为先的圣道的实践。圣道与缘起的如实知,综合地说,就是四谛(catvāry-ārya-satyāni)——苦(duḥkha)、集(samudaya)、灭(nirodha)、道(mārga)。在"佛法"的开展中,四谛说日渐重要起来。四谛的苦与集,是世间因果;灭与道,是出世间因果。这样的分类叙述,对一般的开示教导,也许要容易领解些吧! 但世出世间的一贯性,却容易被漠视了! 从现实身心去观察,知道一切起灭都是依于因缘的。依经说,释尊是现观(abhisamaya)缘起而成佛的。释尊依缘起说法,弟子们也就依缘起(及四谛)而得解脱。所以在"佛法"中,缘起是最普遍的法则,如《阿毗达磨法蕴足论》卷一一,引经(大正二六·五〇五上)说:

> "云何缘起? 谓依此有(故)彼有,此生故彼生,谓无明缘行,……如是便集纯大苦蕴。苾刍当知! 生缘老死,若佛出世,若不出世,如是缘起,法住、法界。……乃至无明缘行,应知亦尔。"
>
> "此中所有法性、法定、法理、法趣,是真、是实、是谛、是如,非妄、非虚、非倒、非异,是名缘起。"①

缘起,是佛出世也如此,不出世也如此,佛不过发见、现证了缘起,方便地教导弟子而已。缘起是"法"的又一内容,所以经中多方面表示缘起的意义。如法住(dharma-sthititā),是说缘起是确立而不可改易的;法界(dharma-dhātu),缘起是一切

---

① 《杂阿含经》卷一一(大正二·八四中)。《相应部》(一二)《因缘相应》(南传一三·三六——三八)。

的因性;法性(dharmatā),缘起是自然(客观性)如此的;法定(dharma-niyāmatā),缘起是决定(各安自位)而不乱的;谛(sat-ya),缘起是如实不颠倒的;如(tathatā),缘起是如此如此而不变异的。这一切,都表示了缘起的如实性——"法"。

说到缘起,无明缘行……生缘老死、忧悲苦恼,是有代表性的十二支说。释尊说缘起,不一定是十二支的;爱,取,有,生,老死、忧悲苦恼——五支说,应该是最简要的。为了"爱"也依因缘而有,所以开展出九支说、十支说、十二支说等。五支说中,老死、忧悲苦恼是苦,爱是苦的原因、苦的集起。上面说到,释尊感到佛法太深,不想说法,问题在"众生乐著三界窟宅"。在《相应部》中,作"乐阿赖耶,欣阿赖耶,憙阿赖耶"(说一切有部加"爱阿赖耶")。阿赖耶(ālaya),意译为窟、宅、依处、藏;在《阿含经》里,也是爱著的一类。联想到四谛中集谛的内容,是"(爱),后有爱,贪喜俱行,彼彼喜乐"。爱、乐、欣、憙、贪、阿赖耶,以不同名字(约义多少不同)而表示同一内容,这就是生死不已的症结所在。浅显地说,没有得到的要得到他,得到了又怕失去;没有得到的生怨恨心,嗔恨是爱的反面,没有爱哪会有嗔恨呢!爱著的意义是深广的,如染著了就受到系缚,随内身、外境的变动而苦恼不已。世间的喜乐,不永久,不稳定,终归于消失。彻底地说,世间的或苦或乐,一切是无可奈何的苦乐不已,终究是苦。众生为什么爱著?由于愚昧无知——无明。无明是蒙昧的意欲,与爱不相离,是生死众生的通病。无明与爱是烦恼根本,因烦恼而起(善恶)业,因业而感苦果——身心自体又爱染不已,苦恼不了。在缘起的正

见中,知一切依缘起,也就能知一切法的无常性(anityatā)。无
常的,所以是不可保信、不安稳的,也就是苦。如《杂阿含经》
说:"我以一切行无常故,一切诸行变易法故,说诸所有受悉皆
是苦。"①是无常、苦、变易法,所以一切"非我非我所"(即无
我、我所 nir-ātman-mamakāra)。我,是主宰的意思;主是自在
的,能控制处理一切的。然世间一切是无常变易法,不可能有
绝对自主,一切依自己意欲而转移的可能。众生只是身心和
合的个体活动,一切依于因缘,而众生却都感到与他对立的自
我存在,这才表现出向外扩展(我所的无限扩展)、向内自我固
执的特性。生死不已的根源在此,人间——家庭、社会、国家
间的无限纠纷,也根源在此。如通达缘起故无常、苦、无我我
所的,也就能契入"空相应缘起",如经说"我我所有空"。详尽
地说:"空于贪,空于恚、痴,空常住、不变易,空非我非我所。"②知
无常、无我,能离一切烦恼(主要的是:我我所见,我我所爱,我我
所慢)而得涅槃,所以《杂阿含经》卷一〇(大正二・七一上)说:

> "无常想者,能建立无我想。圣弟子住无我想,心离我
> 慢,顺得涅槃。"

"佛法"是缘起说,依缘起而生死流转,依缘起而涅槃还灭;
佛弟子如实知缘起(无常、无我、空)而能得解脱的,是道谛,圣
道是否也依因缘而有呢?《中阿含》的《七车经》说:依戒净得心

---

① 《杂阿含经》卷一七(大正二・一二一上)。

② 《杂阿含经》卷二一(大正二・一五〇上)。参阅《相应部》(四一)《质多相
应》(南传一五・四五〇——四五三)。

定净,依心净得见净,这样相依而直到解脱①,圣道显然也是依因缘而起的。如《中阿含经》(四二)《何义经》(大正一·四八五中)说:

> "阿难!因持戒便得不悔,因不悔便得欢悦,因欢悦便得喜,因喜便得止,因止便得乐,因乐便得定。阿难!多闻圣弟子因定便得见如实知如真,因见如实知如真便得厌,因厌便得无欲,因无欲便得解脱,因解脱便知解脱。……阿难!是为法法相益,法法相因。"②

"法法相益,法法相因",圣道是因缘相生而次第增进的。依缘起法的定律,依缘而有的,也依缘而灭无,圣道依因缘有,也会缘无而息灭吗?《杂阿含经》有譬喻说:"拾草木,依于岸傍,缚束成筏,手足方便,截流横渡。如是士夫,免四毒蛇、五拔刀怨、六内恶贼,复得脱于空村群贼,……至彼岸安隐快乐";"筏者,譬八正道"③。八正道是从生死此岸到彼岸涅槃所不可少的方便,如渡河的舟筏一样。《增一阿含经》有"船筏譬喻",即著名的《筏喻经》。人渡生死河而到了彼岸,八正道——船筏是不再需要了,所以说:"善法(八正道等)犹可舍,何况非法(八邪道等杂染法)!"④解脱生死而入涅槃的,生死身不再生起,以正见

---

① 《中阿含经》(九)《七车经》(大正一·四三〇下——四三一中)。《中部》(二四)《传车经》(南传九·二六九——二七三)。《增一阿含经》(三九)《等法品》(大正二·七三四中——七三五上)。

② 《增支部·一〇集》(南传二二上·一九六——一九八)。

③ 《杂阿含经》卷四三(大正二·三一三下)。《相应部》(三五)《六处相应》(南传一五·二七三——二七五)。

④ 《增一阿含经》(四三)《马血天子品》(大正二·七五九下——七六〇上)。

为先导的圣道也过去了。涅槃是不可以语言、思惟来表示的,所以释尊点到为止,不多作说明;多说,只能引人想入非非而已。忽视涅槃的超越性,以涅槃为"灰身泯智",那是世间心的臆测了!

依缘起(或四谛)而修行的,在家、出家的佛弟子,次第进修,到达究竟解脱境地,分为四阶,也就是四圣果。四果是:一、须陀洹果(srotāpanna);二、斯陀含果(sakṛdāgāmin);三、阿那含果(anāgāmin);四、阿罗汉果(arhat)。初果名须陀洹,是"预流"的意思:预入法流,或预圣者的流类。到达这一阶位,截断了生死的根源(三结),成为圣者。即使修行迟缓或停顿,也不会堕入恶趣;再多也不过七番生死,一定要到达究竟解脱的。二果斯陀含,是"一来"的意思,再多也只有人间、天上——一番生死了。三果阿那含,是"不来"果。这是说:证得阿那含果的,如死后上生,就在天上入涅槃,不会再来人间了。四果阿罗汉,有应(受尊敬供养)、杀贼、不生等意义。这是究竟解脱圣者的尊称,依修道求解脱来说,这是最究竟的,所以释尊在世时,也是被称为阿罗汉的(还有其他的尊称)。然而人的根性不同,虽同样的证得阿罗汉,而阿罗汉也还有多种不同。这里,说主要的二大类。经上说:有外道须深(Susīma),在佛法中出家,目的在"盗法",以便融摄佛法,张大外道的教门。长老比丘们告诉须深:他们已证得究竟解脱的阿罗汉,但不得四禅(《相应部》作五通),不得无色定,是慧解脱(prajñā-vimukta)阿罗汉。不得(根本)定而究竟解脱,须深觉得离奇,所以提出来问佛。佛告诉他:"彼先知法住,后知涅槃";"不问汝知不知,且自先知法住,后知涅槃"①。从释尊的教说中,可见阿罗汉智有先后层次,也有二类阿罗汉。1. 法住智(dharma-sthititā-jñāna)知:缘起法被称为"法性"、"法住",知法住是知缘起。从因果起灭的必然性中,于(现实身心)蕴、界、处如实知,厌、离欲、灭,而得"我生已尽,梵行已立,所作已办,不受后有"的解脱智。虽没有根本定,没有五通,但生死已究竟解脱,这是以慧得解脱的一类。2. 涅槃智(nirvāṇa-jñāna)知:或是慧解脱者的末"后知涅槃";也有生前得见法涅槃(dṛṣṭadharma-nirvāṇa),能现证知涅槃,这是得三明、六通的,名为(定慧)俱解脱(ubhayatobhāga-vimukta)的大阿罗汉。虽有二类不同,但生死的究竟解脱是一样的,而且都是"先知法住,后知涅槃"的。

佛法是宗教,修持与专心修持者,总是受到尊重的。修持的圣道,以八圣道来说,内容可分为:戒(śila),定(samādhi)——心(citta),慧(prajñā)——三学。佛教,当然也重视信(śraddhā),所以佛法所说修持,以信、戒、定、慧为重要。一、信:佛法所说的信,从正确理解佛法而来。"深忍"(胜解)为依而起的信,是当下内心澄净,贪、嗔、邪见等不起,譬喻为"如水清珠,能清浊水"。有了澄净的信心,一定会引起进修的意愿。所以如对佛法有些理解,不能引起信心,那不过世间知识,与佛法无关。信是极重要的,但依正确理解佛法(三宝功德)而来,所以与一般神教的信仰不同。尼犍若提子问质多(Citra)长者:你信沙门瞿昙(指释尊)得"无觉无观三昧"吗?质多长者对他说:"我不以

---

① 《杂阿含经》卷一四(大正二·九六下——九七下)。《相应部》(一二)《因缘相应》(南传一三·一七五——一八七)。

信故来也。"①佛法是依正知见，而进求自身修验的，不是一般的
盲目信仰，求得情感的满足。二、戒：戒是善良的德行，佛法是以
世间正行为基而进向解脱的。戒是基础，不应该以持戒为满足。
三、定：定有浅深，方便也有不同，主要是四禅、四无量、四无色
定。佛世的出家弟子都是修禅的，但禅定是共世间法，即使修得
非想非非想定，也不能解脱生死；反而不得根本定的，也能成慧
解脱阿罗汉。这可见，禅定能除散乱而得一心清净相续（还有
些身体上的利益），只是佛法的要方便，不是解脱道的主体。
四、慧——般若：慧是解脱的主因，如《杂阿含经》卷二六（大正
二·一八三中）说：

> "此五根（信，精进，念，定，慧），一切皆为慧根所摄受。
> 譬如堂阁众材，栋为其首，皆依于栋，以摄持故。如是五根，
> 慧为其首，以摄持故。"②

修学佛法，以正见为先。依正见（闻思慧）而起正信，依正
见而修戒、定，最后以（现证）慧得解脱。如没有慧，等于建房屋
而没有栋梁，那是终究修建不成房屋的。在圣道中，般若是在先
的，与一切行同时进修，达到解脱的证知：这是佛法修习圣道的
准则。如偏重信，偏重戒，或偏重禅定，会有脱离佛法常轨的
可能！

---

① 《杂阿含经》卷二一（大正二·一五二下）。《相应部》（四一）《质多相应》
（南传一五·四五四）。
② 《相应部》（四八）《根相应》（南传一六下·五六——五七）。

第二章　圣典结集与部派分化

第一节　舍利塔与结集

　　阿阇世王七年,释尊在拘尸那涅槃。佛涅槃后,佛教界有两件切要的大事:一、释尊的遗体——舍利(śarīra),在大迦叶的主持下,举行荼毗(jhāpita)典礼。荼毗(火化)遗下来的碎舍利,由拘尸那、摩竭陀、释迦等八王,分得舍利回国建塔(stūpa),供佛弟子的瞻仰礼敬,这是在家佛弟子的事。到西元前三世纪中,孔雀(Maurya)王朝的阿育王信佛。育王集合一部分的佛舍利,分送到有佛法流行的地区,(多数)在僧寺旁建塔,作为礼敬供养的对象,以满足佛弟子对佛怀念的虔诚。舍利塔与出家众的僧寺相关联,出家众也渐渐地负起建塔及对塔的管理责任。舍利塔是象征佛陀的。佛法以三宝(ratnatraya)为归依处,而佛却已过去了,为众生着想,以舍利塔象征佛宝,这是可以理解的。但以香、花、璎珞、伞盖、饮食、幡幢、伎乐歌舞等供养舍利塔,佛教开始有了类似世俗宗教的祭祀(天神)行为。释尊在世时,饮食以外,是不受这类供养的;现在已入涅槃了,怎么要这样供养

呢！难怪有人要说："世尊贪欲、嗔恚、愚痴已除,用是塔(庄
严……歌舞伎乐)为?"①这是不合法的,但为了满足一般信众的
要求,引发信众的信心,通俗普及化,佛教界一致地建塔供养。
而且,塔越建越多,越建越高大庄严;塔与僧寺相关联,寺塔的庄
严宏伟,别有一番新气象,不再是释尊时代那样的淳朴了！这是
释尊时代没有的"异方便"之一;宏伟庄严的佛塔(及如来圣迹
的巡礼等),对理想的佛陀观,是有启发作用的。舍利塔的发
达,对佛舍利塔的供养功德,当然会宣扬重视起来,有的竟这样
说:"于窣堵波塔兴供养业,获广大果"——得解脱,成佛道②。
舍利塔的庄严供养,也就传出舍利的神奇灵感,如南传的《善见
律毗婆沙》卷三(大正二四·六九一上——中)说:

> "舍利即从象顶上升虚空,高七多罗树,现种种神变,
> 五色玄黄。或时出水,或时出火,或复俱出。……取舍利安
> 置塔中,大地六种震动。"

舍利塔的供养与神奇,是佛教界一致的,对于"大乘佛法"
的传出,是有重大意义的③。

二、释尊的法身——释尊所说的法(dharma),所制的(戒)
律(vinaya),一向是传诵、实行于出家的僧伽(saṃgha)中,也部
分传诵在民间。现在释尊入灭了,为了免于法、律的遗忘散失和
各地区佛教的各行其是,所以举行结集(saṃgīti)。这次结集,由

---

① 《摩诃僧祇律》卷三三(大正二二·四七八上——下)。
② 《异部宗轮论》(大正四九·一七上)。
③ 参阅拙作《初期大乘佛教之起源与开展》第二章第一节至第三节第一项。

大迦叶发起,在摩竭陀首都王舍城的七叶窟(Saptaparṇa-guhā),
集合一部分阿罗汉(传说五百人),共同结集,以免遗失讹误。
这是合情合理,出家众应负的责任。结集的意义,是合诵。诵出
法与律,经大众的共同审定,确认是佛所说所制的,然后加以分
类,编成次第。当时主持结集戒律的,是优波离;主持结集经法
的,是阿难。原始结集的内容,经考定为:"法",将佛所说的法,
分为蕴、处、缘起、食、谛、界、菩提分等类,名为"相应修多罗"
(saṃyukta-sūtra)。修多罗,意译为"经",是简短的文句,依印度
当时的文体得名。佛说而内容相类的,集合在一起(有点杂
乱),如蕴与蕴是同类的,就集合为"蕴相应"。"律",释尊为出
家弟子制的戒——学处(śikṣāpada),依内容而分为五篇,名"波
罗提木叉"(prātimokṣa),就是出家弟子半月半月所诵的"戒
经"。后来,又集出祇夜(geya)与记说(vyākaraṇa)——"弟子记
说"、"如来记说"。祇夜,本来是世俗的偈颂。在(法与律)修多
罗集出以后,将十经编为一偈颂,以便于记忆,名为祇夜。经法方
面,又集合流传中的,为人、天等所说的通俗偈颂,总名为祇夜。
迟一些传出的偈颂而没有编集的,如《义品》(Arthavargīya)、《波
罗延》(Pārāyaṇa)等。如表达佛法的,后来别名为伽陀(gāthā)。
如来有所感而说的偈颂,名"无问自说"——优陀那(udāna)。
在北方,优陀那成为偈颂集的通称,如《法句》(Dhammapada)名
为"法优陀那"。这些偈颂体,或为字数所限,或为音韵所限,说
得比较含混些;偈颂有文艺气息,或不免过甚其辞,所以在佛法
中,祇夜是"不了义"的。"律"也有祇夜,那是僧团中常行的规
制,起初是称为"法随顺法偈"的。法的记说,有"弟子记说"与

"如来记说"。对于深隐的事理，"记说"有明显、决了的特性，所以对祇夜而说，记说是"了义"的。律也有记说，那就是"戒经"的分别解说，如"波罗提木叉分别"。修多罗、祇夜、记说，是法与律所共通的，就是"九分（或"十二"）教"（navâṅga-vacana）的最初三分。法的最初三分，与汉译的《杂相应阿含经》、南传巴利语的《相应部》相当。

第一结集（或称"五百结集"）以后，佛法不断地从各处传出来，由"经师"与"律师"分别地审核保存。到佛灭一百年，为了比丘可否手捉金银，东方毗舍离比丘与西方的比丘引起了重大的论诤，因而有毗舍离的第二结集（也称"七百结集"）。由于人数众多，双方各自推派代表，由代表们依经、律来共同审定。对于引起诤论的问题（西方系说共有"十事非法"），依现存律藏的记载，东方派承认自己是不如法的，所以僧伽重归于和合。由于集会因缘，对经、律进行第二次的结集。在经法方面，集成了五部：一、《杂阿含》，南传名《相应部》；二、《中阿含》，南传名《中部》；三、《增一阿含》，南传名《增支部》；四、《长阿含》，南传名《长部》；五、《杂藏》，南传名《小部》，这部分，各部派的出入极大。现在锡兰——吉祥楞伽，南传的《小部》共有十五种：《小诵》，《法句》，《自说》，《如是语》，《经集》，《天宫事》，《饿鬼事》，《长老偈》，《长老尼偈》，《本生》，《义释》，《无碍解道》，《譬喻》，《佛种性》，《所行藏》。《法句》与《经集》，是比较古的；其他部分，有些集出是很迟的。戒律方面，波罗提木叉的分别，分别得更详细些。偈颂，在旧有的以外，增补了"五百结集"，"七百结集"，"净法"；更增补了一部分。这部分，上座部（Stha-

vira)名为(律的)本母——摩得勒伽(mātṛkā);大众部(Mahā-
sāṃghika)律作"杂品",就是"法随顺法偈"。上座部集出的种
种犍度(khandha),或名为法(dharma),或名为事(vastu),都是
依摩得勒伽纂集而成的。以上所说的经法与戒律,各部派所传,
内容都有出入。大抵主要的部派成立,对经法与戒律,都有过自
部的共同结集(有的还不止一次)。不过集成经、律的大类,是
全体佛教所公认的,可以推定为部派未分以前的情形。当时集
成的经、律,一直在口口相传的诵习中,还没有书写的记录①。
南传锡兰的(上座部系)赤铜鍱部说:七百结集终了,为上座们
所放逐的恶比丘跋耆子(Vajjiputta)等一万人,集合起来结集,
名为大合诵——大结集,就成了大众部②。然依汉译的大众部
律——《摩诃僧祇律》,在七百结集中,承认比丘手捉金银是非
法的③。如东方跋耆比丘否认七百结集的合法性,自行结集而
成为大众部,那么《摩诃僧祇律》怎会同意比丘手捉金银是非法
呢? 所以,赤铜鍱部的传说是不足采信的! 由东西双方推派出
来的代表,举行论诤的解决,依律是有约束性的,东方比丘不可
能当时再有异议。而且,会议在毗舍离举行,而跋耆是毗舍离的
多数民族。放逐当地的跋耆比丘一万人,是逐出僧团,还是驱逐
出境? 西方来的上座们,有力量能做得到吗? 这不过西方的上
座们,对跋耆比丘的同意手捉金银(或说"十事")深恶痛绝而作
这样的传说而已。北方的另一传说是:第一结集终了,界外比丘

---

① 经律的结集情形,参阅拙作《原始佛教圣典之集成》。
② 《岛史》(南传六〇·三四)。
③ 《摩诃僧祇律》卷三三(大正二二·四九三下)。

一万人,不同意少数结集而另行结集,名"界外结集",就是大众部的成立①。将大众部成立的时代提前,表示是多数,这也是不足信的。依《摩诃僧祇律》说:经七百结集会议,东西方代表的共同论定,僧伽仍归于和合。在部派未分以前,一味和合,一般称之为"原始佛教"。

第二节　部派分化与论书

从"原始佛教"而演进到"部派佛教",首先是大众部与上座部——根本二部的分化。"七百结集"的论诤,虽由双方代表的会议而和平解决,但只是暂时的。毗舍离中心的东方比丘的佛教在发展中,与西方比丘们的意见,距离越来越大,终于与西方分立,事实上成为二部。从"大众"与"上座"的名称而论,"佛法"的最初分化,法义上虽也不免存有歧见,而主要的还是戒律问题。释尊所制的僧伽制度,原则上是"尊上座而重大众"的。对于有学、有德、有修证的长老上座,受到相当的尊敬;但在僧伽的处理事务,举行会议——羯磨(karman)时,人人地位平等,依大众的意见而决定。西方系的佛教,渐渐形成上座的权威,所以有"五师相承"的传说;思想保守一些,对律制是"轻重等持"的。东方系多青年比丘,人数多而思想自由些,对律制是重根本的。如引起七百结集论诤的,主要是比丘手捉金银,而在上座部系所传,就有"十事非法"。如《五分律》说:"一、盐姜合共宿净;二、

---

① 《大唐西域记》卷九(大正五一·九二三上)。

两指抄食食净;三、复座食净;四、越聚落食净;五、酥、油、蜜、石蜜和酪净;六、饮阇楼伽酒净;七、作坐具随意大小净;八、习先所习净;九、求听净;十、受畜金银钱净"①。净(kappa)是适宜的,与戒相应而可以这样做的。西方系"轻重等持",对饮食等细节非常重视,要与重戒同样地受持。东方系律重根本,"不拘细行"。重大众而尊上座的一贯性,终于分裂而成为二部。部派的分化,虽说大众与上座初分,重在戒律问题,思想方面当然也是有所出入的。无论是初分及以后再分出的,应重视思想的根本差异,不能以后代传说的部派异义,想像为当初分出的情形,每一部派的思想都是有所发展与变化的。

　　"佛法"自二部分化,后来又一再分化,传说分为十八部。其实,枝末分化,部派是不止十八部的。部派的不断迅速分化,与阿育王的信佛护法是有一定关系的。摩竭陀的尸修那伽王朝崩溃后,由难陀王(Mahāpadma Nanda)创开难陀(Nanda)王朝,国势相当强盛。西元前三二七年,马其顿(Macedonicus)王亚历山大(Alexander),在攻占波斯(Pārasya)、阿富汗斯坦(Afghani-stan)、俾路支斯坦(Baluchistān)后,进侵西北印度,直逼中印度。由于亚历山大回国,在西元前三二三年去世,中印度免受浩劫。亚历山大的来侵,传入了希腊(Hellas)的文化艺术,也引起了印度人民的抗外运动。有名为旃陀罗笈多(Candragupta)的,为摩竭陀王所流放,到北印度的旁遮普(Panjāb)。亚历山大回国后,就联络少数武力,起来驱逐希腊驻留西北印度的军队。后来推

---

① 《弥沙塞部和醯五分律》卷三○(大正二二·一九二上——中)。

翻难陀王朝,创立孔雀王朝。王朝极盛时,除南印度以波那河(Penner)为界外,占有印度的全部;阿富汗与俾路支斯坦也在其内,成为古印度的大统一时代。再传到阿育王,约登位于西元前二七一年。阿育王与兄争位,为了巩固政权,对政敌是不免残暴的,被称为"旃陀罗阿育"。即位第九年,征服了羯䄚伽(Kaliṅga)①。由于军民死亡的惨酷事实,阿育王放弃征略,而改取和平友好的睦邻政策。对国内,也以"法"——道德的善行来教导民众,从留传下来的摩崖"法敕",可见他施行仁政的一斑。因此,他又被称为"法阿育"。阿育王行为的改变,与信仰佛法有关。对于一般宗教,都能予以尊重,而对佛法是深切的信仰。如:一、阿育王以佛的舍利,分送各地去建塔,使人民有瞻礼佛舍利的机会;造塔(起初小型,一再加建而成为大塔)的风气,从此兴盛起来。二、北方的传说:在优波毱多(Upagupta)指导下,阿育王巡礼了释尊及过去佛的圣迹。南传虽没有说到,但的确是事实。育王在瞻礼处,都建有四、五丈高的大石柱,雕筑精美,并刻着阿育王于××年来此巡礼的铭记。佛诞生处的岚毗尼园,转法轮处的鹿野苑(Ṛṣipatana-mṛgadāva),现在还存有残柱。三、南方传说:阿育王派遣知名大德,分往边远地区,弘宣佛法。印度以外,有臾那世界(Yonaloka),是印度西北希腊人的控制地区;金地(Suvarṇabhūmi),是缅甸(Burma);楞伽岛(Laṅkā-dīpa),是锡兰。从此,佛教进而为国际的佛教。四、阿育王曾住在僧中,这是在家弟子,受八关斋戒(一日一夜,或延长时间)而

---

① 参考周祥光《印度通史》(六一——七五)。

住在僧院中。他的儿子摩哂陀(Mahinda)、女儿僧伽蜜多(San-ghamitta),都出了家,后来到锡兰去弘法。阿育王信佛,引起佛教的大发展。分化地区的民族文化、语言、风俗,都不能相同,佛法的适应教化也就多少差异,成为部派更多分化的因素。

阿育王时代,部派已经存在,如南传说:目犍连子帝须(Moggaliputta Tissa)说"佛分别说也"①,可见他是上座部分出(自称上座部)的分别说部(Vibhajyavādin)。当时的摩诃提婆(Mahādeva)——大天,是分化南印度摩醯沙曼陀罗(Mahisaka-maṇḍala,今 Maisur)的上座,由于大天的弘化,后来分出制多山部(Caityaśaila)等,大天是属于大众部的。末阐提(Majjhantika,Madhyāntika)分化到罽宾(Kaśmīra)、犍陀罗(Gandhāra),这是北印度,就是《汉书》所说的罽宾;末阐提是属于(上座部分出的)说一切有部的。阿育王时代,"佛法"已从根本二部,再分化成三大系了。《善见律毗婆沙》卷二(大正二四·六八二上)说:

> "目犍连子帝须为和尚,摩诃提婆为阿阇黎,授十戒。大德末阐提为阿阇黎,与(授)具足戒。是时摩哂陀年满二十,即受具足戒。"

《善见律》,是南传律部的名称。阿育王子摩哂陀,出家受戒。从这一事实中,可以理解到的是:孔雀王朝的首都在华氏城(Pāṭaliputra),与大众部重镇的毗舍离,只是"一水(恒河)之隔"。当时王朝的中心地带,是大众部的化区。摩诃提婆受到

---

① 《善见律毗婆沙》卷二(大正二四·六八四中)。

育王的尊重，是可以理解的。阿育王登位以前，出镇优禅尼（Ujjayanī），这是上座（分别说系）部向西南发展的重要地区。阿育王在这里，娶了卑地写（Vedisa）的提毗（Devī），生了摩哂陀与僧伽蜜多兄妹；提毗一直住在优禅尼。阿育王因妻儿是优禅尼人，因镇守优禅尼，得到当地力量的支持而得到王位；与这里的佛教——分别说部的关系，也许更密切些，这所以摩哂陀出家，而从目犍连子帝须为和尚吧！摩哂陀初受沙弥十戒，依律制，应从二师受戒，所以依目犍连子帝须为和尚，摩诃提婆为阿阇黎。年满二十，应该受（比丘）具足戒，要有三师——和尚与二位阿阇黎。在阿育王的心目中，说一切有部似乎没有大众部与分别说部的亲切，但同样的尊重，请末阐提为阿阇黎。从摩哂陀受戒的三师，知道部派的存在；阿育王一体尊敬，表示三部的平等和合，并共同为佛法努力的厚望！所以阿育王时，大德们分化各方，可能分别说部多些，但大天与末阐提，决不是目犍连子帝须的统系。摩哂陀分化到楞伽岛，成为赤铜鍱部，今称南传佛教。这一派传说"五师相承"，以目犍连子帝须为正统，其他的部派为异说，那只是宗派意识作祟！释尊的"无诤"精神，显然是淡忘了！南传阿育王时有"第三结集"，其他部派都没有说过。传说帝须当时论决正义，作《论事》，其实《论事》所破斥的部派，当时多数还没有成立呢！

十八部的名称，在不同的传记中，也小有出入；而部派分化的过程，真可说异说纷纭，莫衷一是。如加以考察，主要的是：大众部所传、上座部所传、正量部（Saṃmatīya）所传——三说，出于清辨的《异部精释》；说一切有部所传，见《异部宗轮论》等；赤铜锞部所传,见《岛史》等。说一切有部所传的,与上座部所传相近。义净的《南海寄归内法传》说:"诸部流派生起不同,西国相承,大纲唯四。"①依晚期四大派的传说,我觉得:大众部的一再分派,以上座部三系(上座、说一切有、正量)所说的,相近而合理;反之,上座部的一再分派,大众部所传的更为合理。这由于对另一系统的传承与分化,身在局外,所以会叙述得客观些。对于同一系统的分化,都觉得自己是正统,将同系的弟兄派,作为从自派所分出的。这一"自尊己宗"的主观意识,使传说陷于纷乱。依据这一原则而略加整理,部派分化的经过是这样:初由戒律问题,分为大众、上座——二部。上座部中,又分化为(上座)分别说部、上座(分别说部分出以后的说一切有系)——二部,与大众合为三部。上座(说一切有系)又分为说一切有部与犊子部(Vātsīputrīya)。西元二世纪集成的《大毗婆沙论》说,犊子部"若六若七,与此(说一切有部)不同,余多相似"②,可以想见二部是同一系中分出的。这样,就成四大部。犊子部分出的正量部,弘传极盛,取得了犊子系中的主流地位。义净所说的"大纲唯四",就是以大众、上座、说一切有、正量——四大部派为纲。"佛法"的分化,自二部、三部而四大部,如下:

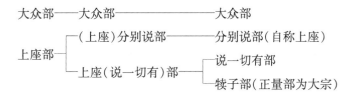

---

① 《南海寄归内法传》卷一(大正五四·二〇五上)。
② 《阿毗达磨大毗婆沙论》卷二(大正二七·八中)。

阿育王时,目犍连子帝须自称"分别说者",即分别说部;末阐提是说一切有部;大天是大众部。大天游化南方,其后《论事》所说的案达罗(四)派(Andhaka)——东山部(Pūrvaśaila)、西山部(Aparaśaila)、王山部(Rājagirika)、义成部(Siddhārthika),都是从此分化出来。这可见阿育王时,佛教三大部已明显存在;大众部早已一再分化了。所以部派的最初分化(为二部),推定为西元前三〇〇年前后。部派第二阶段的分化,约开始于西元前二七〇年前后。这一阶段,如分别说部、说一切有部,都依法义的不同而(分化)得名。这样,大众部初分出的一说部、说出世部(Lokottaravādin)、多闻部(Bahuśrutīya)、说假部(Prajñāptivādin),也依法义得名;就是鸡胤部(Kukkuṭika),其实也是依说"一切行是燩煟"而得名的。第三阶段的分化,约为西元前三世纪末到前二世纪。这一阶段分化的部派,都依人名、地名、山名、寺名,如大众系分出的制多山部、东山部、西山部等。说一切有系分出犊子部,犊子部又出四部:正量部、法上部(Dharmôttarīya)、贤胄部(Bhadrayāṇīya)、密林山部(Saṇṇagārika)。分别说部分出四部:化地部(Mahīśāsaka)、饮光部(Kāśyapīya)、法藏部(Dharmaguptaka)、赤铜鍱部(Tāmraśāṭīya)。这些部派,都是以人名、地名为部名的。赤铜鍱即锡兰岛,赤铜鍱部即被称为南传的佛教。第四阶段约为西元前一世纪:从说一切有部分出说转部(Saṃkrāntika),也名说经部(Sautrāntika),但这是说转,与西元三世纪后的经部不同。大众系又分出说大空部(Mahāsuññatāvādin)。这两部又以法义为名,已接近"大乘佛法"时期了。试

依四阶段,表示部派分化的本末先后如下①:

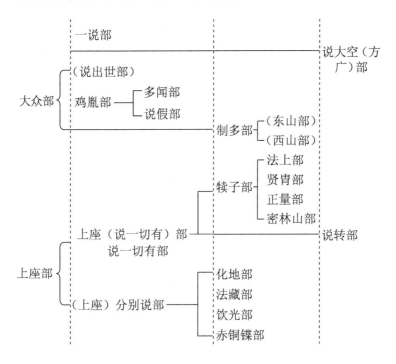

"七百结集"时,传诵的佛说、弟子说、诸天说,如公认为正确的,都已结集了。到了部派分化时期,又有新的部类集出,这是在固有的九分教外,又有因缘(nidāna)、譬喻(avadāna)、论议(upadeśa),成为十二分教(dvādaśâṅga-vacana),旧译为十二部经。因缘与譬喻,是事迹的传述;论议是法义的讨论。传说的事迹,是可以通俗化的,说法时引用为例证的,所以对未来佛教的影响来说,决不低于法义的论究,也许会更大些。说到事迹,以

① 部派分化,参阅拙作《初期大乘佛教之起源与开展》第六章第一节。

释尊的事迹为主。性质与因缘、譬喻相近的,事实上早已存在,但在这一时期,更广泛地综合而集出来。九分教中的本生(jātaka),也是事迹,应该一并叙述。一、"本生":以当前的事实为因缘,说到过去生中的一项事情,然后结论说:当时的某人,就是我(释尊),或是某一佛弟子。这样的体裁,名为本生。本生在《阿含经》中已有,但在这一时期,传出的更多。北方泛说"五百本生";南传《小部》中的"本生",共五四七则,都是释尊过去世事,也就是修菩萨行的事迹。"本生"所说的释尊过去生中的身份,是王、臣、平民、宗教师(有的是外道),也可能是天神(鬼),或是旁生——兽类、鸟类、鱼类。这类本生故事,对未来的"大乘佛法",菩萨不只是人,也可能是天,或是高等的畜生与鬼王,起着决定性的作用。二、"譬喻":譬喻的意义,是光辉的事迹,所以古译为"出曜"或"日出"。南传《小部》的《譬喻》,分为四部:《佛譬喻》,赞美诸佛国土的庄严;说十波罗蜜多,就是菩萨的大行。《辟支佛譬喻》。《长老譬喻》也是五四七人,《长老尼譬喻》四十人:这是声闻弟子,自说在过去生中,怎样的见佛、布施、修行,多生中受人天福报,现在生才得究竟解脱。说一切有部的譬喻,是编在《根本说一切有部毗奈耶药事》中的。初说如来往昔生中的广大因行,先长行而后说偈颂;偈颂部分,与南传的《佛譬喻》相当。(中间隔着别的事情,)次说如来与五百弟子,到无热池(Anavatapta)边。大迦叶等大弟子,自说过去的本行,共三十五人,这可说是南传《小部·长老譬喻》的原始本。三、"因缘":因缘本来是通于如来的说法、制戒,在哪里说,为什么人、什么事而说。后来传出的因缘,主要是释尊的事迹,或是建僧的因缘,如《赤铜鍱部律》(《善见律》)、化地部的《五分律》、法藏部的《四分律》、大众部的《摩诃僧祇律》、说一切有部的《十诵律》、正量部的《佛阿毗昙经》。为了成立僧伽组织,制定受戒制度,都从释尊成佛说起,或从释尊诞生说起,或从前生受记作佛说起,说到成佛以后度五比丘,一直到王舍城说法,舍利弗、目犍连出家,再说到制立受具足戒的制度。《根本说一切有部毗奈耶破僧事》,从佛诞生说起,一直到释尊回故国——迦毗罗卫,度释种提婆达多等出家,以下说到提婆达多的破僧,所以这是破僧的因缘。赤铜鍱部在说"本生"前,先说释尊的"远因缘"、"次远因缘"、"近因缘",也是从过去生事说起,说到成立祇园(Jetavana),在祇园说"本生",这是说"本生"的因缘。释尊的传记,各部派广略出入很大,主要是附于毗尼藏,而后才独立成部的。法藏(昙无德)部的《佛本行集经》卷六〇(大正三·九三二上)说:

> "当何名此经? 答曰:摩诃僧祇师名为大事,萨婆多(说一切有)师名此经为大庄严,迦叶维(饮光)师名为佛往因缘,昙无德师名为释迦牟尼佛本行,尼沙塞(化地)师名为毗尼藏根本。"

佛的传记,随部派而名目不同,尼弥沙塞部名为《毗尼藏根本》,正是建僧因缘的意义。大众部名为《大事》,现存梵本《大事》,是大众部分出的说出世部本,开始也说到毗尼。汉译的《方广大庄严经》,是说一切有部的佛传,但多少受到大乘的影响。《修行本起经》、《过去现在因果经》等,汉译本的佛传,着实不少！以上三类，或是释尊的事迹，或是往昔生中的事迹，与佛德及菩萨行有关。如《大事》说到了他方世界现在佛，菩萨的"十地"。而部派中，或说四波罗蜜多，或说六波罗蜜多，或说十波罗蜜多，都是从释尊过去生的大行中归纳得来的①。释尊涅槃以后，再也见不到佛了，引发"佛弟子对佛的永恒怀念"。佛弟子对佛的信敬与怀念，在事相上，发展为对佛遗体、遗迹的崇敬，如舍利建塔等，庄严供养，使佛教界焕然一新。在意识上，从真诚的仰信中，传出了释尊过去生中的大行——"譬喻"与"本生"；出世成佛说法的"因缘"。希有的佛功德，慈悲的菩萨行，是部派佛教所共同传说的；对现实人间的佛——释尊，多少存有想像的成分。重视人间佛的，如《萨婆多毗尼毗婆沙》说："凡是本生、因缘，不可依也。此中说者，非是修多罗，非是毗尼，不可以（作为决）定义。"②但重信仰重理想的部派，依此而论究佛功德，菩萨的大行。这是部派分化的重要因素，也是重信仰与重理想的，发展而传出"大乘佛法"的关键所在。

再说"论议"：论议是有关法义的，彼此间的问答对论。论议的本义，是通于佛与弟子、弟子与弟子间的问答。后来，如《瑜伽师地论》卷二五（大正三〇·四一九上）说：

> "云何论议？所谓一切摩呾理迦，阿毗达磨，研究甚深素怛缆藏，宣畅一切契经宗要，是名论议。"

---

① 参阅拙作《原始佛教圣典之集成》第八章第四节第二项，第五节第一、二项；《初期大乘佛教之起源与开展》第三章。

② 《萨婆多毗尼毗婆沙》卷一（大正二三·五〇九中）。

摩呾理迦(mātṛkā),旧译摩得勒伽;阿毗达磨(abhidharma),或简译为阿毗昙。这两大类论书,是佛弟子对素怛缆——修多罗的探究、解说,都称为论议。摩怛理迦是"本母"的意思,通于法与律,这里所说的,是"法"的本母。对于修多罗——契经,标举(目)而一一解说,决了契经的宗要,名为摩怛理迦。如《瑜伽师地论·摄事分》(卷八五——九八)的摩怛理迦是《杂阿含经》"修多罗"部分的本母。又如《瑜伽论·摄决择分》(卷七九——八〇),标举菩萨的十六事,一一加以解说,是大乘《宝积经》的"本母"。这是"释经论",但决了宗要,与依文释义的不同。阿毗达磨,在部派佛教中发展起来,与经、律合称三藏;阿毗达磨受到佛教界的重视,是可想而知的。阿毗达磨所论究的,也是结集的契经,但不是解说一一经文,而是整理、探究、决择,成为明确而有体系、有条理的佛法。经义深广,所以僧界有集会论究(问答)的学风,有"论阿毗达磨,论毗陀罗论"的①。阿毗达磨,起初是以修持为主的,如"五根"、"五力"等。这是佛法的殊胜处,所以名为阿毗达磨,有"增上法"、"现观法"(即"对法")、"觉了法"等意义。毗陀罗(vedalla),是法义的问答,如蕴与取蕴,慧与识,五根与意根,死与灭尽定等。重于问答分别,听了解后,喜悦而加以赞叹;这样一项一项地问下去,也就一再地欢喜赞叹。南传的"毗陀罗",在其他部派中,就是"方广"(vaipulya):广说种种甚深法,有广显义理的幽深、广破无知的作用。方广,后来成为大乘法的通称。论阿毗昙与论毗陀罗,后来是合一了,

① 《增支部·五集》(南传一九·一四七)。

发展成阿毗达磨论典,是上座部所特有的。"大乘佛法"兴起以
前的,早期的阿毗达磨论,现存有南传的七论:一、《法集论》;
二、《分别论》;三、《界论》;四、《人施设论》;五、《双论》;六、《发
趣论》;七、《论事》。《法集》等六论,传说是佛说的。《论事》,
传说目犍连子帝须在论议中遮破他宗而造,可说是异部的批判
集。但《论事》的内容,多数是后代增补的。说一切有部也有七
论:一、《法蕴足论》;二、《集异门足论》;三、《施设足论》;四、
《品类足论》;五、《界身足论》;六、《识身足论》;七、《发智论》,
旧译名《八犍度论》。除《施设(足)论》外,都由唐玄奘译出。
《发智论》是迦旃延尼子(Kātyāyanīputra)造的,为说一切有部的
根本论。迦旃延尼子是东方(恒曲以东)人,在至那仆底
(Cīnabhukti)造论;造论的时间,约为西元前一五〇年前后。
《发智论》全论分为八蕴:"杂蕴","结蕴","智蕴","业蕴","根
蕴","大种蕴","定蕴","见蕴"。在时间上,世友(Vasumitra)
所造的《品类足论》、富楼那(Pūrṇa)所造的《界身足论》、提婆设
摩(Devaśarman)所造的《识身足论》,都已受到《发智论》的影
响,造论的时代,要比《发智论》迟一些。说一切有部以《发智
论》为主,以六论为助,所以说"一身六足"。此外,有姚秦昙摩
耶舍(Dharmayaśas)与昙摩崛多(Dharmagupta)所译的《舍利弗
阿毗昙论》。《大智度论》说:"舍利弗解佛语故,作阿毗昙,后犊
子道人等读诵,乃至今名为舍利弗阿毗昙。"①《舍利弗阿毗昙
论》,全论分"问分"、"非问分"、"摄相应分"、"绪分"——四分,

---

① 《大智度论》卷一(大正二五・七〇上)。

与法藏部《四分律》所说的论藏相合①。传为雪山部（Haimava-ta）的《毗尼母经》也说：“有问分别，无问分别，相摄，相应，处所生，五种名为阿毗昙藏。”②可见这部论，是犊子部系、印度大陆分别说系——法藏部等所诵习的。各部派的诵本有些出入，汉译本是分别说系的。

　　从《舍利弗阿毗昙论》的内容，参考《大毗婆沙论》的解说③，可以看出阿毗达磨论究的主题与论究的方法，也可从此了解南传与说一切有部论书的关系。论中的四分或五分，是初期阿毗达磨论究的主题：自相（sva-lakṣaṇa），共相（sāmānya-lakṣaṇa），摄（saṃgraha），相应（samprayukta），因缘（nidāna）——这是阿毗达磨的根本论题。“自相”是：对佛所说的，如眼、耳等，定、慧等一切法，确定不同于其他的特性；也就确定它的体性，名为自性（svabhāva）。“共相”是：如善与不善，善性通于一切善法，不善通于一切不善法；凡通于一分或通于一切法的，名为共相，是法的通性。“摄”是：佛随世俗说法，有些是名异而内容相同的，将它统摄为一法。这样的化繁为简，容易理解。“相应”是：内心是心心所的综合活动。心与心所，心所与心所，有些是一定共同起用的，有的性质相反而不能同起的。心心所同时起而同缘一境的，名为相应。经这样的分别，复杂的内心活动，容易有明确的认识。“因缘”是佛法的重要论题。因缘的情形是不一致的，如种子与芽，水分、温度与芽，同是因缘而意义各别。古人依据

---

① 《四分律》卷五四（大正二二·九六八中）。
② 《毗尼母经》卷三（大正二四·八一八上）。
③ 《阿毗达磨大毗婆沙论》卷二三（大正二七·一一六上）。

经文,作种种分别。摄、相应、因缘,就是《舍利弗阿毗昙论》的"摄相应分"、"绪分"。"问分"是:对于一一法(自相),以"共相"作问答分别;没有共相分别的,是"非问分"。经这样的论究,对佛所说法的意义,能充分地明白出来。在阿毗达磨的论究中,又进行随类纂集的工作。以某一论题为主,将有关的经说总集起来,在《舍利弗阿毗昙论》中,就有"业品","人品","智品","道品","烦恼品","触品","结品","心品","定品"。如"业品",从二业到四十业,有关业的经说,总集而一一加以解说。这些类集,可说是资料的搜集。依《舍利弗阿毗昙论》,这类纂集,是称为施设(prajñapti)的,如说:"今当集假结正门";"今当集假触正门";"今当集假心正门"①:假,是施设的异译。又如说:"今当集诸道门";"今当集诸不善烦恼法门"②;有的直捷的纂集,连"今当集××门"也略去了。依同性质的"结品"、"触品"、"心品",这些都应称为假——施设的。如"人品",与南传六论中的《人施设论》,是非常接近的。六足论中的《施设论》,赵宋法护(Dharmapāla)译出七卷,内容为"世间施设"、"因施设"、"业施设"。这是传说为八品的大论,宋译不全。《阿育王传》说:"摩得勒伽藏者,所谓四念处,……愿智三昧,增一定法定的类集,百八烦恼,世论记,结使记,业记,定、慧等记。"③"记",是施设的异译。依上文所说,可见有世间施设、因施设、

———————

① 《舍利弗阿毗昙论》卷二六(大正二八·六九〇中),又卷二七(大正二八·六九四下、六九七中)。

② 《舍利弗阿毗昙论》卷一五(大正二八·六二五上),又卷一八(大正二八·六四六上)。

③ 《阿育王传》卷四(大正五〇·一一三下)。

业施设、结使施设、定施设、慧施设等。这是依随类纂集的,抉出重要问题,作为论究的项目。后代论书的品名,大都由此而来①。

　　吕澂的《毗昙的文献源流》②,依圆测的《解深密经疏》(卷二)、《仁王经疏》(卷一),引用真谛(Paramârtha)的《部执论记》,说"佛说九分毗昙",是一切阿毗昙的根源。九分是"分别说戒,分别说世间,分别说因缘,分别说界,分别说同随得,分别说名味句名句文,分别说集定,分别说集业,分别说诸阴蕴"。"分别说",就是施设。该文解说"名味句",是"慧"的误译;"同随得"是种子习气的聚集,与随眠(烦恼)相当;"世间"是"贤圣","诸阴"是"契经",解说得未免牵强了些!"九分毗昙"既然是佛说的,是毗昙的根源,那怎会有"同随得"?这是正量是特有的术语呀!真谛的译品,多处引用正量部说,那因为真谛是优禅尼人,这一带是正量部化区的缘故。可以论定的,真谛所传的"九分毗昙",是正量部所传的。正量部的"九分毗昙",已部分传来,就是真谛所译的《佛说阿毗昙经》,传说共九卷,现存二卷。经文先说"若见十二因缘生相,即是见法;若能见法,其即见佛"。广说因缘,与《佛说稻芉经》大致相同,这就是"分别说因缘"。经文"次论律相",是受戒法的次第安立——"分别说戒"。还有真谛所译的《立世阿毗昙论》,开端说,"如佛婆伽婆及阿罗汉说",可见这不只是佛说,而已经过佛弟子们的补充。

---

　　① 论书的集成,参阅拙作《说一切有部为主的论书与论师之研究》第一章第三节,第二章第二节二至七项。第四章第四至七节。
　　② 吕澂《印度佛学思想概论》(天华书局版,三五〇——三五四)。

内容与《长阿含经》的《世记经》相同,是三界世间的施设,不正
是"分别说世间"吗(在九卷《佛说阿毗昙经》中,想必简略多
了)? 真谛所传的"九分毗昙",是正量部所说。正量是从犊子
部再分出的部派,离佛法根源是远了些! 其实,"九分毗昙",确
是古代所传的佛说,如《摩诃僧祇律》①说:

> 1."九部修多罗,是名阿毗昙。"
>
> 2."阿毗昙者,九部经。"
>
> 3."阿毗昙者,九部修多罗。"

九部经(修多罗),正译为"九分教"。佛说的九分教,是"修
多罗","祇夜",……"未曾有经"。九分教是希有的、甚深的,被
称叹为"阿毗达磨",与"阿毗毗奈耶"并称。"阿毗昙有九分",
古代的传说久了,后起的正量部以为"阿毗昙论"有九分,这才
依自己的宗义,解说为"九分阿毗昙论"。这一传说,西元六世
纪,真谛引进到中国来,竟受到名学者的赏识,推为毗昙根源,也
可说意外了!

第三节　部派思想泛论

部派思想的分化,主要是:

一、地区文化的影响:大众部在东方,以毗舍离、央伽一带为
重镇;上座部在西方,以拘睒弥(Kauśāmbī)、摩偷罗(Mathurā)为

---

① 《摩诃僧祇律》:1.卷一四(大正二二·三四〇下)。2.卷三四(大正二二·
五〇一下)。3.卷三九(大正二二·五三六中)。

中心,形成东西二派。大众部向东传布而入南方,是经乌荼(Uḍ
ra)、迦陵伽而到达案达罗(Andhra),即今 Godāvarī 河与 Krishnā
河流域(主要的大乘思想,都由这一带传出)。西方上座部中,
有自拘睒弥等南下,经优禅尼而到达阿槃提(Avanti),成为(上
座)分别说部。阿育王时,分别说部中,有分化到楞伽岛的,成
为赤铜鍱部。留在印度的,与南方大众部系的化区相衔接,所以
再分化出的化地部、法藏部、饮光部,思想都接近大众部。如
《异部宗轮论》说:法藏部“余义多同大众部执”,饮光部“余义多
同法藏部执”①。化地等三部,后来也流化到北方。自摩偷罗而
向北发展的,到达犍陀罗、罽宾地区的,是说一切有部。由拘睒
弥、摩偷罗而向东西发展的,是犊子系的正量部。地区不同,民
族也不同。阿育王以后,南方案达罗民族日见强大,西元二八
年,竟灭亡了中印度的摩竭陀王朝。在北方,有称为臾那(Ya-
vana)的希腊人,称为波罗婆(Pahlava)的波斯人,还有塞迦(Sa-
ka)人,一波一波地侵入西北,直逼中印度。外来民族,虽也渐渐
地信受佛法,但在兵荒马乱中,不免有“破坏僧坊塔寺,杀诸道
人比丘”的事件,所以被称为“三恶王”②。其中塞迦族,传说为
就是释迦遗族,所以非常信仰佛法。乌仗那(Udyāna)一带的佛
教,对未来有深远的影响。在佛法的分化中,孔雀王朝于西元前
一八四年,为权臣弗沙密多罗(Puṣyamitra)所篡灭,改建熏伽(Ś
uṅga)王朝。那时,旁遮普一带,希腊的弥兰陀(Milinda)王的军
队,南侵直达中印度,亏得弗沙密多罗逐退希腊部队,也就因而

①　《异部宗轮论》(大正四九·一七上、中)。
②　《阿育王传》卷六(大正五〇·一二六下)。

篡立。弗沙密多罗恢复婆罗门教在政治上的地位,举行马祭;不满佛教的和平精神及寺塔庄严,而采取排佛运动。从中印度到北方,毁坏寺塔,迫害僧众,如《阿育王传》、《舍利弗问经》等说。经历这一次"法难",中印度佛法衰落了,佛法的重心转移到南方与北方。南方与北方的佛法,在动乱中成长;佛教的"末法"思想,偏重信仰的佛教,由此而兴盛起来。由于分化的地区与民族不同,各部派使用的语言也就不一致。传说说一切有部用雅语梵文,大众部用俗语,正量部用杂语,上座(分别说)部用鬼语巴利文①。边远地区的民族与语文不同,对部派佛教的思想纷歧是有一定关系的。

二、思想偏重的不同:世间是相对的,人类的思想、兴趣,是不可能一致的。佛在世时,多闻者、持律者、头陀行者等,比丘们已有同类相聚的情形②,法义与修习,经过展转传授,彼此间的差别就显著起来,这可说是部派分化、思想多歧的主要原因。如"法藏部自称我(承)袭采菽氏目犍连师",经量部(Sautrāntika)"自称我以庆喜阿难为师"③,明显地表示了这一意义。对"佛法"的态度与思想不同,如大众部是重法的,上座部是重律的。上座部中的分别说系,对律制特别尊重。如汉译的《四分律》属法藏部,《五分律》属化地部,《解脱戒经》属饮光部,《善见律毗婆沙》属赤铜鍱部。每派都有自宗的律典,可以想见对于戒律

---

① 调伏天《异部次第诵论》。

② 《杂阿含经》卷一六(大正二·一一五上——中)。《相应部》(一四)《界相应》(南传一三·二二八——二三〇)。

③ 《异部宗轮论》(大正四九·一五中)。

的尊重。这是重法与重律的不同。对于经法,重于分别的,如赤铜鍱部有《法聚》等七论,说一切有部也有六足、一身(《发智论》)——七论。南、北两大学派,特重阿毗达磨,对一切法的自相、共相、摄、相应、因缘(说一切有部更立成就、不成就),不厌其详地分别抉择,使我们得到明确精密的了解。大众部是重贯通的,有《蜫勒论》,"广比诸事,以类相从";有"随相门、对治门等"论门①。重于贯摄,也就简要得多。传说大众部有"论",但没有一部传译过来,这是重经轻论的学风。以上是重于分别、重于贯通的不同。大概地说:上座系是尊古的,以早期编集的圣典为准绳,进而分别抉择。大众部系及一分分别说者,是纂集遗闻、融入新知的,如真谛《部执异论疏》说:化地部"取四韦陀好语,庄严佛经";法藏部于三藏外,有"四、咒藏,五、菩萨藏";大众部系中,更"有大乘义"②,这是尊古与融新的不同。对于经说,大众部与经部等,一切依经说为准。如来应机说法,都是究竟的,所以大众部等说:"世尊所说,无不如义。"③但重义理的,说一切有部自称"应理论者";赤铜鍱部自称"分别论者"。佛说是有了义的、不了义的,应论究诸法实义,不可以世俗的随宜方便说为究竟。佛说有了义、不了义,如结集的"四部阿含",也有宗趣的不同,觉音所作的四部注释,名称为:

《长部》注:Sumaṅgalavilāsinī　　　　(吉祥悦意)

《中部》注:Papañca-sūdanī　　　　　(破斥犹豫)

---

① 《大智度论》卷二(大正二五·七〇中),又卷一八(大正二五·一九二中)。
② 《三论玄义》(大正四五·九下、八下——九上)。
③ 《异部宗轮论》(大正四九·一五中)。

《相应部》注:Sāratthapakāsinī　　（显扬真义）

《增支部》注:Manoratha-pūraṇī　　（满足希求）

四部注释的名称,表示了古代所传,四部(阿含)的不同宗趣。龙树(Nāgārjuna)所说的四种悉檀(siddhânta),就是依此判说,而作为判摄一切佛法的准绳①。如"世间悉檀"是"吉祥悦意";"对治悉檀"是"破斥犹豫";"各各为人(生善)悉檀"是"满足希求";"第一义悉檀"是"显扬真义"。这一佛法化世的四大宗趣,说一切有部也有相近的传述。如《萨婆多毗尼毗婆沙》说:"为诸天世人随时说法,集为增一,是劝化人所习。为利根众生说诸深义,名中阿含,是学问者所习。说种种随禅法,名杂阿含,是坐禅人所习。破诸外道,是长阿含。"②上座系(除一分接近大众部的)与大众系的学风,就是"随教行"与"随理行"、重经与重论的不同。对佛法的偏重不同,应该是部派异义纷纭的主要原因。

部派分化而引起信解的歧异,先从佛(buddha)、菩萨(bodhi-sattva)说起:佛与弟子们同称阿罗汉,而佛的智德胜过一般阿罗汉,原则上是佛教界所公认的。传说大众部的大天五事:"余所诱、无知,犹豫、他令入,道因声故起"③,引起了教界的论诤。"道因声故起",是说音声可以引起圣道,音声可作为修道的方便。前四事,都是说阿罗汉不圆满,显出佛的究竟;离释尊的时代远了,一般人对佛与阿罗汉间的距离也渐渐远了。释尊

_____

① 《大智度论》卷一(大正二五·五九中)。

② 《萨婆多毗尼毗婆沙》卷一(大正二三·五〇三下——五〇四上)。

③ 《异部宗轮论》(大正四九·一五上)。

的传记,多少渗入些神话,但上座部的立场,佛是现实人间的,与一般人相同,要饮食、衣着、睡眠、便利,病了也要服药。佛的生身是有漏的,佛之所以为佛,是佛的无漏功德法身。大众部系倾向于理想的佛陀,以为佛身是无漏的,是出世间的,如《摩诃僧祇律》说:"世尊虽不须,为众生故,愿受此药。"①这是说:佛身无漏,是不会生病的,当然也就不需要服药。所以说佛有病服药,那是方便,为后人作榜样,如比丘有病,就应该服药。大众系的说大空宗以为:佛示现身相,其实佛在兜率天(Tuṣita)上,所以也不说法,说法是佛的化现②。《异部宗轮论》也说:大众部等,"佛一切时不说名等,常在定故。然诸有情谓说名等,欢喜踊跃"③,这也是佛不说法了。案达罗派与北道部(Uttrāpathaka)说得更希奇:佛的大小便,比世间的妙香更香④。从佛出人间而佛身无漏,演进到人间佛为化身,真实的佛,如《异部宗轮论》(大正四九·一五中——下)说:

"诸佛世尊皆是出世,一切如来无有漏法。"

"如来色身实无边际,如来威力亦无边际,诸佛寿量亦无边际。"

"一刹那心了一切法,一刹那心相应般若知一切法。"

佛是无所不在的,无所不能的,无所不知的,而寿命是永远无边际的。《大智度论》所说"佛有两种身:一者,法性身;二者,

①　《摩诃僧祇律》卷三一(大正二二·四八一上)。

②　《论事》(南传五八·三三七——三四一)。

③　《异部宗轮论》(大正四九·一五下)。

④　《论事》(南传五八·三四三——三四四)。

父母生身"①,实不外乎大众系的佛身观。同时,大众部以为:此
土的释尊以外,十方世界也有佛出世的;世界无量,众生无量,怎
能说只有此土有佛? 经上说没有二佛同时出世,那是约一佛所
化的世界(三千大千世界)说的。现存说出世部的 Mahāvastu
(《大事》),及《入大乘论》,都说到了大众部系所传,他方世界
佛的名字②。佛陀的理想化、十方化,实由于"释尊的般涅槃,引
起了佛弟子内心无比的怀念"。思慕怀念,日渐理想化,演化为
十方世界有佛现在,多少可以安慰仰望佛陀的心情。这样,与尊
古的上座部系,坚定人间佛陀的信心,思想上是非常的不同了!
释尊智德的崇高伟大,由于在未成佛以前,长期地利益众生,不
是阿罗汉那样的"逮得己利",自求解脱。被称为菩萨的过去生
中的修行,广泛地流传出来,名为"本生",这是各部派所共有的
(也有出入)。本生中的菩萨,是在家的,出家的;有婆罗门、王、
臣、外道,也有天(神)、鬼、畜生。如"六牙白象本生","小鸟救
火本生",那种伟大的精神,在人都是希有难得的,恶趣中的象
与鸟,能有这样的伟大德行吗? 上座部以为是可能的;大众部系
以为不可能,那怎样解说本生呢? 大众部中,案达罗学派及北道
部以为:释尊长期修行,到遇见迦叶佛(Kāśyapa)时入决定③。
入"决定"(niyāma),鸠摩罗什(Kumārajīva)译为入正位,与入
"正性离生"的意义相当。这是说:那时的释尊(前生),已证入

---

① 《大智度论》卷九(大正二五・一二一下——一二二上)。
② Mahāvastu(vol. 1. p. 121—123).《入大乘论》卷下(大正三二・四六上)。
③ 《论事》(南传五七・三六六——三七一)。

谛理而成为圣者;所以(圣者)菩萨能"随愿往生恶趣"①,是愿力而不是业力。这就是大众部等所说:"菩萨为欲饶益有情,愿生恶趣,随意能往。"②这样,菩萨修行,可分为两个阶段:初修是凡位,入决定以上是圣位。入圣位的菩萨,与"大乘佛法"的不退转——阿毗跋致(avaivartika)菩萨相当。这与上座部所说,未成佛以前的菩萨是"有漏异生",又非常不同了。总之,大众部系的佛及菩萨,是理想的、信仰的;上座部系是平实的。对满足一般宗教情绪来说,大众部系所说,是容易被接受的;这是一项引向"大乘佛法"的重要因素。

　　佛与菩萨,是依据释尊的传记("因缘")及传说("本生")等而发展;佛法的义理,是依据"四部阿含"及"杂部"的。论到法义(教理),大概地说:大众部系着重理性的思考,上座部系着重事相的论究。无为(asaṃskṛta)法,在《阿含经》中,指烦恼、苦息灭的涅槃;涅槃是依智慧的抉择而达成的,所以名为择灭(pra-tisaṃkhyā-nirodha)。赤铜鍱部但立择灭无为,代表了初期的法义。无为是不生不灭的,有永恒不变的意义,依此,说一切有部立三无为:择灭,非择灭(apratisaṃkhyā-nirodha),虚空(ākāśa)③。如因缘不具足,再也不可能生起,不是由于智慧的抉择而得灭(不起),名为非择灭。虚空无为,是含容一切色法,与色法不相碍的绝对空间。在大众部系及接近大众部(流行印度)的分别说系,无为法可多了! 如《异部宗轮论》(大正四九·一五

　　① 《论事》(南传五八·四三五——四三七)。
　　② 《异部宗轮论》(大正四九·一五中)。
　　③ 《异部宗轮论》(大正四九·一六上)。

中)说：

> "大众部、一说部、说出世部、鸡胤部,……四部同
> 说：……无为法有九种：一、择灭，二、非择灭，三、虚空，四、
> 空无边处，五、识无边处，六、无所有处，七、非想非非想处，
> 八、缘起支性，九、圣道支性。"

九无为中的前三无为，与说一切有部相同。空无边处(ākā-
sānañcāyatana)等四无为，是四无色定所契的定体。缘起支性
(pratītya-samutpādâṅgikatva)，经说十二缘起是："若佛出世，若
不出世，如是缘起法住、法界"，所以是本来如此，生死流转的必
然轨律。圣道支性(āryamārgaṅgikatva)，经上称"八正道"为"古
仙人道，古仙人径"，这是佛佛道同，解脱生死所必由的常道。
这二者都称为无为，都是永恒不变的理性。分别说系的化地部，
也立九无为："一、择灭，二、非择灭，三、虚空，四、不动，五、善法
真如，六、不善法真如，七、无记法真如，八、道支真如，九、缘起真
如"①。前三无为相同。不动(acala)，一般指不为三灾所动乱
的第四禅；化地部可能是广义的，通于空无边处等四无色定，都约
定体说。真如(tathatā)是如此如此而没变异的；善(kuśala)、不善
(akuśala)、无记(avyakṛta)法被称为真如，说明了善、不善、无记
(中容)性，都有一定的理则，决不变异的，可说是道德与不道德
的铁则。《舍利弗阿毗昙论》也立九种无为：择(智缘尽)、非择
(非智缘尽)、缘(缘起)、空无边处等四处外，别立决定与法

---

① 《异部宗轮论》(大正四九·一七上)。

住①。决定(即"正性离生")是无为,与大众部系中的案达罗
(四)派相同②。法住,可能是法住智所悟入的谛理。传说犊子
部诵习《舍利弗阿毗昙论》③,但现存汉译本,没有不可说我
(anabhilāpya-pudgala),也不立阿修罗(asura)为第六趣,不可能
是犊子系的诵本。《舍利弗阿毗昙论》的组织,与法藏部的《四
分律》、雪山部的《毗尼母论》所说的"论藏"大同④,现存本应该
是属于印度上座分别说系的。此外,案达罗四部与北道部说,灭
定是无为⑤。北道部说:色等自性名真如,是无为⑥。案达罗四
部中的东山住部,立四谛是无为;沙门果及得是无为⑦。大众系
及(流行印度的)分别说系,立种种无为,都是在推究永恒不变
的理性;倾向于形而上的理性探究,是明确而无疑的。这一倾
向,论到理想的佛陀观,就是绝对不二的佛陀。佛是超越常情
的,东山住部的《随顺颂》,说得非常明白,如《入中论》卷二(汉
藏教理院刊本三一)引《颂》说:

> "若世间导师,不顺世间转,佛及佛法性,谁亦不能知。
> 虽许蕴处界,同属一体性,然说有三界,是顺世间转。
> 无名诸法性,以不思议名,为诸有情说,是顺世间转。

---

① 《舍利弗阿毗昙论》卷一(大正二八·五二六下)。
② 《论事》(南传五八·一)。
③ 《大智度论》卷二(大正二五·七〇上)。
④ 《四分律》卷五四(大正二二·九六八中)。《毗尼母经》卷三(大正二四·
八一八上)。
⑤ 《论事》(南传五八·一四——一六)。
⑥ 《论事》(南传五八·三七二——三七四)。
⑦ 《论事》(南传五八·八——一一、三六八——三七二)。

由入佛本性,无事此亦无,然佛说无事,是顺世间转。
不见义无义,然说法中尊,说灭及胜义,是顺世间转。
不灭亦不生,与法界平等,然说有烧劫,是顺世间转。
虽于三世中,不得有情性,然说有情界,是顺世间转。"

在如来如实证——佛本性中,一切是同一的离言法性,没有世俗所见那样的我与法、有与无,连佛、灭、胜义,也都是无可说的。为众生——有情说这说那,都不过"顺世间转",随顺世间的方便。从如来自证的离言法性说,法性是超越于名言的。大众部系发展到此,与"大乘佛法"是没有太多不同的。

重于事相论究的,是上座部系的阿毗达磨——"论"。探求的内容,一、自相:佛所说的,我们平常所了解的,都是复合体;就是"一念心",也有复杂的心理因素。所以,从复合而探求(分析)到"其小无内"的单位,不同于其他而有自体的,"自相不失",就立为一法。二、共相:一切法所有的通遍性,或通于一切法,或通于有为(saṃskṛta),或通于色法等,通遍性名为共相。赤铜鍱部称共相为"论母",说一切有部名为"论门"(分别)。三、摄(saṃgraha):佛所说的,有同名而含义不同的,也有不同名字而内容是同一的,所以以"自性摄自性",凡同一体性的,就是一法,如《舍利弗阿毗昙论》说:"择,重择,究竟择,择法,思惟,觉,了达(自相他相共相),思,持,辩,进辩,慧,智,见,解脱,方便,术,焰,光,明,照,炬,慧根,慧力,择法,正觉,不薄,是名慧根。"①这样,异名而同实的,就化繁为简了。四、相应(sampr-

_____

① 《舍利弗阿毗昙论》卷五(大正二八·五六〇下——五六一上)。

ayukta）：这是复杂的心理而与心同起的。由于心理因素的性质
不一，有可以同时缘境而起的，是相应；不能同时缘境而起的，是
不相应。从"自相"分别得来的一一心心所法，经相应不相应的
论究，对内心能有明确的理解。五、因缘：一切有为法，都依因缘
而生起，这是佛法的定律。探求佛所说的因缘，意义非常多，所
以立种种因缘。如赤铜鍱部的《发趣论》，立二十四缘；《舍利弗
阿毗昙论》，立十因十缘（十种因缘）；说一切有部的《发智论》，
立六因、四缘。佛说（《阿含经》）经自相等论究，这才条理分明，
容易了解（不断论究而成为繁密的义学，是以后的事）。在论究
中，经"自相"、"摄"而成立的一一法（一般所说的七十五法、百
法，就是这样来的），加以分类，如赤铜鍱部的《摄阿毗达磨义
论》说："说此对法阿毗达磨义，胜义有四种：心及心所、色，涅槃
摄一切。"①《摄义论》归纳一切法为四类：涅槃是无为法，有为法
是心（citta）、心所（caitta）、色（rūpa）——三类。这四类都是胜
义（paramârtha），也就是实有的。说一切有部的《发智论》，觉得
有些有为法，不能纳入心、心所、色的，所以立心不相应行（citta-
viprayukta-saṃskāra）②。世友（Vasumitra）所造的《阿毗达磨品
类（足）论》，立"辩五事品"，以色、心、心所、心不相应行、无为为
五类③，统摄一切法，可说"纲举目张"，一直为后代的论师所
采用④。

---

① 《摄阿毗达磨义论》（南传六五·一）。
② 《阿毗达磨发智论》卷一（大正二六·九二○下、九二一下）。
③ 《阿毗达磨品类足论》卷一（大正二六·六九二中）。
④ 以上阿毗达磨的探求，参阅拙作《说一切有部为主的论书与论师之研究》
第二章第二节。

部派的异义多极了，略述三项最重要的。

一、三世有与现在有：佛说"诸行无常"，一切有为法是生而又灭的。在生灭现象中，有未来、现在、过去的三世，有依因缘而生果的关系。但经深入的论究，论究到一一法的最小单元，生灭于最短的时间——刹那（kṣaṇa），就分为二大系，三世有与现在有。三世有，是上座部中，说一切有部，犊子部（本末五部），及从说一切有分出的说转部所主张的。"三世有"是什么意义？一一法的实体，是没有增减的（这是"法界不增不减"的古义），如《阿毗达磨大毗婆沙论》卷七六（大正二七·三九五下——三九六上）说：

> "三世诸法，因性果性，随其所应，次第安立。体实恒有，无增无减，但依作用，说有说无。"

一一有为法的体性，是实有的：未来有，现在有，过去有，不能说"从无而有，有已还无"的。依诸法的作用，才可以说有说无。这是说，一切法不增不减，本来如此：没有生起以前，已经这样的有了，名"未来有"。依因缘而现起，法体还是这样，名"现在有"。作用过去了，法体还是这样的存在，名"过去有"。生灭、有无，约法的作用说，自体是恒住自性，如如不异的。生与灭——无常，是"不相应行法"。依缘而"生"与法俱起，刹那不住，法与"灭"俱去；法与生、灭俱而起（生灭相）用，所以说法生、法灭。其实，法体是没有生灭的，也就没有因果可说的，如《大毗婆沙论》说："我说诸因以作用为果，非以实体为果；又说诸法以作用为因，非以实体为因。诸法实体，恒无转变，非因果故。"①这是著名的"法性恒住"、"三世实有"说。依说一切有部,常与恒是不同的。法体如如不异而流转于三世的,是恒有;不生不灭的无为法,是常。这一思想,有法体不变而作用变异的意义,所以从说一切有部分出的说转部说:"有根边蕴,有一味蕴。"②这应该就是《大毗婆沙论》所说的:"有执蕴有二种:一、根本蕴,二、作用蕴;前蕴是常,后蕴非常。"③一味蕴即根本蕴,是常恒而没有变异的;根边蕴即作用蕴,从根本而起的作用,是非常的。这就是说一切有部的法体与作用,差别只是法体的是常、是恒而已;但在一般解说,常与恒是没有不同的。化地部末计,也说"实有过去、未来"④。案达罗四部说:"一切法自性决定";"一切法有,三世各住自位"⑤,也近于三世有说。与三世有说对立的,是现在有说,如大众部等说"过去、未来非实有体";化地部说"过去、未来是无,现在、无为是有"⑥。一切有为法,生灭无常,因果相续,都是现在有。过去了的,影响现在,所以说过去法"曾有"。还没有生起而未来可能生起,所以说未来法"当有"。曾有而影响现在或未来的,未来而可以生起的功能,其实都是现在有;一切依现在而安立,过去与未来,假名而没有实法。这是说:人生、宇宙的实相,都在当前的刹那中。《大毗婆沙论》有一值得注意的传说:"有说:过去、未来无实体性,现在虽有而

① 《阿毗达磨大毗婆沙论》卷二一(大正二七·一〇五下)。
② 《异部宗轮论》(大正四九·一七中)。
③ 《阿毗达磨大毗婆沙论》卷一一(大正二七·五五中)。
④ 《异部宗轮论》(大正四九·一七上)。
⑤ 《论事》(南传五八·四一三——四一五、五七·二一二——二一七)。
⑥ 《异部宗轮论》(大正四九·一六上、下)。

是无为。"①这是现在有说,应属于大众、分别说系。说现在有而是无为的,似乎非常特殊!从大众部分化出的北道派说:色等(有为)法的自性,是真如、无为②。这正是"现在实有而是无为";无为是有为的自性,如如不异,依自性而起用,有生有灭,才是有为。这与说转部的根本蕴是常,同一意义,不同的是三世有与现在有而已。三世有与现在有,论诤得尖锐对立着,但论究到一一法的自性,现出了是常是恒的共同倾向;对"大乘佛法"来说,也可说殊途同归了!

二、一念见谛与次第见谛,是有关修证的重要问题。佛弟子依法修行,以般若——慧见谛。形容体见谛理的文句,经律也有不同的叙述,如《赤铜鍱律·大品》(南传三·二一)说:

"具寿憍陈如远尘离垢法眼生:一切集法皆是灭法。"③

阿若憍陈如(Ājñāta-kauṇḍinya),为五比丘中最先悟入的。见苦集皆是灭法,显然是缘起的苦集与苦灭的体见。由于安立四谛:苦应知,集应断,灭应证,道应修;在正见为先导的修行中,知苦、断集而证灭,名为"见灭得道"或"一念见谛"。然在《阿含经》中,如实知苦(或五蕴等分别说)、如实知集、如实知灭、如实知道,处处都这样说。如《转法轮经》,在知苦、断集、证灭、修道下,都说:"正思惟时,生眼、智、明、觉"④:这是于四谛别别的生

①　《阿毗达磨大毗婆沙论》卷一三(大正二七·六五中)。
②　《论事》(南传五八·三七二)。
③　《弥沙塞部和醯五分律》卷一五(大正二二·一〇四下)。
④　《杂阿含经》卷一五(大正二·一〇三下)。《相应部》(五六)《谛相应》(南传一六下·三四一——三四二)。

智,那就是别别悟入了。在分化的部派中,说一切有部立十五心见道;犊子系立十二心见谛(从说一切有部脱出的,后起的经部,立八心见谛):这都是次第见谛,而且是(先)见苦得道的。大众及分别说系,立"一念见谛"、"见灭得道"说。梁真谛译的《四谛论》,属于大众系的说假部(真谛译作分别部),如《论》卷一(大正三二·三七八上、三七九上)说:

> "若见无为法寂离生灭灭谛,四(谛)义一时成。"
>
> "我说一时见四谛:一时离(苦),一时除(集),一时得(灭),一时修(道)。"

《大毗婆沙论》说:法藏部"以无相三摩地,于涅槃起寂静作意,入正性离生"①,也是见灭得道的。化地部说:"于四圣谛一时现观,见苦谛时能见诸谛。"②这是顿见四谛,而顿见以后,"见苦谛时能见诸谛"。可说是次第见苦得道与一时见灭得道的折衷派。怎样的修行,才能见谛理,不是从论理中得来,而是修行者以自身的修验教人,渐形成不同的修行次第。对于这二派,我以为都是可行的。佛法中的阿罗汉,有慧解脱与俱解脱。慧解脱者是以法住智,知缘起的因果生灭而得证的。俱解脱者能深入禅定,得见法涅槃,也就以涅槃智得证的。阿罗汉如此,初见谛理的,也就有此二类:以法住智见道的,与次第见四谛得道相合;以涅槃智而证初果的,与一念见灭得道相合。修学者的根性不同,修证见谛,也因师资授受而形成不同的修学次第。部派的

---

① 《阿毗达磨大毗婆沙论》卷一八五(大正二七·九二七下)。
② 《异部宗轮论》(大正四九·一六下)。

修慧次第,说一切有部与赤铜鍱部的论书,还明确可见。在基本的修证次第中,都加以组织条理,似乎严密周详,而对真正的修行者,怕反而多所纠缠,不可能有释尊时代那种简要直入的修证了!

　　三、补特伽罗(pudgala)与一心:补特伽罗,意译为"数取趣",是一生又一生的众生——有情(sattva)。众生个体的活动,是现实的存在。佛法说(生灭)无常、无我,那怎样解说忆念、作业受报、生死流转、从生死得解脱——这一连串的事实? 主张"三世有"的部派,可说是依蕴、界、处——身心的综和活动来解说的;主张"现在有"的,是依"一心"来解说的。依蕴、界、处而立补特伽罗的,一、说一切有部以为:"有情但依现有执受相续假立。说一切行皆刹那灭,定无少法能从前世转至后世,但有世俗补特伽罗说有移转。"①现在世摄的身心,有执持、觉受用,刹那灭而又相续生。法是刹那灭的,没有移转,但在这执受为有情自体的和合相续上,说有"假名我",有移转——从前生到后世的可能。假名我是没有自性的,所以佛说"无我"。二、犊子部等说:"谛义胜义,补特伽罗可得";"补特伽罗非即蕴离蕴,依蕴、处、界——假施设名"②。犊子部等也是三世有的;补特伽罗也是依蕴、界、处而假施设的,但别立为"不可说我"。犊子部以为:和合有不离实法有,不是没有的。如依薪有火,火是不离薪的,但火并不就是薪。依实法和合而有我,可说我知我见,我从前世到后世。这二派,古代称之为"假无体家"、"假有体家"。三、从有部分出的说转部说:"说诸蕴有从前世转至后世。……

---

①　《异部宗轮论》(大正四九·一六下)。
②　《论事》(南传五七·一)。《异部宗轮论》(大正四九·一六下)。

有根边蕴,有一味蕴……执有胜义补特伽罗。"①上面曾说到:一味蕴是有部的法性恒住,根边蕴是作用差别。有部说"恒住",说转部说是"常住"。体常而用无常,综合地立为胜义补特伽罗。有常一性,又有转变性。这三家,都是说三世实有,法性恒常住的;后二家,与大乘的"真常我",可以比较研究。再说"现在有"的,依心立我,如《成实论》说:"又无我故,应心起业;以心是一,能起诸业,还自受报。心死心生,心缚心解。本所更用,心能忆念,故知心一。又以心是一,故能修集,若念念灭,则无集力。又佛法无我,以心一故,名众生相";"心法能知自体,如灯自照,亦照余物"②。从灯能自照照他的譬喻,可知这是大众部的本义(末宗或说"心心所法无转变")。一心论,不是刹那生灭而是刹那转变的。以一心来说明一众生,说明记忆、造业受报的事。这种见解,在说明记忆时,有"前后一觉论者":"彼作是说:前作事觉,后忆念觉,相用虽异,其性是一,如是可能忆本所作。"③在说明杂染与清净时,有"一心相续论者":"有执但有一心。……有随眠心,无随眠心,其性不异。圣道现前,与烦恼相违,不违心性。为对治烦恼,非对治心,如浣衣、磨镜、炼金等物,与垢等相违,不违衣等。"④这与心性本净论者相同:"心本性清净,客尘烦恼所染污故,相不清净";"染污不染污心,其体无异"⑤。心性本净,是大众部、分别说部系所说。一心的"其性不

---

① 《异部宗轮论》(大正四九・一七中)。
② 《成实论》卷五(大正三二・二七八下、二七九上)。
③ 《阿毗达磨大毗婆沙论》卷一一(大正二七・五五中)。
④ 《阿毗达磨大毗婆沙论》卷二二(大正二七・一一〇上)。
⑤ 《阿毗达磨大毗婆沙论》卷二七(大正二七・一四〇中——下)。

异"，"其体无异"，不是常住的。依《成实论》说："我不为念念
灭心故如是说，以相续心故说垢染"①，正是"一心相续论"的见
解。但说识而有特色的，有"意界是常论"者："彼作是说：六识
虽生灭，而意界是常，如是可能忆本所作，六识所作事，意界能忆
故。"②意界(mano-dhātu)是六识界生起的所依，所以"意界是
常"，是依常住意而起生灭的六识，也是在一般起灭不已的六识
底里，别有常住不变的心。这也是为了说明忆念的可能，不知是
哪一部派的意见！ 二、赤铜鍱部立有分识③：有分识是死时、生
时识；在一生中，也是六识不起作用时的潜意识：一切心识作用，
依有分识而起；作用止息，回复于平静的，就是有分识。众生的
心识活动，起于有分识，归于有分识，这样的循环不已，所以古人
称之为"九心轮"。这二说，都是从一般的六识，而探求到心识
的底里。部派早期的心识说，都是为了说明忆念、造业受报、从
系缚得解脱，通俗是看作自我的作用。"心性本净"，"意界是
常"，与大乘的真常心，是有深切关系的。

　　再论僧伽，释尊"依法摄僧"，将出家弟子纳入组织；在有纪
律的集体生活中，安心修学，摄化信众。释尊入灭以后，佛法依
僧伽的自行化他而更加发展起来。"毗尼是世界中实"，有时与
地的适应性，所以佛法分化各地而成立的部派，僧伽所依据的毗
尼——律，也有多少适应的变化。大众部系是重"法"的，对律
制不拘小节。如灰山住部——鸡胤部，是从大众部分出的，《三

---

① 《成实论》卷三(大正三二·二五八中)。
② 《阿毗达磨大毗婆沙论》卷一一(大正二七·五五中)。
③ 《清净道论》(南传六四·四二)。

论玄义》(大正四五·九上)说:

> "灰山住部……引经偈云:随宜覆身,随宜饮食,随宜
> 住处,疾断烦恼。……佛意但令疾断烦恼,此部甚精进,过
> 余(派)人也。"

衣服、饮食、住处,鸡胤部以为一切都可以随宜,不必死守律
制。以僧伽住处来说,律制是要结界的,界是确立一定的区域,
界以内的比丘,依律制行事。鸡胤部以为结界也可以,不结界也
可以。如不结界,那僧伽的一切规制都无法推行,犯罪而需要忏
悔的,也无法如律忏悔出罪了:这等于对僧伽制度的全盘否定。
这一派比丘,并不是胡作非为的,反而是精进修行,专求断烦恼
得解脱的。这也许是不满一般持律者的墨守成规,过分形式化;
也许是怀念佛法初启,还没有制立种种规制时期的修行生活,因
而忽略佛制在人间的特性,陷于个人主义的修持。鸡胤部是大
众部早期分出的部派,这可能是勤修定慧,经长期演化的情形;
《三论玄义》是依真谛《部执异论疏》所说的。大众部的律制随
宜,发展在南方的案达罗学派及方广部说:为了悲悯,供养佛,如
男女同意,可以行淫①,这是破坏了佛制出家的特性。北道部
说:有在家的阿罗汉②。在家人是可以修得阿罗汉果的,但得了
阿罗汉果,依然妻儿聚居,劳心于田产事业,这是律制所没有前例
的。在家阿罗汉与同意可以行淫,对释尊所制出家轨范,几乎荡
然无存。大众系重法而律制随宜的倾向,将使佛法面目一新了!

---

① 《论事》(南传五八·四三三)。
② 《论事》(南传五七·三四二——三四四)。

第三章 初期"大乘佛法"

第一节 初期大乘经的流布

西元前一世纪中,"大乘佛法"开始兴起,这是佛法而又大乘(mahāyāna)的;倾向于理想的、形而上的,信仰而又通俗化的佛法。大乘经典的传出,从内容的先后不同,可以分为"初期大乘"与"后期大乘"。初期与后期的分别,是有经说可据的,如《解深密经》的三转法轮:初转是(声闻)"佛法";二转与三转,就是"大乘佛法"的初期与后期①。又如《大集经》的《陀罗尼自在王品》:初说无常、苦、无我、不净;次说空、无相、无愿;后说不退转法轮,令众生入如来境界②,也表示了大乘有先后的差别。大概地说:以一切法空(sarva-dharma-śūnyatā)为了义的,是"初期大乘";以一切法空为不究竟,而应"空其所空,有(也作'不空')其所有"的,是"后期大乘"。"初期大乘"经的传出,约自

---

① 《解深密经》卷二(大正一六·六九七上——中)。
② 《究竟一乘宝性论》卷二引经(大正三一·八二二上)。《大方等大集经》(二)《陀罗尼自在王菩萨品》(大正一三·二一下)。

西元前五〇年到西元二〇〇年顷,传出也是有先后的。也有思想与"初期"相同,而传出却迟在"后期"的,这如"部派佛教",是先于大乘的,而在大乘流行中,部派也还在流行发展一样。

"初期大乘"经的部类繁多,在"大乘佛法"的倾向下,多方面传出,不是少数地区、少数人所传出的。传出的,或起初是小部,渐渐地扩编成大部,如《般若经》。或各别传出,后以性质相同而合编的,如《华严经》。要确定"初期大乘"到底是哪些经典,说明也真不容易!鸠摩罗什译经,虽迟在西元五世纪初,但所译龙树的《大智度论》与《十住毗婆沙论》,是属于西元三世纪初的论典。《论》中广引大乘经,性质都是初期的,比西元三世纪后半竺法护(Dharmaraksa)所译的部分经典,反而要早些。龙树论所引大乘经,标举经名的,共二十六部;没有标出经名,而内容明确可见的,共八部;可能没有译成汉文的,有三部;还有泛举经名的九部。先叙述于下,作为"初期大乘"最可信的教典。

属于"般若部"的,有"上品"十万颂,与玄奘所译的《大般若经》"初分"相当;"中品"二万二千偈,与《大般若经》"第二分"相当;"下品"——《道行》,与《大般若经》"第四分"及"第五分"相当。"中品"与"下品",中国一向称之为《大品》与《小品》。属于"华严部"的,有《华藏世界品》、《十地品》、《入法界品》。属于"宝积部"的,有与"第三会"相当的《密迹经》;与"第五会"相当的《阿弥陀佛经》;与"第六会"相当的"阿閦佛国经";与"第一九会"相当的《郁伽长者问经》;与"第三三会"相当的《离垢施女经》;与"第四三会"相当的《宝顶经》,这是原始的《宝积经》,《大宝积经》四九会,就是依此而汇编所成的。依《十住毗

婆沙论》,今编入《大集经》的《无尽意菩萨经》,早期也是属于
"宝积部"的①。

　　不属于大部的,如《首楞严三昧经》;《般舟三昧经》,后代作
为"大集部",与经意不合;《贤劫三昧经》;《弘道广显三昧经》;
《毗摩罗诘经》;《法华经》;《三十三天品经》,即《佛升忉利天为
母说法经》;《放钵经》;《德女经》;《自在王菩萨经》;《海龙王
经》;《大树紧那罗王所问经》;《文殊师利净律经》;《宝月童子
所问经》;《三支经·除罪业品》,与《舍利弗悔过经》相当;《智
印经》;《诸佛本起经》;《诸法无行经》;《不必定入定入印经》;
《持入世经》;《决定王大乘经》;《净德经》;《富楼那弥帝隶耶尼
子经》。

　　还有但举经名而不详内容的,如《云经》、《大云经》、《法云
经》,都是"各各十万偈"的大部。昙无谶(Dharmarakṣa)所译
《大云经》,不知是否十万偈《大云经》的一分?《六波罗蜜经》,
可能是《六度集经》。《弥勒问经》,可能与《大宝积经》的"四一
会"或"四二会"相当。《大悲经》,那连提耶舍(Narendrayaśas)
也译有《大悲经》,不知是否相同!《方便经》、《阿修罗问经》、
《断一切众生疑经》,内容不明。

　　龙树所引的大乘经,不可能是当时大乘经的全部。从我国
现存的译本来看,汉、魏、吴所译的,如《文殊问菩萨署经》、《内
藏百宝经》、《成具光明定意经》、《菩萨本业经》(《华严经·净
行品》的古译);西晋竺法护所译的,如《文殊师利严净经》、《文

----

　　①　《十住毗婆沙论》卷一六(大正二六·一〇九下)。

殊师利现宝藏经》、《等集众德三昧经》、《大净法门经》、《幻士仁贤经》、《济诸方等学经》、《文殊师利悔过经》、《如幻三昧经》等;鸠摩罗什所译的《金刚般若波罗蜜经》、《菩萨藏经》(《富楼那问》)等,也都是"初期大乘"的教典。大部、小品,部类是相当多的①!

　　"大乘佛法"兴起的因缘,是多方面的。释尊入灭了,在"佛弟子的永恒怀念中","世间情深",不能满足于人间(涅槃了)的佛陀,依自我意欲而倾向于理想的佛陀,不过理想的程度是不一致的。如说如来(Tathāgata)无所不在,无所不能,无所不知,在大众部系中,也不可能起初就是这么说的。佛是修行所成的,与声闻(śrāvaka)弟子的修行,当然会有些不同。从不断传出的释尊过去生中的本生事迹,归纳出成佛的大行——波罗蜜多(pāramitā),波罗蜜多译为"到彼岸",也是"究竟完成"的意思。说一切有部立四波罗蜜多。"外国师"立六波罗蜜多——施,戒,忍,精进,静虑,般若。又有别立六波罗蜜多,去"静虑"而加"闻"的。赤铜鍱部立十波罗蜜多。"外国师"所立六波罗蜜,是法藏部、说出世部等所用,也是一般大乘经所通用的②。六波罗蜜是成佛的因行,发心成佛而修行的,名为菩萨。佛是福德、智慧都圆满的,依因果律,一定是菩萨长期修集福慧的成果。所以菩萨修行,说一切有部以为要经三大阿僧祇劫;"别部执有七阿

---

　　① 初期大乘经类,参阅拙作《初期大乘佛教之起源与开展》第一章第二节第二项。
　　② 参阅拙作《初期大乘佛教之起源与开展》第三章第二节第三项。

僧祇"①。龙树评斥说一切有部说:"佛言无量阿僧祇劫作功德,
欲度众生,何以故言于三阿僧祇劫? 三阿僧祇劫有量有限!"②
无量阿僧祇劫作功德,欲度众生,所以说没有一处不是释尊过去
生中,舍身救度众生的地方。为法为众生而无限精进,忘己为
人,不求速成——不急求自己的解脱成佛,而愿长期在生死中,
从利他中去完成自己。菩萨修行成佛的菩提道,无比的伟大,充
分地表现出来;这才受到佛弟子的赞仰修学,形成"大乘佛法"
的洪流。菩萨道继承"佛法",自利利他,一切都是以般若
(prajñā)为先导的。般若的体悟法性,名为得无生法忍(anutpat-
tika-dharma-kṣānti);知一切法实相而不证(证入,就成为声闻的
阿罗汉了),登阿鞞跋致位——不退转。以前,名柔顺忍
(ānulomikī-dharma-kṣānti)。修菩萨行的,"以一切智智相应作
意,大悲为首,用无所得而为方便"③。菩提心(bodhi-citta)、大
悲(mahākaruṇā)、(般若)无所得(aprāptitva),三者并重。如以
般若为先导来说,般若于一切法都无所得,在闻、思、修、证中,是
最根本最重要的。"大乘佛法"的甚深,依般若无所得而显示出
来。菩萨行太伟大了! 一般人向往有心,而又觉得不容易修学
成就,所以有"鱼子、庵罗华,菩萨初发心,三事因中多,及其结
果少"的慨叹。恰好大众部等说十方世界现前有佛,于是信增
上人以念佛(及菩萨)、忏悔等为修行,求生他方净土,见佛闻法,
而得不退于阿耨多罗三藐三菩提(anuttara-samyak-saṃbodhi)。

————————

　　① 《摄大乘论释》卷一一(大正三一·二三一中)。
　　② 《大智度论》卷四(大正二五·九二中)。
　　③ 《大般若波罗蜜多经》("二分")卷四一二(大正七·六七中——六八上)。

"大乘佛法"是多方面的,传出也是多方面的,而"初期大乘"的主流,是般若为导的、甚深广大的菩萨行。

重信行的,重智行的,重悲行的,大乘经从多方面传出,都是以修行为主,不是论典那样的。大乘经从哪些地区传出,没有明确的记录,但一部分是可以推论而知的。如《般若经》原始部分,相当于《道行般若经》初《道行品》;后来发展而集成"下品",一般所说的"小品般若"。再扩大而集成"中品",一般称之为"大品般若"。再扩编为"上品"的十万颂。经典在传写中,偈颂或多或少,所以玄奘所译《大般若经》,就采取了五部——前五分。《道行般若波罗蜜经》卷四(大正八·四四六上——中)说:

> "怛萨阿竭如来去(世)后,是般若波罗蜜当在南天竺;其有学已,从南天竺当转至西天竺;其有学已,当从西天竺转至到北天竺。"

从南印度而西而北,除后来玄奘所译以外,"小品"、"大品"各译本,都是一致的。这说明了,"般若法门"是起于南印度,大众部系的化区。流行到西(南)印度,那是分别说部中,法藏部等的化区。再到北印度,那是(罽宾)以乌仗那为中心的地区。经中说般若在北方盛大流行,暗示了"下品般若"是在这一地区集成的。玄奘所译,一致说从北方转至"东北方",那是《般若经》从于阗而传来中国了,与"下品般若"集成的情形不合。"中品般若"融摄了北方说一切有部的部分"法数";"上品般若"受到了犊子部系的影响①。吕澂《印度佛学思想概论》,以为"般若

---

① 参阅拙作《初期大乘佛教之起源与开展》第十章第五节。

部"中,《金刚般若经》成立最早①,是不妥当的。《金刚般若经》说到"五眼",出于"中品般若"的前分。"大身",出于"中品"前分的"序品"。处处说"即非……,是名……",也与"中品"后分,依胜义谛(paramârtha-satya)一切法不可得、不可说,依世俗谛(saṃvṛti-satya)可说有一切相合。《金刚般若经》的成立,早也不过与"中品"相同。

　　《华严经》,龙树论所引,已有晋译的初二品,《十地品》、《入法界品》。《入法界品》以文殊师利(Mañjuśrī)南下,教化福城——觉城(Bhaddiya-nagara)的善财(Sudhana)童子发菩提心,然后不断地南行,参访善知识,表示在家菩萨的修行历程。唐译《入法界品》,说到"华藏庄严世界海","一切世界海,一切世界种"②,已接触到《华严》前二品的内容。在说一切有部中,善财是释尊的"本生"事迹;《入法界品》就以善财穷追不舍的精神作为求法无厌、无限精进的菩萨典型。善财所住的福城,考定为古代乌荼(Uḍra),现在奥里萨(Orissa)的 Bhadraka 地方。这里濒临大海,与龙树入龙宫得《华严经》的传说有关。唐德宗贞元十一年(西元七九五),乌荼国王向我国进献的《入不思议解脱境界普贤行愿品》,正是《入法界品》。《入法界品》的传出,与此地有关。善财由此而向南参访,表示了当时南方佛弟子心目中的菩萨形象③。南方传出的《华严经》部分,也流传到北方。大部《华严经》中,有《诸菩萨住处品》,提到了震旦——中国与

　　①　吕澂《印度佛学思想概论》(台湾天华出版社本九九——一○一)。
　　②　《大方广佛华严经》卷七一(大正一○·三八六下)。
　　③　参阅拙作《初期大乘佛教之起源与开展》第十三章第五节第一项。

疏勒。大部《华严经》的集成,说在印度北方,应该是没有问题的。

　　"初期大乘"经中,与文殊师利有关的不少。文殊是现出家相的,却不重视释尊的律制。经上说:文殊是从东方宝氏世界、宝英如来(佛土与佛名,异译不一)那边来的①,来了就没有回去,赞助释尊弘法,也独当一面地说法。多氏《印度佛教史》说:文殊现比丘相,来到欧提毗舍(Oḍiviśa)月护(Candrarakṣa)的家中,说大乘法,为人间流行大乘法的开始②。欧提毗舍为印度东方三大地区之一,就是现在的奥里萨,也就是善财的故乡;"文殊法门"与这一地区有关。文殊从东方(也可说南方,已属南印度)来,是"初期大乘"经的一致传说。《华严经》后出的《菩萨住处品》,说文殊住在东北的清凉山③;文殊也就渐渐转化为中国五台山的菩萨了。

　　重信愿的(大本)《阿弥陀佛经》,原本是着重无量光(Amitābha),从落日潜晖,而以那边的无量光明(净土)为理想的。无限光明的仰望,有崇仰太阳的意义;印度的毗卢遮那(Vairocana)——日,也正受到《华严经》的尊重,不过阿弥陀佛,更多一些外来的气息。波斯(Pārasya)的琐罗斯德(Zoroaster)教,无限光明的神,名Ormazd,是人类永久幸福所仰望的④;与阿弥陀佛的信仰多少有点类似。《三宝感应要略录》卷上(大正五

---

① 《佛说文殊师利净律经》(大正一四·四四八中)。
② 多氏《印度佛教史》(寺本婉雅日译本九六)。
③ 《大方广佛华严经》卷二九(大正九·五九〇上)。
④ 参照静谷正雄《初期大乘佛教之成立过程》(二五一)。

一·八三一下）说：

> "安息国人，不识佛法，居边地，鄙质愚气。时有鹦鹉
> 鸟，……身肥气力弱。有人问曰：汝以何物为食？曰：我闻
> 阿弥陀佛唱以为食，身肥力强，若欲养我，可唱佛名。诸人
> 竞唱（佛名），鸟渐飞腾空中，……指西方而去。王臣叹异
> 曰：此是阿弥陀佛化作鸟身，引摄边鄙，岂非现生往
> 生！……以其（疑'从是'之误）已来，安息国人少识佛法，
> 往生净土者盖多矣。"

这是出于《外国记》的传说。传说不在别处，恰好在安息
（Arsakes），也就是波斯，这就有传说的价值。安息人不识佛法，
而有念阿弥陀佛的信仰，正说破了弥陀净土与印度西北的关系。

"初期大乘"的主要教典，可以推定的是：《般若》，《华严》
（部分），及思想介于《般若》、《华严》间的文殊教典，重于菩萨
深广的大行，菩萨普入世间的方便，是兴起于南方，传入北方而
大成的。重于信愿的，如《阿弥陀佛经》，是起于北方的。"初期
大乘"的兴起，是佛教界的共同趋势，适应边区而面目一新。南
方——乌荼，安达罗兴起的大乘，传入北方。北方大乘以（罽
宾）乌仗那为中心，向东西山地延伸；向南而进入平地，就是犍
陀罗——众香城。这一带，是"大乘佛法"非常兴盛的地区①。
这一地区，受到臾那人、波斯人、塞迦人的一再侵入；西元初，称为
贵霜王朝的大月氏人又进入印度。其中，乌仗那、舍摩（Śamī）等

---

① 参阅拙作《初期大乘佛教之起源与开展》第七章第三节第二项。

四国是塞迦族,被传说为释迦同族。塞迦族与波斯人有长期的合作关系,都是大乘的信仰者。这一地区,由于民族复杂,长期共存,思想比较能兼容并蓄,如声闻五部派的戒律都在这里流行①,就是一例。同时,印度各方面的政权起伏,而佛法却是超政治的,由南而北,也由北而中而南(反传南方,似乎少些),到处畅通。如起于北方的《阿弥陀佛经》,二大菩萨——观世音(Avalokitêśvara)与大势至(Mahāsthāmaprāpta),与《入法界品》的观自在,及从空而来观自在菩萨处的正趣(Ananyagāmin)——二位菩萨,功德是相同的②。南、北思想的流通与相互影响,是不因政治而有所限碍的。总之,"初期大乘"的兴起,与南北边区佛教的开展有关。

第二节　深智大行的大乘

　　"初期大乘"经部类众多,法门也各有所重,而同以"发菩提心,修菩萨行,成就佛果"为目的;与"佛法"的修出离行,以"逮得己利",当然会有众多的不同。然探究二者的根本差异:"佛法"是"导之以法,齐之以律",以达成正法久住、利乐众生为目的;而"初期大乘",是重"法"的自行化他而不重"律"的。对于"法",二者也不同。"佛法"是缘起说,从众生——人类现实身心中,知迷悟、染净的必然而通遍的"法",观一切为无常、苦、无

---

①　《大唐西域记》卷三(大正五一·八八二中)。
②　《大方广佛华严经》卷六八(大正一〇·三六七上——中)。《观无量寿佛经》(大正一二·三四四上——中)。

我我所而契入的。"初期大乘"却以为这些是世俗谛说，要依胜义谛说。所以如说五蕴无常，"若如是求，是为行般若波罗蜜"，也要被斥为"说相似般若波罗蜜"了①。"初期大乘"的依胜义谛说，如《佛说文殊师利净律经》(大正一四·四四八下)说：

　　"彼土众生，了真谛义以为元首，不以缘合为第一也。"

异译《清净毗尼方广经》作："彼佛刹土，不知(苦)断(集)，不修(道)证(灭，以上是四谛)；彼诸众生重第一义谛，非重世谛。"②文殊师利菩萨是从东(南)方世界来的，那边的佛法，以了达真谛——胜义谛为先，不如此土的佛法，以缘起(四谛，世俗谛)为先要的。"此土"，是释尊以来传统的"佛法"；文殊所宣扬的"彼土"佛法，就是出现于东南印度的"大乘"。依"佛法"说："不问汝知不知，且自先知法住，后知涅槃。"③如实知缘起的法住智，是修道的必要历程，决不能离世间的如实知，而能得涅槃的。然在"初期大乘"，无论是利根、中根、钝根；初学、不退转④，都直从与涅槃相当的"甚深处"入门。《般若经》是"初期大乘"的重要经典，充分表达了这一意趣，试引经所说⑤：

　　1."甚深相者，即是空义，即是无相、无作愿、无起、无

---

①　《小品般若波罗蜜经》卷三(大正八·五四六下)。
②　《清净毗尼方广经》(大正二四·一〇七六中)。《寂调音所问经》(大正二四·一〇八一下)。
③　《杂阿含经》卷一四(大正二·九七中)。
④　《摩诃般若波罗蜜经》卷二一(大正八·三七二上)。
⑤　1.《小品般若波罗蜜经》卷七(大正八·五六六上)。2.《摩诃般若波罗蜜经》卷一七(大正八·三四四上)。

生、无灭、无所有、无染、寂灭、远离、涅槃义。"

　　2."深奥处者,空是其义,无相、无作、无起、无生、(无灭、)无染、寂灭、离、如、法性界、实际、涅槃。须菩提! 如是等法,是为深奥义。"

　　这都是姚秦鸠摩罗什所译的。1.是《小品般若波罗蜜经》;2.是《摩诃般若波罗蜜经》,俗称"大品"。经中列举种种甚深义,唐玄奘译本结论为:"如是所说甚深义处种种增语,皆显涅槃为甚深义。"①涅槃是圣者自证的,非一般的意识分别、语言文字所能及的。不可说是"有",也不等于"无"②,《阿含经》只以遮离、譬喻,及"微妙"等形容词为方便来表示③。大乘《般若经》中,所说种种深义,都是涅槃的异名。如无生(anutpāda)、离(niḥsaraṇa)、灭(nirodha),是《阿含经》常用来表示涅槃解脱的。空(śūnyatā)、无相(animitta)、无愿(apraṇihita),是趣向涅槃的甚深观行,大乘经也就以此表示涅槃。(真)如(tathatā)、法界(dharma-dhātu)、实际(bhūtakoṭi),在《大般若经》中,类集为真如等十二异名④。这些名字,如、法界等,《阿含经》是用来表示缘起法的,但在大乘经中,都作为胜义谛、涅槃的别名。"佛法"与"大乘佛法"的所重不同,依此而可以明了出来。

　　《般若经》等着眼于佛弟子的修行,所说的甚深义,是言说

－－－－－－－－－－

　　① 《大般若波罗蜜多经》(第二分)卷四四九(大正七·二六九上——下)。
　　② 《杂阿含经》卷九(大正二·六〇上)。
　　③ 《杂阿含经》卷三一(大正二·二二四中)。《相应部》(四三)《无为相应》(南传一六上·七七——九七)。
　　④ 《大般若波罗蜜多经》(初分)卷三(大正五·一三中)。

思惟所不及的。这是以佛及阿罗汉的自证为准量的,如《大般若经》一再地说:"以法住性为定量故";"诸法法性而为定量";"皆以真如为定量故";"但以实际为量故"①。量(pramāṇa)是正确的知见,可为知见准量的。与《般若经》同源异流的,有关文殊菩萨的教典,也一再说:"皆依胜义";"但说法界";"依于解脱"②。这是大乘深义的特质所在,惟有般若——闻慧(音响忍)、思与修慧(柔顺忍)、修与现观慧(无生法忍)所能趣入。由此可见般若波罗蜜在菩萨道中的重要性,对经中所说"一切法不可得";"一切法本性空";"一切法本不生";"一切法本清净"(净是空的异名);"诸法从本来,常自寂灭相",也可以理会,这都是"无所得为方便"的般若——菩萨慧与佛慧("佛之知见")的境地。

　　大乘甚深义,从"佛法"的涅槃而来。但在"佛法",见法涅槃——得涅槃智的阿罗汉,是"不再受后有"的,那菩萨的修"空性胜解",直到得无生忍,还是不证入涅槃,怎么可能呢?我曾加以论究,如《空之探究》(一五一——一五三页,本版一二六——一二八页)说:

　　　　"众生的根性不一,还有一类人,不是信仰、希欲、听闻、觉想,也不是见审谛忍,却有'有生死灭涅槃'的知见,但不是阿罗汉。如从井中望下去,如实知见水,但还不能尝到

　　① 《大般若波罗蜜多经》(二分)卷四六〇(大正七・三二七上),卷四六二(大正七・三三六中),卷四六三(大正七・三四〇中),卷四七三(大正七・三九四中)。
　　② 《大般若波罗蜜多经》卷五七六《那伽室利分》(大正七・九七五上)。《濡首菩萨无上清净分卫经》卷下(大正八・七四六上)。《佛说决定毗尼经》(大正一二・四一上)。

水一样①。……（绝少数）正知见‘有灭涅槃’而不证得阿罗汉的，不入灭尽定而有甚深涅槃知见的，正是初期大乘，观一切法空而不证实际的菩萨模样。……有涅槃知见而不证的，在崇尚菩萨道的气运中，求成佛道，利益众生，才会充分地发扬起来！”

“大乘佛法”的甚深义，依于涅槃而来，而在大乘法的开展中，渐渐地表示了不同的涵义。起初，菩萨无生法忍所体悟的，与二乘的涅槃相同，《华严经·十地品》也说：“一切法性，一切法相，有佛无佛，常住不异。一切如来不以得此法故说名为佛，声闻、辟支佛亦得此寂灭无分别法。”②《般若》等大乘经，每引用二乘所证的，以证明菩萨般若的都无所住。二乘的果证，都“不离是忍”③，这表示大乘初兴的含容传统佛法。然菩萨是胜过二乘的，菩提心与大悲不舍众生，是殊胜的。智慧方面，依般若而起方便善巧（upāya-kauśalya），菩萨自利利他的善巧，是二乘所望尘莫及的；《华严经·入法界品》与《维摩诘经》称之为不可思议解脱（acintya-vimukti）。发展到二乘的涅槃，如化城一样，“汝所得非（真）灭”④。这如一时睡眠；只是醉三昧酒⑤，佛的涅槃才是真涅槃呢！“大乘佛法”的甚深涅槃，与“佛法”不同；简要

---

① 《杂阿含经》卷一四（大正二·九八下）。《相应部》（一二）《因缘相应》（南传一三·一七〇——一七一）。
② 《大方广佛华严经》卷二六（大正九·五六四下）。
③ 《摩诃般若波罗蜜经》卷七（大正八·二七六上）。
④ 《妙法莲华经》卷三（大正九·二七上——中）。
⑤ 《无极宝三昧经》卷上（大正一五·五〇七下）。《楞伽阿跋多罗宝经》卷二（大正一六·四九七下）。

地说,大乘是"生死即涅槃"。

　　"佛法"的缘起说是:依缘有而生死流转,依缘无而涅槃还灭,生死世间与涅槃解脱,同成立于最高的缘起法则。不过叙述缘起的,多在先后因果相依的事说,这才缘起与涅槃不自觉地对立起来。"缘起甚深","涅槃甚深",是经、律中一致说到的,也就以缘起为有为,以涅槃为无为①,意解为不同的二法了。"大乘佛法"中,空性、真如、法界等异名的涅槃,是不离一切法,即一切法的,如《般若经》说:"色(等五蕴)不异空,空不异色(等);色(等)即是空,空即是色(等)。"②《智度论》就解说为:"涅槃不异世间,世间不异涅槃。"③涅槃是超越凡情的,没有能所相,没有时空相,没有数量彼此差别相(近于某些神秘经验),是不能以心思语言来表示的。"佛法"重在超脱,所以圣者入涅槃的,不是人类的祈求对象,不落神教俗套,但不能满足世俗的迷情。"大乘佛法"的涅槃,可说是超越而又内在的,不著一切,又不离一切。从涅槃、真如、法界等即一切而超越一切来说,没有任何差别可说,所以说"不二法门"、"一真法界"。《维摩诘经》说:"一切法亦(真)如也。"④《文殊支利普超三昧经》说:"一切诸法悉归法界。"⑤《大般若经》说:"如是等一切法,无不皆入无相无为性空法界。"⑥以譬喻来说:"如种种诸谷聚中,不可说

---

①　《杂阿含经》卷一二(大正二・八三下)。

②　《摩诃般若波罗蜜经》卷一(大正八・二二三上)。

③　《大智度论》卷一九(大正二五・一九八上)。

④　《维摩诘所说经》卷上(大正一四・五四二中)。

⑤　《文殊支利普超三昧经》卷下(大正一五・四二三下)。

⑥　《大般若波罗蜜多经》(第二分)卷四七二(大正七・三九一上)。

别。"①"万川四流,各自有名,尽归于海,合为一味。"②"如种种色身,到须弥山王边,皆同一色。"③这是在般若智证中,超脱名相而不可说是什么的,一切等于一,所以《佛说如幻三昧经》卷上(大正一二·一四二下)说:

> "一切诸佛皆为一佛,一切诸刹国土皆为一刹,一切众生悉为一神我,一切诸法悉为一法。是一定空? 故,故名曰一;亦非定一,亦非若干。"④

"一",还是相待而立,对种种说。众生心境是无限差别,所以说不二,说是一,而其实是非定一,也非若干的,不妨说"不一不异"。大乘行者的超越修验,结合了佛菩萨普化无方的信心,一切是一,更表现为一与多的互相涉入,如《大方广佛华严经》卷七七(大正一〇·四二三中)说:

> "是以一劫入一切劫,以一切劫入一劫,而不坏其相者之所住处。是以一刹入一切刹,以一切刹入一刹,而不坏其相者之所住处。是以一法入一切法,以一切法入一法,而不坏其相者之所住处。是以一众生入一切众生,以一切众生入一众生,而不坏其相者之所住处。是以一佛入一切佛,以一切佛入一佛,而不坏其相者之所住处。"

一,是平等不二;平等就不相障碍,于是劫时间、刹国土、法、

---

① 《入法界体性经》(大正一二·二三四下)。
② 《须真天子经》卷四(大正一五·一一一上)。
③ 《摩诃般若波罗蜜经》卷二一(大正八·三六九下)。
④ 《清净毗尼方广经》(大正二四·一〇八〇中——下)。

众生、佛,都是一切在一中,一在一切中:相互涉入,各住自相而不乱。"佛刹与佛身,众会众及言说法,如是诸佛法,众生莫能见"①:这样的境界,对众生来说,只能存在于理想信仰之中。

在大乘兴起中,般若法门得到最大的发展,如般若部教典的不断传出,现存的"上品般若"有十万偈,可以看出般若法门流行的普遍。《般若经》重于菩萨行,以般若摄导六度万行,趣入一切智(sarvajña)地,特别是空义的阐扬。"空",本于《阿含经》的无我我所空,是各部派所同说的。"原始般若"部分,并没有说到空,只说离、无所有、无生、无所得等。"下品"——《小品般若》才说"一切法空";"须菩提为随佛生,有所说法,皆为空故"②。所说"一切法空",还是总说而不是别名。"中品"——《大品般若》,取《阿含》及部派所说,依大乘义而为种种空的类集。如"中品"的"前分"说七种空;"后分"说十四空;"中品"集成时,更总集为十六空,又进而说十八空,如《大般若经》的"第三分"与"第二分"。"上品"——《大般若经》"初分",更增说为二十空③。由于《般若经》的成立种种空,又在经中处处广说,于是《般若经》义,倾向于空的阐扬,也影响了其余的大乘经,似乎"空"是《般若经》的心要了。其实,《般若经》所说的空(性),是深奥处,与无生、真如、法界、涅槃等同一内容。所以称之为空,固然是修行重在离妄执、脱落名相的体悟,也是形容圣者心境的

① 《大方广佛华严经》卷一三(大正一〇·六八下)。

② 《小品般若波罗蜜经》卷五(大正八·五五八下),又卷六(大正八·五六二中)。

③ 参阅拙作《初期大乘佛教之起源与开展》第十章(六八六——六八八、七一五——七二六,本版五八九——五九〇、六一〇——六二二)。《空之探究》第三章(一五五——一七〇,本版一二九——一四〇)。

了无住著,无所罣碍。"佛法"的空,是这样而受到修行者的重视;在大乘《般若经》中,大大应用而发扬起来。《般若经》说空,着重于本性空(prakṛti-śūnyatā)、自性空(svabhāva-śūnyatā)。种种空的所以是空,是"本性尔故",所以可说"本性空"是一切空的通义。(胜义)自性是真如、法界等异名,如《摩诃般若波罗蜜经》卷一〇(大正八·二九二中)说:

> "云何名无为诸法相? 若法无生无灭,无住无异,无垢无净、无增无减诸法自性。云何名诸法自性? 诸法无所有性,是诸法自性,是名无为诸法相。"

自性空,不是说自性是无的,而是说胜义自性(即"诸法空相")是不生不灭、不垢不净、不增不减的。自性是超越的,不落名相的无为(涅槃)。但在经中,也有说世俗自性是虚妄无实——空的,说无自性(niḥsvabhāva)故空①。在大乘论义中,无自性空有非常重要的地位,然以《般若经》来说,空,决不是重在无自性的。《般若》等大乘经,是以真如、法界等为准量的。菩萨的空相应行,是自利利他的,体悟无生而进成佛道的大方便。

大乘以真如、法界为准量,即一切而超越一切,不可说、不可示、不可分别,一切是无二无别的。但在菩萨修行中,又说六度、四摄、成熟众生、庄严国土,在众生心境中,不免难以信解。《般若经》"方便道"中,一再地提出疑问,总是以二谛来解说,也就是胜义谛中不可安立,依世俗谛作这样说。这是以众生心境、佛

————————

① 参阅拙作《空之探究》第三章之七"自性空与无自性空"。

菩萨智境的不同来解说。然一切本性空,一切本来清净,众生也本来如此,为什么会生死流转,要佛菩萨来化度呢?"佛法"依缘起,成立生死流转、涅槃还灭;从众生现实出发,所以没有这类疑问。大乘经重在修证,出发于超越的证境,对生死流转等说明不太重视。偶然说到的,如《大般若波罗蜜多经》(第五分)卷五五六(大正七·八六七下)说:

> "佛告舍利子:如无所有,如是而有,若于如是无所有法不能了达,说为无明。愚夫异生于一切法无所有性,无明、贪爱增上势力,分别执著断常二边,由此不见不知诸法无所有性。……不见不知,……于如实道不知不见,不能出离三界生死;不信谛法,不觉实际,是故堕在愚夫数中。由斯菩萨摩诃萨众,于法性相都无执著。"

凡夫的生死流转,根源在无明(avidyā),这是"佛法"所说的。依《般若经》说,无明不能了知一切无所有性,由于不知而起执著,不能出离生死。所以菩萨以般若而不起执著,不执著而能得解脱。这不外迷真如而有生死,悟真如而得解脱的意思。"初期大乘"经说,大抵如此。如《维摩诘经》说:"问:善不善孰为本? 答曰:身为本。又问:身孰为本? ……颠倒想孰为本? 答曰:无住为本。又问:无住孰为本? 答曰:无住则无本。文殊师利! 从无住本立一切法。"①从心行的善与不善,层层推求,到达"依无住本立一切法",而"无住则无本"。无住,古德或解说为

---

① 《维摩诘所说经》卷中(大正一四·五四七下)。

无明住地。然无住的原语为 aniketa，无明住地为 avidyā-vāsa-
bhūmi，梵文不同，古人是望文取义而误解了！无住应是一切法
都无住处，如虚空一样，一切色法依此而有，而虚空却更无依处。
所以"依无住本立一切法"，就是"不动真际建立诸法"。依胜义
超越境地，立一切法，说明一切法，真是甚深甚深，众生是很难理
解的！

　　"般若波罗蜜"，在菩萨修学中，是最重要的。"中品"——
《大品般若经》初，劝学般若，如要学任何法门，都"应学般若波
罗蜜"。因为修学般若，一切法门在般若——空相应中，都是成
佛的方便（upāya）。所以在说明大乘——摩诃衍（mahāyāna）的
内容时，举出了"六波罗蜜"、"十八空"、"百八三昧"、"四念
处……八圣道分"、"十一智"、"三三昧"、"十念"、"十力"、"四
无所畏"、"四无阂智"、"十八不共法"、"陀罗尼门"（四十二字
母）等法门。"四念处……八圣道分"，"十智"（十一智中除如
实智），"三三昧"，"十念"，都是声闻修学的法门，但菩萨与般若
相应来修习，"以不可得故"，都是成佛的方便了。经上说："菩
萨摩诃萨以一切诸法不可得故，乘是摩诃衍，出三界，住萨婆若
一切智。"[1]依据这一意义，般若以无所得为方便，般若是大方便，
离般若就一切都不成其为（成佛的）方便了。然菩萨的利益众
生，在世俗事中，不能说般若都无所得就够了。方便有多种意
义，对般若的"体真"，而论悲愿利济的"涉俗"，方便与般若是同
样重要的。《维摩诘所说经》卷中（大正一四·五四九下）说：

---

　　[1]　《摩诃般若波罗蜜经》卷六（大正八·二六一上）。

"智(般若)度菩萨母,方便以为父,一切众导师佛,无
不由是生。"

般若与方便,是成佛的两大因素,而且是相助相成的,所以
说:"无方便慧缚,有方便慧解;无慧方便缚,有慧方便解。"①没
有方便的慧——般若,是要证实际而成小果的;没有般若的慈悲
方便,只是人天善业,对佛道来说,都是系缚。只有般若与方便
的相资相成,才能实现大乘的不思议解脱。这样,如《须真天子
经·偈颂品》,广泛地对论什么是"智慧"般若,什么是"善权"方
便,以说明二者在菩萨行中的重要性②。在菩萨利他行中,"方
便"受到重视,所以《大树紧那罗王经》在以三十二法净六波罗
蜜外,又说"有三十二法,净方便波罗蜜"③,成为七波罗蜜说。
《华严经》为了满足十数,说了多种的十波罗蜜④。然西晋竺法
护、姚秦鸠摩罗什、东晋佛陀跋陀罗(Buddhabhadra),在所译《华
严》的《十地品》中,都没有说到在方便以上,更加愿、力、智而成
的十波罗蜜。六度加方便、愿、力、智,成为一般定论的十波罗
蜜,是属于"后期大乘"的。

"方便"在"大乘佛法"中的重要性(更影响到"秘密大乘佛
法"),是应该特别重视的。罗什所译《维摩诘所说经》,经题下
注"一名不思议解脱"。《华严经》的《入法界品》,《智度论》称

---

① 《维摩诘所说经》卷中(大正一四·五四五中)。
② 《须真天子经》卷四(大正一五·一〇九中——一一〇上)。
③ 《大树紧那罗王所问经》卷二(大正一五·三七七下——三七八上)。
④ 参阅拙作《初期大乘佛教之起源与开展》第十三章(一一〇二——一一〇
三,本版九三九——九四一)。

为《不可思议解脱经》;"四十华严经"题,也作"入不可思议解脱境界"。解脱(vimukti)是"佛法"的修行目标,"大乘佛法"称为"不思议解脱",形式与方法上,应有某种程度的差异;差别的重点,就是方便。一、菩萨道是依释尊过去的本生而形成的。在本生中,修菩萨行的,不一定是出家的。如善财所参访的善知识(菩萨),多数是人。出家的,有比丘、比丘尼。在家的,有仁慈的国王、法官、航海者、医师、制香师、语言学者、数学家、长者、优婆夷、童女等;也有方便示现残酷严刑的国王、爱欲的淫女、愚痴的"服树皮衣"的外道仙人、"五热炙身"的苦行婆罗门。也有不是人的,如一头四手的大天(神);众多的夜天,是女性的夜叉(yakṣa)。有的是出家,有的是在家;有的是人,有的是鬼神:这样的菩萨而修菩萨行,当然与"佛法"不同了。二、"佛法"中,在家是可以证果的,但住持佛法,属于出家僧。不涉政治,不事生产,表现谨严拔俗的清净形象。为了维护僧伽的清净,有些地方是不能去的,有些人是不能随便接触的,有些事是不可以做的。遵守传统制度,与社会保持适当距离,对佛法的普化人间,似乎有所不足。"大乘佛法"的菩萨,以不同身份普入各阶层,从事不同事业,以不同方便普化人间。理想的"大乘佛法",与谨严拔俗的比丘生活,说法利生,作风上显然不同。就是现出家相的文殊菩萨,不在僧中雨安居(vārṣika),而在"王宫采女中,及诸淫女、小儿之中三月"①,也与传统的出家生活不同。这一大乘的方便风格,正是受了流行这一地区重"法"而不重"律"的大众部

---

① 《文殊师利现宝藏经》卷下(大正一四・四六〇上)。《大方广宝箧经》卷中(大正一四・四七四上)。

系的影响。鸡胤部主张,衣、食、住一切随宜;北道部说有在家阿
罗汉。南方大乘——"文殊法门",《入法界品》所表现的解行,
就是在这种部派思想上,适应地域文明而发展起来的。"原始
般若"应用否定的、反诘的语句,本与"文殊法门"相近。"般若"
流入北方而大成,虽同样着重于胜义的体悟,而改取平实的语
句,且引用说一切有部等术语。"文殊法门"在南方充分地发展
起来。《入法界品》善知识的种种方便,不妨说是集当时"文殊
法门"的特性,而以善财童子的参学表示出大乘方便的特色。

三、菩萨的示现残杀,示现淫欲,示现为鬼、畜、外道、魔王,那是
大菩萨利益众生的方便,姑且不论。修学菩萨道的作风,也与
"佛法"不同,如《清净毗尼方广经》(大正二四·一○八○
中)说:

> "(此土所说)一切言说,皆是戏论,是差别说,呵责结
> 使说。世尊!(文殊来处)宝相佛土无有是说,纯明菩萨不
> 退转说,无差别说。"

此土释尊的教说,的确是差别说。有苦有乐,有邪有正,有
杂染也有清净。"结使",使就是随眠(anuśaya)。释尊总是呵责
烦恼(kleśa),以烦恼为生死的原因,劝弟子舍断烦恼,以无漏智
得解脱。文殊国土的"无差别说",是"皆依胜义",一一法到究
竟处,是一切法不生,一切法清净,无二无别的如、法界,是没有
差别可得的。这才能不著烦恼又不离烦恼,不著生死而不离生
死。文殊所代表的不思议解脱,如《诸法无行经》说:胜意比丘
持戒、得定,少欲知足,修头陀行,这是"佛法"中的比丘模样。

喜根比丘不称赞少欲知足,严持戒律,但说诸法实相——贪、嗔、
痴性即法性;说贪欲、嗔恚、愚痴———一切法无障碍。如偈说:
"贪欲是涅槃,恚、痴亦如是,于此三事中,有无量佛道。""若人
无分别,贪欲、嗔恚、痴,入三毒性故,则为见菩提,是人近佛道,
疾得无生忍。"①这就是一般所说的烦恼即菩提,文殊法门是着
重于此的②。说得平实些的,如《般若经》说:"若人已入正位,则
不堪任发阿耨多罗三藐三菩提心。何以故?已于生死作障隔
故。"③菩萨是要长期在生死中度众生的,如入正位——入正性
离生,断烦恼而证圣果,那就多也不过七番生死,不能长在生死
修菩萨行了,所以说"菩萨不断烦恼"。但不断烦恼,只是不断,
而猛利、相续烦恼,能造作重大罪业的,还是要伏除的。只是制
伏了烦恼,净化了烦恼(如驯养了猛兽一样),留一些烦恼,才能
长在生死,利益众生。这样,对菩萨修行成佛来说,如有善巧方
便,烦恼是有相当意义的。《维摩诘所说经》卷中(大正一四·
五四九中)说:

> "以要言之,六十二见及一切烦恼,皆是佛种。……若
> 见无为入正位者,不能复发阿耨多罗三藐三菩提心。譬如
> 高原陆地,不生莲花;卑湿淤泥乃生此花。……当知一切烦
> 恼为如来种,譬如不下巨海,不能得无价宝珠,如是不入烦
> 恼大海,则不能得一切智宝。"

---

① 《诸法无行经》卷下(大正一五·七五九下——七六〇上)。
② 参阅拙作《初期大乘佛教之起源与开展》第十二章(九二八——九四〇,本
版七九三——八〇五)。
③ 《小品般若波罗蜜经》卷一(大正八·五四〇上)。

"初期大乘"佛法,着重于胜义法性的契入,所以能不离烦恼、不著烦恼,于生死海中利益众生,以圆满一切智——无上菩提。本着这样的慧悟,摄化众生,也就处处可行方便。对于传统的"佛法",是有冲击性的,所以佛教界有"大乘非佛说",及声闻法是"小乘"(hīnayāna)的相互对立。

深广的菩萨大行,是"大乘佛法"的主要部分,而究竟圆满的佛果,也多方表显出来。十方诸佛的净土,清净的程度是不一致的。有赞扬某佛与佛的净土,也有说某佛比其他佛与佛的国土更好。抑扬赞叹,无非是"为人生善",引发人的信心而已。佛果,是修菩萨因行所成的,是"大乘佛法"的通论。人间成佛的释尊,由于本生等传说,修广大因行,怎么成了佛,还有多种不理想的境遇?依此而引出方便示现的化身(nirmāṇa-kāya)、真实的法身(dharma-kāya)——二身说。然"初期大乘"经,说"如是我闻:一时,佛在"某处,还是人间的释尊。如《华严经》说:"佛在摩竭提国,阿兰若法菩提场中,始成正觉。"[1]以佛的神力,见到了"华藏庄严世界海";见到了"佛身充满于法界,普现一切众生前,随缘赴感靡不周,而恒处此菩提座"[2]。佛名毗卢遮那,又说:"或名释迦牟尼,或名第七仙,或名毗卢遮那,或名瞿昙氏。"[3]这显然释尊与毗卢遮那不二;修行圆满而成佛,毗卢遮那与释迦牟尼是同一佛而随机所见不同,所以古有"舍那释迦,释迦舍那"的通论。《首楞严三昧经》的意趣,与《华严》相近。东

---

① 《大方广佛华严经》卷一(大正一〇·一中)。
② 《大方广佛华严经》卷六(大正一〇·三〇上)。
③ 《大方广佛华严经》卷一二(大正一〇·五八下)。

方的照明庄严自在王如来说："如彼释迦牟尼佛寿命,我所寿命亦复如是。……我寿七百阿僧祇劫,释迦牟尼佛寿命亦尔。……彼佛身者,即是我身。……我寿七百阿僧祇劫,乃当毕竟入于涅槃。"①照明庄严自在王如来与释尊,是二而一、一而二的。释尊的寿命那么久,还是"毕竟入于涅槃",与传统所说"前佛涅槃,后佛继起"说相合。西方的阿弥陀佛,寿命无量无边,还是"然后般泥洹者,其卢楼亘观音菩萨便当作佛"②。说得突出些的,如《妙法莲华经》卷五(大正九·四二下)说:

> "我成佛已来,甚大久远! 寿命无量阿僧祇劫,常住不灭。"

> "诸善男子! 我本行菩萨道所成寿命,今犹未尽,复倍上数。"

《法华经》开权显实,会三乘归一乘,说法者是释尊。接着,显示释尊的法身,成佛已经很久很久了! 一则说"常住不灭";再者说"寿命今犹未尽,复倍上数"——有数量是有尽的。成佛以来甚大久远的,当然不是王宫诞生,伽耶(Gayā)成道,拘尸那入灭的;燃灯佛(Dīpaṃkara)授记,也只是方便说。这样,大通智胜(Mahâbhijñā-jñānâbhibhū)如来教化十六王子,现在成佛,也是方便说了! 佛的究竟实义,显然的不可思议! 但到底是常住不灭呢,还是有尽而后佛继起呢? 不过,《法华经》还是说本行菩萨道而成佛的。

---

① 《首楞严三昧经》卷下(大正一五·六四四下——六四五上)。
② 《阿弥陀三耶三佛萨楼佛檀过度人道经》卷上(大正一二·三〇九上)。

第三节 方便易行的大乘

"大乘佛法",还有重信仰与通俗化的一面,对"大乘佛法"的发展演化来说,是有非常重要性的。为了适应慧(prajñā)弱信(śraddhā)强的根性,"佛法"有六念——六随念(ṣaḍanusmṛti)法门。遭遇恐怖的,特别是病重而濒临死亡边缘的,可依六念的修行(忆念),能得到心无怖畏。六念是:念佛、念法、念僧,是忆念(信敬)三宝的功德;念戒是忆念自己的戒行清净;念施是忆念自己所作的清净布施功德;念天是念六欲天。有信有戒有施的,不会堕落,一定能生于庄严的天界①。在"大乘法门"中,广说十方佛与庄严的国土。东方妙喜(Abhirati)世界的阿閦佛(Akṣobhya),西方极乐(Sukhāvatī)世界的阿弥陀佛(Amitā-bha),在众多的佛世界中,受到大乘行者的特别尊重。"佛法"为信行人(śraddhânusārin)说六念法门,是为了慧力不足,生怕堕落,没有现生修证的自信。大乘念佛(buddhânusmṛti)法门的开展,也是为了佛德崇高,菩萨行伟大,佛弟子是有心向往的;但想到长期在生死中利益众生,又怕在生死中迷失了自己,所以依信愿忆念力,求生净土,能见佛闻法,也就不忧退堕了。念佛法门的广大发展,说明了菩萨行是甚深广大的;修菩萨行成佛,是并不容易的。往生净土而不忧退堕,正与六念,特别是念天意识的共通性。大乘的念佛法门,众多而又广大。除《阿弥陀经》、

---

① 《杂阿含经》卷二〇(大正二·一四三中——一四四上),又卷三〇(大正二·二一八中)。《增支部·六集》(南传二〇·四六——五二)等。

《阿閦佛国经》编入"宝积部"以外,众多的念佛法门,在《大正藏》中主要是编入"经集部"一。念种种佛的目的,是为了:一、"往生佛国":念佛而往生佛国,可以见佛闻法而不断地进修了。二、"不退菩提":念佛的能不退阿耨多罗三藐三菩提心,也就不会退堕二乘了。三、"得陀罗尼":陀罗尼(dhāranī)的意义是"持",念佛能生生世世地不忘失佛法。四、"忏悔业障":在"佛法"中,忏——忏摩(kṣama)的意义是"容忍",求对方或僧众容恕自己的过失。悔是 deśanā 的意译,直译为"说":毫不隐瞒地,在大众前,陈说、发露自己的过失。犯了戒的,内心有罪恶感,内心不得安宁,是要障碍进修的。所以释尊制律,要弟子们随犯随忏,保持身心的清净(也就是僧伽的清净),能向上进修。"佛法"的忏悔法,是忏悔当前所犯的过失,而大乘的忏悔,如《舍利弗悔过经》,是在十方一切佛前,忏悔现生的,更忏悔无始以来过去生中的恶业。所以经中每有念佛可消除多少劫恶业的话,如《观无量寿佛经》说:"除无量亿劫极重恶业,命终之后,必生彼国。"①大乘念佛法门,以念佛为主的"易行道",也是广大的,如《舍利弗悔过经》所说,十方佛前忏悔、劝请、随喜、回向②;这是多数经所说到的,《华严经》的"普贤十愿",也是依此而凑成"十"数的。一、念佛:这是主要的,如称佛名号(赞佛),礼拜佛,供养佛;深一层的是观念佛。二、忏悔。三、随喜(anumodana):见闻众生的功德——善心、善行,不嫉忌而能生欢喜心;"随喜"是"佛法"所说的。四、劝请——请转法轮,请佛住世:释尊觉得

---

① 《观无量寿佛经》(大正一二・三四二下)。
② 《佛说舍利弗悔过经》(大正二四・一〇九〇上——一〇九一中)。

佛法甚深,众生不容易领受,有"不欲说法"的意思。由于梵天
(Brahman)的劝请,才大转法轮。晚年,因阿难不请佛住世,佛
才三月后涅槃了。大乘行者深信十方有佛,所以请初成佛道的
说法;请要入涅槃的住世。这是愿望佛法常在世间,为苦难众生
作依怙,出发于虔诚的护法心。五、回向:回向(pariṇāma)是回
转趣向,将自己所有念佛等功德,转向于某一目标。《普贤行愿
品》说:"回向众生及佛道。"①一切功德,回向给众生,与众生同
成佛道。自己所作的功德,能转给别人吗?《大智度论》说:"是
福德不可得与一切众生,而(福德的)果报可与。……若福德可
以与人者,诸佛从初发心所集福德,尽可与人!"②自己所作的功
德,是不能回向给众生的。但自己功德所得的福报,菩萨可以用
来利益众生,引导众生同成佛道。这样的回向说,才没有违反
"自作自受"的因果律。以念佛为主的修行,龙树的《菩提资粮
论》、《宝行王正论》,都以佛前忏悔等行法,为初发心菩萨及日
常的修持法③。中国佛教的早晚课诵,及礼忏的"五悔法",都是
这易行道的普及流行④。

　　西元前后,"大乘佛法"开始流行,恰好佛教界出现了新的
情况,造像与写经。一、"佛法"本来是不许造像的,如《十诵律》
说:"如佛身像不应作,愿佛听我作菩萨侍像!"⑤所以当初的佛

---

　　① 《大方广佛严经》卷四〇(大正一〇・八四七上)。

　　② 《大智度论》卷六一(大正二五・四八七下——四八八上)。

　　③ 《菩提资粮论》卷四(大正三二・五三〇下——五三一中)。《宝行王正论》
(大正三二・五〇四中——下)。

　　④ 参阅拙作《初期大乘佛教之起源与开展》第十三章(一一三三——一一四
一,本版九六五——九七四),又第九章第二节第四项。

　　⑤ 《十诵律》卷四八(大正二三・三五二上)。

教界,以佛的遗体——舍利造塔供养外,只雕刻菩提树、法轮、佛足迹等,以象征释尊的成道、说法与游行。念佛也只忆念佛的功德(法身),因为佛是不能从色身相好中见的。如偈说:"若以色量我,以音声寻我,欲贪所执持,彼不能知我。"①但西元前后,犍陀罗式、摩偷罗式的佛像——画像、雕刻像等,渐渐流行起来。这可能由于大众部的"佛身无漏",相好庄严,影响大乘经(成为"法身有色"说);也可能由于西北印度受异族(希腊人、波斯人、塞迦人、月氏人)侵入,受到外来文化的影响,适应一般信众而造佛像(菩萨像)。佛像的兴起,终于取代了舍利塔,表示佛的具体形象。二、写经:结集的圣典,一直在口口相传的传授中。锡兰传说:西元前四二——二九年间,比丘们在中部摩多利(Mātale)的阿卢精舍(Aluvihāra),诵出三藏及注释,书写在贝叶上,以免圣典的散失遗忘②。这是锡兰的传说,而在"大乘佛法"初期传出中,如《般若经》、《法华经》、"阿閦佛国经"等,都说到了书写经卷,可见"写经"成为这一时期的学风。佛法本是正法(saddharma)中心的,但在三宝中,正法缺少具体的形象。自书写经典流行,经典的书写(lekhana)、经书的庄严供养(pūjana)、写经来布施(dāna)他人,成为"十法行"的三项。写经等功德,给以高度的赞叹。对经书"敬视如佛";"则为是塔"③,以法为中

①　《瑜伽师地论》卷一九(大正三○·三八二中)。《金刚般若波罗蜜经》的"若以色见我"偈,大意相同。

②　《岛史》(南传六○·一三四)。《大史》(南传六○·三七八——三七九)等。

③　《妙法莲华经》卷四(大正九·三○下)。《金刚般若波罗蜜经》(大正八·七五○下)。

心的大乘行者,几乎要以经书(庄严供养)来代替舍利塔了! 佛弟子——善男子、善女人们,读、诵、受持、解说、书写大乘经的,称为"法师"(dharma-bhāṇaka)——法呗噻,这是甚深经法的通俗化,"呗噻者"是以音声作佛事的。读、诵、书写的功德,更有种种的现生利益①,那是适应世俗,类似一般低级的神教了! 佛像的塑造,当然是使信者礼拜,得种种功德,而重要的是,激发念佛三昧的修行。《般舟三昧经》也说:"作佛形像,用成是(般舟)三昧故。"②修念佛三昧,依《坐禅三昧经》、《思惟略要法》、《观佛三昧海经》等说,都是先取像相,忆念不忘,然后正修念佛三昧的。如修般舟三昧(pratyutpanna-buddha-saṃmukhâvasthita-samādhi)成就的,佛现在其前,能为行者说法,答行者的疑问。修行瑜伽者因此理解到:佛是自心所作,三界也是自心所作的③。自心是佛,唯心(citta-mātra)所现,将在"后期大乘"、"秘密大乘"中发扬起来。

"佛法"所说的天(deva),无论是高级的,低级的鬼天与畜生天,即使是身相庄严、寿命长、神力大、享受好,而都是生死流转中的苦恼众生,与人类一样。然从发心修行,究竟解脱来说,人间胜过了诸天。人有三事——忆念、梵行、勇猛胜过诸天,所以"佛世尊皆出人间,非由天而得也"④。因此,佛与在家、出家的贤圣(人)弟子,诸天只有恭敬、赞仰、归依,表示护法的真诚

---

① 参阅拙作《初期大乘佛教之起源与开展》第十章(六四二——六四三,本版五四九——五五一)。

② 《般舟三昧经》(大正一三·八九九下)。

③ 参阅拙作《初期大乘佛教之起源与开展》第十一章(八四二——八四八,本版七一七——七二四)。

④ 《增一阿含经》(三四)《等见品》(大正二·六九四上)。

（邪神、恶鬼等在外）！释尊容忍印度民间信仰的群神，而佛与人间贤圣弟子，胜过了一切天神；不归依天神，是"佛法"的根本立场！"大乘佛法"兴起，由于"本生"的传说，菩萨也有是天、鬼与畜生的，而有（高级与低级的）天菩萨在经中出现。如"娑伽度龙王十住地菩萨，阿那婆达多龙王七住菩萨"①，有《海龙王经》与《弘道广显三昧经》，这是（畜生）龙（nāga）菩萨。《大树紧那罗王所问经》，是（鬼）紧那罗（Kiṃnara）菩萨。《维摩诘经》说："十方无量阿僧祇世界中作魔王者，多是住不可思议解脱菩萨"②，那是魔（māra）天菩萨了。重要的是（鬼）夜叉（yakṣa），经中有金刚手（Vajrapāṇi），或名执金刚（Vajradhara），或译金刚密迹力士，从手执金刚杵（vajra）得名。帝释（Śakradevānām-indra）也是夜叉天，是夜叉群的大王。经律中说到一位经常护持释尊的金刚力士，在《密迹金刚力士经》中，是发愿护持千兄——贤劫千佛的大菩萨③，经常随侍释尊，所以没有听说过的佛事、佛法，如如来身、语、意——三密（trīṇi-guhyāni），就由这位金刚密迹力士传说出来。《华严经》以毗卢遮那佛为主，依《十地品》说，是与印度的大自在天（Maheśvara）同住色究竟天（Akaniṣṭha）而成佛的。毗卢佛的两大胁侍，文殊（Mañjuśrī）与普贤（Samantabhadra）菩萨，其实是释尊人间与天上的两大弟子的合化：文殊是舍利弗的梵天化，普贤是大目犍连的帝释化④。与色

---

① 《大智度论》卷四（大正二五・九二中）。
② 《维摩诘所说经》卷中（大正一四・五四七上）。
③ 《大宝积经》（三）《密迹金刚力士会》（大正一一・五二下——五三上）。
④ 参阅拙作《初期大乘佛教之起源与开展》第八章第一节第二项。

究竟天成佛,综合起来,表示了佛法与印度天神的沟通。《华严经》法会开始,十方菩萨以外,有无数的执金刚神,无数的主城神、主地神,一直到大自在天,都来参与法会。参与毗卢遮那佛法会的,当然是大菩萨。善财童子参访的善知识,有不少的主夜神,都是女性的夜叉。围绕师子嚬呻(Siṃhavijṛmbhitā)比丘尼的,在十地菩萨以上的,有"执金刚神",与"坐菩提道场菩萨"(也就是"普贤行地")相当①。夜叉天身相的菩萨,在《华严经》中地位非常高,与"秘密大乘佛法"是一脉相通的。大力鬼王与高等畜生天的菩萨化,与鬼神等结合的咒术等世俗信仰,也就不免要融入佛法。"大乘佛法"的天菩萨,胜过人间(声闻)贤圣;在天上成佛,适合世俗迷情,而人间胜过天上、佛出人间的"佛法",被颠倒过来了。佛、天的合流,已经开始。"初期大乘"特重文殊菩萨,称为"诸佛之师"。与文殊有关的教典,多为天子说法②。不过,"初期大乘"的天菩萨说,为天菩萨说的,还是菩萨道的深智大行,佛果的功德庄严,与后来以普贤菩萨(金刚手等)为主,适应低级天的法门,意境还是不相同的。"大乘佛法"在深智大行的主流下,通俗普及、以信为先的方便道也在发展中。高深与通俗的统一,似乎是入世而又神秘化,终于离"佛法"而显出"大乘佛法"的特色。

---

① 《大方广佛华严经》卷六七(大正一〇·三六四上——中)。

② 参阅拙作《初期大乘佛教之起源与开展》第十二章(九三五——九三六,本版八〇〇——八〇一)。

第四章　中观大乘——
"性空唯名论"

第一节　龙树及其论著

多方面传出的大乘经,数量不少,内容又各有所重,在下化众生、上求佛道、修菩萨行的大原则下,"初期大乘"经的行解不免有点庞杂。"初期大乘"流行以来,(西元前五〇年——西元二〇〇年)已二百多年了。面对印度的神教,"佛法"流传出的部派,大乘自身的异义,实有分别、抉择、贯通,确立大乘正义的必要。龙树就是适应这一时代要求,而成为印度佛教史上著名的第一位大乘论师。

龙树在世的年代,传说不一,而年寿又都说很长。西元四〇四年,鸠摩罗什来到我国的长安。罗什译出的《龙树菩萨传》说:"去此世以来,至今始过百岁。"①罗什二十岁以前,在西域学得龙树的大乘法门,二十岁以后,住在龟兹。前秦建元十八年

---

① 《龙树菩萨传》(大正五〇·一八五中)。

（西元三八二），罗什离龟兹而到了姑臧，住了十九年，才到长安。可见《龙树传》的成立，一定在西元三八二年以前。那时，龙树已去世百零年了，所以推定为：龙树约生于西元一五〇——二五〇年，这也是很长寿了！龙树是南印度人；当时的南方，是案达罗王朝。宋（西元四三一年）求那跋摩（Guṇavarman）译出了《龙树菩萨为禅陀迦王说法要偈》。"禅陀迦王"，就是唐义净的异译本《龙树菩萨劝诫王颂》所说的"乘土国王"，《南海寄归内法传》说到的"市演得迦"①。一般以为："禅陀伽"是案达罗王朝的创建者 Simuka。龙树仰推禅陀伽王，用意在劝诫案达罗国王，依法而行。宋僧伽跋摩（Saṃghavarman）再译本，名《劝发诸王要偈》，也许更符合实际。后代称此"偈"为《密友（或作"亲友"）书》，那是说龙树与某国王有亲密关系，得到某国王的崇敬护持了。近代学者，纷纷地推定当时的国王是谁，但一直在推论阶段，没有得到定论。

　　关于龙树的传记，首先要辨别的是：龙树或译作龙猛、龙胜。然《楞伽经》所说"证得欢喜地，往生极乐国"的龙猛，梵语 Nāgāhvaya，应译为"龙叫"、"龙名"。月称（Candrakīrti）的《入中论》，为了证明龙树的胜德，引了《楞伽经》说；又引《大云经》说："此离车子，一切有情乐见童子，于我灭度后满四百年，转为苾刍，其名曰龙，广弘我教法，后于极净光世界成佛"②，这也是龙名。依多氏《印度佛教史》说：南方的龙叫（或"龙名"）阿阇黎，

----

① 《龙树菩萨劝诫王颂》（大正三二·七五一中）。《南海寄归内法传》卷四（大正五四·二二七下）。
② 《入中论》卷二（汉院刊本二——三）。

真实的名字是如来贤(Tathāgata-bhadra)，弘扬唯识中道，是龙树
的弟子①。这位如来贤阿阇黎，绝对不是龙树；思想(其实是如
来藏说)与龙树不同，也不可能是龙树的弟子。

龙树菩萨出家、修学、弘法的事迹，依早期的《龙树菩萨
传》，是这样的②：

"入山，诣一佛塔，出家受戒。九十日中，诵三藏尽，更
求异经，都无得处。"

"遂入雪山，山中有塔，塔中有一老比丘，以摩诃衍经
典与之。"

"(龙树欲)立师教戒，更造衣服，令附佛法而有小异。"

"大龙菩萨……接之入海，于宫殿中，开七宝藏，发七
宝华函，以诸方等深奥经典无量妙法授之。……龙还送出，
于南天竺大弘佛法。"

"去此世以来，至今始过百岁。南天竺诸国为其立庙，
敬奉如佛。"

龙树出家时，佛像初兴，舍利塔(śarīra-stūpa)代表了佛，与
僧寺相连，由比丘僧管理。龙树在佛塔出家，就是在僧寺中出
家。"初期大乘"经的传出，虽与部派佛教的三藏不同，但"初期
大乘"是重法而轻律的，还没有成立菩萨僧团，所以大乘而出家
的，还是在部派的僧寺中出家。也就因此，龙树出了家，先读声
闻乘的三藏。龙树论所引的律典，多与《十诵律》相同，所以传

① 多氏《印度佛教史》(寺本婉雅日译本一三九)。
② 《龙树菩萨传》(大正五〇·一八四上——一八五中)。

说龙树于说一切有部出家,大致是可信的。后来,龙树在雪山的一处佛寺中,读到了大乘经。雪山在印度北部边境;《般若》等大乘经,起于南方而大成于北方,在雪山地区读到大乘经,是合于事实的。龙树有"立师教戒,更造衣服",也就是有别立大乘僧伽的意图,但没有实现这一理想,可能是为了避免诤论,或被误会为叛离佛教。这可见个人的理证不难,而大众制度的改革却是很不容易的! 龙树入龙宫的传说,极为普遍。我曾作《龙树龙宫取经考》,论证为:龙树取经处,在乌荼,今奥里萨地方。这里在大海边,传说是龙王往来的地方。这里有神奇的塔,传说是龙树从龙宫取来的。这里是善财童子的故乡,与《华严》的《入法界品》有关。龙树在龙宫读到大乘经,应有事实成分,极可能经典是从龙王祠庙中得来的①。龙树在南天竺弘法,是当然的。多氏《印度佛教史》说:龙树也在中印度弘法。多氏所说龙树的弘法事迹,已有后期"秘密大乘"的色彩,有些是附会的传说。龙树曾在雪山地区修学大乘法,对北方也应有影响。龙树的弘扬佛法,不是局限在一地区的。依《大唐西域记》,龙树晚年住南憍萨罗国都西南的跋逻末罗耆厘山(Bhrāmanagiri)——黑峰山②。后住阿摩罗缚底(Amarāvatī)大塔西北的吉祥山(Śrīparvata),在这里去世。

龙树所造的论典,留传世间,受到大乘佛教界普遍的崇敬。由于众望所归,即使思想不同,也没有人敢出来责难的。西元七、八世纪,还有人自称是龙树的传人;后起的著作,也传说是龙

---

　　① 拙作《龙树龙宫取经考》(《佛教史地考论》二一一——二二一,本版一四一——一四七)。

　　② 《大唐西域记》卷一○(大正五一·九二九下)。

树造的,那不免为盛名所累了! 龙树论流传在北方,经西域而传来我国的,西元五世纪初译出了四部:一、《中论》:四卷,是龙树本颂与青目释论合编的。二、《十二门论》:一卷,《论》中引到了龙树所造的《七十空(性)论》。这两部,是明甚深义的。三、《大智度论》:一百卷,是二万二千偈(中品)《大般若波罗蜜经》的释论,也是经、论合编的。僧睿的《大智释论序》说:"论之略本,有十万偈。……三分除二,得此百卷。"《大智论(后)记》说:"论初品三十四卷,解释一品,是全论具本。二品以下,法师略之,……得此百卷。若尽出之,将十倍于此。"①这部《大般若波罗蜜大智度经》的释论,是十万偈广论的略译。《后记》所说,似乎夸大了些! 四、《十住毗婆沙论》:十七卷,是《华严经·十地品》重颂的广说,仅解说二地。这两部解说经文的论,在甚深义的基础上,广明菩萨的大行。以上四部,是现存最早译出的龙树论。《龙树传》说:"广明摩诃衍,作优波提舍十万偈,又作庄严佛道论五千偈,大慈方便论五千偈,中论五百偈,令摩诃衍教大行于天竺。又造无畏论十万偈,中论出其中。"②"优波提舍十万偈",应该就是《大智度论》;经的释论,一般是称为"论议"——优波提舍(upadeśa)的。《十住毗婆沙论》,是菩萨道——十地的广释,可能就是《庄严佛道论》。《中论》,传说出于《无畏论》,那《无畏论》是龙树所作偈颂(及注释)的总集了。

西元七、八世纪,佛法传入西藏;在藏文的译本中,有众多的龙树作品。除传说的秘密部外,主要的是"五正理聚",显示甚

---

① 《出三藏记集》卷一〇(大正五五·七五上、中)。

② 《龙树菩萨传》(大正五〇·一八四下)。

深义的五部论。一、《根本中论颂》。二、《六十颂如理论》：赵宋
施护（Dānapāla）曾译出龙树的本颂。三、《七十空性论》（颂及
释）：近代法尊依藏文译成汉文。四、《回诤论》：后魏毗目智仙
（Vimokṣaprajñārṣi）与瞿昙流支（Prajñāruci），曾译出偈与释。
五、《广破经》。后二部，是破斥印度的正理派（Naiyāyika）的。
此外，有：一、《菩提资粮论》：隋达磨笈多（Dharmagupta）译，六
卷。本颂是龙树造，释论是自在（Śvara）比丘造的。《十住毗婆
沙论》提到了这部论，罗什译作《助道经》①。二、《宝鬘论》：真
谛所译《宝行王正论》，就是《宝鬘论》，但真谛没有题"龙树
造"。三、《寄亲友书》：与《劝发诸王要偈》同本，我国共有三译。
四、《大乘二十颂论》：赵宋施护也有译出。《论》说"一切唯
心"，未必是龙树造的！

　　龙树成立的大乘义，特别是《中论》，影响深远，所以称龙树学
系为中观派（Mādhyamaka）。传说无著（Asaṅga）造《顺中论》，元
魏瞿昙（般若）流支译为二卷。西藏传《中论》有八家注释：安慧
（Sthiramati）释，提婆设摩（Devaśarman）释，德吉祥（Guṇaśrī）释，
德慧（Guṇamati）释——四家，都属于瑜伽行派（Yogâcāra）。瑜
伽派的解释，未必符合龙树论的本义，但受到大乘学界所重视，
可以想见龙树《中论》的地位了！四家中的安慧释论，由赵宋唯
净等译出，名《大乘中观释论》，九卷。其他四家中，有《无畏
释》，也许因此说龙树造《无畏论》，《中论》出在其中。这部释
论，近于罗什所译的"青目释"。西藏传说为龙树造，但也有以

_____

① 《十住毗婆沙论》卷一（大正二六·二五中）。

为不是的。有清辨释,名《般若灯》。唐波罗颇蜜多罗(Prab-hākaramitra)译出,十五卷,名《般若灯论释》。译者是瑜伽行派,在《观涅槃品》中,清辨评斥瑜伽行派部分,译者竟把它删去了,对翻译来说,未免不够忠实! 西藏所重的龙树"五正理聚",是属于甚深观行的。而《中论》所明深义,是三乘共入的,如(一八品)《观法品》所说。龙树为公认的大乘行者,他所说的菩萨大行,难道只是《菩提资粮论》? 广明菩萨大行的,是《大智度论》、《十住毗婆沙论》;由于西元四世纪,印度的中观者一度衰落而失传了,是后期(复兴的)中观者的不幸! 近代学者,有的由于后期中观者不知道这两部论,而《大智度论》有"赞般若偈"等,怀疑不是龙树造的。不知大部的经、论,后人增补片段,是印度经、论的常态,怎能以点滴而怀疑全部!《大智度论》是龙树造的,西元四世纪在西域流传,五世纪初传来我国,这比之晚期出现于印度的龙树作品,应该可信得多了!

第二节　龙树的思想

　　龙树学被称为中观派,可见《中(观)论》所受到的重视。龙树是大乘行者,本于深观而修广大行的,所以更应从《大智度论》、《十住毗婆沙论》去理解大乘的全貌。龙树生于南印度,在北方修学,所以龙树论有综贯南北的特色;抉择、贯通一切,拨荆棘而启大乘的坦途,不是为理论而理论的说明者。"佛法"的"四部阿含"以外,大乘经的传出,部类众多,宗趣不一,所以龙树依据古说,依"四阿含"的不同特性,立四种悉檀,以贯摄一切佛法。悉檀是宗旨、理趣的意思,四悉檀是:有的是适应俗情,方便诱导向佛的"世界悉檀";有的是针对偏蔽过失而说的"对治悉檀";有的是启发人心向上向善的"各各为人悉檀";有的是显示究竟真实的"第一义悉檀"。以此四悉檀通摄当时的一切佛说,"皆是实,无相违背"①。经说不同,如从应机说法来说,一切是如实说,"佛说无不如义",所以"如来是真语者,实语者,如语者,不诳语者,不异语者"!然依修行而得究竟来说,那就是"第一义悉檀"了。第一义——胜义在"佛法"中,是缘起;缘起法是法性(dharmatā)、法住(dharma-sthititā)、法界(dharma-dhātu)。依缘起说,蕴、处、(因缘、)谛、界,及出世因的道品,都是胜义,这就是《杂阿含经》(巴利藏作《相应部》)的主要内容。龙树是大乘行者,依《般若经》说,以涅槃异名——空性(śūnyatā)、真如(tathatā)、法界、实际(bhūtakoṭi)等为胜义,如《论》说:"第一义悉檀者,一切法性,一切论议语言,一切是法非法,一一可分别破散;诸佛、辟支佛、阿罗汉所行真实法,不可破,不可散。"②胜义是三乘圣者自证的,不落论议语言,所以不可破坏。反之,说一切法(自)性,一切论议语言,说是说非,都是可破坏的。因为世俗施设都有相对性,没有不落于可破坏的境地。第一义悉檀真实不可破;如方便的应机设教,有相对的真实意义,所以前三悉檀也可说是实了。

　　龙树的造论通经,面对着佛教界的种种问题。如"佛法"的部派林立,互相评破;"佛法"与"大乘佛法"间存有严重的偏差,

----

① 《大智度论》卷一(大正二五·五九中)。
② 《大智度论》卷一(大正二五·六〇下)。

有碍佛法的合理开展。如传统的"佛法"行者,指大乘为非佛所
说①。"大乘佛法"行者,指传统"佛法"为小乘;过分地赞扬菩
萨,贬抑阿罗汉,使释尊为了"佛法久住"而建立起来的和乐清
净僧伽的律行,也受到轻视。如维摩诘(Vimalakīrti)呵斥优波
离的如法为比丘出罪②;文殊师利以出家身份,"不现佛边,亦不
见在众僧,亦不见在请会,亦不在说戒中",却在"王宫采女中,
及诸淫女、小儿之中三月"安居③。这表示了有个人自由主义倾
向的大乘行者,藐视过着集体生活的谨严律制(也许当时律制,
有的已徒存形式了)。大乘的极端者以为:"若有经卷说声闻
事,其行菩萨(道者)不当学此,亦不当听。非吾等法,非吾道
义,声闻所行也,修菩萨者慎勿学彼。"④以上是"佛法"与"大乘
佛法"者的互相抗拒。又如"大乘佛法"以胜义谛为先,尤其是
《般若经》的发扬空义。空是无二无别的,一切法平等,所以空
中无善无恶,无业无报,无修无证,无凡无圣。在"一切法空"的
普遍发扬中,不免引起副作用,如吴支谦所译《慧印三昧经》说:
"住在有中,言一切空。亦不晓空,何所是空。内意不除,所行
非法。口但说空,住在有中。"⑤西晋竺法护译的《济诸方等学
经》也说:"所可宣讲,但论空法,言无罪福,轻蔑诸行。"⑥谈空而

---

①　《道行般若波罗蜜经》卷六(大正八·四五五中)。《般舟三昧经》卷上(大
正一三·九〇七上——中)。

②　《维摩诘所说经》卷上(大正一四·五四一中)。

③　《文殊师利现宝藏经》卷下(大正一四·四六〇上)。《大方广宝箧经》卷中
(大正一四·四七四上)。

④　《济诸方等学经》(大正九·三七五中)。

⑤　《慧印三昧经》(大正一五·四六四中)。

⑥　《济诸方等学经》(大正九·三七六上)。

轻毁善行,是佛教界的时代病,难怪原始的《宝积经》要大声疾
呼:"宁起我见积若须弥,非以空见起增上慢。所以者何? 一切
诸见以空得脱,若起空见,则不可除。"①"大乘佛法"兴起,"佛
法"与"大乘佛法"的相互抗拒,谈空而蔑视人间善行,龙树的时
代,已相当严重了!

　　"佛法"以缘起为先,"大乘佛法"以空性、真如等为量。龙
树面对佛教界的相互抗拒,于是探求佛法的真义,以"佛法"的
中道(madhyamā-pratipad)缘起,贯通大乘空义,写出最著名的一
偈,如《中论》卷四(大正三〇·三三中)说:

　　　　"众因缘生法,我说即是无空,亦为是假名,亦是中道义。"

　　"众因缘生法",是缘起法的异译。第二句,依梵本是"我等
说是空性"。缘起与空性的统一,可见当时的经文及大乘行者
已有这种见解,龙树不过是论述得更精密更完成而已。缘起与
空性不是对立的,缘起就是空性,空性就是缘起。从依缘而起说,
名为缘起;从现起而本性空说,名为空性。出发于缘起或空性的
经典,所说各有所重,而实际是同一的;说得不同,只是应机的方
便。龙树是大乘行者,所以依空性成立一切,如《中论》说:"以有
空义故,一切法得成,若无空义者,一切则不成。"②《回诤论》说:
"若人信于空,彼人信一切;若人不信空,彼不信一切。"③空,是

　　① 《大宝积经》卷(四三)《普明菩萨会》(大正一一·六三四上)。以上部分,
可参阅拙作《初期大乘佛教之起源与开展》第十四章(一一六七——一一七三,本版
九九二——九九九)。
　　② 《中论》卷四(大正三〇·三三上)。
　　③ 《回诤论》(大正三二·一五上)。

成立世出世间一切法的法则。大乘经说空性,大都是"空中无
色,……无智亦无得"。一切无所得,一切不可安立,一切法空而
随顺世俗说有,不免引起误解:真实义并没有善恶因果,说善恶因
果,只是化导愚人的方便。说空而有轻视或破坏世俗事的倾向,
问题就在这里。所以龙树重空性,而说缘起与空性,不但不是对
立,而且是相成的。《般若经》广说空,重在胜义,但空也有虚妄不
实的意义,龙树着重这点,专依无自性明空性。为什么一切法空?
因为一切法是没有自性的。为什么无自性? 因为是缘起有的。
《中论》贯彻了有自性就不是缘起,缘起就没有自性的原则,如说:
"如诸法自性,不在于缘中";"众缘中有(自)性,是事则不然"①。
这样,缘起是无自性的,无自性所以是空的;空无自性,所以从缘
起,明确地说明了缘起与空性的统一,如《回诤论》②说:

　　"若法依缘起,即说彼为空;若法依缘起,即说无自
性。"(颂)

　　"诸缘起法即是空性。何以故? 是无自性故。诸缘起
法其性非有,无自性故。……无自性故说为空。"

　　缘起与空性的统一,关键在没有自性。缘起是无自性的、空
的,所以可依缘起而契会空性。空性是无自性的,所以依空而缘
起一切。缘起即空,也就是"世间即涅槃"了。

　　"众因缘生法,我说即是空,亦为是假名,亦是中道义",偈

---

　　①　《中论》卷一(大正三〇·二中),卷三(大正三〇·一九下)。
　　②　《菩提道次第广论》卷一七引文(汉院刊本三三上)。旧译《回诤论》(大正
三二·一八上)。

中所说的"亦为是假名",《论》意是:空性也是假名的。如《智度论》说:"毕竟空但为破著心故说,非是实空";"毕竟空亦空"①。空性是假名说,缘起也是假名说的。《般若经》初,以一切但有名字——唯名(nāmamātra),说菩萨、般若波罗蜜不可得。假名——波罗聂提(prajñapti),或译施设,假施设。《大品般若》立三种假:法假(dharma-prajñapti)、受假(upādāya-prajñapti)、名假(nāma-prajñapti)。法假,如蕴、处、界等法(或类别七十五法,或百法)。受假,如五蕴和合为众生,是依众缘和合而有的。名假,是世俗共许的名字②。这一切,都是假名的。《中论》的"空则不可说,非空不可说,共不共叵说,但以假名说"③的假名,正是 prajñapti 的对译。然"亦为是假名"的假名,原语为 prajñapti-upādāya,正是三假中的受假(或译为取施设、因施设)。龙树说"亦为是假名",在三种假中,特取"受假",这不致为一般误解为"有法施设",也不同于空花、龟毛等名假。"亦为是假名"的假名,是不常不断、不一不异等缘起,没有实性而有缘起用,如《空之探究》中广说④。《般若经》说空性,说一切但有名字——唯名;龙树依中道的缘起说,阐扬大乘的(无自)性空与但有假名。一切依于性空,依性空而成立一切;依空而有的一切,但有假名(受假),所以我称之为"性空唯名论"。

---

① 《大智度论》卷六三(大正二五·五〇八下),卷三一(大正二五·二九〇上)。
② 《摩诃般若波罗蜜经》卷二(大正八·二三一上)。《大智度论》卷四一(大正二五·三五八中——下)。
③ 《中论》卷四(大正三〇·三〇中)。
④ 拙作《空之探究》第四章之五。

　　龙树以无自性义,成立缘起即空,空即缘起,也就贯通了"佛法"(大乘称之为"声闻法")与"大乘佛法"的对立。如"佛法"说三法印——"诸行无常","诸法无我","涅槃寂静";而大乘说一实相印,即一切法本空、本不生、本来寂灭。知一切行无常(anityata),无常故苦(duḥkha),苦故无我我所(nir-ātman-mamakāra),以无我我所执而得涅槃,是《阿含经》的一致意见。"大乘佛法"依据一切法本不生的见地,竟说:"色是无常,……受想行识是无常,……是名说相似般若波罗蜜。"应该说:"不坏色故观色无常,不坏受想行识故观识(等)无常。"①不坏,是没有变易的。不坏色等观无常,也就是《维摩诘经》所说"不生不灭是无常义"②。不生不灭,怎么说是无常呢?《大智度论》卷二二(大正二五·二二二中——下、二二三中)说:

　　　　"问曰:摩诃衍大乘中说诸法不生不灭,一相所谓无相,此中云何说一切有为作法无常,名为法印? 二法云何不相违? 答曰:观无常即是观空因缘,如观色念念无常,即知为空。……空即是无生无灭;无生无灭及生灭,其实是一,说有广略。"

　　　　"摩诃衍中有一实,今何以说三实(法印)? 答曰……有为法无常,念念生灭故皆属因缘,无有自在,无有自在故无我。无常无我无相故心不著,无相不著故即是寂灭涅槃。以是故,摩诃衍法中,虽说一切法不生不灭,一相所谓无相,

---

① 《小品般若波罗蜜经》卷三(大正八·五四六下)。
② 《维摩诘所说经》卷上(大正一四·五四一上)。

（其实）无相即寂灭涅槃。”

无常是念念生灭的，涅槃是不生不灭，一般每以此而看作不相同的二法。然“佛法”以无常（苦）故无我我所，以无我我所能契入涅槃。无我我所是空义，龙树以空（即无我我所）为中心，无常故空；空即无相涅槃。以空贯通了生灭与无生灭，而有“无生无灭及生灭，其实是一”的结论。无我我所是空义，然“佛法”并没有说一切法空，不生不灭！对于这，龙树也有良好的通释，如《智度论》说：“声闻乘多说众生空，佛乘说众生空、法空。”①“佛法”并不是不说法空，如《智度论》所说三种法门中的“空门”②，“佛法”只是“多说众生空”而已，如《大智度论》卷二六（大正二五·二五四上）说：

> “不大利根众生，为说无我；利根深智众生，说诸法本末空。何以故？若无我则舍诸法。”

> “佛法二种说：若了了说，则言一切诸法空；若方便说，则言无我。”

依龙树论意，说无我，说一切法空，只是应机不同；说得含混些，说得彻底些。所以“佛法”说无我，“大乘佛法”说一切法空，是相通而不相碍的。修行者从观法而契入实相，《中论》的《观法品》是观五蕴无我入门的，如说：“若无有我者，何得有我所？灭我我所故，名得无我智。……诸法实相者，心行言语断，无生亦

---

① 《大智度论》卷四（大正二五·八五中）。
② 《大智度论》卷一八（大正二五·一九二下——一九三中）。

无灭,寂灭如涅槃。"①可见佛法本来不二,随机而方便不同,真正的解脱门是没有别异的。

大乘经说一切法空,一切不可得,对于根性钝的,或没有善知识引导的,可能会引起误解,从《佛印三昧经》等,可见《般若经》等已引起不重正行的流弊。同时,外道也有观空的,所以龙树论一再辨别,主要是二谛说:"若不依俗谛,不得第一义。"②众生生活在世俗中,没有世俗谛的名、相、分别,不可能契入第一义空;不依世俗谛的善行,怎么能趣向甚深空义? 如《大智度论》说:"观真空人,先有无量布施、持戒、禅定,其心柔软,诸结使薄,然后得真空";"不行诸功德,但欲得空,是为邪见"③。所以虽一切法空平等,没有染净可得,而众生不了,要依世俗的正见、善行,才能深入。《金刚般若经》也说:"是法平等,无有高下,是名阿耨多罗三藐三菩提。以无我、无人、无众生、无寿者,修一切善法,则得阿耨多罗三藐三菩提。"④要知道,空性即缘起,也就是不离如幻(māyā)、如化(nirmita)的因果。如《论》说:"若无常、空相,则不可取,如幻如化,是名为空。"⑤空是如幻如化的,幻化等譬喻,是"以易解空,喻难解空";"十喻为解空法故"⑥。一切法空,一切是如幻如化的,"如幻化象马及种种诸物,虽知无实,然色可见、声可闻,与六情根相对,不相错乱。诸法亦如

---

① 《中论》卷三(大正三〇·三三下——二四上)。
② 《中论》卷四(大正三〇·三三上)。
③ 《大智度论》卷一八(大正二五·一九四上)。
④ 《金刚般若波罗蜜经》(大正八·七五一下)。
⑤ 《大智度论》卷三一(大正二五·二九〇下)。
⑥ 《大智度论》卷六(大正二五·一〇五下),卷六(大正二五·一〇一下)。

是,虽空而可见可闻,不相错乱"①。所以,"大圣说空法,为离诸
见故"②。为离情执而胜解一切法空不可得,不是否定一切善恶
邪正;善行、正行,是与第一义空相顺而能趣入的。即使彻悟无
生的菩萨,也修度化众生、庄严佛土的善行,决不如中国所传的
野狐禅,"大修行人不落因果"。龙树"性空唯名"的正确解行,
是学佛者良好的指南③!

　　龙树的时代,部派纷诤,而"佛法"与"大乘佛法"又处于严
重的对抗局面。所以龙树论的特色,是确立不二的中道,能适应
多方,兼容并蓄。龙树《中论》的中道,是八不的缘起说。不断
不常,不一不异,不来不出,《阿含经》是约中道缘起说的;不生
不灭,《阿含经》是约涅槃说的。缘起的定律是:依缘而有的,也
依缘而无。在依缘而有的一切法中,直显依缘而无的本性空寂
(涅槃),一以贯之而立八不缘起。这就是:缘起是不生不
灭,……不来不出;缘起寂灭也是不生不灭,……不来不出的。
正如《般若经》所说:十八空是"非常非灭故";而说"如焰烧炷"
譬喻的缘起时,也是非常非灭的④。说缘起,说本性空寂,都是
如来本着了无戏论、毕竟寂灭的自证,为化度众生而方便说法。
说,就不能不是相对的"二",说缘起,说涅槃,而其实是无二无
别。"佛法"与"大乘佛法"的如实相是不二的,不过由于根性利
钝、智慧浅深,譬喻为"如毛孔空与太虚空",其实虚空是不能说

---

① 《大智度论》卷六(大正二五・一〇一下)。
② 《中论》卷二(大正三〇・一八下)。
③ 本节参阅拙作《空之探究》第四章。
④ 参阅拙作《空之探究》第三章(一七〇——一七三,本版一四一——一四
三)。

有差别的。龙树正本清源,贯通了"大乘佛法"与"佛法"。《中论》说世间即涅槃,是大乘论义。而二十七品中,初二品总明不生(不灭)与(不来)不出,以下依四谛开章,所观察的,都是《阿含经》与各部派所说的。每品都称为"观",是以八不缘起的正观,观察佛教界流传的教法,使所说契合于佛法的实义。一一地探求论究,似乎破斥了一切,而不知正是为了成立。"以有空义故,一切法得成":《中论》依即空的缘起,成立"佛法"的三宝、四谛、世间因果。在大乘法中,当然是依即空的缘起,成立菩提心、六度、四摄、自利利他的大行;成立究竟圆满的佛果——大菩提、大涅槃。《般若经》说:一切法如幻如化,涅槃也如幻如化。一切是不离即空的缘起,也就不离即缘起的空寂。古代三论宗说:龙树"破邪即显正",是约深观的契悟说。如约依空而能成立一切法说,那就不能这样的泛泛而说了!

　　龙树会通了《般若经》的性空、但名,《阿含经》的中道、缘起,也就贯通了"大乘佛法"与"佛法",互不相碍。一切法义的成立,不是为了论议,论议是可破的,惟有修行以契入实相——第一义,才是龙树论意的所在。大乘的修行,一切依般若为导;然得无生法忍菩萨,重于方便,所以说:"菩萨道有二种:一者、般若波罗蜜道,二者、方便道。"①这是依《般若经》先后有二《嘱累品》而说的。其实"方便即是智慧般若,智慧淳净故变名方便,教化众生,净佛世界"②。般若是体,方便是般若所起的利他巧用,如真金与真金所造的金饰一样。《般若经》说"五种菩提"

---

　　① 《大智度论》卷一〇〇(大正二五·七五四中——下)。
　　② 《大智度论》卷四六(大正二五·三九四下)。

（pañca-bodhi），《智论》解说为：一、发心菩提，二、伏心菩提，三、
明心菩提，四、出到菩提，五、无上菩提①。大乘以成就阿耨多罗
三藐三菩提——成佛为究竟，从初发心以来，无非是随顺，趣入
菩提的进修，所以五菩提是从发心到成佛的历程。天台家的
"六即佛"，就是依此（加"理即"）而成立的。然发心有二：初于
生死中，闻佛功德，悲悯众生而发愿成佛；次知诸法如实相，得无
生法忍，与无上菩提相应，名"真发心"②。初发心是发心菩提，
明心菩提是真发心——胜义发心。二道、五菩提，说明了发心成
佛的修行路程。众生的根性是不一致的，所以"菩萨以种种门
入佛道：或从悲门，或从精进智慧门入"③。"或有勤行精进，或
有以信方便，易行疾至阿惟越致"，这就是难行道与易行道④。
在般若法门的进修中，也有"智慧精进门入，……信及精进门
入"⑤。重于信愿的，重于慈悲的，重于智慧的，众生的根性不
一，所以经中入佛道的方便也不一。菩萨的种种不同，如《般若
经》的《往生品》说。发心到成佛，有迟缓与速疾的差别，《智论》
说"乘羊而去"、"乘马而去"、"神通去"，是依《入定不定印经》
说的。成佛的迟速，由于发心以前，修习功德所成的根性不
同⑥。《十住毗婆沙论》也说："或有初发心时即入必定；或有渐
修功德，如释迦牟尼佛，初发心时不入必定，后修集功德，值燃灯

---

① 《大智度论》卷五三（大正二五・四三八上）。
② 《大智度论》卷四五（大正二五・三八三中）。
③ 《大智度论》卷四〇（大正二五・三五〇上）。
④ 《十住毗婆沙论》卷五（大正二六・四一中）。
⑤ 《大智度论》卷五八（大正二五・四七二下）。
⑥ 《大智度论》卷三八（大正二五・三四二中——下）。

佛,得入必定。"①初入的方便不同,发心成佛的迟速不同,而实质上,都是通过菩萨行位(二道、五菩提)而到达究竟的。龙树是论师,但也有经师随机方便而贯通的特长,一切论议是与修持相关联的;这所以成立缘起即空的中道,而又说"空则不可说";"若复见有空,诸佛所不化"②。

　　龙树依缘起与空性(涅槃)而明一贯的中道,那对于从"佛法"而分流出的部派,也就有了合理的处理。当时,部派佛教思想趋于极端,如"佛法中方广道人比丘言:一切法不生不灭,空无所有,譬如兔角、龟毛常无"③,这是极空而破坏了世俗。而"是声闻人,著声闻法,佛法过五百岁后,各各分别有五(百)部,……闻说(大乘)般若诸法毕竟空,如刀伤心"④,这是极有而不知胜义。部派的种种异见,龙树统摄为"三门:一者、蜫勒门,二者、阿毗昙门,三者、空门"。蜫勒(karaṇḍa),传说是佛世大迦旃延所造的,可译名《藏论》,是盛行于南天竺的论书。蜫勒论的特色是"广比诸事,以类相从";"入蜫勒门,论议则无穷,其中有随相门、对治门等种种诸门";论议的都是佛说。阿毗昙,"或佛自说诸法义,或佛自说诸法名,诸弟子种种集述解其义"。说一切有部有"六足毗昙"、"发智经八犍度",及释义的《大毗婆沙论》。有《舍利弗阿毗昙》,是"犊子道人等读诵"的。现存汉译的《舍利弗阿毗昙论》,与雪山部、法藏部的论书相近。赤铜鍱

---

① 《十住毗婆沙论》卷一(大正二六・二四下)。
② 《中论》卷四(大正三〇・三〇中),卷二(大正三〇・一八下)。
③ 《大智度论》卷一(大正二五・六一上——中)。
④ 《大智度论》卷六三(大正二五・五〇三下)。

部的七部阿毗昙,龙树没有说到,也许是孤传海岛,对印度大陆佛教的影响不深吧!"空门"说(众)生空(pudgala-śūnyatā)、法空(dharma-śūnyatā),都是依据经文——《杂阿含经》,《中阿含经》,《长阿含经》,《增一阿含经》,《波罗延经》——《彼岸道品》,《义品》等而说的。部派佛教的三门,都是依佛说,依佛说的意义而论述的,只是思想方法不同,陷于对立而互不相容的状态。对于这,《大智度论》这样说①:

> "无智闻之,谓为乖错。智者入三种法门,观一切佛语皆是实法,不相违背。"

> "入此三门,则知佛法义不相违背。能知是事,即是般若波罗蜜力,于一切法无所里碍。若不得般若波罗蜜法,入阿毗昙门则堕有中,若入空门则堕无中,若入蜫勒门则堕有无中。"

阿毗昙分别法的自相、共相,因而引起一一法实有自性的执见,所以堕在"有"中。空门说法空,如方广道人那样,就是堕在空"无"中。蜫勒是大迦旃延所造的论,依真谛的《部执异论疏》说:大众部分出的分别说(玄奘译作"说假")部,是大迦旃延弟子,"此是佛假名说,此是佛真实说;此是真谛,此是俗谛"②,分别地说实说假、说真说俗,很可能堕入"有无"中的③。这种种论义,都渊源于佛(《阿含》)说,只是偏执而以对方为"乖错"。如

---

　　①　《大智度论》卷一八(大正二五・一九二上、一九四上)。

　　②　《三论玄义检幽集》卷五所引(大正七〇・四六一上)。

　　③　三门,见《大智度论》卷一八(大正二五・一九二上——一九四上)。参阅《大智度论》卷二(大正二五・七〇上——中)。

得般若波罗蜜,也就是通达缘起即空即假名的中道,那可说部派异义都有其相对的真实性,于一切法门无所碍了! 一切法是缘起的,不是没有特性、形态、作用,与其他法的关系,只是没有自性罢了。如《大智度论》说"一一法有九种":一、有体,二、各有法(业),三、各有力用,四、各有因,五、各有缘,六、各有果,七、各有性,八、各有限碍,九、各有开通方便,知此九法名"下如"。知九法终归要变异尽灭的,名"中如"。知九法"是非有非无,非生非灭,灭诸观法,究竟清净,是名上如"①。如(tathatā)是不异义,也就是如实。下、中、上——浅深的不同,可说都是如实的。所以论师的不同异义都有相对的意义,只是执有执无,执假执实,所以处处不通。如得般若如实慧,那就一切无碍;应机说法,知"一切佛语皆是实"了!

　　龙树说缘起即空的中道,然空是《阿含经》以来佛教界一致宣说的修行法门,只是解说有些不同而已。《大智度论》提出了三种空:一、分破空,二、观空,三、十八空②。"分破空",即天台宗所说的析法空。以氈为例:将氈分析到极微(paramāṇu),而极微是假立的,如"推求微尘,则不可得"。"观空":外境是可以随观心而转的,如《阿含经》所说的不净观(aśubhā-smṛti)、十遍处(daśānāṃ-kṛtsna-āyatanām)等。如一女人,或见是美丽清净的;修不净观的,见是恶露充满的;嫉妒她的生嗔恨心;无关的人"无所适莫"。好恶、美丑,随人的观感不同而异,可见外境没有

---

①　《大智度论》卷三二(大正二五·二九八下),参阅卷三三(大正二五·三○三上)、卷二七(大正二五·二六○中)。

②　《大智度论》卷一二(大正二五·一四七下——一四八上)。

实性,所以是空。"十八空"(aṣṭādaśa-śūnyatā):虽随法而有种种名字,而所以是空的理由,都是"非常非灭故。何以故？性自尔"①。这是说一切法本来自性空,也就是出离二边戏论的中道,是大乘空的精义②。《智论》含容地统摄了三种空,偶尔也以前二空为方便,但究极的离戏论的中道,是十八空——本无自性空。《智度论》在说到空、无相(animitta)、无愿(apraṇihita)为甚深义时,又提到三种空:一、"三昧空":在三昧(samādhi)——定心中,观一切法空;空是能缘的三昧(心)空,以空三昧观一切法,所以说一切法空。二、"所缘空":所缘境是空的,缘外境的空相,名为空三昧。三、"无自性空",如《大智度论》卷七四(大正二五·五八一中——下)说:

> "不以空三昧故空,亦不以所缘外色等诸法故空。……此中说离是二边说中道,所谓诸法因缘和合生,是和合法无有一定法故空。……无自性故即是毕竟空,是毕竟空从本以来空,非佛所作,亦非余人所作,诸佛为可度众生故,说是毕竟空相。"

从这里,可以理解龙树的大乘空义,依缘起说;从缘起而知一切法没有定性自性,没有自性故是毕竟空(atyanta-śūnyatā),毕竟空是寂灭无戏论的。为了化度众生,依世俗谛说毕竟空,毕竟空是空相也不可得的。龙树是中道的缘起即空论者,如从认识论去解说,那是不能符合龙树论意的。当然,龙树得般若波罗

---

① 《大智度论》卷四六(大正二五·三九三下)。
② 《大智度论》卷四六(大正二五·三九六上)。

蜜,是于一切法无碍的,也偶尔应用"观空"来解说。《论》引《般舟三昧经》的念佛见佛说:"三界所有,皆心所作。……若取心相,悉皆无智,心亦虚诳(不实)。"①修念佛三昧成就,佛现在前立;进而见佛如虚空中繁星那样的现前。但不是佛来了,只是自心三昧力所现。依此而推论为:三界所有,都是自心所造作的。心所造作的,虚诳不实,所以取著心相是愚痴的。《般舟三昧经》也说:"心起想则痴,无想是泥洹。"②《智论》引偈说:"诸法如芭蕉,一切从心生,当知法无实;是心亦复空,若有人念空,是则非道行。"③这也是法从心生说,法空心也是空,空是离取著戏论的,所以取空相的也就非道了。又说:"如颇梨珠,随前色(而)变,自无定色。诸法亦如是,无有定相,随心为异。"④法无定相,随心而差异不同,与上面所说的"观空"是完全相同的。佛法中,善恶与迷悟,"心为一切法的主导者",所以说"心所作","从心生"。反之,"心随身故,身得乐事,心则欣悦。……将诸天众入粗涩园中,……诸天人众斗心即生",又如"北方地有雪山,雪山冷故,药草能杀诸毒。所食米谷,三毒不能大发;三毒不能大发故,众生柔软,信等五根皆得势力。以是等因缘,北方多行般若波罗蜜"⑤。心随身转,心随环境而变异,《智度论》不也说得很明白吗? 所以不可依据片段文字,误解龙树与无著

---

①　《大智度论》卷二九(大正二五·二七六中)。

②　《般舟三昧经》卷上(大正一三·九〇六上)。

③　《大智度论》卷八(大正二五·一一八上)。

④　《大智度论》卷四三(大正二五·三七二中)。

⑤　《大智度论》卷八(大正二五·一一七中),又卷六七(大正二五·五三一中)。

的"唯心论"一脉相通！龙树是缘起论者,直说一切法空,而不是无著学系那样的。

　　文殊法门,与《般若》同源而异流,每说烦恼即菩提,如说:"贪欲是涅槃,恚痴亦如是,如此三事中,有无量佛道。"①龙树怎样解说这些文句? 对于淫欲,《智论》依《般若经》,说三种菩萨:"初者,如世间人受五欲,后舍离出家,得菩提道。二者,大功德牢固,初发心时断于淫欲,乃至成佛道。是菩萨或法身,或肉身;或离欲,或未离欲。三者,清净法身菩萨,……与众生同事而摄取之。"②第一类菩萨,如释尊。第二类,"从初发心常作童真行,不与色欲共会",也就是发菩提心以来,生生世世,过着清净梵行的生活。即使是得了无生忍的法身菩萨,也是这样。《大智度论》卷三五(大正二五·三一七中)说:

　　　　"有人言:菩萨虽受五欲,心不著故,不妨于道。"

　　　　"菩萨应作童真修行梵行,当得阿耨多罗三藐三菩提。梵行菩萨不著世间故,速成菩萨道。若淫欲者,譬如胶漆,难可得离。"

　　有大乘人以为:受五欲,对修道是不妨碍的,只要不执著它。对于这种见解,龙树是不以为然的。认为始终修童真梵行,能"速成菩萨道",也就是成佛要容易得多。《龙树传》说:起初,龙树与友人到王宫中去淫乱,几乎被杀,这才深感欲为苦本而出家。龙树有过这一番经历,当然会称赞始终修梵行的。这是

---

① 《诸法无行经》卷下(大正一五·七五九下)。
② 《大智度论》卷三五(大正二五·三一七中)。

"大功德牢固"，不是一般人都能这样的。先受欲而后出家（第一类），应该是最一般的。第三类是法身菩萨，为了摄化众生，如维摩诘长者那样。大菩萨的善巧方便，不是初学者所能行的。说到"烦恼是菩提"，如《大智度论》①说：

> "因缘生故无实，……不从十方三世来，是法定相不可得。何以故？一切法入如故。若（不）得是无明定相，即是智慧，不名为痴。是故痴相、智慧相无异，痴实相即是智慧，取著智慧相即是痴。"

> "诸法如入法性中，无有别异。……愚痴实相即是智慧，若分别著此智慧即是愚痴。如是愚痴智慧，有何别异？"

龙树的解说，是依据《思益梵天所问经》的。《思益经》明如来以"五力"说法，"二者、随宜"："如来或垢法说净，净法说垢。……何谓垢法说净？不得垢法性故。何谓净法说垢？贪著净法故。"②这就是《智度论》所说"痴实相即是智慧，取著智慧相即是痴"的意义。一般不知道这是"随宜"说法，以为究竟理趣。只知烦恼即菩提，而不知取著菩提就是烦恼！如通达性空，般若现前，哪里还有烦恼？如误解烦恼即是菩提，那真是颠倒了！

---

① 《大智度论》卷八〇（大正二五·六二二上），又卷三五（大正二五·三二一上——中）。
② 《思益梵天所问经》卷二（大正一五·四〇下）。

第三节　提婆的"百"论

龙树的弟子提婆,印度南方的锡兰人,从犊子部出家。那时锡兰的无畏山(Abhayagiri)派,态度宽容,容许别部及大乘者共住。提婆到了南印度,从龙树学。留传下来的提婆事迹,主要是到处去破斥外道,破斥小乘的妄执,后来为外道所杀。提婆的著作有:一、《百论》,以百偈得名。鸠摩罗什译,不是全译而是有所省略的。提婆的本论,名为"修妒路"经,论释是婆薮开士造的。有以为婆薮就是世亲,然在年代上是不可能的。二、《四百观论》,西藏本作《瑜伽行地四百论》,四百偈。唐玄奘所译《大乘广百论释论》,一〇卷,是《四百论》的后二百偈,及瑜伽学者护法(Dharmapāla)的注释。三、《百字论》,元魏菩提流志(Bodhiruci)译,一卷。提婆本论仅百字,就是论末偈颂中,"一切法无一,如是法无异! ……等如梦无异,相亦无有体"①;其余论释,不知是谁造的。此论在西藏,说是龙树造的。提婆所造的论,都以"百"为名。这固然由于百字、百偈、四百偈的论偈数目,然在梵文中,百是śataka,字根śat有破坏的意义,实表示了破斥摧坏一切异说的宗趣。此外,北凉道泰译出《大丈夫论》,二卷。论末说:"阿阇黎犊子部提波罗大菩萨,生在南方,是(彼)所作竟。"②与传说的提婆相合,仅名字——提婆与提波罗小异。这部论,着重于悲心施舍一切的菩萨行,为慈悲增上的代表作。

---

① 《百字论》(大正三〇・二五二下)。
② 《大丈夫论》(大正三〇・二六八上)。

如是提婆所造的,那提婆不计自身安危,尽力破斥外小异见法施,弘护大乘,终于以身殉教,这真是能说能行的大丈夫!

提婆的弟子罗睺罗跋陀罗(Rāhulabhadra),曾在中、南印弘法。西藏所传,罗睺罗跋陀罗著有《赞法华经偈》、《赞般若偈》。真谛传说:罗睺罗跋陀罗有《中论注》。据吉藏《中观论疏》说:"罗睺罗法师,是龙树同时人。释八不,乃作常乐我净明之。"①以八不缘起来解说大涅槃四德,与《大般涅槃经》续译的《师子吼菩萨品》,以八不缘起为"正因佛性"②,同一学风。这显然是中观学者,面对后期大乘经而加以会通了。《智度论》引用他的《赞般若偈》③,可能是后人所附入的。龙树、提婆、罗睺罗跋陀罗,三人有先后的师资关系,为汉、藏一致的传说。以后的传承,如西藏所传的,汉地从来不知。如三论宗所传:罗睺罗传青目,青目传须利耶苏摩(Sūryasoma),须利耶苏摩传罗什。这一传承中,青目是什么传说也没有,说他在罗睺罗与罗什之间,不过因为青目作《中论释》而已。佛教学派的次第相传,有些是不必尽信的!

龙树开辟了大乘的坦途,提婆也就移重心到对外的破斥。以空义来扫除有、非有等一切戏论,而"空"不是言说所安立处,所以空也不立,而被称为"破而不立"。说到破,破的是什么?法是不可破的;种种论破,只是破除众生的爱著、执见,如《大智度论》卷三二(大正二五·二九六下、二九七中)说:

---

① 《中观论疏》卷三本(大正四二·四〇下)。
② 《大般涅槃经》卷二七(大正一二·五二四上——中)。
③ 《大智度论》卷一八(大正二五·一九〇中——一九一上)。

　　　　"般若波罗蜜,于一切法无所舍,无所破,毕竟清净,无
　　　诸戏论。如佛说有四缘,但以少智之人,著于四缘而生邪
　　　论,为破著故,说言诸法实空,无所破。"

　　　　"般若波罗蜜中,但除邪见而不破四缘。"

　　"佛为破妄见故,言三事不可得,实无所破";"是法空,诸佛
以怜愍心,为断爱结、除邪见故说"①。这就是《维摩诘经》所说
"但除其病而不除法,为断病本而教导之。何谓病本?谓有攀
缘"的意思②。攀缘,玄奘译作"缘虑"。大概地说,"佛法"重在
破爱著。由于部派分化而异说纷纭,外道的反对声也渐高,都在
义理上兜圈子,辩论上下功夫,这所以"一切法空"说应运而生,
重在破邪了。如于一切法不生爱著,于一切法不"自以为是",
那缘起法本来如此,有什么可破的! 提婆的《大乘广百论释论》
卷八(大正三〇·二三六上)说:

　　　　"识为诸有种,境是识所行,见境无我时,诸有种皆灭。"

　　或者以为:"见境无我",是破境,这是境空而心不起的意
思。其实,提婆所说,是本于《杂阿含经》卷二的,如(大正二·
九上)说:

　　　　"种子者,譬取阴俱识。地界者,譬(色、受、想、行)四
　　　识住。水界者,譬贪喜四取攀缘识住。"

────────────

　　① 《大智度论》卷一二(大正二五·一五〇上),卷二〇(大正二五·二〇七
中)。
　　② 《维摩诘所说经》卷中(大正一四·五四五上)。

"色(受、想、行)界离贪;离贪已,于色封滞意生缚断;
于色封滞意生缚断已,攀缘断;攀缘断已,识无住处,不复生
长增广。"①

识(vijñāna)是有取识,为流转三有的种子。为什么是三有
种?因为识在色、受、想、行——四处住"四识住"。识行境时,
由于贪喜的染著系缚,取识攀缘不舍而成流转三有的种子。如
离爱,识行境时就不为贪喜所缚而攀缘不舍,那就识无住处——
"三有种当灭"了。黑牛与白牛相系的譬喻,也是同一意义,不
过约根境说:"非意系法,非法系意。……于其中间,若彼欲贪,
是其系也。"②依《维摩经》说:只因攀缘三界,起有无见,如不起
二见,那就都无所得,攀缘——生死病根也就断了。"阿含"与
"大乘经"一脉相通,不过"阿含"重在离爱(tṛṣṇā, anunaya),大
乘重在离见(dṛṣṭi)。生死病根的"攀缘",不是能缘,也不是所
缘,是能所相关时,有所爱染、执见的缘虑。爱染、执著,"佛法"
说我爱(我见、我慢等),无我就解脱了。"大乘"说我见、法见
(依自性起),离我法自性见,就都无所著了。所以,"不以空三
昧(心)故空,亦不以所缘外色等诸法故空。……此中说离是二
边说中道,所谓因缘和合生,是和合法,无有一定法故空。……
无自性故,即毕竟空"③。论师以"分破空"、"观空"、"本性空",
推求破斥外道、小乘所说,显一切法离戏论而寂灭,不是论议,一
切论议是可破的,佛法是"大圣说空法,为离诸见故"。

----

① 《相应部》(二二)《蕴相应》(南传一四·八五——八七)。
② 《杂阿含经》卷九(大正二·六〇中)。《相应部》(三五)《处相应》(南传一
五·二六〇——二六一)。
③ 《大智度论》卷七四(大正二五·五八一中——下)。

第五章　后期"大乘佛法"

第一节　后期大乘经

　　"大乘佛法"后期，与初期的有了显著的差别。后期的大乘经，虽也是部类众多，而以如来藏（tathāgata-garbha）、佛性（bud-dha-dhātu，tathāgata-gotra），及与如来藏思想接近的佛菩提（bud-dha-bodhi）、涅槃（nirvāṇa）功德的阐扬，为后期大乘经的一般倾向。大乘论方面，无著、世亲造论通经，成立阿赖耶识（ālayavij-ñāna）为依止的瑜伽行派（Yogâcāra）。瑜伽派的发扬，中观派（Mādhyamika）也告中兴；两派的"相夺相成"，与两派内部的论诤，使论议进入严密的思辨时期。大概地说，经典是从南而北的，论书是从北而南的，相互交流，而中印度的佛法，从笈多（Gupta）王朝（西元三二〇——　　）起，再成为佛法的主流。

　　后期大乘经，从西元三世纪起到五世纪末，大多已经传出。六世纪以下，一则论议的风气高张，一则是一个新时代（"秘密大乘佛法"）正孕育接近成熟，将流布面目一新的教典：所以"大乘佛法"的经典，传出也就少了。这一时代（先后共三百年），起初,南方案达罗王朝于西元二二五年灭亡。北方的贵霜王朝,三世纪也日渐衰落,印度又是到处分裂割据的局面。旃陀罗笈多一世(Candragupta Ⅰ),自摩竭陀兴起,于西元三二〇年建立笈多王朝。经萨母陀罗笈多(Samudragupta),到旃陀罗笈多二世(Candragupta Ⅱ),国势相当强盛,统治了东、西及北印度,南印度也表示臣服。那时,梵文学大大地兴盛起来(引起以后印度教的盛行)。到了鸠摩罗笈多末期(西元四五五年前),北方受白匈奴,即我国史书中的哒哒(Hephtalites)的侵入;不断来侵,国力大受损耗,终于在五世纪末,北印度落入哒哒的统治。佛教受到哒哒的摧残,北印度的佛教开始走向衰落。鸠摩罗笈多以后,笈多王朝分化了;中印度"大乘佛法"的两大中心——东方摩竭陀、西方摩腊婆(Mālava),也因此渐渐形成。

"后期大乘"的经典,有编入大部的。编入《大般若经》的,如梁曼陀罗仙(Mandra)与僧伽婆罗(Saṃghavarman)先后译出的《文殊师利所说(摩诃)般若波罗蜜经》,与第七分相当。陈月婆首那(Upaśūnya)译的《胜天王般若波罗蜜经》,与第六分相当。编入《华严经》的,如晋译《华严》中,(二八)《佛不思议法品》,到(三三)《离世间品》,都是以佛(普贤行)地功德为主的。编入《大宝积经》的,如唐菩提流志(Bodhiruci)所译的(二)《无边庄严会》,(一一)《出现光明会》;隋阇那崛多(Jñānagupta)译的(三九)《贤护长者会》等。唐玄奘所译的《大菩萨藏经》,编为宝积部(一二)《菩萨藏会》。经是后期集成的,但思想却大多是初期的。因为除第一卷(明声闻法)外,其余的十九卷,只是《陀罗尼自在王经》、《密迹金刚力士经》、《无尽意经》的纂集。

北凉昙无谶(Dharmarakṣa)所译的《大般涅槃经》、《方等大集经》、《大云经》,都是大部的。《大般涅槃经》,昙无谶初译的,仅十卷,与晋法显在华氏城所得的《方等大般泥洹经》同本。后三十卷,是昙无谶再到西域,在于阗求得而续译的。初十卷,以佛入涅槃为缘起,说大般涅槃(mahā-parinirvāṇa)常乐我净。经上说:世间所说的"我"(ātman),不免误解,所以佛说无我;其实,我是有的,因我而说到了如来藏①。后三十卷,是经过般若学系的会通修正(下文再当解说)。《大方等大集经》,依"校正后序","丹本"共十一品:"第一、陀罗尼自在王菩萨品,二、宝女品,三、不眴品,四、海慧品,五、虚空藏品,六、无言品,七、不可说品,八、宝幢分,九、虚空目分,一〇、宝髻品,一一、日密藏分。"②上九品名为"品",《宝幢分》以下称为"分",而又有《宝髻品》夹在称为"分"的中间。凡称为"品"的,都是明菩萨行及佛功德,有通于如来藏的意义。而《宝幢分》、《虚空目分》、《日藏分》以下,后来还有《月藏分》等译出。《宝幢分》以下,法义要浅些,倾向于通俗的、神秘的。此外,如失译的《佛说长者女庵提遮狮子吼了义经》,元魏昙摩流支(Dharmaruci)初译的《如来庄严智慧光明入一切佛境界经》,(秦)失译的《度诸佛境界光严经》等,都是宣说"不空",或宣说如来不可思议德业的。

"后期大乘经"中,明确阐扬如来藏法门的,《大般涅槃经》的前分十卷外,是:一、《大方等如来藏经》,现存晋佛陀跋陀罗与唐不空所译的二本。这部经,受到了《华严经》思想的启发。

---

① 《大般涅槃经》卷二(大正一二·三七八上——三七九上)。
② 《大方等大集经》卷一(大正一三·八中)。

《华严经》初说毗卢遮那佛的华藏（kusumatala-garbha）庄严世界海；世界与佛，都住在莲花上。华藏是莲花胎藏：莲花从含苞到开花，莲实在花内，如胎藏一样；等到花瓣脱落，莲台上的如来（莲蓬上的莲子）就完全呈现出来。《如来藏经》就是以莲花萎落，莲台上有佛为缘起，以种种譬喻说明如来藏的①。二、《大法鼓经》，宋求那跋陀罗（Guṇabhadra）译。《大法鼓经》与《法华经》有关：《法华经》初说"会三归一"，二乘同得佛智慧——一乘（ekayāna）；说实相与《般若经》相近。但"开迹显本"，涅槃了的多宝（Prabhūtaratna）佛塔涌现在空中；释尊自说"我成佛以来甚大久远，寿命无量阿僧祇劫，常住不灭"②；三变净土；十方受化菩萨来集，意味着如来常住。《法鼓经》提到了《法华经》的"化城喻"、"穷子喻"③；《大般涅槃经》比喻佛性的五味——乳……醍醐喻④；说如来藏与一乘。三、《央掘魔罗经》，也是求那跋陀罗译的。《杂阿含经》中，央掘魔罗——鸯瞿利摩罗（Aṅgulimāla）执剑追杀释尊，怎么也追不上，于是口呼"住！住！"释尊对他说："我常住耳，汝自不住。"⑤在大乘如来常住思想中，也就以此为缘起，宣说如来常住的如来藏法门。《大般涅槃经》、《大法鼓经》、《央掘魔罗经》、《大云经》，都说到正法欲灭时，法在南方。四、《胜鬘师子吼一乘大方便方广经》，也是求那跋陀罗初译的。

---

① 《大方等如来藏经》（大正一六·四五七上——中）。
② 《妙法莲华经》卷五（大正九·四二下）。
③ 《大法鼓经》卷下（大正九·二九六上——中、二九七中——下）。
④ 《大法鼓经》卷下（大正九·二九五下——二九六上）。
⑤ 《杂阿含经》卷三八（大正二·二八〇下）。《中部》（八六）《鸯掘摩经》（南传一一上·一三三）。

胜鬘(Śrīmālā)出嫁到阿踰陀(Ayodhyā)，说一乘、如来藏法门。阿逾陀为笈多王朝的文化发达地区，无著传出《瑜伽师地论》，就在此地。《胜鬘经》分十四章，说到如来藏与生灭识的关系①。五、《不增不减经》，元魏菩提流支(Bodhiruci)所译。这几部宣说如来藏的经典，表示了众生本具如来。这虽是"佛法"与"初期大乘佛法"所没有的，但如来藏说对未来佛教的影响，是极为深远的！还有《解深密经》、《阿毗达磨大乘经》、《入楞伽经》、《大乘密严经》、《佛地经》等，当别为论述。

　　如来藏说，是"大乘佛法"的佛道论，适应世俗而兴的通俗说。《般若》等大乘经，修菩萨行为主，以般若的解悟为先导。般若所体悟的，是"佛法"的涅槃，有法性(dharmatā)、真如(tathatā)、法界(dharma-dhātu)等异名。真如等不离一切而超越一切；超越一切，所以空性(śūnyatā)为其他经典所应用，被称为《空相应经》。然《般若经》初义，是自性空(svabhāva-śūnyatā)。自性空，形容自性的不落名、相、分别——体悟的真实，不是没有胜义自性。由于遮遣虚妄执著，对治部派的实有说，"无自性故空"的思想发展起来②；这是高层次的，但也是容易被误解的。《般若经》等说"一切法空性"，"一切法无生"，"一切法清净"，重于般若的体悟，方便说明，有所证理性的倾向，但也有倾向于能证智慧的说明。如释尊证得无上正等菩提(anuttara-samyak-sambodhi)，由于众生的难以理解，曾经默然而不想说法。甚深而难解的，《阿含经》说是缘起与涅槃。但《小品般若经》说："般

　　①　《胜鬘师子吼一乘大方便方广经》(大正一二·二二二中)。
　　②　参阅拙作《空之探究》第三章之七。

若波罗蜜甚深,难解难知,以是义故,我欲默然而不说法。"①又如说:"诸佛依止于法,……法者则是般若波罗蜜。"②《般若经》所说的般若,是菩萨慧,成佛就转名佛慧。《法华经》正是以佛慧为主,所以说:"我所得智慧,微妙最第一! 众生诸根钝,著乐痴所盲,如斯之等类,云何而可度? ……我宁不说法,疾入于涅槃。"③众生所难以信受的,是佛智慧,也就是妙法——正法。经上说,"说佛智慧故,诸佛出于世";"如来所以出,为说佛慧故"④:这就是为了开示悟入佛之知见。《华严经》广说菩萨大行,而也以佛智慧为重。无二无相,不可思议的甚深涅槃,大乘经倾向于(菩萨及)佛智慧,其实《般若经》中也已说到了,如《摩诃般若波罗蜜经》卷二五(大正八·四〇三上)说:

"第一义胜义亦名(本)性空,亦名诸佛道。"

诸佛道,是"诸佛所证无上正等菩提"的异译⑤,与胜义、性空同一内容。所以《智度论》说:"诸法实相有种种名字:或说空,或说毕竟空,或说般若波罗蜜,或名阿耨多罗三藐三菩提。"⑥大乘法从共声闻的涅槃,倾向于不共声闻的(菩萨与)佛菩提。大乘法本从"佛弟子对佛的永恒怀念"而来,修菩萨行,

---

① 《小品般若波罗蜜经》卷六(大正八·五六二中)。《摩诃般若波罗蜜经》卷一六(大正八·三三五上),约佛的一切种智"一如无二无别"说。

② 《小品般若波罗蜜经》卷五(大正八·五五八下)。《摩诃般若波罗蜜经》卷一四(大正八·三二六上)。

③ 《妙法莲华经》卷一(大正九·九下)。

④ 《妙法莲华经》卷一(大正九·八上、一〇上)。

⑤ 《大般若波罗蜜多经》(第二分)卷四七四(大正七·三九九下)。

⑥ 《大智度论》卷七九(大正二五·六一八中)。

求成佛的等正觉,所以着重理想中的佛智慧,也可说应有的事了。

佛菩提是般若波罗蜜的究竟圆成。《华严经·十地品》说:初地证入智地,展转增胜。有炼金喻、治摩尼宝喻,比喻发大菩提心,从初地到十地,进而成佛①。这虽是菩提的发起到圆满,暗示了菩提(如金、珠那样)是本来如此的,正如《维摩诘经》所说"非谓菩提有去来今"②。《大集经》的《陀罗尼自在王品》有治青琉璃珠喻,《海慧菩萨品》有净宝珠喻③:都表示菩提宝经净治而究竟清净。大乘经说一切法无二无别,《华严经》说一切法相互涉入。这样,在众生位中,本有佛菩提,只是没有显发而已。如《大方广佛华严经》卷三二《宝王如来性起品》(大正九·六二三下——六二四上)说:

> "譬如有一经卷,如一三千大千世界,大千世界一切所有无不记录。……彼三千大千世界等经卷,在一微尘内;一切微尘亦复如是。"

> "佛子! 如来智慧,无相智慧,无碍智慧,具足在于众生身中,但愚痴众生颠倒想覆,不知不见,不生信心。……永离妄想颠倒垢缚,具见如来智慧在其身内,与佛无异。"

微尘内有大千世界经卷的比喻,表示众生本有佛智慧——无上菩提,只是妄想颠倒而不能自觉。如离却妄想颠倒,就知道

---

① 参阅拙作《如来藏之研究》第四章(一〇〇——一〇一,本版九〇——九二)。
② 《维摩诘所说经》卷中(大正一四·五四八下)。
③ 《大方等大集经》(二)《陀罗尼自在王品》(大正一三·二一下),又(五)《海慧菩萨品》(大正一三·四七下——五〇下)。

如来的圆满智慧自己是本来具足的。这段经文,一般引用来解说如来藏。但经文只说佛智慧本来具足,通于《般若》、《法华》等大乘经义,还不是显有特色的如来藏说。

大乘经说"法界",如众流入海而没有差别,与真如、空性等相同。《须真天子经》卷四(大正一五·一一一上)说:

> "譬若天子!于无色像悉见诸色,是色亦无,等如虚空也。如是天子!于法界为甚清净而无瑕秽。如明镜见其面像,菩萨悉见一切诸法。如是诸法及于法界,等净如空。"

这一譬喻中,法界如虚空,如明镜;一切法如虚空中色,如明镜中的影像。色与虚空是没有差别的,影像是不离明镜而有的。法界与一切色,同样的清净如虚空,但表示了依法界而有一切法的意思;界(dhātu),是可以解说为因、依、本性的。与文殊师利有关的经典,重视法界,并说到了种种界,如西晋(西元二七○年)竺法护所译的《文殊师利现宝藏经》说:"人种众生界,法界,虚空界而无有二。"①经末的"法界不坏颂"说:我种,法界,人士众生(界),慧堭,法界,尘劳(界),(虚)空种等,一切平等②。种与堭,依异译《大方广宝箧经》,都是"界"的异译。我界(ātma-dhātu)、众生界(sattva-dhātu),与法界、慧——般若界并举,平等不二。我是众生的异名,在神教中,是生命主体;佛法中解说为身心和合为一而没有实体,是假名。现在称为我界、众生界,与法界不二,这显然不是世俗的假名,而存有深义。《文殊般若

---

① 《文殊师利现宝藏经》卷下(大正一四·四六〇下)。
② 《文殊师利现宝藏经》卷下(大正一四·四六五下——四六六上)。

经》说到了:众生界,如来界,佛界,涅槃界;法界,无相(界),般
若波罗蜜界,无生无灭界,不思议界,如来界,我界,平等不二①。
如来界(tathāgata-dhātu)、佛界(buddha-dhātu),与众生界、我界
平等,与《文殊师利现宝藏经》义大同。然界有界藏——矿藏的
意义,众生界与如来界平等,可引发众生本有如来功德的意思。
而且,如来(tathāgata)是佛的德号,也是世俗神我的异名,如《大
智度论》说:"或以佛名名为如来,或以众生名为如来。"②与法界
不二的我界与如来界,可能被解说为真我,如《清净毗尼方广
经》(大正二四·一○八○下)说:

　　"器虽种种,其(虚)空无异。如是一法性界,一(真)
　　如,一实际,然诸众生种种形相各取生处,彼自体变百千亿
　　种形色别异。"

　　"自体变百千亿种形色别异",异译《寂调意所问经》作"我
分化成若干千色"③。自体——我,与法界不二,而变现为地狱
色、……佛色,这显然是世俗所传,流转与还灭(十法界)中的自
我了! 大乘法的真如、法界等,本是涅槃的异名。在无二无别
中,渐着重于佛果,更引用为"佛法"所否定的真我,早已渗入
《大般若经》初分——十万颂的《般若经》。《大般若经》初分,
引用犊子部的五法藏;第五不可说,在犊子部系中,是依蕴、界、
处施设的,不可说是常是无常、是一是异的我——补特伽罗。又

----

　　① 《文殊师利所说般若波罗蜜经》(大正八·七三三下——七三四上、七三七
上)。
　　② 《大智度论》卷五五(大正二五·四五四中)。
　　③ 《寂调音所问经》(大正二四·一○八六中——下)。

一反《般若经》常例,立"实有菩萨"。什么是实有菩萨？世亲等解说:"实有空(性)为菩萨体";这就是以真如为"大我"的意思①。"初期大乘"的发展倾向,终于出现了"后期大乘"的如来藏说。

如来藏说的兴起,是"大乘佛法"的通俗化。如来,也是世俗神我的异名;而藏(garbha)是胎藏,远源于《梨俱吠陀》的金胎(hiraṇya-garbha)神话。如来藏是众生身中有如来,也可说本是如来,只是还在胎内一样,没有诞生而已。大乘以成佛——如来为目标的,说如来本具,依"佛法"说,不免会感到离奇。但对一般人来说,不但合于世俗常情,众生身中有如来,这可见成佛不难,大有鼓励人心、精勤去修持实现的妙用。称之为"藏",又与印度传统神学相呼应,这是通俗而容易为人信受的。传说南印度的毗土耶那竭罗(Vidyānagara)地方,如来藏的偈颂,童女们都会吟咏歌唱呢②。

如来藏、我的思想,适合世俗常情,一般人是乐意接受的,但对"佛法"来说,是一更大的冲击！部派佛教也有立"不可说我"、"胜义我"的,但只是为了说明流转中的记忆与作业受报,不是所迷与所证的如实性。而且,(胎)藏与我,都从婆罗门教的教典中来,这不是向印度神教认同吗？依佛经说,当然不是的。我,是过去佛所说而传来的,世间虽听说有我而不知我的真义。现在说(众生位上)如来藏我,(佛果位上)常乐我净的我,

①　参阅拙作《初期大乘佛教之起源与开展》第十章(六九二——六九九,本版五九一——五九八)。
②　多氏《印度佛教史》(寺本婉雅日译本一三九)。

才是真我①。《楞伽经》也明白地说："开引计我诸外道故,说如来藏。"②为了摄化外道,所以说如来藏我;如来藏我与印度固有宗教,是有关系的。依佛法说,这是适应世间的妙方便,但在一般人,怕有点神佛莫辨了! 其实,流传中的"大乘佛法",融摄印度神教的程度正日渐加深。后期大乘重于如来,所以从"初期大乘"的"天菩萨"进展到"天如来",如《入楞伽经》卷六(大正一六·五五一上——中)说:

> "大慧! 我亦如是,于娑婆世界中,三阿僧祇百千名号,凡夫虽说而不知是如来异名。大慧! 或有众生知如来者,有知自在者,……有知仙人者,有知梵者,有知那罗延者,有知胜者,有知迦毗罗者,有知究竟者,有知阿利吒尼弥者,有知月者,有知日者,有知婆楼那者,有知毗耶娑者,有知帝释者,……有知意生身者。大慧! 如是等种种名号,如来应正遍知于娑婆世界及余世界中,三阿僧祇百千名号,……而诸凡夫不觉不知,以堕二边相续法中,然悉恭敬供养于我。"③

依《楞伽经》说:如来(佛,不一定是释尊)的名号,是非常多的。梵天、帝释以外,如自在(Īśvara)是湿婆天;那罗延(Nārāyaṇa),也就是韦纽——毗湿奴天(Viṣṇu);日是日天;月是月天;婆楼那(Varuṇa)或译明星:这都是印度神教所崇拜的神。迦毗

---

①　《大般涅槃经》卷八(大正一二·四一二中——下)。

②　《楞伽阿跋多罗宝经》卷二(大正一六·四八九中)。

③　《楞伽阿跋多罗宝经》卷四(大正一六·五〇六中)。《大乘入楞伽经》卷五(大正一六·六一五中——下)。

罗,传说是数论(Sāṃkhya)派的开创者;毗耶婆(Vyāsa)——广
博仙人,传说是《摩诃婆罗多》(Mahābhārata)史诗的编集者:这
都是印度神教传说的仙人。印度的群神与古仙,都是如来的异
名。一般人恭敬供养梵天等,却不知道就是如来。天神(与仙
人)与如来不二的思想,非常明显。又如《大集经》的《宝幢分》,
说到如来入城时,"若事(奉)象者,即见象像。……有事鱼,龙,
龟,鳖,梵天,自在(天),建陀(天),八臂(天),帝释,阿修罗,……
四王(天),夜叉,菩萨,如来,各随所事而得见之"①。如来在不
同的宗教信仰中,就是他们平时所信奉的神。这是泛神的,也就
是一切神是一神的,与《楞伽经》相同。"天佛不二",不只是理
论的,更是信仰的。这一发展,印度佛教将到达更神秘的境地。

第二节　如来藏我思想的特色

从众生与如来不二,相互涉入,而说一切众生具有如来智慧
的,是《华严经》。然明确表示如来藏(tathāgata-garbha)特色的,
是《如来藏经》、《大般涅槃经》"前分"、《大法鼓经》、《央掘魔罗
经》、《胜鬘经》、《不增不减经》等。这几部如来藏教典,传出应
该有先后的。《如来藏经》等多说譬喻,而《胜鬘》与《不增不减
经》,却是义理明晰,有"论经"的特色。如来藏说,着重于如来
的大般涅槃、常乐我净,从如来常住说到一切众生有如来藏,
《大般涅槃经》"前分十卷",就是这样。《胜鬘》与《不增不减

---

　　① 《大方等大集经》(九)《宝幢分》(大正一三・一三八中)。《宝星陀罗尼
经》卷四(大正一三・五五五上——中)。

经》,进而说到如来藏(或"界")为依,成立一切法——生死与涅槃,众生与(佛)法身(dharma-kāya)。以真实常住的如来(界)藏为依止,与以虚妄生灭的阿赖耶识为依止,恰好对立。阿赖耶识为依止,是从意识探究到深细处而成立的,如《瑜伽师地论·意地》说:"心,谓一切种子所随依止性,所随依附依止性,体能执受,异熟所摄阿赖耶识。"然后说到死与生;说到"此一切种子识,若般涅槃法者,一切种子皆悉具足,不般涅槃法者,便阙三种菩提种子。随所生处自体之中,余体种子皆悉随逐"①。生死杂染与清净涅槃,佛法本是依缘起以成立一切的,《瑜伽论》也还是依缘起的。彰显众生本有如来功德的如来藏说,迟一些传出的《胜鬘经》等,也说依住,可能受到早期"瑜伽"学的影响。本来,专重甚深的契证,专重果德的仰信,在佛法体系中,是不够完满的!

《如来藏经》以九种譬喻说如来藏:一、萎花有佛,二、蜂群绕蜜,三、糠糩粳粮,四、不净处真金,五、贫家宝藏,六、果种,七、弊物裹金像,八、贫女怀轮王,九、铸模内金像②。"萎花有佛",是说佛所化的莲花萎谢了,花的胎藏内,有无量如来,这是如来藏的根本譬喻。如来藏在众生身中,如《大方等如来藏经》(大正一六·四五七中——下、四五八中、四五八下、四五九上)说:

"一切众生贪欲、恚、痴诸烦恼中,有如来智、如来眼、

---

① 《瑜伽师地论》卷一、二(大正三〇·二八〇中、二八二上、二八四上——中)。

② 《大方等如来藏经》(大正一六·四五七中——四五九中)。《大方广如来藏经》(大正一六·四六一中——四六四中)。

如来身,结跏趺坐,俨然不动。……有如来藏常无染污,德
相备足,如我无异。”

“如来知见、力、无所畏,大法宝藏,在其身内。”

“彼如来藏清凉无热,大智慧聚,妙寂泥洹涅槃,名为如
来应供等正觉。”

“佛藏在身,众相具足。”

如来藏是众生身内的如来知见、力、无所畏等大智慧聚,也
是众相(三十二相)具足的如来身,结跏趺坐,与佛没有不同。
这样的如来藏,难怪《楞伽经》中,提出一般人的疑问:这不就是
外道的神我(ātman)吗?

如来藏我,《大般涅槃经》(前十卷)是从如来常住大般涅槃
而说到的。如来的般涅槃,是“常乐我净”的涅槃,是法身常住、
寿命无量的。常住是超越时间的,也就不离时间,什么时间都是
如此的。从如来常住,引出众生本有如来,就是如来藏我。如来
藏是我,如《大般涅槃经》等①说:

1.“佛法有我,即是佛性”;“我者,即是如来藏义。一
切众生悉有佛性,即是我义。”

2.“我者,即是佛义”;“我者,名为如来。”

3.“若勤方便,除烦恼垢,尔乃得我”;“常住安乐,则必
有我。”

----

① 1.《大般涅槃经》卷七(大正一二·四〇七上、中)。2.《大般涅槃经》卷二
(大正一二·三七七中、下)。3.《大法鼓经》卷下(大正九·二九七上、二九六下)。
4.《央掘魔罗经》卷四(大正二·五三九下——五四〇上)。

4. "一切众生皆有如来藏我，……断一切烦恼，故见我界。"

依《大般涅槃经》等，可见佛性界（buddha-dhātu）、佛藏（buddha-garbha）、如来性——如来界（tathāgata-dhātu），都是如来藏的异名。一切众生有如来藏（佛性），离一切烦恼，显出如来法身，也就是"见我"、"得我"；我，正是如来的异名。从如来涅槃果位，说到众生位的如来藏（或"如来界"）我，我是生死流转中的我，还灭涅槃中的我，"生佛不二"。如《不增不减经》（大正一六·四六七上——中）说：

"众生界者，即是如来藏：如来藏者，即是法身。……此法身，过于恒沙无边烦恼所缠，从无始世来，随顺世间，波浪漂流，往来生死，名为众生。"

"此法身，厌离世间生死苦恼，……修菩提行，名为菩萨。"

"此法身，离一切世间烦恼、使、缠，过一切苦，……离一切障，离一切碍，于一切法中得自在力，名为如来。"

众生（sattva）、菩萨（bodhisattva）、如来（tathāgata），虽有三名，其实只是一法身，也就是如来藏我。如来藏就是如来界，所以经中说"一界"①。"佛法"说无我，而现在极力说如来藏我，到底我是什么？《大般涅槃经》说："何者是我？若法是实、是

---

① 《央掘魔罗经》卷三（大正二·五三二中），卷四（大正二·五四〇下）。

真、是常、是主、是依,性不变易者,是名为我。"①这与《奥义书》所说的我,是常、是乐、是知,似乎相差不远。但《大般涅槃经》以为,我,是过去佛所说的,由于传说久远,神教说得似是而非了。为了遮止外道的误传,所以说无我;现在才阐明我的真相②。成立如来藏与我,经中多用譬喻来说明,这是值得注意的!

如来藏就是佛性,约众生位说。众生身心中的如来藏,是如来那样的相好庄严,如经上③说:

1."一切众生贪欲恚痴诸烦恼中,有如来智、如来眼、如来身,结加趺坐,俨然不动。"

2."如来性界是无作,于一切众生中,无量相好,清净庄严";"佛性于一切众生所,无量相好,清净庄严。"

3."一切众生悉有佛性,无量相好,庄严照明。"

如来藏是有色相的,等到离一切烦恼,安住大般涅槃的如来,当然不是二乘那样的灰身泯智,而是色相庄严的。如经上④说:

1."涅槃者,名为解脱。……言非色者,即是声闻、缘

---

① 《大般涅槃经》卷二(大正一二·三七九上)。
② 《大般涅槃经》卷七(大正一二·四〇七中——四〇八中)。
③ 1.《大方等如来藏经》(大正一六·四五七中——下)。2.《央掘魔罗经》卷二(大正二·五二五中、五二六中)。3.《大法鼓经》卷下(大正九·二九七中)。
④ 1.《大般涅槃经》卷五(大正一二·三九一下——三九二上)。2.《大法鼓经》卷上(大正九·二九二下)。3.《央掘魔罗经》卷二(大正二·五二七下)。4.《央掘魔罗经》卷三(大正二·五三一下)。5.《大宝积经》(四八)《胜鬘夫人会》(大正一一·六七三上)。

觉解脱;言是色者,即是诸佛如来解脱。"

2．"常解脱非名,妙色湛然住,非声闻、缘觉、菩萨之
境界。"

3．"虚空色是佛,非色是二乘。解脱色是佛,非色是
二乘。"

4．"一切诸如来,解脱有妙色。"

5．"如来妙色身,世间无与等。……如来色无尽,智慧
亦复然。"

"初期大乘"经,重于甚深智证的,如《般若经》,与文殊有关
的圣典,观佛如观虚空;佛是不能于色声相好中见的,被称为
"法身无色说"。以如来藏、佛性等为主流的"后期大乘"经,可
说是继承大众部"如来色身无有边际"的信仰而来;受到重信的
念佛三昧(buddhânusmṛti-samādhi)所启发,形成"法身有色说"。
法身相好庄严,因位本有的如来藏与佛性,当然也是有色了。

如来藏是"我","有色"而外,不空(aśūnya)是一重要意义。
"初期大乘",特别是《般若经》的发展,说一切法如幻化,也就是
一切法空,空也不可得。在一切法本性空中,如来、菩提、涅槃,
都是空如幻化。这一甚深空义,是一般人所难以信解的;信受
的,也不免误解而流入歧途。"中本般若"(俗称《大品》)末了,
已注意到这点,所以《摩诃般若波罗蜜经》卷二六(大正八·四
一六上)说:

> "若新发意菩萨,闻是一切法皆毕竟性空,乃至涅槃亦
> 皆如化,心则惊怖。为是新发意菩萨故,分别(说)生灭者

如化,不生不灭者不如化。"

适应初学者,说"若有法生灭相者,皆是变化。……无诳相涅槃,是法非变化"①,这与如来藏不空说相当。但如来常住不空说者,倒过来说:"诸不了义空相应经";"一切空经是有余说"②。以文殊为说一切空者的代表,加以诃责、讥刺,与文殊过去诃责释尊的诸大弟子的作风,完全一样③。依不空论者说:有的是空,有的是不空,不能一向说空或说不空的。如《大般涅槃经》卷五(大正一二·三九五中——下)说:

> "不可(一向)说空,及以不空。空者,谓无二十五有及诸烦恼,一切苦,一切相,一切有为行;如瓶无酪,则名为空。不空者,谓真实善色,常乐我净,不动不变;犹如彼瓶色香味触,故名不空。是故解脱,喻如彼瓶。……真解脱者,即是如来。"④

二十五有是三界生死的类别,烦恼,(业,)苦,一切有为是空的;如来涅槃解脱是不空的。这正如《央掘魔罗经》所说:"有异法是空,有异法不空。"⑤如瓶无酪,说是空的;瓶有色香味触,是不空的。这样的空,与《中阿含经·小空经》所说,方法是一致的。如来解脱的空与不空,也就是因位如来藏的空与不空,如

① 《摩诃般若波罗蜜经》卷二六(大正八·四一六上)。
② 《大法鼓经》卷下(大正九·二九五上、二九六中)。
③ 《大般涅槃经》卷二(大正一二·三七三下——三七四下)。《央掘魔罗经》卷二(大正二·五二七上——五二八中)。
④ 《大般泥洹经》卷三(大正一二·八七五上)。
⑤ 《央掘魔罗经》卷二(大正二·五二七中)。

《胜鬘师子吼一乘大方便方广经》(大正一二·二二一下)说：

> "世尊！有二种如来藏空智。世尊！空如来藏,若离、
> 若脱、若异一切烦恼藏。世尊！不空如来藏,过于恒沙不
> 离、不脱、不异不思议佛法。"

空如来藏(śūnya-tathāgata-garbha),指覆藏如来的一切烦
恼,烦恼与如来藏是别异的、可离的、不相应的,如宝珠上的尘垢
一样。覆藏如来的烦恼是空的,并非说如来藏是空的。不空如
来藏(aśūnya-tathāgata-garbha),指与如来藏不离不异的不思议
佛法,也就是与如来藏相应的(称性)功德;这是不可说空的。
依《胜鬘经》意:如来藏为烦恼所覆(烦恼是生死根本)而成生
死,与清净功德相应而显出法身,如来藏已成为迷悟、染净的依
止。如综合起来,就有三法,如《佛说不增不减经》(大正一六·
四六七上——中)说：

> "众生界者,即是如来藏;如来藏者,即是法身。"
> "众生界中示三种法,皆真实如不异不差。何谓三法?
> 一者,如来藏本际相应体及清净法;二者,如来藏本际不相
> 应体及烦恼缠不清净法;三者,如来藏未来际平等恒及有
> 法。……如来藏未来际平等恒及有法者,即是一切诸法根
> 本:备一切法,具一切法,于世法中不离不脱真实一切法,住
> 持一切法,摄一切法。"

《不增不减经》,继《胜鬘经》而作进一步的说明。本际相应
的,是不空如来藏。本际不相应的,是空如来藏。未来际平等恒

及有法,正明如来藏体为一切法根本(依止)。"备一切法,具一
切法";"住持一切法,摄一切法",表示如来藏是一切的根本依,
一切法依如来藏而能成立,如《胜鬘师子吼一乘大方便方广经》
(大正一二·二二二中)说:

> "生死者,依如来藏;……有如来藏故说生死,是名善
> 说。……非如来藏有生有死,如来藏离有为相,如来藏常住
> 不变,是故如来藏是依、是持、是建立。世尊! 不离、不断、
> 不脱、不异不思议佛法。世尊! 断、脱、异外有为法,依、持、
> 建立者,是如来藏。世尊! 若无如来藏者,不得厌苦乐求
> 涅槃。"

"是依、是持、是建立",是"能作因"五因中的依(niśraya)、
持(upastambha)、立(sthāna)——三因,也就是《不增不减经》
说的"住持"。一切法依如来藏:有与如来藏不相应的烦恼等
有为法,所以有生死流转;有与如来藏相应的清净法,所以能
得涅槃。生死与涅槃,都依真常不变的如来藏而成立。特别
是,如来藏有相应的不思议佛法,所以众生虽不觉不知,由于
内在具有真实功德,能生起厌生死苦报、求究竟涅槃的动机。
依真常不变的实有法为所依,能成立一切法,所以我称之为
"真常(为依的)唯心论"。不过初期的如来藏说还只是真常
为所依,正向唯心(cittamātra)或唯识(vijñaptimātra)而演进。
后期(受论师影响)的如来藏说——"真常唯心论",到下文再
为论述。

　　初期如来藏说的特点,是"我"、"有色"、"不空"、"所依"。

一、"我"到底是多少神化的,所以《不增不减经》(称为众生、菩萨、如来),已不再提到了。二、如来藏的空与不空,是有为行与无为功德,对立而不能说"空即不空,不空即空",与"染净一如"说不同。三、依、持、建立是能作因(kāraṇa-hetu),所以不能说如来藏生一切法。四、如来藏说重在色相庄严的如来,在众生身中,本有如来藏。如来是真实、常住不变,是无为法,以此为信佛者的理想,所以对以前所说的佛法,一一地引归如来。说归依三宝而唯是"一依"——依佛;说四谛而唯是"一谛"——(无为)灭谛;说凡圣而唯是"一界"——如来界(因位名"众生界");说五乘佛法而唯是"一乘"——佛乘;说三乘涅槃而唯是一涅槃——如来涅槃。仰信果德,"生佛一如",初期的如来藏说,受《法华》与《华严》的影响极深!

　　在如来藏说流行中,与自性(或译"本性")清净心(prakṛti-pariśuddha-citta, prakṛti-prabhāsvara-citta),也就是与心本性清净结合起来。《胜鬘经》称如来藏为自性清净藏(prakṛti-pariśud-dhha-garbha),又说:"(自)性清净心,难可了知;彼心为烦恼染,亦难了知。"①《不增不减经》说:"我依此清净真如、法界,为众生故,说为不可思议法自性清净心。"②"心本清净,为客尘所染",出于《增一阿含经》——大众部、分别说部系的诵本(说一切有部本,缺)。在部派中,如"前后一觉论者"、"一心相续论者"、心性本净的"分别论者",早已主张前后心相续的,是一是

　　① 《大宝积经》(四八)《胜鬘夫人会》(大正一一·六七八上)。《胜鬘师子吼一乘大方便方广经》(大正一二·二二二下)。
　　② 《不增不减经》(大正一六·四六七中)。

净了①。心性本净为烦恼所染,与本有清净如来藏而为烦恼所覆藏,意趣非常接近,所以如来藏也就被称为自性清净心了。如来藏而称为自性清净心,与真我与真常心思想的合流②,论师们是引向心性本净的,说如来藏是真如的异名,而色相庄严的如来藏我,仍在神秘、通俗的信仰中流行。

如来藏的本义,是众生身中,有如来那样的智慧与色相庄严,"生佛不二",众生只是为生死法所隐覆而已。如来藏是人格化的,与大众部系中"世间法虚妄,出世法真实"的思想相近,与"生死即涅槃"说是不同的。但在思想发展中,如来藏融合了心性本净说,也与真如等相结合,如《胜鬘经》说"有二种如来藏空智"③。空智是"空性智"(śūnyatā-jñāna),《胜鬘经》是依空性智,而说空与不空的。空性智是"无有如外智,无有智外如","如智不二"的实体;依此而说与有漏杂染不相应——空,与无漏清净法相应——不空。这就是《不增不减经》三种法中,"如来藏未来际平等恒及有法者,即是一切诸法根本"。瑜伽行派以真如——空所显性解说如来藏,以真如所有无为功德解说不空,似乎会通了,而其实是貌同神异的。《胜鬘经》说如来藏为空性智,所以后起的中观者,有的也附和而不自觉了。说如来藏是自性清净心,六识等七法刹那(kṣaṇa),开始了如来藏与生灭识的关联,发展成后起的"真常唯心论"。总之,如来藏者以空

---

① 《阿毗达磨大毗婆沙论》卷一一(大正二七·五五中),卷二二(大正二七·一一〇上),卷二七(大正二七·一四〇中)。

② 本节可参阅拙作《如来藏之研究》第五章第三、四节。

③ 《胜鬘师子吼一乘大方便方广经》(大正一二·二二一下)。

性智融摄"空"义,以如来藏心融摄"唯识"义。印度的大乘论义,中观与唯识,被融摄在如来藏说中,为印度大乘学的又一大系统。如来藏说比附于中观、瑜伽而发展,一般还以为大乘只有中观、瑜伽二家,那是受到专重论议的影响了!

第六章　大乘时代之声闻学派

第一节　说一切有部

　　西元前后,佛教进入"大乘佛法"时代,然依"佛法"而演化分裂的部派佛教,虽有兴盛或衰落的不同,但还是存在的,还在弘扬发展中,这可从(西元五世纪初)法显、(七世纪前半)玄奘、(七世纪后半)义净等的见闻而知道的。部派佛教以寺院(附有塔、像)为中心,僧众过着团体的生活。经长期的教化,适应不同地区的部派,拥有寺产,或有众多的净人,形成了相当稳定的教区。"大乘佛法"兴起,无论是悲智的"难行道",信愿的"易行道",都不可能完全取而代之。由于大乘重于"法"的阐扬,所以大乘的出家者,不能不先在部派的寺院中出家(受戒)。部派佛教的存在,不一定障碍大乘,从现实的大乘佛教来说,等于是大乘出家的先修阶段。传承"佛法"的部派佛教,经中多称之为声闻乘(śrāvakayāna);声闻,是从"多闻圣弟子",闻佛声教而来的名词。由于部分传统的部派否定大乘是佛说,大乘者也就反斥"佛法"为小乘,含有轻蔑、贬抑的意义。"后期大乘"论师,弘扬

不共声闻,"佛法"本来所没有(或恰好相反)的佛法,在互相论
诤中,更多用"小乘"一词。这是情绪化的对抗名词,不如称为
声闻乘的来得好些!

阿育王时,"佛法"已有三大系;因为向四方传布,而佛法有
更多的部派分化。中印度的弗沙蜜多罗王破坏佛教,中印度的
佛教多少受到挫折而衰落些。边地的佛教,相反的越来越盛,也
就分化为十八部,或者还多一些。各部派的兴盛地区,以四大部
来说:大众部系在南印度。说一切有部系在北印度,更远达印度
的西北。犊子部系在西、西南印度。分别说部中的赤铜鍱部,流
行在锡兰——今名室利楞伽(Śrilaṅkā);化地部等本来在西南印
度,后来分散了,没有广大的教区,所以赤铜鍱部就自称分别说
部,进而以根本上座部自居。以上是大概的情形,各部派是到处
游化的。特别是北方,长期来受到外族的不断侵入,民族复杂,
所以民众都采取容忍共存的心态。这一带的佛法也是这样,
"声闻佛法"与"大乘佛法"共住,如乌仗那为大乘主要教区,而
大众部、化地部、饮光部、法藏部、说一切有部——五部律一致流
行①。"声闻佛法"与"大乘佛法"在北方,各各传宏自宗,大体
能互相容忍共存;当然,少数的偏激者,也不能说没有的。

西藏所传,小乘思想分有部与经部,以二部思想为小乘的代
表。这是从《俱舍论》、《顺正理论》而来的,虽不符合声闻法的
实际情形,但在西元四、五世纪后,这二部确是具有代表性的。
现在论述"大乘佛法"时代的声闻部派思想,当然不能如此。且

_____

① 《大唐西域记》卷三(大正五一·八八二中)。

先从说一切有部（简称"有部"）说起。自迦旃延尼子造《发智
论》——《八犍度论》，成为有部思想的主流，且因此而有部的阿
毗达磨论师取得说一切有部正统的地位。研究《阿毗达磨大毗
婆沙论》，知道在说"三世实有"的有部中，本有两大系：一、持经
者（sūtrānta-dhara）、譬喻师（dārṣṭāntika）；二、阿毗达磨论师。持
经譬喻师，如法救（Dharmatrāta）、觉天（Buddhadeva）；阿毗达磨
论师，如世友（Vasumitra）、妙音（Ghoṣa）：这是具有代表性的四
位大德。法救，在有部中是有崇高德望的，所以《大毗婆沙论》
中每称之为大德（Bhadanta）。多氏《印度佛教史》说：法救与弟
子，经常受到迦湿弥罗须陀罗（Sūdra）婆罗门的供养。法救对于
《发智论》，有解说，也有所破斥①；离迦旃延尼子的时代不会太
远，约出于西元前一世纪。传说法救是《尊婆须蜜菩萨所集论》
作者——婆须蜜（Vasumitra，与四大德中的世友同名）的舅父②。
《尊婆须蜜菩萨所集论》，符秦（西元三八四年）僧伽跋澄（Saṃg-
habhūti）译出，就是继承法救思想的重要论典，造于《大毗婆沙
论》集成以前。觉天的事迹，无可考。关于思想，大德法救说
"诸心心所，是思差别"；"诸心所法次第而生，非一时生"③。心
（citta）与心所（caitasika）法，阿毗达磨论师以为是各有自体的，
同时相应的。法救以为：经中所说的心与种种心所有法，都只是
思（cetanā）的差别。有情是以情识为本的；"诸心心所是思差

---

① 《阿毗达磨大毗婆沙论》卷二八（大正二七·一四六上——中），卷五二（大
正二七·二六九中）。
② 《出曜经序》（大正四·六〇九中）。
③ 《阿毗达磨大毗婆沙论》卷二（大正二七·八下），卷九五（大正二七·四九
三下）。

别"，正说破了情意为本的心识论。心心所法，是前后次第生起的；前后没有什么间隔，如人的前后相伴而行，也可说是"相应"的。对于色法，"法救说离大种别有造色。……然说色中二非实有，谓所造触及法处色"①。法救依《阿含经》说，能造的地等四大种（catvāri-mahā-bhūtāni），所造的眼等五根（pañcêndriyāṇi）、色等五尘（pañcarajāṃsi），是别有自体的。但认为身所触的就是四大，没有四大以外的所造触。《发智论》所说的法处所摄色——无表色（avijñapti-rūpa），是没有实体的；这就是说，业力不是色——物质，而是以思为体的。法救进一步说："若计度外事于内取相，及于事取补特伽罗，并法处所摄色，心不相应行，无为相；如此类受，皆名心受，以于非实有境分别转故。"②如见外色，而后内心取青相，这是净、不净观心所现的境相；于五蕴事而取补特伽罗——我；法处所摄色；心不相应行，如生、住、灭等；无为是不生不灭的：这些，都是心所取相，是非实有的，只是内心分别所起的。法救代表说一切有部早期持经者的见解，为后来经部思想的渊源。至于觉天的见解，是："诸有为法，有二自性：一、大种，二、心。离大种无所造色，离心无心所；诸色皆是大种差别，无色皆是心之差别。"③觉天将生灭的有为法，归纳为色——物质与心的二类，为一明确的二元论者。觉天也解释《发智论》，还同意立三无为法，也承认心不相应的相对实在性。觉天的时代迟一些，受《发智论》的影响也深一些，大概是西元

① 《阿毗达磨大毗婆沙论》卷一二七（大正二七·六六二中）。
② 《阿毗达磨大毗婆沙论》卷一九〇（大正二七·九四九下）。
③ 《阿毗达磨大毗婆沙论》卷一四二（大正二七·七三〇中）。

前后人。西元一八六九年,摩偷罗发见出土的狮子柱头铭文,有"轨范师佛陀提婆觉天","说一切有部比丘"字样①,可能就是这位有部四大师之一的觉天! 持经譬喻师,当然不只这二位,这是有独到思想的,受人尊重的大德。

有部的阿毗达磨论师中,因迦湿弥罗论师集成《大毗婆沙论》,因而对健陀罗、睹货罗——吐火罗(Tukhāra)地区的阿毗达磨论师,称之为"健陀罗师"、"西方师"、"外国诸师",而形成(迦湿弥罗)东、西二系。四位大德中的世友,是摩罗(Maru)人;摩罗就是《汉书·西域传》中的木鹿,现属苏联的谋夫(Merv)。妙音是吐火罗人②。吐火罗的缚喝(Balkh),就是现在阿富汗(Afghanistan)的 Balkh,古称小王舍城,是声闻佛法极兴盛的地方。世友在健陀罗的布色羯逻伐底(Puṣkarāvatī),造《众事分》——《品类足阿毗达磨论》③,受到阿毗达磨论师的推重。世友是《发智论》的研究者,思想是非常卓越的! 如依"作用"安立三世,成为有部三世实有说的正宗;论到空与无我,以为"我不定说诸法皆空,定说一切法皆无我",也成为有部等"他空说"的定论④。世友论义的风格,多少与《发智论》及迦湿弥罗系不同,他是重组织而条理分明的(如《辩五事品》);重扼要的(如《辩诸处品》、《辩诸智品》、《辩随眠品》);重简明的;重定义的。世

---

① Konow No. 15.

② 多氏《印度佛教史》(寺本婉雅日译本一〇五)。

③ 《大唐西域记》卷二(大正五一·八八一上)。《大智度论》卷二(大正二五·七〇上)。

④ 《阿毗达磨大毗婆沙论》卷七七(大正二七·三九六上——中),卷九(大正二七·四五中)。

友的学风,对后来的阿毗达磨者给予深远的影响。"六足"论中的《界身论》,与《品类论》的《辩七事品》有关,玄奘传说也是世友造的。但西藏所传,称友(Yośomitra)的《俱舍论疏》,说《界身论》是富楼那造的。还有玄奘译的《异部宗轮论》,共有三种译本,也是世友造的,叙述二部及十八部派的分裂、各部派的教义,为了解部派佛教的重要参考书。世友是西北方的论师,对南方大众部系的佛教情形多少隔膜些;而说一切有部的思想就是阿毗达磨论义,阿毗达磨代表了有部。多氏《印度佛教史》以为这是注释《俱舍论》的世友,远在世亲以后的世友所造①,是不可能的。世友出世的年代,大约与法救相近。妙音也是西方的大论师,著有《生智论》,论名显然受到《发智论》的影响。在《大毗婆沙论》中,妙音说到了世友的《品类论》、提婆设摩的《识身论》,所以要比世友迟一些。《发智论》说到世第一法(laukikâgra-dharma)、顶(mūrdhāna)、暖(uṣma-gata),没有说到忍(kṣānti)。妙音《生智论》说:"云何暖? 云何顶? 云何忍? 云何世第一法?"②有部的"四顺抉择分善根",可能到妙音才完成。如《大毗婆沙论》说:"西方尊者以十七门分别此四(顺抉择分善根),如彼颂曰:意趣、依、因、所缘、果,等流、异熟及胜利,行相、二缘、慧、界、定,寻等、根、心、退为后。"③所说的"西方尊者",应该就是妙音或妙音的学系。妙音是《发智论》的权威学者,对阿毗达磨有重大的贡献,但与迦湿弥罗的毗婆沙师意见大有出入。在

---

① 多氏《印度佛教史》(寺本婉雅日译本二四六——二四七)。
② 《阿毗达磨大毗婆沙论》卷二(大正二七・五下)。
③ 《阿毗达磨大毗婆沙论》卷七(大正二七・三〇下)。

阿毗达磨东西二系的日渐分歧过程中,妙音的论义,起初为"毗婆沙师"所容忍的,也越来越被排斥了。妙音有一项独到的见解,如《阿毗达磨大毗婆沙论》卷一一七(大正二七·六〇七中)说:

> "尊者妙音作如是说:若受上命讯问狱囚,肆情暴虐,加诸苦楚;或非理断事;或毒心赋税,如是一切皆名住不律仪者。"

住不律仪的人,旧说有十六种,是以杀(如屠者、猎者)、盗、淫为职业的,过着罪恶生活,而与律仪——道德生活无缘的。妙音引申佛法的意趣,以为从事政治的人,如对犯法者施以残酷的刑罚;或征收苛重的捐税(或部分侵吞);或作不公平的——枉法的判断,从事政治而非法虐害民众的,都是住不律仪的罪恶之徒。也许妙音面对当时的北方政局,外族不断入侵,不肖官僚所造成的民众疾苦,而作出这样的呼声。这是一位不忘人间,深得释尊教意的大论师!

迦旃延尼子的《发智论》,古人每称之为"阿毗昙",承认为阿毗达磨的根本论。这部论,促成有部的发展,也引起了内部的纷歧,无疑是一部不朽的著作!无论是赞同的,或取反对的立场,都要来研究它、了解它。代表有部经师旧义的持经譬喻师,法救、觉天他们,是不能同意的。阿毗达磨者,都是推重的,进行研究与解说,但由于地区不同,修学的态度不同,依《发智论》而引出无边论义,也不能一致。大家解说《发智》,而所说却异义繁多,这是纂集《大毗婆沙论》,列举各大家以及种种异说,而作出定论的主要原因。《大智度论》说:"姓迦旃延婆罗门道人比丘,智慧利根,尽读三藏内外经书,欲解佛语故,作发智经八犍度,初品是世间第一法。后诸弟子等,为后人不能尽解八犍度故,作鞞婆沙。"①鞞毗婆沙(Vibhāṣā)是种种广说的意思。《大毗婆沙论》是迦旃延尼子的弟子(后学)们造的。的确,《发智论》是不太容易了解的,《发智论》学者造一部广解,使人容易了解,也是造论的原因。但主要的,应该如(凉译)《阿毗昙毗婆沙论》卷一《序》(大正二八·一上)说:

> "时北天竺有五百应真阿罗汉,以为……虽前胜迦旃延撰阿毗昙以拯颓运,而后进之贤,寻其宗致,儒墨竞构,是非纷如。故乃澄神玄观,搜简法相,造毗婆沙,抑止众说:或即其殊辩,或标之铨评。"

《发智论》造论以来,经论师们长期(约三百年)的论究,意见纷歧,形成"儒墨竞构,是非纷然"的状态,这不是好现象。"北天竺",应该是迦湿弥罗的论师们,造毗婆沙以达成有部思想的"定于一"。对于有部自宗,态度要宽容些,广引持经譬喻师,阿毗达磨论师——健陀罗等西方系,迦湿弥罗系诸论师说,或没有标名的"有说",不加评论,那就是"即其殊辩"了。或加以评破:"如是义者","应作是说","评曰",那就是"标之铨评",决定有部迦湿弥罗系的正义了。法救、觉天、妙音,或不以为正义,或加以评破;就是世友,也不是全部采纳的。所以古人传说的"四大评家",是毫无事实成分的。总之,《大毗婆沙论》义,是迦湿弥罗论师所编集的,但内容包含了《发智论》研究的

---

① 《大智度论》卷二(大正二五·七〇上)。

全体成果,所以大体上为有部阿毗达磨论者所接受。关于《大
毗婆沙论》的集成,《智论》与《阿毗昙毗婆沙论序》所说是相当
正确的。其他,如唐玄奘传说,与迦腻色迦王(Kaniṣka)有关:
"迦腻色迦王与胁尊者,招集五百贤圣,于迦湿弥罗国作毗婆沙
论。"①多氏《印度佛教史》,有迦王结集三藏的传说;对于《大毗
婆沙论》的造作,却另有不同的传说②。迦腻色迦王信仰佛法,
由于政治中心在健陀罗,也就信奉当时盛行北方的有部。迦王
信奉有部,是有事实根据的,有部也可能受到了鼓舞,但将《大
毗婆沙论》的集成作为迦王的意思,是不对的。《大毗婆沙论》
说到"昔健驮罗国迦腻色迦王"③,可见造论在迦王之后。造论
在迦王(约在位于西元一二八——一五〇年)以后,而西元二、
三世纪间的龙树论已引用这部论,所以《大毗婆沙论》的集成,
离西元一五〇年不远。真谛《婆薮槃豆法师传》说,《大毗婆沙
论》的集成,"五百阿罗汉与五百菩萨"集会,由迦旃延尼子主
持,马鸣(Aśvaghoṣa)润文④。由《发智论》主——迦旃延尼子主
持,是决不可能的。值得注意的,还是晋道安的《鞞婆沙序》所
说:"有三罗汉:一名尸陀槃尼,二名达悉,三名鞞罗尼。撰鞞婆
沙,广引圣证,言辄据古,释阿毗昙焉。……达悉迷而近烦,鞞罗
要而近略,尸陀最折中焉。"⑤依《序》说,解释阿毗昙——《发智

----

①　《大唐西域记》卷二(大正五一·八八二上),参阅卷三(大正五一·八八六
中——八八七上)。

②　多氏《印度佛教史》(寺本婉雅日译本九九、九五)。

③　《阿毗达磨大毗婆沙论》卷一一四(大正二七·五九三上)。

④　《婆薮槃豆法师传》(大正五〇·一八九上)。

⑤　《出三藏记集》卷一〇(大正五五·七三中)。

论》的,有三人,也就有三种本子。"尸陀最折中焉"的,就是苻
秦十九年(西元三八三年)僧伽跋澄所译的《阿毗昙鞞婆沙》。
《鞞婆沙》的内容,是《大毗婆沙论》"结蕴"中,"不善纳息"、"十
门纳息"的四十(二)章"章义"。《发智论》的体裁,是先立
"章",再作几"门"的分别。如"世第一法"、"中有"是章,如不
理解章的意义,就不能了解论门的分别。所以在《大毗婆沙论》
集成以前,先有章义的存在。《大毗婆沙论》中,每品开端,总是
说:"如是等章,及解章义,先领会已,次应广释。"所以解说《发
智论》,先有章义;《鞞婆沙论》的四十二章义,可能是尸陀槃尼
所作,单独流行的。在释"三结"章时,以譬喻广说先立章、后立
门的必要,这可说是早期所作的。《大毗婆沙论》的编集者,也
许就是达悉。以这些章义(不止这四十二章,也不只是一人所
作)为基础,然后加以广释——分别、抉择、贯通、论定,成为一
部伟大的毗婆沙论(当然还有不止一次的修正与补充)!道安
的三罗汉说,可能从僧伽跋澄、僧伽提婆(Saṃghadeva)等迦湿弥
罗学者得来的消息,比后代的传说可信度高多了。还有,世友依
"作用"安立三世,成为《大毗婆沙论》的正义,是卓越的大论师,
因此有世友为结集上座的传说。又与《尊婆须蜜世友菩萨所集
论》的世友,混而为一,于是(四大论师之一的)世友又被说成大
菩萨了。其实,世友是《发智论》的阐扬者,《品类论》的作者,西
方系的大论师,与编集《大毗婆沙论》是毫无关系的。

　　《大毗婆沙论》的汉译本,《鞞婆沙》以外,有北凉浮陀跋摩
(Buddhavarman)共道泰译出的《阿毗昙毗婆沙论》,一百卷;因
政治动乱而佚失了四十卷,现存六十卷,解释前三犍度。唐玄奘

译出本,名《阿毗达磨大毗婆沙论》,二百卷,最为完善。《大毗
婆沙论》的集成,使《发智论》有了充分的解说、抉择与发挥。试
略说三点:

一、确立三世实有说,如《阿毗达磨大毗婆沙论》卷七七(大
正二七·三九六上、中)说:

> "说一切有部有四大论师,各别建立三世有异,谓尊者
> 法救说类有异,尊者妙音说相有异,尊者世友说位有异,尊
> 者觉天说待有异。"

> "故唯第三(世友)立世为善,诸行容有作用时故。"

论究一一法的自相(svalakṣaṇa),到达一一法的自性(svab-
hāva)不失,虽有三世的迁流,而(有为)法的体性是没有变异
的。这是著名的"三世实有,法性恒住",为有部的特见,而所以
被称为说一切有的。还有,三世是时间,而时间并没有实体,只
是依法生灭而安立的,所以说:"谓世即行(有为),行即是
世。"①没有变异的一一法体,那又怎能说有三世差别呢? 四大
论师对此提出了不同的解说。法救是"类异"说:类是类性,有
未来类、现在类、过去类——三世的不同类性。如舍未来类而得
现在类,那就是从未来到现在世了;如舍现在类而得过去类,那
就从现在到过去世了。法救所说的类性,有舍也有得,所以是三
世类性的差别,而法体有已生、未生、已灭、未灭的不同。妙音是
"相异"说:相是世相,未来、现在、过去的时间形态。一一法有

---

① 《阿毗达磨大毗婆沙论》卷七六(大正二七·三九三上)。

三世相,如与未来相相合,就是未来法;……与过去相相合,就是
过去法。"类异"与"相异",思想是大同小异的,不过"类异"约
通性说,"相异"约通相说。世友是"位异"说:如有为法而未有
作用,名未来世;正有作用,名现在世;作用已灭,名过去世。依
作用的起与未起、灭与未灭,分别为三世法,而法体是没有差别
的。世友依法体(起用或不起用等)立三世,与前二家依通遍的
类性与相说不同。觉天是"待异"说:法体没有差别,依相待就
有三世不同:"待前名过去,待后名未来,俱待(前后)名现在。"
"位异"与"待异",约法自体说,意义也相差不多。不过觉天重
于(作用起灭的)相待,世友重于(前后不同的)作用。《大毗婆
沙论》评定世友所说——依作用立三世,是最为合理的。法救
的类性,约三世说而没有实体,如作为普遍的、有实体的去解说,
那就转化为"譬喻者分别论师",如说:"世体是常,行体无
常。"①时间——未来世、现在世、过去世,是常住不变的实体。
一切有为法行的起灭,只是活动于不同的时间区中,如从这房屋
出来,进入那一房屋。这样说,是譬喻师而倾向于时间实体,不
再是有部了②。

二、十二缘起说:缘起是"佛法"的中道说,经说的支数不
一,以十二支缘起为准。十二支缘起,说明众生生死流转的因果
系列,是生命的缘起,而缘起法则是可通于非情的。有部论师对
缘起的解释各有所重,所以"缘起有四种,一、刹那,二、连缚,

<hr>

① 《阿毗达磨大毗婆沙论》卷七六(大正二七・三九三上)。
② 三世说,参阅拙作《说一切有部为主的论书与论师之研究》第六章第五节。

三、分位，四、远续"①。一、刹那缘起：与迦旃延尼子同时的寂授——设摩达多（Śarmadatta）所说。一刹那中，有无明、行……老死等十二支。一刹那中，与一念中相近。《华严经·十地品》说："三界虚妄，但是一心作；十二缘分，是皆依心"；"知十二因缘，在于一心中"②。一心缘起，可说受到刹那缘起的影响。二、连缚（saṃbandhika）缘起：世友《品类足论》说："云何缘起？谓一切有为法。"一切有为法，通于有漏、无漏；有先后或同时的因果关系，所以名为连缚。三、分位（avasthita）缘起：《发智论》说：无明、行，是前生的因；识、名色、六处、触、受，是现生的果。爱、取、有，是现生的因；生、老死，是未来生的果。十二支通于三世，有两重因果。所以名为分位，是阶段的意思。以人来说，如识入母胎，新生命开始，名为"识"。胎中肉团，还没有成（人）形阶段，名为"名色"。胎中人形成就，眼、耳等形成，名为"六处"。十二支，是三世因果的十二阶段。每一阶段，在欲、色界的，都具足五蕴，以五蕴为体。名为"无明"、"识"等，是约这一阶段的特性而说，并非只是"无明"或"识"等。四、远续（prākarṣika）缘起：是《界身足论》说的。生死业报，是不限于前后二生的。可能很久以前的惑业因缘，到今生才受报；今生的惑业因缘，要多少生以后才受报。所以生死业报的十二支，是通于久远的，名为"远续"。这四说，毗婆沙师认为都是合理的；特别是世友的"连缚缘起"，通于一切有为法，受到《大毗婆沙论》编集者的称赞："是了义"说，"是胜义"说。然佛说十二缘起重于惑业苦的三世

---

① 《阿毗达磨大毗婆沙论》卷二三（大正二七·一一七下）。
② 《大方广佛华严经》卷二五（大正九·五五八下、五六〇上）。

因果;声闻乘法重于生死的解脱,所以毗婆沙师还是以"分位缘起"为主①。

三、二谛说:二谛是世俗谛与胜义谛。《大毗婆沙论》说"余契经中说有二谛",不知是哪一部经。在《大毗婆沙论》编集时,二谛说已是佛教界的通论了。《大毗婆沙论》说二谛有四家说,不一定是有部论师的。一、苦、集二谛是世俗现见的有漏事,是世俗谛;灭、道二谛是出世的修证,是胜义谛。这可能与说出世部的"俗妄真实"说相通。二、苦、集二谛是世俗事,灭谛是以譬喻等来施设的,所以前三谛都是世俗谛;"唯一道谛是胜义谛",这是圣者自知,不可以世俗来表示的。这可能与说假部所说"道不可修,道不可坏"——圣道常住的思想相通。三、苦、集、灭、道——四谛,都是世俗谛;"唯一切法空非我理,是胜义谛"。传说一说部,"说世出世皆无实体,但有假名",第三家可能与一说部相近。四、毗婆沙师自宗:四谛事是世俗谛;四谛的十六行相——无常、苦、空、非我,因、集、缘、生,灭、静、妙、离,道、如、行、出,十六行相是四谛的共相——通遍的理性,是圣智所证知的,所以是胜义谛。毗婆沙师的本义,是事理二谛,与后代所说的不同②。——以上,说明《发智论》成立以来,三百年中有部论师的大系,编集《大毗婆沙论》的实际情形。③

《发智论》,经迦湿弥罗师的广释——毗婆沙,使说一切有

① 《阿毗达磨大毗婆沙论》卷二三(大正二七·一一七上——一一九中)。

② 《阿毗达磨大毗婆沙论》卷七七(大正二七·三九九下——四〇〇上)。参阅拙作《性空学探源》(一一九——一三一,本版八二——九一)。

③ 以上参阅拙作《说一切有部为主的论书与论师之研究》第五至七章。

部的论义,光芒万丈! 但过分繁广,不容易把握精要;过分杂乱,
没有次第,对一般初学来说,实在难学! 而《大毗婆沙论》的评
黜百家,也不可能尽合人意。这就是阿毗达磨论书进入一新的
阶段,择取要义而组织化的原因。这一发展趋势,一直到《俱舍
论》、《显宗论》,但《俱舍论》已不能说是有部的论书了。在汉译
中,这一新风格的论书,试次第地略加叙述。

一、《阿毗昙甘露味论》:失译,二卷,十六品;作者瞿沙,与
四大论师的妙音同名,但论义多不合,应该是另一位瞿沙。十六
品的组织,列表如下:

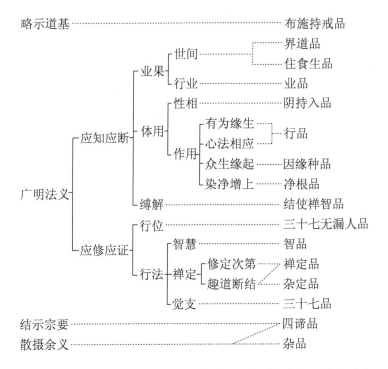

《甘露味论》,引用了《发智论》、《品类论》、《大毗婆沙论》,

对《品类论》的关系极深。如《行品》的相应行与不相应行,四无记根,同于《品类论》的《辩五事品》。《智品》的十智,出于《品类论》的《辩诸智品》。又如《业品》的身、口、意行,……乐、苦、不乐不苦报三行,次第与文句,都与《品类论》的《辩摄等品》相合。作者重《品类论》,论义每不合毗婆沙师的正义;或引用"西方师说"、"外国师说"、"妙音说"、"有说",作者是一位西方系的论师。是西方系,却又有综合东西与发展性。如不相应行,是依《品类论》的,却又取《大毗婆沙论》的异生性。如经说七随眠;《发智论》立九十八随眠;《品类论》又别立十二随眠;《甘露味论》以为:如不分界与部,随眠应该只有十种,所以说"实十使"①。这一随眠的分类,成为以后阿毗达磨论师的正义。择取要义,作有组织的著作,为一部阿毗达磨良好的入门书!

二、《阿毗昙心论》:吐火罗法胜(Dharmaśreṣṭhin)所造。曾经二度译出,苻秦鸠摩罗佛提(Kumārabuddhi)初译,译文拙劣,已经佚失了。晋太元一六(西元三九一)年,僧伽提婆再译,即现存的四卷本。关于《阿毗昙心论》,先要澄清两点:一、道梃的《毗婆沙(经)序》说,"法胜迦旃延撰阿毗昙以拯颓运"②。吕澂《阿毗达磨泛论》等因此说:法胜与迦旃延尼子,所作《阿毗昙心论》与《发智论》,为东西二系的对立,以后才有《大毗婆沙论》的结集③。其实,序文的"法胜"是"前胜"的讹写;《心论》是造于《大毗婆沙论》以后的。二、《心论》先偈颂,后长行。读起来,偈

---

① 《阿毗昙甘露味论》卷上(大正二八・九七二上)。
② 《出三藏记集》卷一〇(大正五五・七四上)。
③ 《阿毗达磨泛论》(《内学》第二辑一六九——一七〇)。

颂的音调动听,也容易记忆,所以这一体裁为后起的《杂心论》、
《俱舍论》等所采用。慧远的《阿毗昙心序》说:"其为经,标偈以
立本,述本以广义。"①先造偈,再以长行解义,一般都这样说。
实际上,《心论》是依《甘露味论》而改编的。《心论》(大数)二
五〇偈,分为一〇品。如《行品》、《业品》、《智品》、《定品》(《禅
定品》、《杂定品》)、《杂品》,名称与内容,可说与《甘露味论》相
合。改《结使禅智品》为《使品》,《三十七无漏人品》为《圣贤
品》,《阴持界入品》为《界品》;其他各品,除《布施持戒品》,大都
编入《契经品》;仅《论品》是《心论》独有的。《甘露味论》是长
行,法胜依据这部长行,改编为前九品。依自己的立场,修正补
充长行文句,再造偈颂。《心论·杂品》长行中说到:断法,知
法,远法,近法,见处,二道得果,何心般涅槃。没有偈颂,与偈颂
也没有意义上的关联,这是从哪里来的?《甘露味论·杂品》
中,恰好说到了这些问题②。问题琐碎,《心论》虽没有立偈,也
还是编了进去。这是改编《甘露味论》为《心论》的最可信的证
据!《甘露味论》与《心论》的造作时代,假定为西元二〇〇年,
或稍迟一些。

从阿毗达磨法义的精要与组织来说,《心论》是比《甘露味
论》更成功的!全论十品中,一、《界品》,明法的"自相"与"共
相"。品末说,"故说一切法,自性之所摄"③,就是"摄"。二、

① 《出三藏记集》卷一〇(大正五五·七二下)。
② 《阿毗昙心论》卷四(大正二八·八三二中——下)。《阿毗昙甘露味论》卷
下(大正二八·九八〇上——中)。
③ 《阿毗昙心论》卷一(大正二八·八一〇中)。

《行品》，明"相应"（不相应）与"因缘"。这二品，是阿毗达磨的根本论题。三、《业品》，四、《使品》，明生死杂染的因。五、《贤圣品》，明修行的历程与果德。六、《智品》，七、《定品》，明清净解脱的因行。这七品论究法义，可说次第有序。八、《契经品》，九、《杂品》，十、《论品》，虽还没有次第条理，但依前七品说，次第条理，已是很难得了！心所法，《发智论》举十（大地）法；《品类论》与《大毗婆沙论》也组成一类一类的心所法，有些是重复的。《心论》依《甘露味论》，先结二颂，然后说不善心品二十一，善心品二十，无记心品十二，悔与眠。这一心所法的整理，虽还有可讨论的，但比以前的是进了一步。《心论》的《契经品》，以"识、智及诸使，分别此三门"作结①。识所识，智所知，使随眠所使，是世友《品类论》义。《心论》作者法胜，是说一切有部中西方系的论师。他改组《甘露味论》而造《心论》，论义每与《甘露味论》不合，与毗婆沙师正义相异的更多。《心论》采取了分别说系的某些论义，如称中间禅为无觉少观，与赤铜鍱部说相同②；意业无教——无表（avijñapti），与可能为化地部论书的《舍利弗阿毗昙论》相合③；正法灭时失律仪④，是法藏部义。特别重要的，说无教色——无表色是假色⑤。这虽是有部中譬喻师

---

① 《阿毗昙心论》卷四（大正二八·八三〇中）。
② 《阿毗昙心论》卷三（大正二八·八二四上）。《解脱道论》卷二（大正三二·四〇七中）。
③ 《阿毗昙心论》卷一（大正二八·八一二中）。《舍利弗阿毗昙论》卷七（大正二八·五八一上）。
④ 《阿毗昙心论》卷一（大正二八·八一四上）。《俱舍论（光）记》卷一五（大正四一·二三五下）。
⑤ 《阿毗昙心论》卷一（大正二八·八〇九下）。

的旧义,但在造《心论》时,譬喻师已脱离有部,以经部师的名义
而兴盛起来。总之,法胜是有部的西方系论书,但过分的自由取
舍,与东方的毗婆沙师正义,距离越来越远了!

三、《阿毗昙心论经》:《心论》的优波扇多(Upaśānta)"释",
高齐那连提梨耶舍(Narendrayaśas)译,六卷。先偈颂而后长行
的《心论》,精简而有组织,风行当时是可以想见的。传说有好
几种注释①,但不是一般的注释。因为《心论》过于简略,倾向于
非正统的异义,所以在《心论》的组织状况下,加以修正或补充。
优波扇多释本,品目与《心论》相同。偈颂增加了二偈,共二四
九偈;如解义不同,就修改偈颂。大体说,这部释论恢复了《甘
露味论》的本义;又引《大毗婆沙论》义来补充,如有漏离常乐我
净,野干看紧叔迦花等②。这样,虽还是西方系的,与毗婆沙师
正义要接近些。

四、《杂阿毗昙心论》(简称《杂心论》):健陀罗法救论师
造。晋法显译,宋伊叶波罗(Īśvara)等译,都已佚失;现存宋(西
元四三四)僧伽跋摩译本,一一卷。品名都相同,只有在《杂品》
后,增补一《择品》,共十一品。法救以为,《心论》太简略了,所
以"增益论本",以"广说毗婆沙义(来)庄严"这部论。或修改旧
颂,或增补新颂,总为五九六颂。前七品更为充实,但后四品未
免更杂乱了。《杂心论》是继承优波扇多的学风,回归于《甘
露味论》,更接近《大毗婆沙论》的立场。取毗婆沙师的正义,

---

① 《杂阿毗昙心论》卷一(《序品》附注)(大正二八・八六九下)。
② 《阿毗昙心论经》卷一(大正二八・八三四上──中)。《阿毗达磨大毗婆
沙论》卷八(大正二七・四〇中)。

又每每保存西方系异义，取怀柔保留的态度。在《择品》中，对次第见谛、有中有、一切法有、三世有、佛不在僧数，这类部派的重要论诤，一一抉择而确定有部的正义①。然有值得注意的：一、在四家二谛说中，毗婆沙师以"事理二谛"为正义。《大毗婆沙论》又论到："世俗中世俗性，为胜义故有？为胜义故无？"对于言说的世俗，纯属虚无，还是也有真实性？毗婆沙师说："应作是说：世俗中世俗性，胜义故有。"②世俗名为谛，当然是有谛实性的。依此，《杂阿毗昙心论》卷一一（大正二八·九五八中）说：

> "若事分别时，舍名则说等世俗；分别无所舍，是则第一义。"

如房屋，一加分析，就没有屋的实性，那就是世俗。如推求色法，到四大等一一极微，不可再分析的自性，就是胜义。从此，阿毗达磨论师以"假实二谛"为主了。假法中也有胜义性，如大乘有宗，依他起事可说为胜义有，也契合这一原则。二、《杂心论》说：身作表、语作，意业没有无作。什么是无作（表）？在身、语"动（作）灭已，与余识俱，彼（无表）性随生"。所以"无作亦非色，以作是色故，彼亦名色"③。无表色是感报的业，是毗婆沙师——有部的重要教义。现在说：无表不是色，是在身语动作灭时，立即引起的与识俱生的无表业。为身、语表色所引起，也就

---

① 《杂阿毗昙心论》卷一一（大正二八·九六二上——九六三下）。
② 《阿毗达磨大毗婆沙论》卷七七（大正二七·四〇〇上）。
③ 《杂阿毗昙心论》卷三（大正二八·八八八中——下）。

假名为色,其实不是色法。这一无表假色的见地,是譬喻师的;在经部兴盛中,这将成为有部的新说了。

从《阿毗昙甘露味论》以来,精简而有组织的作品,都是有部西方系的①。《俱舍论》是在《杂心论》的基础上更进一步,但已不能说是有部的了。

第二节　譬喻·分别说·正量·大众部

"大乘佛法"时代(西元前一世纪中起)的"部派佛教",特重阿毗达磨论的,南方是赤铜鍱部的大寺(Mahāvihāra)派,北方是说一切有部的阿毗达磨论师,都取得该部的正统地位。以有部来说,持诵经者、譬喻师,不但法义与阿毗达磨者不合,风格也大有差别。依经法而为深义的探究,是事实所需要的,但论阿毗达磨,进行于僧伽内部,受到僧伽的尊重,却是不能通俗的。内重禅观,深入浅出而能向外(民间)宣化的,就是持经譬喻师了。"佛法"自部派分流,是各有所重的,然都有自行(禅观)与一般教化。所以上座部分出的,犊子部系与分别说部系,凡是不重阿毗达磨的,在风格上,就有与有部的持经譬喻师相近的,如犊子系的僧伽斯那(Saṃghasena)。与持经譬喻师风格相近的,在当时,与大乘是比较能和平共存的。译为譬喻的,原语不止一种。十二分教中的"譬喻",音译为阿波陀那(avadāna),意译为"出曜"或"日出";"譬喻"是伟大的光辉事迹。无论是佛的、佛弟子

---

① 以上参阅拙作《说一切有部为主的论书与论师之研究》第十章。

的、一般出家在家的,凡有崇高的德行,都闪耀着生命的光辉,为佛弟子所景仰。此外,如《蛇喻经》、《象迹喻经》的喻,原文为 aupamya。还有比量中的喻,原文为 dṛṣṭânta。后二者,都是对于某一义理,为了容易理解,举事来比况说明,与阿波陀那本来是完全不同的。但在佛法的传布中,阿波陀那——譬喻;佛传的事迹——"因缘"(也称为阿波陀那);"授记";佛弟子及世人的传记,或是传说;通俗的比喻:都在宣说佛法时,用作譬况或举事例来说明而统一起来,泛称譬喻或因缘。以比喻、举事例来次第解说,是古代通俗教化的实际情形。这类教典译为汉文,《大正藏》编为"本缘"部的,内容可说太多了!有部的诵经者,以譬喻为教化方法,在义理的论究时,多附以通俗的譬喻。在《大毗婆沙论》中,就有射箭喻,陶家轮喻①;失财喻,露形喻,破衣喻②;拳指喻③;天衣喻④;女人喻⑤;行路喻⑥,也就被称为譬喻师了。譬喻师对佛化民间的影响力,在一般人心目中,也许比阿毗达磨论者更亲切的!

先说马鸣(Aśvaghoṣa)菩萨:又名法善现(Dharmasubhūti)、勇(Vīra)。唐义净所译《一百五十赞佛偈》,摩咥里制吒(Mātri-ceṭa)造,西藏传说就是马鸣,然依《南海寄归内法传》,摩咥里制吒与马鸣不同,只是学风有些相似。马鸣是东天竺的桑歧多

---

① 《阿毗达磨大毗婆沙论》卷二一(大正二七·一〇五上)。
② 《阿毗达磨大毗婆沙论》卷六〇(大正二七·三一三上)。
③ 《阿毗达磨大毗婆沙论》卷九三(大正二七·四七九上)。
④ 《阿毗达磨大毗婆沙论》卷一二二(大正二七·六三四中——下)。
⑤ 《阿毗达磨大毗婆沙论》卷五六(大正二七·二八八中)。
⑥ 《阿毗达磨大毗婆沙论》卷一四五(大正二七·七四五上)。

（Sāketa）人，本是外道，（在华氏城）以辩论胜过当地的佛弟子，使僧众们不得鸣犍椎。胁（Pārśva）尊者从北天竺来，折伏了马鸣，在佛法中出家，人称他为"辩才比丘"。月氏国王——迦腻色迦王兵临中印度，佛钵与马鸣这才到了月氏（健陀罗为首都）①。说到马鸣的学风，他是禅师，著有"禅集"，鸠摩罗什所译的《坐禅三昧经》，就有马鸣的禅偈在内②。他是以文艺弘法的大师：如昙无谶所译《佛所行赞（经）》，以偈赞述如来一代化迹，是非常著名的作品。又《三启经》：凡是诵经，都前有归敬三宝偈，后有回向发愿偈。马鸣所作的归敬三宝与回向发愿偈，为印度佛教界所普遍采用。马鸣依嚫吒啝罗（Rāṣṭrapāla）比丘出家故事，作《嚫吒啝罗伎》——歌剧本，"其音清雅，哀婉调畅"，激发多少人发心出家③。又刘宋僧伽跋澄所译《分别业报略》偈，大勇菩萨造，勇就是马鸣的别名。异译本如《佛说分别善恶所起经》，文前多五戒、十善一段；赵宋日称译的《六趣轮回经》，就说是马鸣造。又有日称等译的《十不善业道经》，说善恶业报、五戒、十善，正是通俗教化的主要内容。七十卷的《正法念处经》，以"说一切业果报法"为宗，可能是受马鸣作品的影响而发展集成的。马鸣的作品，以偈颂为主，所以《大毗婆沙论》称之为"造文颂"者④。马鸣在高度的文学修养中，充满了归敬的虔诚。融合佛法的严肃与文艺的兴味，激发一般人向上向解脱的

① 《马鸣菩萨传》（大正五〇·一八三上——下）。
② 《出三藏记集》卷九（大正五五·六五上——中）。
③ 《付法藏因缘传》卷五（大正五〇·三一五上）。
④ 《阿毗达磨大毗婆沙论》卷一七二（大正二七·八六六中）。

心。马鸣是属于有部（兼通各部）的，一向被称为菩萨，与《大乘起信论》无关。

　　早期中国佛教界，称某些人为菩萨，大抵是与马鸣风格相近的。《关中出禅经序》——《出三藏记集》卷九（大正五五·六五上——中）说：

　　　　"初四十三偈，是究摩罗罗陀法师所造。后二十偈，是马鸣菩萨之所造也。其中五门，是婆须蜜，僧伽罗叉，沤波崛，僧伽斯那，勒比丘，马鸣，罗陀禅要之中抄集之所出也。六觉中偈，是马鸣菩萨修习之以释六觉也。初观淫恚痴相及其三门，皆僧伽罗叉之所撰也。"

　　鸠摩罗什所译《坐禅三昧经》，是集各家"禅集"而成的。说到的禅师，如究摩罗罗陀（Kumāralāta），是经部的创始者（下文再说）。马鸣，如上说。婆须蜜是《尊婆须蜜菩萨所集论》，被称为"偈论"、"问论"或"偈问论"的作者，为持经譬喻师法救的后学。依《论》序说："尊婆须蜜菩萨大士，次继弥勒作佛，名师子如来也。"①《惟日杂难经》说，婆须蜜——世友是菩萨，是不久要成佛的②。僧伽罗刹（Saṃgharakṣa）是大禅师，传说为迦腻色迦王师。他的《修行道地经》（本名《瑜伽行地集》），从汉安世高到西晋竺法护，一直译传来我国。《修行道地经》是偈颂集，长行是有人讲说而附入的。僧伽罗刹也有赞说菩萨行与如来功德的作品，如僧伽跋澄所译的《僧伽罗刹所集经》。依道安所作序

---

　　① 《尊婆须蜜菩萨所集论·序》（大正二八·七二一上）。
　　② 《惟日杂难经》（大正一七·六〇九上）。

说:僧伽罗刹"将补佛处,贤劫第八",名"柔仁佛"①,这是传说
为菩萨的禅师。沤波崛就是优波崛多(Upagupta),是阿育王时
人。"教授坐禅,最为第一";"教化弟子,优波笈多最为第
一"②,被称为"无相佛"。僧伽斯那,或作僧伽先(Saṃghasena),
为《三法度论》作注释,应属于犊子部系。《三法度经记》说,"比
丘释僧伽先,志愿大乘③",著有求那毗地(Guṇavṛddhi)所译的
《百喻经》,原名《痴华鬘》,以轻松谐笑的笔调写出佛法,这是容
易深入人心的。另有《百句譬喻经》、《菩萨本缘集经》。有禅
集,有赞佛行果的,有通俗的譬喻文学,与马鸣等风格相同。勒,
就是胁尊者,精进修行,也有四《阿含经》释。《阿毗达磨大毗婆
沙论》卷一二六(大正二七·六六〇上)说:

> "胁尊者言:此中般若说名方广,事用大故。"

十二分教的方广,胁尊者以为就是《般若》,那时《般若经》
已流行北印度了。胁尊者不作不必要的分别,以简略的方法来
解说经文;虽也论究阿毗达磨,但与持经者的学风相近。此外,
还有二位:一、弥妒路尸利(Maitreyaśrī):依《婆须蜜集序》,婆须
蜜与僧伽罗刹中间,有弥妒路刀尸利,是贤劫(第七)光焰佛。虽
不知史实,然《智度论》说:"罽宾国有弥帝隶力尸利菩萨,手网

---

　　①　《出三藏记集》卷一〇(大正五五·七一中)。《尊婆须蜜菩萨所集论·序》
(大正二八·七二一上)。
　　②　《阿育王传》卷五(大正五〇·一二〇中)。《阿育王经》卷六(大正五〇·
一四九中——下)。
　　③　《出三藏记集》卷一〇(大正五五·七三中)。

缦。"①手网缦,为佛相之一,这是北印度著名的菩萨。二、持经譬喻师法救,如僧睿《出曜经序》说:"出曜经者,婆须蜜舅法救菩萨之所撰也。"②法救所撰的,是《法句经》。《法句经》是各部都有的,而有部的《法句经》,从《无常品》到《梵志品》——三三品,是法救所纂集的③。译成汉文的,如竺佛念所译的《出曜经》,长行是譬喻出曜解说;赵宋天息灾译的《法集要颂》。《法句》是偈颂,为印度初出家者的入门书。法救以为,"二声(语与名)无有差别,二事相行别","入三昧乃知"④。以禅定的修验来解说佛法,无疑是位禅师。法救被称为菩萨,对菩萨确有独到的见地⑤:

> "菩萨虽伏我见,不怖边际灭,不起深坑想,而欲广修般罗若故,于灭尽定心不乐入;勿令般若有断有碍,故虽有能而不现入。"

> "菩萨发意以来,求坐道场,从此不入泥犁地狱,不入畜生、饿鬼,不生贫穷裸跣中。何以故?修行智慧不可沮坏。"

菩萨为了修学般若,不愿入灭尽定;发心以来,不会堕落三恶道、贫穷与未开化地区,也是般若的力用。这位有部譬喻师,

---

① 《大智度论》卷八八(大正二五·六八四上)。
② 《出曜经》卷一(大正四·六〇九中)。
③ 《阿毗达磨大毗婆沙论》卷一(大正二七·一中)。
④ 《尊婆须蜜菩萨所集论》卷一(大正二八·七二三下)。
⑤ 《阿毗达磨大毗婆沙论》卷一五三(大正二七·七八〇上)。《尊婆须蜜菩萨所集论》卷八(大正二八·七七九下)。

这样的推重菩萨的般若！法救、婆须蜜、弥帝隶尸利、僧伽罗刹、马鸣，都被称为菩萨；还有肯认《般若经》的胁尊者，正是"初期大乘"时代的有部大师。北方的持经者、譬喻师，以声闻佛法立场而含容兼摄菩萨精神，在北方"大乘佛法"兴盛中，不应该忽略这一学系的影响①！

《大毗婆沙论》中，说到分别论者——毗婆阇婆提的，共有五六十则。有部的毗婆沙师，极力予以评破，所以被解说为不正分别者的泛称。其实，分别论者或分别说者，是上座部分出的两大部之一——分别说部；分别说部再分化为四部：化地部，法藏部，饮光部，赤铜鍱部。这四部，都可称为分别论说者。赤铜鍱部远在海南的锡兰；流行印度的三部，就是《大毗婆沙论》所说的。化地等三部，译传来中国的，有律——《五分律》，《四分律》，《解脱戒经》；经典，仅有"法藏部"的《长阿含经》；论有《舍利弗阿毗昙论》，近于化地部。没有充分的论书，所以难有精确的理解。依《异部宗轮论》，知道与大众部系相近。经考论，《大毗婆沙论》的分别论者，以化地部为主。分别论者的学风，与譬喻师有同一倾向。如以偈颂称赞佛德："诸赞佛颂，言多过实，如分别论者：赞说世尊心常在定；……又赞说佛恒不睡眠。"②这与评破马鸣——法善现，及达罗达多（Dharadatta）为"文颂者"是相同的。又依经说为主，"分别论者作如是说：无九十八所

---

① 以上参阅拙作《说一切有部为主的论书与论师之研究》第八章；第六章第一节。

② 《阿毗达磨大毗婆沙论》卷七九（大正二七·四一〇中）。

立随眠,经说随眠唯有七故"①。这是否定《发智论》的九十八随眠说,毗婆沙师嫌责他"执著文字"。又多说譬喻,如破瓶喻②、折路迦缘草木喻③、果从器出转入彼器喻④,被毗婆沙师责斥为"依世俗言论"。以上所说,可见分别论者也是重视简要,通俗教化的。还有,"无有有情而无色者,亦无有定而无心者"⑤。经上说有"无色界"、"无心定",然分别论者与譬喻者的见解相同:有情是心色互不相离的,无色界有细色,无心定是有细心不灭的。然分别论者到底与譬喻者不同:说心性本净。对缘起、道、果与灭,都说是无为,也就是重于因果的必然理性,及修证所得的恒常不变性。这二点,同于大众系,与譬喻者不同⑥。

化地部说:"随眠非心亦非心所,亦无所缘。眠与缠异,随眠自性心不相应,缠自性心相应。"⑦缠(paryavasthāna)是烦恼现起而与心相应的,随眠(anuśaya)是潜在的烦恼,所以与心不相应。凡是"过未无而现在有"的,大都这样说。在没有断惑以前,虽没有生起烦恼,而烦恼还是现在的,不过潜伏而已。化地部又说:"慧有二种,俱时而生,一、相应,二、不相应;相应慧知不相应者,不相应慧知相应者。"⑧二种慧同时,互相了知,只是

---

① 《阿毗达磨顺正理论》卷四六(大正二九·六〇二下)。
② 《阿毗达磨大毗婆沙论》卷六〇(大正二七·三一二中)。
③ 《阿毗达磨大毗婆沙论》卷六七(大正二七·三五八上)。
④ 《阿毗达磨大毗婆沙论》卷七六(大正二七·三九三上)。
⑤ 《阿毗达磨大毗婆沙论》卷一五二(大正二七·七七四上)。
⑥ 以上参阅拙作《说一切有部为主的论书与论师之研究》第九章第一节。
⑦ 《异部宗轮论》(大正四九·一六下——一七上)。
⑧ 《阿毗达磨大毗婆沙论》卷九(大正二七·四二下)。

为了成立当前的一念中有"自知"的作用。心能自知，是大众、分别说系的共同倾向。从显现而论到潜在的，化地部又立三种蕴："一者，一念顷蕴，谓一刹那有生灭法。二者，一期生蕴，谓乃至死恒随转法。三者，穷生死蕴，谓乃至得金刚喻定恒随转法。"①三种蕴，是层次不同的三类五蕴。"一念顷蕴"，是刹那生灭的五蕴。"一期生蕴"，是业力所感的异熟五蕴，从生到死，都恒时随转的。《异部宗轮论》已经说到：一切是刹那灭的，刹那有前后二时，所以有转变可能。"入胎为初，命终为后，色根大种皆有转变，心心所法亦有转变。"业力所得的报体，不断转变相续，到业尽而死，才灭而不起了。所以，这还是"定无少法，能从前世转至后世的"②。"穷生死蕴"，应该是迟一些成立的。刹那灭了，一生灭了，而还是生死不断，由于微细五蕴不断的延续。直到金刚喻定，断尽一切烦恼，有漏五蕴才彻底地灭了。瑜伽行派以穷生死蕴为阿赖耶识，应该是种子阿赖耶识。声闻法中，微细的深潜的存在，都是阿赖耶种子识思想的启发者。此外，法藏部是舍利塔的崇拜者，所以说："于窣堵波塔兴供养业，得广大果。"③法藏部的《四分律》，在中国成为著名的律宗。《四分律》的诵出者佛陀耶舍（Buddhayaśas），"诵大小乘经二百万言"，也学习有部的《十诵律》。法藏部与有部，流行在北印度，关系相当好。《四分律》末后的"调部"与"毗尼增一"，与有部律相通。供养塔能得大果，起初只是能得解脱。《四分律》说："学菩萨

①　《摄大乘论释》卷二（大正三一·三八六上）。
②　《异部宗轮论》（大正四九·一七上）。
③　《异部宗轮论》（大正四九·一七上）。

道,能供养(佛)爪发者,必成无上道。"①与《法华经》的供养舍
利塔,"皆已成佛道"的思想相通。"说戒",是佛制比丘半月半
月举行的,《四分比丘戒本》却说,"我今说戒经,所说诸功德,施
一切众生,皆共成佛道"②,那是已成为菩萨行了。这决不是法
藏部的本义,而是在"大乘佛法"开展中,与大乘相沟通。"五义
分同大乘",这才为大乘的中国佛教所赏识。

分别说部传入锡兰的一支,是赤铜鍱部。西元前四三——
一七年间,因战乱而发起书写三藏,一向为佛教中心的大寺,就
严守这一次所集成记录的。战乱平复,毗多迦摩尼王(Vaṭṭagā-
maṇi)建无畏山寺(Abhayagirivihāra),盛大供养,引起大寺与无
畏山寺的不和。不久,跋耆子派(Vajjiputta)——犊子部比丘法
喜(Dhammaruci),与弟子们来锡兰,受到无畏山寺僧的礼遇共
住,无畏山寺也就称为法喜派。"大乘佛法"传入锡兰,也受到
无畏山寺派的接受。无畏山寺派是"大小并弘"的,玄奘称之为
"大乘上座部"。大寺派严守旧传,与无畏山寺派处于严重的不
和状态。赤铜鍱部的《小部·譬喻》中的《佛譬喻》(南传二六·
九、一一)说:

> "此世有十方界,方方无有边际,任何方面佛土,不可
> 得以数知。"

> "多数佛与罗汉,遍集而来(此处),我敬礼与归命,彼
> 佛及以罗汉。"

---

① 《四分律》卷三一(大正二二·七八五下)。
② 《四分比丘戒本》(大正二二·一〇二三上)。

现在有十方佛、十方佛土,赤铜鍱部已于西元前容认了,也就开启了大乘的通道。不过为了与无畏山寺派对抗,拘守旧传,不再容受一切。西元五世纪初,法显去锡兰,在那里得到了《五分律》与《杂阿含经》;《五分律》是化地部的,《杂阿含经》属于有部。可见当时以无畏山寺为中心的锡兰佛教,应有各部派的比丘前来弘法。玄奘知道锡兰有瑜伽大乘;唐不空(Amoghava-jra)在这里受学十八会金刚界瑜伽,那是西元八世纪的事了。锡兰佛教成为大寺一统的局面,觉音(Buddhaghoṣa)是一位重要人物。觉音是中印度人,在佛陀伽耶(Buddhagayā),锡兰僧众所住的大菩提寺(Mahābodhivihāra),依离婆多(Revata)出家,修学巴利文三藏。觉音到锡兰,住在大寺。西元四一二年,与大寺僧众以巴利语写定全部三藏;以巴利语为释尊当时所用的语言,提高巴利语三藏的权威信仰。觉音为四部(与四阿含相当)及律藏作注释,并以戒定慧为次第,写成最著名的《清净道论》。这部论,是依据优波底沙(Upatissa)的《解脱道论》(梁僧伽婆罗译为汉文),修正、补充、说明声闻解脱完备的修道历程。但当时,二派仍在对立中。锡兰因战乱频仍,佛教也受到伤害,衰落得几乎消灭。以巴利三藏、大寺派旧制而复兴,是曾由锡兰比丘去泰国弘法,再由泰国比丘来锡兰,再度成立僧伽,那已是西元十八世纪了①。

再说犊子部系。犊子部分出四部:法上部,贤胄部,正量部,密林山部。正量部非常发达,成为这一系的大宗。犊子部与有

---

① 参考净海《南传佛教史》(二二——七七)。

部,是兄弟学派,法义的差别不大,如《大毗婆沙论》说:"若六若
七与此不同,余多相似。"①犊子系的教典,早期传来中国的,是
苻秦鸠摩罗佛提(Kumārabuddhi)译的《四阿含暮抄解》;僧伽提
婆再译,名《三法度论》。《论》是婆素跋陀(Vasubhadra)所撰,
僧伽先注释的。《论》分三品:《德品》、《恶品》、《依品》,每品分
三度。真谛译的《部执异论》,在犊子等部下,增列"如来说经有
三义:一、显生死过失,二、显解脱功德,三、无所显"②,与三品的
意义相当。其实,这也是有部所说的,如《大毗婆沙论》分四十
二章为三类:"境界类","过失类","功德类"③。《三法度论》一
切以三分法来说明,应该会容易记忆些。犊子系的教典,陈真谛
译出三部:一、《佛阿毗昙经》,九卷,现在仅存二卷。前与《稻芉
经》的内容相合,是"分别说因缘"。后是"分别说戒":佛抵王舍
城,舍利弗等出家;犊子外道来出家,广明受戒事。二、《律二十
二明了论》,一卷,是正量部的律论。此论与《苾刍五法行经》合
并考定:犊子部的"比丘戒本",是二百戒④。三、《立世阿毗昙
论》,一〇卷,与《起世因本经》性质相近,色界立十八天,是犊子
系的。元魏瞿昙般若流支(Prajñāruci)译出三部:一、《正法念处
经》,七十卷,以善恶业报为宗旨,与马鸣的《善恶业报略》意趣
相通。传说是"正量部诵",然有部论师也有引用此经的(文句
可能多少差别)。二、《犊子道人问经》,一卷,已经佚失。三、

---

①　《阿毗达磨大毗婆沙论》卷二(大正二七·八中)。
②　《部执异论》(大正四九·二二上)。
③　《阿毗达磨大毗婆沙论》卷九〇(大正二七·四六六中)。
④　拙作《原始佛教圣典之集成》第三章(一七四──一七九,本版一四四──
一四九)。

《三弥底部论》。依《论》末，应名"依说论"——《取施设论》，立三种人："依说人"，"度说人"，"灭说人"①。在这些译本中，可见犊子系是重在通俗教化，与有部的譬喻师学风相近。重于通俗教化，所以玄奘所见的正量部，教区非常广大。犊子部也有阿毗昙，但义理论究也倾向于世俗所能信受的。如立"不可说我"外，说"诸行有暂住，亦有刹那灭"②。有为法中，心心所法、声音、灯焰是刹那灭的；一般色法——身体及山河大地，都是一定时期暂住的。这样，正量部就说："身表（以）行动为性。……云何名行动？谓转至余方，……色处所摄。"③身表业，如从此到彼；身体的行为，在动作过程中，动是暂住的，所以能从此到彼。又立不失法（avipraṇāśa），如《中论》说："不失法如券，业如负财物，此性则无记，分别有四种。…… 以是不失法，诸业有果报。"④在身语表业生起时，蕴相续中有不失法生起；业灭去了，不失法还在。如借人的财物，立下借据一样。不失法是暂住的，要等到感报才灭去，如还了债，债据才毁去一样。不失法是有实体的，是不相应行所摄，是无覆无记性。成立三世业果，立不失法而以借据为喻，不是通俗而容易信受吗⑤！又如正量部立"直缘外境"⑥，根识能直接地认知外境，不如有部那

---

① 以上，参阅拙作《说一切有部为主的论书与论师之研究》第九章第三节。

② 《异部宗轮论》（大正四九・一六下）。

③ 《大乘成业论》（大正三一・七八一下）。

④ 《中论》卷三（大正三〇・二二中）。

⑤ 不失法，可参阅《随相论》（大正三二・一六一下——一六二上）；《大乘成业论》（大正三一・七八三中）。

⑥ 《俱舍论（光）记》卷一末（大正四一・二七上）。

样,识上要起境的"行相",这也是简单直捷的。正量部等的学风,与有部的持经譬喻师相近,在佛教普及化中,是不应该忽视的。

"大乘佛法"时代,大众部系的思想,由于没有经论传译过来,所以不能明了。《大集经》说,大众部"广博遍览五部经书";《诃梨跋摩传》说:"有僧祇部僧,住巴连弗邑,并遵奉大乘。……研心方等,锐意九部。"①大众部是泛览各部,而并不反对大乘的。大乘论中,偶而说到大众部义。一、根本识:如《摄大乘论》说,大众部说"根本识,如树依根"②。意识与前五识,都是依意而起的。《解深密经》的"阿陀那识为依止为建立故,六识身转";《唯识三十论》就说"依止根本识,五识随缘现。……意识常现起"了③。根本识,无非《阿含经》中"依意生识"的一种说明。二、摄识:真谛所译《显识论》说,熏习力,大众部中"名为摄识"。如诵经一样,一遍一遍地读下去,第十遍就会背诵,那是后一遍能摄得前一遍的关系。摄识,名为识而实是不相应行④,应该是摄藏在识中的一种力量。《阿毗达磨大乘经》说"由摄藏诸法,一切种子识"⑤,不也是有类似的意义吗? 大众部的心识论(及分别说者的"穷生死蕴"、"有分识"),不一定为了说

① 《大方等大集经》(一〇)《虚空目分》(大正一三·一五九下)。《出三藏记集》卷一一(大正五五·七九上)。

② 《摄大乘论》卷上(大正三一·一三四上)。

③ 《解深密经》卷一(大正一六·六九二下)。《唯识三十论》(大正三一·六〇)。

④ 《显识论》(大正三一·八八〇下)。

⑤ 《摄大乘论》卷上(大正三一·一三三中)。

明唯识(vijñapti-mātratā),但大乘唯识者的第八识,正是由此引发而成立的。

第三节　经部兴起以后的综合学派

说一切有部中,迦湿弥罗的阿毗达磨论师,在贵霜王朝盛世,发起《大毗婆沙论》的编集,罗列百家,评论得失,确定了有部——毗婆沙师的正义。这是大事,对毗婆沙师来说,真可说千秋盛业;对其他的声闻学界,也引起不同程度的震动。健陀罗、吐火罗等西方系的阿毗达磨论师,从精要的、组织的、偈颂的方向发展,如《甘露味论》、《心论》、《杂心论》等,尊重《发智论》,而作限度内的自由取舍,上面已经说过了。有部中的诵持经者、譬喻师,在《大毗婆沙论》中,表面上受到尊重,实际却被全面否定了;这才脱离有部——“三世实有”、“法性恒住”的立场,独立发展,攀附十八部中的(说转部,或称)说经部,自称经部或譬喻师,进行对有部阿毗达磨的批评。这一趋势,引发声闻佛教界一场反有部毗婆沙师的运动。在反有部“三世实有”、“法性恒住”的原则下,由于反对者的自由取舍,形成不同的综合学派。如《经部毗婆沙》、《成实论》、《俱舍论》等,都自成一家,就是在这一形势下产生的。

有部的譬喻者,开始脱离有部而独立发展的,可能是玄奘门下所传,“经部祖师”或“经部本师”的鸠摩罗罗陀,意译为“童受”。童受是健陀罗的呾叉始罗(Takṣaśilā)人,曾在呾叉始罗造论。后为揭盘陀(Khabandha)王所请,晚年住在揭盘陀,就是新疆西陲,塔什库尔干(Tush-kurghan)的塞勒库尔(Sarikol)①。传说童受"造喻鬘论,痴鬘论,显了论"②,所以被称为日出譬喻论者。《痴鬘论》就是《百喻经》,其实是僧伽斯那造的。近代在新疆库车废墟中,发现与汉译马鸣《大庄严(经)论》大同的断简,书名 Kalpanālaṃkṛtika——《譬喻庄严》,又名 Dṛṣṭāntapanktiyāṃ——《譬喻鬘》,也就是《喻鬘论》,题为鸠摩罗罗陀造。在《大庄严(经)论》中,说到"我昔曾闻,拘沙种中,有王名真檀迦腻吒";又说到"国名释伽罗,其王卢头陀摩"③。卢王约在位于西元一二〇——一五五年,可见不可能是与迦王同时的马鸣造的。鸠摩罗罗陀在西元二、三世纪间造这部论,更为合理。罗陀所造《大庄严(经)论》——《喻鬘论》,是譬喻文学,一般教化的书。传下来的罗陀说,几乎都是偈颂;他又是禅者,与譬喻者的风格相同。《大乘成业论》说:"日出论者作如是言:诸行实无至余方义,有为法性念念灭故。然别有法,心差别为因,依手足等起,此法能作手足等物异方生因,是名行动,亦名身表。此摄在何处?谓色处所摄。"④日出论者肯定有为法是刹那灭的,身表是色处所摄,与有部说相同。但身表就是"行动",在刹那的前灭后生中,以心为因,依手足而起别法——行动,使手足等有此处灭彼处生的现象,就与有部不同了。童受以为,"佛有漏无漏,

---

①　《大唐西域记》卷三(大正五一·八八四下——八八五上),又卷一二(大正五一·九四二上)。

②　《俱舍论(光)记》卷二(大正四一·三五下)。

③　《大庄严(经)论》卷六(大正四·二八七上),卷一五(大正四·三四三中)。

④　《大乘成业论》(大正三一·七八二中)。

皆是佛体"①,不同于有部,也不同大众部说。又说:没有真我而有俗我②,肯定俗我的存在,容易说明业报等事。平实而不落玄想,对一般教化来说,应该是最适当的!

有部中的譬喻师,大德法救与觉天外,还有泛称为譬喻师的。等到离有部而独立发展,也就自由取舍,难以一致。姚秦鸠摩罗什译出的,诃黎跋摩(Harivarman)造的《成实论》,也是一大家! 论义接近大乘空义,在中国齐、梁的南朝非常兴盛,有"成论大乘"的称誉。依玄畅的《诃黎跋摩传》说:诃黎跋摩从有部的究摩罗陀出家,教他先学迦旃延的"大阿毗昙"(《发智论》)。诃黎跋摩不满阿毗昙,终于脱离了有部。不满《发智论》,是事实;鸠摩罗(罗)陀被称为"经部本师",正是不满《发智论》的,怎会教他读,并称赞为"三藏之要目"呢! 诃梨跋摩到了华氏城,与大众部僧共住,"研心方等"。《成实论》是在华氏城造的;在摩竭陀难破外道,似乎没有回到北方③。说他"研心方等",是可以信赖的。《论》中明白说到了提婆的《四百观论》;说到"若智能达法相,谓毕竟空";"世尊有如是不可思议智,虽知诸法毕竟空,而能行大悲";"以见法本来不生,无所有故"④。《成实论》引用了大乘经论,是没有问题的,如说:"佛一切智人无恶业报。……但以无量神通方便,现为(如受谤等)佛事,不可思

---

① 《阿毗达磨顺正理论》卷三八(大正二九·五五七上)。
② 《阿毗达磨俱舍论》卷三〇(大正二九·一五六上)。
③ 《出三藏记集》卷一一(大正五五·七八下——七九上)。
④ 《成实论》卷八(大正三二·二九八中),卷七(大正三二·二九一下),卷一二(大正三二·三三七下),卷一二(大正三二·三三三下)。

议。"①对"佛传"中，受谤、伤足等不如意事，与大乘一样，解说为
是方便示现的。《成实论》主兼通大乘，而以声闻佛法，成立四
谛的实义为宗。全论分为五聚，第一"发聚"，赞叹三宝功德，阐
明造论的意趣，辩决当时的重要异论；然后以苦、集、灭、道为次
第来说明。《成实论》不用种子说，与《俱舍论》所说的经部，并
不相同；与鸠摩罗罗陀，倒是有思想上的共同。如《论》说："身
（于）余处生时，有所造作（造作就是行），名为身作表"；"随心力
故，身余处生时，能集业，是故集名善不善，非直是身"②。《成实
论》的"身作"，与日出论者的"行动亦名身表"，意义是相同的。
《俱舍论》引鸠摩罗罗陀的"如牝虎衔子"偈，《成实论》也说：
"如虎衔子，若急则伤，若缓则失。如是若定说有我，则堕常见；
定说无我，则堕邪见"；"若说世谛故有我，第一义谛故无我，是
为正见"③。世俗有我，胜义无我，继承了鸠摩罗罗陀的思想。
传说诃黎跋摩出于提婆与婆薮槃豆（Vasubandhu）之间，约为西
元三、四世纪间的大师，可说是鸠摩罗罗陀的私淑弟子。但罗陀
是标准的譬喻者，而诃黎跋摩已大小兼学，着重于义理的立破，
思想自由，表现出独到的立场。

　　《成实论》有许多特出的思想：对于色法，以为"色阴者，谓
四大，及四大所因成法，亦因四大所成法。……因色、香、味、触
成四大，因此四大成眼等五根，此等相触故有声"④。能造四大，

① 《成实论》卷七（大正三二·二九一上）。
② 《成实论》卷七（大正三二·二八九下、二九〇上）。
③ 《成实论》卷一〇（大正三二·三一六下）。
④ 《成实论》卷三（大正三二·二六一上）。

所造色是五根、五尘,这可说是佛教界的定论(依经说而来)。《成实论》却说依四尘成四大;依四大成五根;这些色相触故有声。数论师说:五唯(色、声、香、味、触)生五大(四大及虚空大),五大生五根。《成实论》所说,显然是采取了"数论"所说,而多少修正。在心与心所法中,离心没有别的心所,是譬喻师义,但又以为,"识造缘时,四法必次第生:识次生想,想次生受,受次生思。思及忧喜等(受),从此生贪、恚、痴"①。五蕴中的受、想、行思等、识,《成实论》以为识、想、受、思,先后次第的生起,也与譬喻师说不同。心不相应行:阿毗达磨所成立的,一概是假的,但立无作表业是心不相应行②。直名为无作业,与正量部的"不失法"、大众部的"摄识",同样的是不相应行。无为法:但灭谛是无为;见灭名为得道,是一时见谛说,修证是有次第的。如《论》说:"假名心、法心、空心,灭此三心,故名灭谛。"③心,是能缘的心,缘假名法的心,名"假名心";缘色等实法的心,名"法心";"若缘泥洹,是名空心"④。修证次第是:先缘法有灭假名心,是闻、思慧。《论》上说:"真谛,谓色等法及泥洹;俗谛,谓但假名,无有实体,如色等因缘成瓶,五阴因缘成人。"⑤这是假实二谛;如能见实法,就能破假名心。进一步,以空心灭法心,在修慧(四加行)中。如说:"五阴实无,以世谛故有。……(择)灭是

①　《成实论》卷五(大正三二·二七七下)。
②　《成实论》卷七(大正三二·二九〇上——中)。
③　《成实论》卷二(大正三二·二五一中)。
④　《成实论》卷一二(大正三二·三三三下)。
⑤　《成实论》卷一一(大正三二·三二七上)。

第一义有,非诸阴也。"①这是事理二谛;如缘涅槃空,就能灭法心。再进一层,有缘空的心,还是不究竟的;在灭尽定时,入涅槃时,空心也灭了,才是证入灭谛。"阴灭无余,故称泥洹。……非无泥洹,但无实法。"②这一次第,是假名空、法空、空空——空也不可得。在声闻四谛法门中,这是非常特出的!《成实论》引经来说明法空,大抵是《智论》所说,三门中的"空门",所以虽沟通大乘空义,而与龙树的一切法空说,还隔着一层。《成实论》对一切法空无,是不以为然的,所以广破"无论"(《破无品》……《世谛品》,共七品)。这与后来的瑜伽行派,先依依他起(心)有,达遍计所执(境)空;而后依他起也空(有的只说是"不起");空相也不可得,才是证入圆成实性,次第契入,倒有共同的意趣。

《成实论》,在反对阿毗达磨阵营中,是综合而有独到的学派。

世亲在世的年代,假定为西元三六〇——四四〇年(理由下文再说),那么西元四、五世纪,与有部对抗的经部,是相当发展的。从众贤(Saṃghabhadra)反驳世亲《俱舍论》而造的《顺正理论》中,多少了解些经部的事实。在经部师中,被尊称为上座的室利逻多(Śrirāta),意译为"胜受"或"执胜",比世亲的年龄要长一些。到阿瑜陀来弘法,造了一部《经部毗婆沙》③,大成经部的思想。众贤造论的时候,世亲已转入大乘;那时的上座,

① 《成实论》卷一二(大正三二·三三三上——中)。
② 《成实论》卷一六(大正三二·三六八下——三六九上)。
③ 《大唐西域记》卷五(大正五一·八九六中)。

"居衰耄时"，门人众多，受到佛教界的尊重。所以造《经部毗婆沙》的年代，大约是西元三五〇年顷。在思想上，室利逻多应该是有所承受的，虽然史实不明，而渊源于有部的持经譬喻师逐渐发展完成，是可以决定的。为了反抗有部阿毗达磨的权威性，特地标榜"以经为量"，这才被称为经部。室利逻多弘法的地方，是阿瑜陀；无著、世亲也从北方到这里弘法。这里是笈多王朝的新都，经济繁荣、文化发达的地方。在佛教中，有一大致如此的情形：思想的启发者，从山林修持中来；义理发达而形成学派的，在都市。室利逻多，还有诃黎跋摩等，游化文化发达地区，义理上都大有成就，但已不是从前的譬喻师风范，成为解释契经的论议者了！

经部（譬喻师）采取了过去、未来是无，现在是有的立场，与大众、分别说系一致。在法义上有重要贡献的，是种子（bīja）或熏习（vāsanā，abhyāsa）说，为大乘瑜伽行派所采用。有以为，依"无始时来界"的大乘经说，引起经部种子思想的发展，那是先后颠倒了！对"种子"说得具体些的，如《中论》卷三（大正三〇·二二上）说：

> "如芽等相续，皆从种子生，从是而生果，离种无相续。从种有相续，从相续有果，先种后有果，不断亦不常。如是从初心，心法相续生，从是而有果，离心无相续。从心有相续，从相续有果，先业后有果，不断亦不常。"

为了过去造业（karman），后来感报——异熟果（vipāka-pha-la）的问题，有人提出了种子生果的譬喻。从种子生果，不是直接的,是从种生芽、茎、叶、花等"相续",然后结果。种子灭坏了,然种中生果的作用,依芽、茎等相续,不断地生灭,到最后才结果的。这样,从初刹那心造业,业是刹那灭的,而业力依心法而一直相续,到因缘成熟,才感得果。以种子为譬喻,成立过去的业能感果报,《中论》所引的,当然不及后来的经部说得完美,但确与经部师说有同样的意义。在《中论》中,业种说是被批评的,依《般若灯论》说,"阿毗昙人言"①,这是出于"阿毗昙"的。在汉译的众多阿毗昙中,有种子说形迹的,是法胜的《阿毗昙心论》。《论》卷一(大正二八·八一二下)说:

> "无教表者,若作业牢固,转异心中,此种子生。如善受戒人,不善、无记心中彼犹相随;恶业人,恶戒相随。"

> "无记心羸劣,彼不能生强力业,谓转异心中,彼相似相随。是故身无教表,口无教表,(但善、恶而)无无记。"

《阿毗昙心论》,上面曾说到,是依《甘露味论》造的。《心论》所说"转异心中,此种子生";"转异心中,彼相似相随",虽种子的譬喻不太明白,但确是为了说明业力的存在。《阿毗昙心论经》也说:"善不善,……若与余识俱,与彼事相续。如执须摩那花,虽复舍之,犹见香随。何以故? 香势续生故。"②《杂心论》也说:"强力心能起身口业,余心俱行相续生。如手执香花,虽复舍之,余气续生。"③与余识俱起而相续生,以持香花为譬喻,

---

① 《般若灯论》卷一〇(大正三〇·一〇〇上)。
② 《阿毗昙心论经》卷二(大正二八·八四〇上)。
③ 《阿毗昙杂心论》卷三(大正二八·八八八下)。

可说是熏习说。《大毗婆沙论》说："别解脱律仪,从初表业发得
已后,于一切时……现在相续随转不断。"①表业(vijñapti-kar-
man)是依身、语的善恶行为。身业与语业,能引发(如受戒而
起)无表业(avijñapti-karman),"于异心中相似相随"。有部是
三世实有的:例如受戒发生无表业,在现在相续蕴中,是相续不
断的,但如舍戒或死了,戒无表就中止了。而依业感果报的,是
无表业刹那灭而成过去,业在过去中,因缘成熟而感报。所以阿
毗昙的业相续说,与经部不完全相同。不过业的种子说、熏习
说,一生中相续不断,阿毗达磨确已说到了,经部师只是依现在
有去说明罢了。《大乘成业论》引偈说:"心与无边种,俱相续恒
流,遇各别熏缘,心种便增盛。种力渐次熟,缘合时与果,如染枸
橼花,果时瓢色赤。"②传说偈颂是马鸣所说的③,不知是否正
确!但经部的种子、熏习说,出于譬喻师(阿毗昙说的现在化),
应该是合理的!世亲所传的经部种子说,说得比《中论》偈更精
密些,如《顺正理论》(引《俱舍论》)说:"然业为先所引相续转
变差别,能生当果。业相续者,谓业为先,后后刹那心相续起。
即此相续,后后刹那异异而生,名为转变。即此转变,于最后时,
有胜功能无间生果,异余转变,故名差别。"④从种子生果的譬
喻,理解出相续"传生"的道理,拿来解说从业生果。一、相续:
无表业生起,一直生灭相续下去;如从种生芽、生茎等,相续不

①　《阿毗达磨大毗婆沙论》卷一二三(大正二七·六四三下)。
②　《大乘成业论》(大正三一·七八四下)。
③　山口益《世亲の之成业论》所说(一九九——二〇一)。
④　《阿毗达磨顺正理论》卷五一(大正二九·六二九中)。

断。二、转变：业在心相续中，是不断转变的，或业力减弱，或者增强；如从芽到茎、到枝条等，不断地转变。三、差别：某种业力，胜过其他的而感得某种果报；如开花而结果。"差别"是与前不同，也就是功能的殊胜。从芽、茎等相续，而理解到业种生果的功能，依心心相续、转变而能感果。到这时，种子、熏习等，已从世俗的譬喻转为义理上的术语了。

　　种子、熏习，到底依什么而相续转变生果呢？共有四说。一、"心心相续"说：《中论》所引是这样说的，到世亲的时代，这也还是经部师的一般意见；所以《顺正理论》评破经部，总是说到心法上去。心心相续，一般是六识说，因而有六识前后相熏，或熏"识类"的见解。二、"六处受熏"说：六处——眼等五处是色，意处是心。上座室利逻多说："是业烦恼所熏六处，感余生果。"[1]上座立六处受熏，也就是六处相续为所依的。本来，譬喻师与分别论者一样，"无有有情而无色者，亦无有定而无心者"[2]。佛经虽有无色界及无心定——无想定、灭尽定的名称，其实无色界是有色的，无心定是有心的。有情，是根身（色）与心的综合，所以论到种子的所依与受熏，当然不只是色，不只是心，而是色根与心——六处受熏了。三、"色（根）心互熏"说：世亲在《俱舍论》中说："先代诸轨范师咸言：二法互为种子。二法者，谓心有根身。"[3]世亲采用此说。这与六处受熏，似乎相差不多，但《俱舍论》是有部阿毗达磨化的。依有部的阿毗达磨说：

---

①　《阿毗达磨顺正理论》卷一八（大正二九·四四○中——下）。

②　《阿毗达磨大毗婆沙论》卷一五二（大正二七·七七四上）。

③　《阿毗达磨俱舍论》卷五（大正二九·二五下）。

无色界是无色的,无心定是没有心的。依据这一见解,所以说:
色根能为色法、心法种子的所依,心也能为心法及色法种子的所
依。这样,无心定以后,可以从依色根的心种子而起心法;无色
界以后,也可以从依心的色种子而生色。四、"细心相续"说:
《大乘成业论》说:"一类经为量者,所许细心彼(无心定)位犹
有。"①一切种子依细心相续,所以无心位中,细心能为种子的相
续所依。"一类经为量者",如世友所造《问论》——《尊婆须蜜
菩萨所集论》说:"灭定犹有细心。"②原则地说,"无有定而无心
者"的譬喻师,都以为无心定中有细心的,不过是微细的意识;
论所依相续,也不会专依细心说的。如专依细心为种子的相续
所依,那就转进到瑜伽行派的唯识论了。经部的相续所依,应以
前二说为主③。

　　《大毗婆沙论》中,如所造(色的)触、无表色、不相应行等,
譬喻者都说是没有实体的。独立而成为经部譬喻师,过去、未来
也是无了。五蕴——蕴是聚义,容易解说为是假有的。十二
处——六根、六境,说假部说:"十二处非真实。"④室利逻多也
说:"故处是假,唯界是实。"⑤依经部——上座等说,胜义有的,
是刹那的因果诸行;从一一界(能生因)性生起一一法,可说是
真实有的。从一一法成为所依(根)、所缘(境)生识来说,都是
没有真实作用的。所以说:"五识(所)依(根、所)缘(境),俱非

---

① 《大乘成业论》(大正三一·七八四中)。
② 《大乘成业论》(大正三一·七八四上)。
③ 参阅拙作《唯识学探源》第三章第四节第四项。
④ 《异部宗轮论》(大正四九·一六上)。
⑤ 《阿毗达磨顺正理论》卷四(大正二九·三五〇下)。

实有。极微——不成所依、所缘事故。众微和合方成所依、所缘
事故。"①五根与五(尘)境,都是色法,色的实法是极微。但每一
根极微,都没有为识所依的作用;每一境极微,都不能为识的所
缘。要依众多的极微和合,才能说是识的所依、所缘。这样,和
合而说根说境,都是假有而不是真实的。在认识中,"识是了
者,此非胜义"②。识的了别作用,没有自性的了别,要在依根、
缘境的和合中显现出来,所以也不是真实的。这样,上座等经部
师,达到了认识论中,根、境、识都是假施设有的结论。

　　陈真谛所译的《四谛论》,婆薮跋摩(Vasuvarman)——世胄
所造,是一部释经论,与《成实论》一样,依四谛次第来说明。
《论》上说:"大圣迦延论,言略义深广;大德佛陀蜜,广说毗婆沙
言及义。"③略的太略,广的太广,所以造这部不略不广的论释。
迦旃延应该是说假部(真谛译为分别说部)的创立者,《蜫
勒》——《藏论》的作者。佛陀蜜(Buddhamitra)是世亲同时的前
辈。《四谛论》广引《俱舍论》,是赞同经部义的。主要是重于
《藏论》及说假部。《四谛论》是一时见谛说,"我说一时见四谛:
一时离(苦),一时除(集),一时得(灭),一时修(道)"④。又泛
说见道时,"或一心,或十二心,或十五心"⑤。十二心是犊子部,
十五心是有部说。经部说十二处是假,与说假部相同。本论说

---

①　《阿毗达磨顺正理论》卷四(大正二九·三五〇下)。
②　《阿毗达磨顺正理论》卷二五(大正二九·四八四中)。
③　《四谛论》卷一(大正三二·三七五上)。
④　《四谛论》卷一(大正三二·三七九上)。
⑤　《四谛论》卷四(大正三二·三九九中)。

道是有为的①,与说假部的"道不可修,道不可坏"不同。这部论比《俱舍论》迟一些,也有自由取舍、综合折衷的精神,被称为"经部异师"②。

在经部思想大发展中,世亲所造的《俱舍论》,受到众贤《顺正理论》的评破,为当时声闻佛教界的大事,也是印度声闻佛日的余辉。世亲是健陀罗的富楼沙富罗(Puruṣapura)人。这里,是大月氏王朝的首都,西方系阿毗达磨论学的重镇。世亲从说一切有部出家,曾到迦湿弥罗去,深究《发智》与《大毗婆沙论》,应该是可能而合理的事。世亲造《俱舍论》的因缘,有多少不尽不实的传说,且不去说它。《俱舍论》曾二次译为汉文:陈真谛的《阿毗达磨俱舍释论》,唐玄奘的《阿毗达磨俱舍论》。全论分九品;第九《破我执品》,体例与前八品不同,实为另一部论书而附在《俱舍论》后的。前八品的组织次第,是继承《阿毗昙心论》、《阿毗昙杂心论》而来的。《杂心论》的末后四品,不免杂乱而没有组织,《俱舍论》作了重要的修正。在分品上,改《行品》为《根品》;在《业品》以前,增立《世间品》,为烦恼与业的果报——器世间及有情世间的五趣、四生、四有等。《杂心论》的后四品——《契经品》等,一律删除,重要的教义,分编在有关的八品中。这样,《界品》、《根品》,明法的体用(也就是"自相"、"共相"、"摄"、"相应"、"因缘果报"、"成就不成就"等)。《世间品》、《业品》、《随眠品》——三品,明世间的杂染因果。《贤圣

---

① 《四谛论》卷四(大正三二·三九三下)。
② 以上,参阅拙作《说一切有部为主的论书与论师之研究》第十一章第一节第二项至本章末。

品》、《智品》、《定品》——三品，明出世间的清净因果。组织完
善，在一切阿毗达磨论中，可称第一！偈颂方面，《杂心论》的五
九六偈，被简练为三百余偈，又增补共为六〇〇偈。《阿毗达磨
大毗婆沙》的论义，可说概括无余。《俱舍论》是依说一切有部
的阿毗达磨而造的；世亲虽不满毗婆沙师义，却是广泛而深入研
究过的。大概受到当时经部思想的影响，所以在论偈中，加上
"传说"、"自许"等字样，表示传说是这样说的、毗婆沙师自以为
是这样的。不同意有部的思想，在长行解说中，才充分表达出
来。《俱舍论》偈，组织精严，确是有部的阿毗达磨论书，所以严
厉评斥《俱舍论》的众贤，在表示有部毗婆沙师正义的《显宗
论》，除了删去"传"、"许"等字样，修正几个偈颂，一切都依世亲
的《俱舍论》偈而作解说。可见《俱舍论》偈的组织完善，摄义精
审，对有部的阿毗达磨法义，容易充分明了；世亲虽已不是有部
论师，对有部还是有贡献的！

　　《俱舍论》的立场：一、"非说一切有部，非毗婆沙宗"：有部
的根本大义，是"三世实有"、"法性恒住"。《俱舍论》在说三世
实有时，以经部过未无实的思想，加以评破，那是不属说一切有
部了。评"依用立（三）世"说："许法体恒有，而说性非常，性体
复无别，此真自在（天）作"①，那简直把三世实有说，看作外道的
神学了！有部的无表色、不相应行法、三无为法，都依经部而一
一评破。《论》中每说"毗婆沙师是我所宗"，这是故弄玄虚，以
"假拥护、真反对"的姿态，尽量暴露毗婆沙师的弱点。"毗婆沙

---

　　① 《阿毗达磨俱舍论》卷二〇（大正二九·一〇五中）。

师是我所宗"，不过文字技巧而已。如说："如是二途，皆为善
说。所以者何？不违理故，我所宗故。"①这是说：经部与有部，
都说得好。经部说得好，因为是合理的；有部说得好，因为是我
所宗的。这似乎在调和二派，其实表示了：唯有站在宗派的立
场，才说有部毗婆沙师是对的。又如在经部与有部的论辩中，只
见经部的批评毗婆沙师，从没有以毗婆沙师义来驳难经部。这
一点，《俱舍论》是不公平的！偏袒经部，是毫无疑问的。所以
《俱舍论》不属有部，也决非以毗婆沙师义为所宗的。二、"随顺
经部，不属经部"：在论究过去、未来非实有，及种子、熏习的因
果说，《俱舍论》是随顺经部的，但并非一切都是随顺经部的。
如经部上座说："故处是假，唯界是实。"《俱舍论》却以为十二处
是实有的：如说一一极微，那的确是不能为（所）依、为（所）缘而
生识的。但众微积聚，所以能成为所依、所缘，正因为"多（微）
积聚中，一一极微有（为依、为缘的）因用故"②。这一解说，符合
阿毗达磨者的见解。古代的（有部）譬喻者，有"心所非心"、"心
所即心"二流，但都是心心所前后次第而起，没有同时相应的。
对于心所法，在经部与有部的论诤中，《俱舍论》采取了审慎的
态度，如说："虽有一类作如是说，然非古昔诸轨范师共施设故，
应审思择！"③后来世亲著作的大乘论书，都是心与心所同时相
应而起的。可见这一问题，世亲虽没有公然支持毗婆沙师，而内
心中还是尊重阿毗达磨论义的。说到修证问题，《俱舍论》的

---

① 《阿毗达磨俱舍论》卷四（大正二九·二二下）。
② 《阿毗达磨俱舍论》卷一（大正二九·五上）。
③ 《阿毗达磨俱舍论》卷二八（大正二九·一四七中）。

《分别圣贤品》几乎全部采用阿毗达磨论者的定论。修证的方便次第，都是有传授的，经多少年、多少大德的修验，才成立说明一条修行的坦道。虽然方便多门，但决不能从少数论师推论得来，所以室利逻多创立八心见道，《成实论》主立"次第灭三心"，都只是有此一说而已。《俱舍论》遵从有部阿毗达磨的修证次第，应该是正确的！这样，《俱舍论》出入于阿毗达磨与经部之间，成为一折中的学派。

　　《俱舍论》在处理经部与有部的异义时，有经部的批评，却没有毗婆沙师的反驳，还故意说"毗婆沙师是我所宗"，对当时阿毗达磨毗婆沙师，实在是一项无比的刺激。这就引起了众贤造《顺正理论》来反驳；且扩大论议，对当时的经部师——上座室利逻多等，作广泛而彻底的评破。依《俱舍论》，能理解有部的全部要义；虽然《经部毗婆沙》没有传译，依《顺正理论》，也能充分了解经部思想。后来西藏方面以"有部见"、"经部见"代表一切声闻法门，就是由此而来的。众贤是（造《入阿毗达磨论》的）悟入（Skandhila）的弟子，是一位精通阿毗达磨毗婆沙义的论师，是毫无疑问的。他在迦湿弥罗造《顺正理论》，有与世亲来一次面决是非的传说。据说，世亲当时在奢羯罗（Śākala），听说众贤要来，就避往中印度，有的说避往尼泊尔①。大概世亲晚年专弘大乘，是非自有公论，不愿为此而多费唇舌吧！玄奘门下弘传世亲学，所以世亲总是对的，反而说众贤不合毗婆沙义，而称之为"新萨婆多"（新说一切有）。其实，众贤所说毗婆沙义，

---

　　①　《大唐西域记》卷四（大正五一·八九一下——八九二上）。多氏《印度佛教史》（寺本婉雅日译本一九〇）。

与世亲不同的,或是毗婆沙义的(彼此)取舍不同。如"缘阙"与
"能碍","和合"与"和集","作用"与"功能","自性受"与"境
界受"等,只是依毗婆沙义而说得明确些。《俱舍论》与《顺正理
论》,有关经部与有部的互相辩难,核心问题,是"有"与"无"的
见解不同,是非是难有定论的。《俱舍论》中,有部引了二教、二
理,说明三世实有。其中一教是"经说:识二缘生",一理是"以
识起时必有境故"①。依"经"说,(六)识的生起,一定有二种
缘:所依根与所缘境,如缺了,识就不能生起。依"理"说,心识,
一定有所缘——境。合起来说:识起必有所缘境,境是识生起的
所缘缘,所以说"为境生觉,是真有相"②。譬喻师早期属于有部
阶段,就说:"有缘无智。……若缘幻事、健达缚城,及旋火轮、
鹿爱等智,皆缘无境。"③到了经部,决定说:"有及非有,二种皆
能为境生觉。"④经部以幻事、旋火轮等现象,论证这些非实有
的——无体的,也是可以生识的。这是以当前所知的境相,虚幻
不实,就断言"无"体也可以生识,近于常识的见解。但在经部
中,如彻底地说起来,十二处及识,都是假有而不实的;真实的是
十八"界"性的因果相生。以"界"的因果系为胜义实有的,能
(缘)所(缘)系是世俗假有的,等于为"唯心无境"说做了准备
工作。然在有部毗婆沙师看来,能生觉的"无",如等于没有,就
违反二缘生识的"经说"。如"无"只是没有实体,而有境相现

---

①　《阿毗达磨俱舍论》卷二〇(大正二九·一〇四中)。
②　《阿毗达磨顺正理论》卷五〇(大正二九·六二一下)。
③　《阿毗达磨大毗婆沙论》卷四四(大正二七·二二八中)。
④　《阿毗达磨顺正理论》卷五〇(大正二九·六二二上)。

前,那还是"有"的。对于"有",有部真的下了一番研究,《大毗婆沙论》列举了二种有、三种有、五种有说,五种有是:"一、名有,谓龟毛、兔角、空华鬘等。二、实有,谓一切法各住自性。三、假有,谓瓶、衣、车乘、军、林、舍等。四、和合有,谓于诸蕴和合,施设补特伽罗。五、相待有,谓此彼岸、长短事等。"①《顺正理论》总为实有、假有,分别为:"一、实物有,二、缘合有,三、成就有,四、因性有。"②有部对当前所知的境相,无论是正确的、错误的、疑惑不定的,深一层地推求,从世俗假有到胜义实有,假有是不离实有,也就依实有而可以成为认识的。这些根本问题,由来已久,《成实论》已有广泛的论辩了③。意见不同,显然由于思想方式的差别;人类的思想方式,是不可能一致的。依佛法来说,凡是不违反佛说,对策发修行更有力些,这就是好的④!

譬喻师的脱离有部,反对毗婆沙师,引起声闻佛教界的广大回响。如上面所说,鸠摩罗罗陀,诃梨跋摩的《成实论》,室利逻多的《经部毗婆沙》,世亲的《俱舍论》,婆薮跋摩的《四谛论》,这些都是声闻佛法中的综合学派。在这些综合学派中,一、如《成实论》引用提婆的《四百观论》;灭三心而见灭谛,通于大乘空义。世亲同意经部所说的"世尊举意遍知诸法";十方"同时定有多佛"⑤,也与大乘声气相通。二、与大众部及印度的分别

---

① 《阿毗达磨大毗婆沙论》卷九(大正二七·四二上——中)。
② 《阿毗达磨顺正理论》卷五〇(大正二九·六二一下——六二二上)。
③ 《成实论》卷二(大正三二·二五三下——二五五上)。
④ 以上,参阅拙作《说一切有部为主的论书与论师之研究》第十三章。
⑤ 《阿毗达磨俱舍论》卷七(大正二九·三七上),卷一二(大正二九·六五上)。

说系,有重要的差别:如但立涅槃,而大众及分别说系所立的种种无为,一概不立。大众及分别说系说"心性本净",而这些综合学派,都不说"心性本净"。所以这是上座系的,与说一切有不合,而在某些见解上,仍有共同性。因此,后来西藏以"有部见"、"经部见"代表声闻佛法,而不知大众及分别说系是有部与经部所不能代表的。同样的情形,西藏以"中观见"、"唯识见"代表大乘佛法,而不知如来藏思想别有体系,不是"中观"、"唯识"所能代表得了的。三、经部譬喻师的思想,影响深远,但在阿瑜陀一带,盛极一时的经部,玄奘于西元七世纪去印度,竟没有见到一所属于经部的寺院,经部在实际存在的部派中,已经消失了! 经部的思想过分自由,上座与弟子逻摩间,思想就有些不一致,推定的修证次第缺乏传承,也不能引生坚定的信仰。瑜伽行派正在那时代兴起,融摄了经部思想,也就转化为瑜伽大乘了。持经譬喻者,都被称为菩萨;对北方佛教的广大影响,是得力于赞颂佛德、广说譬喻、内勤禅观、充满宗教活力的通俗教化。等到脱离有部,为了反对毗婆沙义,转化为专精义理的思辨者。固有的长处淡化了,而论义又不能坚定自宗,从佛教界迅速消失,也是当然的事!

第七章　瑜伽大乘——"虚妄唯识论"

第一节　瑜伽行者与论书

　　西元四、五世纪间，无著与世亲论师造了很多论书，成为瑜伽行派，与龙树的中观派，并称为大乘的二大正轨。关于无著、世亲的年代，近代学者的意见不一，试依我国译经史而加以推断。无著、世亲学，被称为瑜伽派，是依《瑜伽师地论》（玄奘译为一〇〇卷）得名的。瑜伽行地（yogâcāra-bhūmi），本为一般禅观集的通称。如僧伽罗刹的《修行道地经》，佛陀跋陀罗所译的《修行方便禅经》，原文都是瑜伽行地。这部论也是瑜伽行地（西藏译如此），瑜伽行的所依地，也就是瑜伽行者的所依地，语音小有变化，成为瑜伽师地（yoga-cārya-bhūmi）。《瑜伽师地论》分为五分：《本地分》，《摄抉择分》，《摄释分》，《摄异门分》，《摄事分》（藏译本分为八事）。《本地分》是根本的，分为十七地，所以我国起初传说为《十七地论》。《摄抉择分》是抉择《本地分》的。《摄释分》与《摄异门分》，是对《阿含经》教体等的解释，及经中以不同名字来表达同一内容的解说。《摄事分》是"经"
(《杂阿含经》的"修多罗"部分)与"律"的摩怛理迦——本母
(mātṛkā)。在《本地分》的十七地中,第十五名"菩萨地",有单
行流通的,现在还存有梵本。对于《瑜伽论》,汉、藏的一切传
说,都是与无著有关的。北凉玄始三年(西元四一四),中印度
人昙无谶来到姑藏,译出《菩萨地持经》。宋元嘉八年(西元四
三一),求那跋摩(Guṇavarman)从南方海道到达建业(今名南
京),译出《菩萨戒经》。这二部,都是《本地分》中"菩萨地"的
早期译本。求那跋摩又译出《优婆塞五戒略论》、《三归及优婆
塞二十二戒》、《昙无德(法藏部)羯磨》。求那跋摩是重戒律的,
所以在所译的《菩萨戒经》中增加了"序品",从布施说到菩萨戒
法。宋元嘉十二年(西元四三五),中印度人求那跋陀罗
(Guṇabhadra)也从海道到了广州。他译出《相续解脱经》、《第
一义五相略》。所译的《相续解脱经》,是《解深密经》的后二品;
《第一义五相略》,据嘉祥吉藏所引,说三转法轮,可见这是《解
深密经》的《胜义谛相品》到《无自性相品》的略译。求那跋陀罗
所译的《相续解脱经》,经前都有"如相续解脱经中说"一句,可
见这不是依经译出,而是从《瑜伽论·摄决择分》所引的《解深
密经》译出的。这样,《本地分》与《摄决择分》,在西元四一
四——四三五年间,已有部分先后地传到我国。无著与《瑜伽师
地论》的传出有关,是不能迟于西元四世纪的。还有,西元五〇五
年前后,菩提流支(Bodhiruci)来华,传出《金刚仙论》。论中提到
弥勒、无障碍(无著)、天亲(世亲)、金刚仙(Vajrasena)、菩提流支
的师承次第。虽属传说,但菩提流支与世亲,已隔着一段时间。

所以,假定无著为西元三三六——四〇五,世亲为西元三六一——四四〇年间人,才能与我国译经史上的史实相吻合①。

无著与世亲,是兄弟,犍陀罗富娄沙富罗人。依玄奘所传,无著依化地部出家,世亲从说一切有部出家。无著修学大乘,在阿踰陀国(Ayodhyā),夜晚上升兜率天,从弥勒菩萨受学《瑜伽论》——应该是称为《十七地论》的《本地分》②。《婆薮槃豆法师传》说:弥勒每晚从天上来到人间,为大众"诵出十七地经",只有无著能亲见弥勒的圣容③。无著从弥勒学得《瑜伽论》,在一般人看来,当然是神话,其实是事出有因的。一、弥勒是未来佛,现在兜率天宫,是佛教界公认的。如对佛法有疑难而无法决了,可以"上升兜率问弥勒"。西元四、五世纪,在罽宾(北印度)一带,这一宗教信仰非常流行。早在吴支谦(西元二二二——二五〇间)所译的《惟日杂难经》,就说到有一位罗汉,上升兜率问弥勒的事了④。西元四世纪,释道"安每与弟子法遇等,于弥勒前立誓,愿(死后)生兜率"⑤,都是为了"决疑"。汉(西元一七九)支娄迦谶(Lokarakṣa)初译的《般舟三昧经》,说到专心念佛的,能见佛,与佛问答⑥。这是自心所见的,在佛教的修持中,的确有这种现象。"秘密大乘"的悉地成就,本尊现前,如有疑

---

① 参阅拙作《世亲的年代》(《佛教史地考论》三二九——三四一,本版二一六——二二四)。

② 《大唐西域记》卷五(大正五一·八九六中)。多氏《印度佛教史》(一七六——一七七)。

③ 《婆薮槃豆法师传》(大正五〇·一八八下)。

④ 《惟日杂难经》(大正一七·六〇八下)。

⑤ 《高僧传》卷五(大正五〇·三五三中)。

⑥ 《佛说般舟三昧经》(大正一三·八九九上——中)。

问,也可以请本尊解答。在瑜伽行者的定境中,这些是修验的现象,是没有什么可疑的。二、问答决疑,一般是与所见圣尊的法门有关的。无著见弥勒,那弥勒法门是怎样的呢? 在早期大乘经中,佛为弥勒说的,弥勒为大众说的并不多。支谦所译《慧印三昧经》,佛命弥勒护法,说七事因缘发菩萨意菩提心,与《瑜伽论·发心品》的四因四缘发心相近①。佛为弥勒说:后世有些自以为菩萨的,"住在有中,言一切空,亦不晓空,何所是空。……口但说空,行在有中"②。西晋竺法护所译《济诸方等学经》,是纠正大乘学者偏差的。佛对弥勒说:"不能觉了达诸法界,专以空法而开化之,言一切法空,悉无所有。所可宣讲,但论空法,言无罪福,轻蔑诸行";"或有愚人口自宣言:菩萨惟当学般若波罗蜜;其余(声闻、辟支佛)经者,非波罗蜜,说其短乏"③。这两部弥勒法门,与无著所传的《瑜伽师地论》以一切空经为不了义,普为三乘,可说完全契合! 又如支谦等五译的《佛说稻芊经》,弥勒说明"见缘起即见法,见法即见佛"的佛意。经中说到"如秤低昂"的同时因果说④,也与《瑜伽论》相合。与弥勒有关的少数经典,思想都与后起的瑜伽行派相同,这是值得注意的! 三、《瑜伽师地论》是以瑜伽行为中心,摄持境相与果德的。瑜伽行,都是有所传承,展转传授而后集出的。《瑜伽师地论》卷二六(大正三〇·四二七下——四二八上)说:

---

①　《佛说慧印三昧经》(大正一五·四六三中)。

②　《佛说慧印三昧经》(大正一五·四六四中)。

③　《济诸方等学经》(大正九·三七六上、三七七上)。

④　《佛说稻芊经》(大正一六·八一六下——八一八下)。

"曾闻长老颉隶伐多问世尊言:大德! 诸有苾刍勤修
观行,是瑜伽师能于所缘安住其心:为何于缘安住其心? 云
何于缘安住其心? 齐何名为心善安住? 佛告长老颉隶伐
多:……诸有苾刍勤修观行,是瑜伽师能于所缘安住其心,
或乐净行,或乐善巧,或乐令心解脱诸漏;于相称缘安住其
心,于相似缘安住其心,于缘无倒安住其心,能于其中不舍
静虑。"

"曾闻",是没有经典明文,是传承下来这样说的。勤修观
行的瑜伽师,不外乎止——奢摩他(Śamatha)与观——毗钵舍那
(vipaśyanā),止观于所缘而安心。所缘有三:"净行"是对治烦
恼偏重的不同方便,就是五停心——不净、慈愍、缘性缘起、界差
别、安那般那念。"善巧"是于法无倒了知的,是蕴善巧、界善
巧、处善巧、缘起善巧、处非处善巧。"净惑"是断除烦恼的:世
间道断惑,是粗、静——厌下欣上的定法;出世道断惑,是四谛
(十六行相)观。这一瑜伽行,是声闻行。《瑜伽论》总立"四种
所缘境事":"一、遍满所缘境事;二、净行所缘境事;三、善巧所
缘境事;四、净惑所缘境事"。后三者,就是颉隶伐多(Revata)所
传的。《瑜伽论》增列"遍满所缘境事",内容为:一、"有分别影
像"——观;二、"无分别影像"——止;三、"事边际性",是尽所
有性、如所有性;四、"所作成满",是止与观的修行成就①。在
《解深密经》的《分别瑜伽品》中,佛为弥勒说瑜伽行,就专约"有
分别影像境事"等四事(即"遍满所缘境事")说;这是与弥勒有

---

　①　四种所缘境事的瑜伽行,见《瑜伽师地论》卷二六、二七。

关的,大乘的瑜伽行。所以《瑜伽论》的四种所缘境事,是在颉隶伐多的声闻瑜伽行的基础上,与弥勒的大乘瑜伽行——"遍满所缘境事"相结合而成的。颉隶伐多,或译离越、离婆多,是释尊门下专心禅观的大弟子。但在罽宾(乌仗那一带)地区,有离越寺,如说"此(离越)山下有离越寺"①;离越寺是与"大林"、"昼暗林"齐名的大寺。也有离越阿罗汉,如《杂宝藏经》说:"昔罽宾国有离越阿罗汉,山中坐禅。"②罽宾有著名的离越寺,有离越阿罗汉,所以"曾闻"佛为颉隶伐多离越说瑜伽行,可能是出于罽宾离越大寺的传承!关于弥勒,弥勒是姓,意译为慈,北印度也确有姓弥勒而被称为菩萨的大德。《大毗婆沙论》说:尊者慈授子(Maitreya-datta-putra)生下来就说:"三界各有见修所断二部诸结";他堕在地狱,还能说法救度众生③。在我国,这位弥勒是被称为菩萨的。还有,"罽宾国弥帝隶弥勒力尸利菩萨,手网缦"④。弥帝隶尸利(Maitreyaśrī),应译为慈吉祥。在《出三藏记集》的"萨婆多部记",也有这位菩萨(名字传写多讹误)。道安从西域译师得来的消息,这是大菩萨,是贤劫第七"光炎佛",在同是菩萨的《尊婆须蜜菩萨所集论》的作者婆须蜜、大瑜伽师僧伽罗刹的中间成佛⑤。西元二世纪前,这二位是北印度姓弥勒的菩萨。依上三点,可以推定为:在未来弥勒的信仰下,北方有

---

① 《大智度论》卷九(大正二五・一二六下)。
② 《杂宝藏经》卷二(大正四・四五七中)。
③ 《阿毗达磨大毗婆沙论》卷六三(大正二七・三二七中),卷二九(大正二七・一五二下)。
④ 《大智度论》卷八八(大正二五・六八四上)。
⑤ 参阅拙作《说一切有部为主的论书与论师之研究》第八章第三节第一项。

不满说一切空、不同意偏赞大乘的弥勒学;也有含摄离越寺所传的声闻瑜伽、弥勒的大乘瑜伽行;北方确有姓弥勒而被称为菩萨的大德。无著出于这样的北印度,总持传统的声闻行,面对当时的大乘法门,有不能贯通的地方,在修弥勒观行中,见弥勒菩萨,而得到疑滞的决了;也就依此而集出,作为弥勒所传的《瑜伽师地论·本地分》——《十七地论》。这是瑜伽行派学行的根源。

无著传出弥勒的瑜伽行,造论弘扬大乘。世亲造《俱舍论》后,也转入大乘。据《婆薮槃豆法师传》,这是受了无著的化导。受到无著的影响,是无可怀疑的。但《传》上说:世亲起初建造三寺,有一所是"大乘寺"。后受无著的感化,因为曾毁谤大乘,想割舌谢罪,那就不免前后矛盾! 世亲造《俱舍论》,学风自由取舍,不拘一派。次造《成业论》,就依"一类经为量者"的细心——《解深密经》的阿陀那(ādāna)识持种说,转入大乘了。无著与世亲,都曾住阿瑜陀弘法,约为西元三七〇——四四〇年间。这是旃陀罗笈多二世(Candragupta Ⅱ),鸠摩罗笈多王的时代;旃陀罗笈多二世,被称为超日——正勤日(Vikramāditya)王。无著与世亲,传说都受到了王室的尊敬①。汉译与藏译,弥勒与无著都有论书。弥勒学是无著所传出的,不妨说这都是无著论(也可说都从弥勒传来的)。不过可以这样分别:无著有所受而传出的早期论书,可归于弥勒;无著后来有所抉择、有所发展而造的大乘论,应该说是无著造的。依据这一原则,弥勒论是:一、

① 拙作《论笈多王朝的王统》(《佛教史地考论》三二三——三四二,本版二一二——二二四)。

《瑜伽师地论》——《十七地论》。二、《辩分别中边论》本颂，真谛、玄奘译。三、《分别瑜伽论》，没有译出，大概与《解深密经》的《分别瑜伽品》有关。四、《辩法法性论》，近代法尊由西藏本译出。西藏所传，有弥勒解说《般若经》的《现观庄严论》。西元七世纪，玄奘与义净留学印度，都还没有说起这部论。无著论是：一、《大乘庄严经论》，唐（西元七三三年译毕）波罗颇蜜多罗（Prabhākaramitra）译。品目是依《瑜伽·本地分·菩萨地》的，而在《菩提品》中，广说"法界甚深"，三身（trayaḥ-kāya）、四智（catvāri-jñānāni）；在《述求品》中，广说唯识。依玄奘所传，本颂是弥勒造的。二、《摄大乘论》，我国有四种译本。依《阿毗达磨大乘经》（是菩萨在佛前说的）的《摄大乘品》，以"十种殊胜"，作有条理而详明的，成立不共二乘的大乘唯识。三、《阿毗达磨大乘集论》，唐玄奘译。"遍摄一切大乘阿毗达磨经中诸思择处"①，是与《阿毗达磨大乘经》有关的。本论是阿毗达磨论："本事分"四品：《三法品》明"自相"与"共相"；《摄品》明"摄"；《相应品》明"相应"；（"因缘"在《三法品》中说）；《成就品》明"成就"——这是阿毗达磨的主题。本论是以大乘立场，赅摄二乘的。庄严大乘，摄大乘，集大乘，应该是无著的主要论著。四、《瑜伽师地论》的《摄决择分》，广论"五法"：引《解深密经》全部（除"序品"），及《宝积经》的本母。对《瑜伽》的阿赖耶识，以八相论证其决定是有的；依阿赖耶建立流转与还灭。无漏新熏说，与《摄大乘论》相同。这是无著对《本地分》所有的决择。《瑜伽

---

① 《阿毗达磨杂集论》卷一六（大正三一·七七四上）。

论》的后三分,《摄事分》中事契经的本母,确定与说一切有部的
《杂阿含经》相合。这可能是旧有传来的,而综合为《瑜伽师地
论》五分,表示大乘是胜于声闻的,而佛法根源在"阿含"。五、
《显扬圣教论》,玄奘译。前三品,摄《瑜伽论》的文义;后八
品——《成无常品》,《成苦品》,《成空品》,《成无性品》,《成现
观品》,《成瑜伽品》,《成不思议品》,《摄胜义决择品》,着重于
观行,明胜过声闻的大乘深义。六、《六门教授习定论》颂,唐义
净译,这是有关止观修行的。七、《金刚般若(经)论》,隋达磨笈
多(Dharmagupta)译,以"七种义句"来解说经文。据《金刚仙
论》的传说,这是弥勒所造的长行义释,由无著传受流通①。还
有《顺中论》,元魏瞿昙般若流支(Prajñāruci)译,是随顺《中论》
的,题无著造。西藏译本中缺,这是可疑的。说到世亲的论书,
一、《辩中边论》,是弥勒颂的解释。二、《大乘庄严经论》长行;
三、《摄大乘论释》(有三种译本);四、《六门教授习定论》长行:
这三部是解释无著论的。世亲的主要创作,是:五、《唯识二十
论》;六、《唯识三十论》颂。《唯识二十论》有颂与长行,有三种
汉译本。这部论,成立"唯遮外境,不遣相应,内识生时似外境
现"②的唯识说;遮破种种外人的疑难,是重于遮遣外境的。《唯
识三十论》,重于成立唯识的事理、行果,传说是晚年所作,没有
长行解说就去世了。《唯识三十论》,成为后起的唯识学者研究
与解说的重要论书。在汉译中,世亲有不少的释经论,如:一、
《十地经论》,二、《文殊师利菩萨问菩提经论》;三、《胜思惟梵天

———————

① 《金刚仙论》卷一〇(大正二五·八七四下)。
② 《唯识二十论》(大正三一·七四中)。

所问经论》；四、《弥勒菩萨所问经论》；五、《大宝积经论》（西藏
所传，这是安慧造的）；六、《涅槃（经）论》；七、《妙法莲华经忧
波提舍》（又有勒那摩提译本）；八、《无量寿经优波提舍》：这八
部，都是元魏菩提流支（Bodhiruci）译的。九、《宝髻经四法优波
提舍》；一〇、《转法轮经优波提舍》；一一、《三具足经优波提
舍》：这三部是东魏毗目智仙译的。一二、《涅槃经本有今无偈
论》；一三、《遗教经论》：这二部是陈真谛译的。北魏早期（西元
五〇八——五四〇年）译出的世亲论，主要是些释经论；译者是
北印度人，可能与当时当地的学风有关。在这些释经论中，《十
地经论》与《无量寿经优波提舍》，对中国佛教的影响极深！

第二节　瑜伽行者对一般大乘法的见解

　　“大乘佛法”是在（东）南方兴起的；或起于南方而大成于北
方，如《华严》、《般若》、《涅槃》等大部。直到无著、世亲，才有
学出北方，在中印度大成的瑜伽行派。这是孕育于说一切有
系——阿毗达磨者、譬喻者、经部师的学风中，有精思密察的特
长。无著、世亲的时代，流传的大乘教典相当多，思想不免杂乱。
龙树系的大乘空义也在流行，但显然衰落了。当时的大乘佛教
界，问题多多：有误解大乘空义的；有依“后期大乘”（如来藏我）
而重如来果德，专说一乘的；倾向于易行的、秘密的。无著与世
亲，继承弥勒学，起来造论通经，导引佛法于正道。又在“佛法”
的律仪基础上，成立菩萨的“三聚净戒”，使大乘的出家者过着
如法的僧团生活。这一学系，在“普为发趣一切乘者”（尊重声

闻涅槃的究竟)的基础上,阐扬大乘不共的唯识说,为佛教界所推重,成为大乘的显学。

瑜伽行者怎样决了当时流传的"大乘佛法"?《般若》等空相应经,说一切法皆空,瑜伽者说是"不了义经";如依文解义,说一切法都无自性空,那就是恶取空(durgṛhītā-śūnyatā)。初期的《瑜伽师地论》中,"菩萨地"的"真实义品",立假说自性(prajñaptivāda-svabhāva)、离言自性(nirabhilāpya-svabhāva),近于二谛说。什么是假说自性?"世间共了"的色、声、香、……涅槃——一切法,是假说自性;依世俗说是有的,但没有言说所诠表那样的自性。于假说自性的一切法,离实有与非有(一切都无)所显的,诸法的离言自性,就是胜义自性,这是真实有的。如以假说自性为有自性的,那是妄执;如说没有真实的离言自性,就是恶取空了。假说自性是空,离言自性是有,近于《般若经》所说的"为是新发意菩萨故,分别(说)生灭者如化,不生不灭者不如化"①。但龙树的《中论》不立胜义自性,所以《瑜伽论》所破斥的恶取空者,说"一切唯假"②,可能是龙树系的学者。空与有的定义,如《瑜伽师地论》卷三六(大正三〇·四八八下——四八九上)说:

> "云何复名善取空者?谓由于此,彼无所有,即由彼故正观为空。复由于此,余实是有,即由余故如实知有。如是名为悟入空性,如实无倒。"

---

① 《摩诃般若波罗蜜经》卷二六(大正八·四一六上)。
② 《瑜伽师地论》卷三六(大正三〇·四八八下)。

《论》上说:"由彼故空,彼实是无;于此而空,此实是有。"这一善取空的基本见解,正是"异法是空,异法不空"的"他性空",与如来藏说相同。经上说"一切法空",应该解说为:于色等一切法,假说而自性无所有的,所以说是空。但假说的一切法,依"实有唯事"而有,假是依实而成立的,这所以是有(空所显性)。这一空与有的基本定义,为瑜伽学者所信守。

《解深密经》是瑜伽学者所依据的主要经典。对于空(śūnya)、有(bhāva)的意义,进一步地立"三相"、"三无自性性"来说明。除了"序品",全部经文都被编入《瑜伽论》的《摄决择分》;《摄决择分》更依三相而立五法,作深广的分别抉择。三相或称三(种)自性(trividha-svabhāva):一、遍计所执自性(parikal-pita-svabhāva),二、依他起自性(paratantra-svabhāva),三、圆成实自性(pariniṣpanna-svabhāva)。依《解深密经》说,依他起相是:"一切法缘生自性",就是无明等十二有支,约因缘所生的"杂染法"说。遍计所执相是:于因缘所生的一切法相,随情妄执的"相名相应",是假名安立的"无相法"。圆成实相是:于依他因缘而生的一切法上,远离遍计所执的"清净法"——平等真如(tathatā),修行所证的胜义。三相,可说是《本地分》所说的假说自性与离言自性的说明,主要是为了"大乘空相应经"所说的"一切法皆无自性,无生无灭,本来寂静,自性涅槃",给予明确显了的解释。《解深密经》以为:空相应经所说,是不了义说——说得意义不够明显。虽然五事具足的众生,听了能如实通达,但五事不具足的人,听了不免要落入恶取空见,拨无一切,或者诽谤大乘,说"此非佛说"。所以立三相,显了地说明"无自性"的意义。三无自性性(trividha-niḥsvabhāvatā),是依三相而立的。一、相无自性性(lakṣaṇa-niḥsvabhāvatā),依遍计所执相说:因遍计所执是"假名安立",而不是"自相安立"的。二、生无自性性(utpatti-niḥsvabhāvatā),依依他起相说:依他起相是依因缘而生,不是自然生的。三、胜义无自性性(paramârtha-niḥsvabhāvatā),通于依他起与圆成实相。胜义,是清净所缘境界——法无我性;在清净所缘境中,没有依他起相,所以依他起相是胜义无自性性。圆成实相是胜义,也可以名为胜义无自性性,如说"是一切法胜义谛故,无(遍计所执)自性性之所显故"。这就是空性(śūnyatā),瑜伽学者解说为"空所显性"。这样,大乘经所说的"一切诸法皆无自性",不是说一切都没有自性。圆成实相是胜义有的;依他起相是世俗因果杂染法,也不能说没有自性的。真正无自性(也就是空)的,是于一切法所起的遍计所执相。以上,依《解深密经》的《一切法相品》、《无自性相品》说①。依此来解说空义,如《解深密经》卷三(大正一六·七〇一中)说:

> "善男子! 若于依他起相及圆成实相中,一切品类杂染清净遍计所执相毕竟远离性,及于此中都无所得,如是名为于大乘中总空性相。"

依他起相是杂染法,圆成实相是清净法。远离于杂染或清净法所起的种种妄执(遍计所执相),都无所得,这就是空性的

---

① 《解深密经》卷二(大正一六·六九三上——六九六中)。

总义。经中或说十四空、十六空、十八空等,本经说十种空,而空性的意义,都不出这一通则。《瑜伽论·摄决择分》深广地分别五相:名(nāma),相(lakṣaṇa),分别(vikalpa),真如(tathatā),正智(samyag-jñāna)。前三是杂染法,后二是清净法。正智也是依他起相,与《解深密经》的依他起杂染法不合。《瑜伽论》解说为:"彼(《解深密经》)意唯说依他起自性杂染分,非清净分;若清净分,当知缘彼无执,应可了知。"①清净依他起的安立,在瑜伽学中是有异义的;正智是依他起相,为《成唯识论》所依。

瑜伽学中,大乘不共的唯识学,论到空与有,当然也符合上来所说的原则,如弥勒造的《辩中边论颂》(大正三一·四七七下)说:

"虚妄分别有,于此二都无,此中唯有空,于彼亦有此。"

虚妄分别(vitatha-vikalpa),是虚妄的分别——迷乱的识(vijñāna),这是有的。虚妄分别时,一定有能取(grāhaka)、所取(grāhya)相——心与境对立,能取取著所取的种种执境,这二者是没有实体的。"此",是虚妄分别,于虚妄分别中,远离二取的空性,是有的;于彼空性,也有虚妄分别。这一分别,与三自性对论,那就是:"唯所执、依他,及圆成实性;境故,分别故,及二空故说。"②这是说,虚妄分别取著的"境",是遍计所执性;虚妄"分别"的识,是依他起性;二取空性,是圆成实性。依三自性来说唯识,那就是境空(无)、识有,空性也是有的。"三界心心所,

① 《瑜伽师地论》卷七四(大正三〇·七〇四下)。
② 《辩中边论颂》(大正三一·四七七下)。

是虚妄分别",不能不说是有的,理由是:"虚妄分别性,由此义得成,非实有全无,许灭解脱故。"①虚妄分别的识,在胜义中是非实有的,但不能说完全没有("都无")。因为生死苦报,是业力所感;业是依烦恼而引起的。烦恼依虚妄分别——有漏的杂染识而有的,灭却虚妄分别,才能得生死的解脱(vimukti),这是佛教界所公认——共许的。虚妄分别要灭除才能解脱,这不能说是"无"的。虚妄分别是有的,是如幻如化的有。空(无)与有的分别,正如世亲所解释的《辩中边论》说:"若于此非有,由彼观为空;所余非无故,如实知为有。"②这样的解说,瑜伽学者以为读"一切皆空"的大乘经,就不会误解了。

　　"大乘佛法"的特色,是不离一切而超越一切。不离一切,所以"大乘佛法"的态度,不及"佛法"的谨严;但适应性强,通俗的与在家(行者)的地位不断地增强。"后期大乘"末期(西元四世纪后半),情形更为显著。瑜伽学者的传统,是通为三乘的"含容大";由于适应时代,倾向"殊胜大"的不共二乘法义的阐扬。无著、世亲及其门下,多是出家菩萨,有"佛法"的深厚渊源,所以对时代佛教的某些问题,有不同流俗的独到解说,然也不免要多少受到些时代的影响。"后期大乘"的如来藏(tathāgata-garbha)说,是一大问题,这是不能否定的,依义而给以解说,如《大乘庄严经论》卷三(大正三一·六〇四下)说:

　　　　"一切无别故,得如清净故,故说诸众生,名为如

---

①　《辩中边论颂》(大正三一·四七七下)。
②　《辩中边论》卷上(大正三一·四六四中)。

来藏。"

　　无著依真如的无差别性、本来清净,解说一切众生有如来藏。众生真如,一切佛真如,是没有差别的;众生不离真如,也就不离——有如来清净性,不过还没有显出,如在胎藏一样,所以说众生有如来藏。世亲的《摄大乘论释》也说:"自性本来清净,即是真如;自性实有,一切有情平等共相,由有此故,说一切法有如来藏。"①总之,如来藏,瑜伽学者是依真如(即圆成实性)的平等普遍性说的。然在《大般涅槃经》中,"我者,即是如来藏义";经说如来常乐我净,我是如来果德,瑜伽者又怎样解说"我"呢?《大乘庄严经论》卷三(大正三一·六〇三下)说:

　　　　"清净空无我,佛说第一我;诸佛我净故,故佛名大我。"

　　《究竟一乘宝性论》、《佛性论》,都引用了这一偈②。这一偈,在《大乘庄严经论》中,是说无漏法界的大我(mahātman)相。空性是清净(viśuddha)的、无我(nairātmya)的;没有众生妄执的神我,无我空性就是佛所得的最胜我。《论》释说:"第一无我,谓清净(真)如,彼清净如即是诸佛我自性。……由佛此我最得清净,是故号佛以为大我。"③真如、法界、空性,瑜伽学者是解说为(如来藏)我的。《摄大乘论释》,解说《大般若经》的"实

----

①　《摄大乘论释》卷五(大正三一·三四四上)。无性《摄大乘论释》卷五作"一切有情有如来藏"(大正三一·四〇六中)。

②　《究竟一乘宝性论》卷三(大正三一·八二九下)。《佛性论》卷二(大正三一·七九八下)。

③　《大乘庄严经论》卷三(大正三一·六〇三下)。

有菩萨"说;"言实有者,显示菩萨实有空体";"谓实有空(性)为菩萨体"①。这可见如来、菩萨、众生,都是以真如——如来藏我为自体的。《庄严经论》又说:"佛体平等,由法界与我无别,决定能通达故。"②以法界与我的无差别,说明(佛与)佛的自体平等;佛以最清净法界为自体,这正是法界的"大我相"③。论到佛的自性身(svabhāva-kāya),《摄大乘论本》说:"自性身者,谓诸如来法身,一切法自在转所依止故。"④《成唯识论》说:"自性身,谓诸如来真净法界,受用、变化平等所依,离相寂然,绝诸戏论,具无边际真常功德,是一切法平等实性。"⑤——佛的自体,就是法界。"具无边际真常功德",是会通如来藏相应的清净功德。总之,如来藏我,瑜伽学者是以法界、真如来解说的。这不宜向理性边说,这是众生、菩萨、如来的我自体;如来不可思议的大我。不过,如来藏我,在不忘"佛法"者的心目中,总不免有神化的感觉。所以世亲以下,陈那(Diṅnāga)、护法(Dharmapāla)、戒贤(Śīlabhadra)、玄奘一系,特重《瑜伽论》与《解深密经》,探究论理轨范而发扬因明(hetu-vidyā),对于如来藏我,也就几乎不谈了!

　　弘扬广大甚深菩萨道的"大乘佛法",内容是多方面的,甚深行以外,有适应"信行"的方便。在甚深行中,与《般若》同源

---

　　① 《摄大乘论释》卷四(大正三一·三四二下)。无性《摄大乘论释》卷四(大正三一·四〇五中)。

　　② 《大乘庄严经论》卷二(大正三一·五九六上)。

　　③ 以上参阅拙作《如来藏之研究》(一九〇——一九四,本版一六九——一七三)。

　　④ 《摄大乘论本》卷下(大正三一·一四九上)。

　　⑤ 《成唯识论》卷一〇(大正三一·五七下)。

而异流的,有与文殊有关的法门。"文殊法门",有轻视僧伽律制、"但依胜义"说法的特性。传出多少出格的行动,如(现出家相的)文殊三月在王宫、淫女处安居;执剑害佛。多少出格的语句,着重于烦恼是菩提,淫欲是菩提,五逆罪是菩提①。在烦恼上用力,如说:"有此四魔、八万四千诸烦恼门,而诸众生为之疲劳,诸佛即以此法而作佛事,是名入一切诸佛法门。"②这些出格的语句,多数在经中作了合理的解说;没有解说而流传在佛教界的,当然也不少。在瑜伽学者看来,这一方便,可能引起逆流,成为正法住世的障碍。所以无著、世亲以下,多少通变而维持僧伽的清净形象。对于当时流行的"大乘佛法"(及"佛法"),宣说:"复有四种意趣,四种秘密,一切佛言应随决了。"③四种意趣(catvāro abhiprāyāḥ)是:平等意,别时意,别义意,众生乐欲意。四种秘密(catvāro abhisaṃ-dhayāḥ)是:令入秘密,相秘密,对治秘密,转变秘密。如经上说:诵持佛名,决定不退无上菩提;唯由发愿,往生极乐国土。这是别时意趣,为了对治众生的懈怠障,所以这样说的④。这与龙树所说,为心性怯劣者说易行道,意见恰好相合。这里要略说转变秘密(pariṇāmanâbhisaṃdhi):语句隐密,不能依通常的文义去解释,要转作反面的别解,才不致于误会。如《摄大乘论本》卷中(大正三一·一四一中)说:

---

　　① 参阅拙作《初期大乘佛教之起源与开展》第十二章(九二八——九四〇,本版七九二——八〇五)。

　　② 《维摩诘所说经》卷下(大正一四·五五三下——五五四上)。

　　③ 《摄大乘论本》卷中(大正三一·一四一上)。又《大乘庄严经论》卷六(大正三一·六二〇中——下)。《大乘阿毗达磨集论》卷六(大正三一·六八八上)。

　　④ 《大乘庄严经论》卷六(大正三一·六二〇下——六二一上)。

　　"觉不坚为坚,善住于颠倒,极烦恼所恼,得最上菩提。"

　　这一颂,如依文解释,那真比邪教更邪了!《大乘阿毗达磨集论》说"秘密决择",举"逆害于父母,王及二多闻,诛国及随行,是人说清净";"不信不知恩,断密无容处,恒食人所吐,是最上丈夫";及"觉不坚为坚"等三颂①。第一颂,是世间公认的极大罪恶,怎么能说是清净? 后二颂,是世间极下劣人,烦恼深重,怎么能说是最上的大丈夫? 说他能得无上菩提? 这都要"转变密显余义",才能合理。论末,引一段经文,如《大乘阿毗达磨集论》卷七(大正三一·六九四中)说:

　　"又契经言:菩萨摩诃萨成就五法,名梵行者,成就第一清净梵行。何等为五? 一者,常求以欲离欲;二者,舍断欲法;三者,欲贪已生,即便坚执;四者,怖治欲法;五者,二二数会。"②

　　从文字表面来说,这是"秘密大乘佛法"中的男女和合。经文以为:最上的梵(清净)行,是"以欲离欲",希望从淫欲中远离一切欲。如贪欲(欲念或欲事)生起,就要"坚执"延续下去。所以,不用断欲法;对于"治(淫)欲法",也是怕听的。"二二数会",就是男女的时时交合。无著以为这些秘密语句,不能依文解说,应该转变作别的解说。安慧所造《阿毗达磨杂集论》,以大乘法义,给以合理的解释。解释"二二数会"为:"以世出世二

---

　　① 《大乘阿毗达磨集论》卷六(大正三一·六九四上)。
　　② "二二数会",《大正藏》本作"三二数贪",今依《大乘阿毗达磨杂集论》改正。

道,及奢摩他、毗钵舍那二道,数数证会故。"①这是说:菩萨依世
间道而修出世道,得出世道而修世间道(无分别后得智);及止、
观双运的修证。传入日本的密宗,对于男女的相伴、相抱等,也
是解说为止观双运或悲智双运的。在这里可以知道:"秘密大
乘"的某些部分,已经流行;男女和合,以欲离欲的密法,也已开
始传说了。对于佛教界的这一倾向,瑜伽学者是不以为然的,以
"转变秘密"来解说。但众生心如水向下,瑜伽学者并不能达成
阻遏的任务,佛教界将每下愈况,然瑜伽学者曾尽其维护正法的
努力!

第三节　瑜伽行派学要

上文略论瑜伽行者对当代流行的佛法采取的立场与评说,
这里要叙述瑜伽学的自宗大意。瑜伽学论典多而法义繁广,在
根本的思想基础上,免不了也有不同的异义,然扼要地说:《瑜
伽师地论》的《摄决择分》,虽广引《解深密经》与原始《宝积经》
(该经现编为《大宝积经》的《普门菩萨会》),广明大乘,但《瑜
伽论》的《本地分》,是通明三乘的;《摄释分》、《摄异门分》、《摄
事分》——后三分,更都是为了解说《阿含经》与律的。瑜伽学
宗本所在的《瑜伽论》,没有远离了"佛法"。无著与世亲的论
书,成立唯识,引用了《华严》的《十地经》、《解深密经》、《阿毗
达磨大乘经》。一般所说的依六经、十一论,那是依《成唯识论》

---

① 《大乘阿毗达磨杂集论》卷一六(大正三一·七七三下)。

而说的。现在,从无著的《摄大乘论本》卷中(大正三一·一四一中)说起:

> "欲造大乘法释,略由三相应造其释。一者,由说缘起;二者,由说从缘所生法相;三者,由说语义。……说语义者,……或由德处,或由义处。"

论文举出了造论的三大内容。"说语义",是直依经文来说明。其中"德处",是佛与佛土的圆满功德,经文是《华严经》、《解深密经》、《佛地经》等所共说的。"义处"是慈悲利益(义)众生的菩萨大行,可说是名符其实的真实菩萨,经文出原始《宝积经》。瑜伽学者论义的特长,是"说缘起"与"说缘所生法相"。

缘起,是"佛法"重要的术语。《缘起经》中,说缘起是法住(dharma-sthititā)、法界(dharma-dhātu)。界(dhātu)是因义、本性义;《相应部》与此"界"相当的,作 idappaccayatā,是"缘性"——"相依性"的意义①。佛说缘起是"此有故彼有,此生故彼生"而纯大苦聚集;"此无故彼无,此灭故彼灭"而纯大苦聚灭。生死流转与还灭涅槃,都是依缘起而成立的。无著的《摄大乘论》,先说缘起,原则上是继承"佛法"(与着重胜义的大乘经不同)的。《摄论》是怎样的说明缘起呢? 引《阿毗达磨大乘经》颂说:"言熏习所生,诸法此从彼,异熟与转识,更互为缘生。"②名言熏习(vāsanā),就是生起转识(pravṛtti-vijñāna)的一切法种子(bīja);种子是熏习所成的,所以称为熏习。从名言熏

① 《相应部》(一二)《因缘相应》(南传一三·三六)。
② 《摄大乘论本》卷中(大正三一·一四一中)。

习,生起前七转识——一切法;转识——诸法又熏习在第八异熟识(vipāka-vijñāna)内。这样,异熟识与前七转识,种(与)现的相互为缘而生起,就是缘起。这是缘起的说明,而重要在第八摄藏种子识。种子说,是部派佛教中,经部的重要教义;西元二、三世纪间起,成立发展,无著、世亲的时代,极为隆盛。种子或熏习,是生起一切法——各各差别的潜能(如草木种子的能生果性那样)。一切法依种子而显现出来;生起的一切法,又反熏而成为种子(近于能转化为质,质又转化为能)。佛法是众生中心的,众生的身体要毁灭,一般的六识会中断,佛法说无我,那种子潜藏在身心的哪里? 另一方面,经上说六识,这是我们所能觉察到的。但在"佛法"流行中,大众部别立根本识(mūla-vijñāna),赤铜鍱部别立有分识(bhavaṅga-viññaṇa),都是从一般六识而深究到微细潜在的识。在经部中,有的就将种子(潜能)的存在与微细识统一起来,种子在细心识中;瑜伽学者也就依此成立摄藏一切种子的阿赖耶识(ālaya-vijñāna)。如世亲所造的《大乘成业论》(大正三一·七八四中——下)说:

> "一类经为量者,……心有二种:一、集起心,无量种子集起处故;二、种种心,所缘行相差别转故。……异熟果识,摄藏种种诸法种子。……有说颂言:心与无边种,俱相续恒流。遇各别熏缘,心种便增盛,种力渐次熟,缘合时与果。"

> "世尊依此,于解深密大乘经中说如是颂:阿陀那识甚深细,一切种子如暴流,我于凡愚不开演,恐彼分别执为我。能续后有、能执持身,故说此名阿陀那识;摄藏一切诸法种子,故复说名阿赖耶识;前生所引业异熟果,即此亦名为异

熟果识。"

"一类经为量者",是经部师中的一派。立二类的心,"集起心"与六识等"种种心"。集起的心,是摄藏一切法种子的异熟果识;种子所熏集处,又依种子而起一切法,所以名为集起心。集起"心与无边种(子),俱(时)相续恒流",不就是"阿陀那识甚深细,一切种子如暴流"吗? 依论文,《解深密经》的阿陀那识(ādāna-vijñāna),是依"一类经为量者"而说的。集起心、阿赖耶识、阿陀那识、异熟果识,都是同一识的异名。在摄藏种子、生起一切法的作用外,还有执持(根)身的,也就是与身同安危的。生死流转与还灭,都依此种子心识而成立,如《摄论》引《阿毗达磨大乘经》说:"无始时来界,一切法等依,由此有诸趣,及涅槃证得。"①界,是被解说为种子的。流转、还灭依此而成立,是符合缘起原则的,但与《阿含经》所说有些不同,所以《摄大乘论本》卷上(大正三一・一三四下——一三五上)说:

> "略说有二缘起:一者,分别自性缘起;二者,分别爱非爱缘起。此中,依止阿赖耶识诸法生起,是名分别自性缘起,以能分别种种自性为缘性故。复有十二支缘起,是名分别爱非爱缘起,以于善趣、恶趣,能分别爱非爱种种自体为缘性故。"

《摄论》分缘起为二类:分别爱非爱缘起,是"佛法"常谈的十二缘起。在生死中,或生人、天善趣,受可爱的身心自体;或生

---

① 《摄大乘论本》卷上(大正三一・一三三中)。

地狱等恶趣,受不可爱的身心自体。所以有善报恶报的分别,是以十二支缘起为缘性的,这就是一般所说(共三乘)的"业感缘起"。但在生死五趣等中,起或善或恶的种种心心所法,种种色法,一切法是各各差别而有自性的。为什么能生起别别自性的一切法? 这由于阿赖耶识所摄藏的一切种子,也是无边差别的,所以能为别别自性法生起的缘性,也就名为分别自性缘起。分别自性缘起,是大乘不共的,大乘瑜伽者所要成立的缘起(重在种子生起一切)。《摄大乘论·所知依品》,主要是成立这一缘起。《成唯识论》以五教、十理(十理是引《阿含经》说而推理的)成立阿赖耶识①,那更深广了,使人非承认阿赖耶识不可。

　　阿赖耶识以"异熟识(果)、一切种子(因)为其自性",为"分别自性缘起"。依《瑜伽师地论》说:"心,谓一切种子所随依止性、所随依附依止性,体能执受、异熟所摄阿赖耶识。"②所随依止性、所随依附依止性——二类,就是有漏(bhavâsrava)与无漏(anāsrava)种子;无漏种子虽然"依附"阿赖耶,而性质不同,所以说是"依附"。依阿赖耶识的种子,论师间也有异义:难陀(Nanda)是主张新熏的;护月(Candragupta)是主张本有的;护法(Dharmapāla)主张有本有与新熏二类的③。以无漏种子来说,《瑜伽论·本地分》立二种姓:一、本性住种姓(prakṛtistha-gotra),二、习所成种姓(samudānīta-gotra)。种姓是种子的异名④。

---

①　《成唯识论》卷三·四(大正三一·一四上——一九上)。
②　《瑜伽师地论》卷一(大正三〇·二八〇中)。
③　《成唯识论述记》卷二末(大正四三·三〇四中——三〇五下)。
④　《瑜伽师地论》卷三五(大正三〇·四七八下)。

依"菩萨地"而造的《大乘庄严经论》,也立此二种性——性种自性、习种自性①,与"菩萨地"相同,是本有与新熏合论的。但无著的《摄大乘论》以为:"外(物)或无熏习,非内种应知。"②这是说:内种——阿赖耶识所摄持的种子,一定是从熏习而有的,所以是新熏说。这样,"出世(无漏)心昔未曾熏,故彼熏习决定应无"③! 这是反对者的责难:种子如非从熏习而有不可,那众生一向是有漏的,从来没有生起出世无漏心,当然也就没有无漏种子,那又怎能修行而生起无漏心呢! 无漏新熏说,与《瑜伽论》的《本地分》不合,但却合于《摄决择分》,如《瑜伽师地论》卷五二(大正三〇·五八九上)说:

> "诸出世间法,从真如所缘缘种子生,非彼习气积集种子所生。"

无漏新熏说,《摄决择分》采取经部的见解。"分别自性缘起"的阿赖耶识,是有漏的虚妄分别识,在阿赖耶识里有对治有漏杂染的清净心种,是很难理解的。《摄论》提出了水与乳融合,而水与乳的性质不同作比喻。阿赖耶识里,本没有无漏种子,无漏心是从听闻正法而来——"最清净法界等流正闻熏习种子所生"。佛所证的是"最清净法界"(也名离垢真如)。佛依自证法界而为人说法,所以(听闻的)佛法名"法界等流";清净心就是从这样的"闻熏习"而生的。闻熏习,形式上是寄附在阿

---

① 《大乘庄严经论》卷一(大正三一·五九四中——下)。
② 《摄大乘论本》卷上(大正三一·一三五中)。
③ 《摄大乘论本》卷上(大正三一·一三六下)。

赖耶识中,而在实质上,是"法身、解脱身摄",也就是属于法界的①。这样说,有会通如来藏说的可能。

种子的定义,有六项,是本于《瑜伽论》的②。第一项是"刹那灭",表示种子一定是生灭无常的。种子所依的阿赖耶识,也是生灭无常的。种子摄藏在阿赖耶识中,"和合俱转","不一不异",在不息的流变中,所以说"阿陀那识(阿赖耶识异名)甚深细,一切种子如瀑流"。依虚妄生灭的阿赖耶识(摄藏种子)为依缘性,世间的杂染、清净,出世间清净,一切都依此而成立,这是缘起义。

再说缘所生法相:缘所生法——缘已生法(pratītya-samut-panna),《阿含经》中是与缘起法对说的。缘起法是因性、依缘性,缘生法是依因缘而起的果法。在瑜伽学中,缘起重在阿赖耶识(种子),缘所生法重在转识,如《摄大乘论本》卷中(大正三一·一四一中)说:

> "复次,彼转识相法,有相、有见,识为自性。又彼以依处为相,遍计所执为相,法性为相,由此显示三自性相。如说:从有相、有见,应知彼三相。"

"缘所生法相",不是广明事相,而是明三相——三自性的。如《解深密经》的《一切法相品》,所说的正是三相。"从有相、有见,应知彼三相",是瑜伽学的唯识说。三相——三自性是:遍

---

① 《摄大乘论本》卷上(大正三一·一三六下)。
② 《摄大乘论本》卷上(大正三一·一三五上)。《瑜伽师地论》卷五(大正三〇·三〇二中)。

计所执自性,依他起自性,圆成实自性。依他起为依(处)而起遍计所执相,如于依他起而离遍计执相,就是圆成实相。这三相就是唯识:如虚妄分别识起时,现起所分别的相(分),能分别的见(分),这都是以识为性的(依他起相),所以说"唯识"。不了解唯识所现,以为心(见)外有境(相),也就是相在见外,这就是遍计所执相了。如正知见、相都以识为自性,不执外境是有,那就是遍计所执相空。没有离心的境,也就没有离境的心,而依他起识相不起;境、识并泯,就是证入圆成实相。所以瑜伽学说"法相",三相是唯识的,唯识是三相的。弥勒《辩中边论颂》也说:"唯所执、依他,及圆成实性;境故、分别故,及二空故说。"①这不只是唯识学,而是与修行的唯识观有关的,如《辩中边论颂》(大正三一·四七七下)说:

> "依识有所得,境无所得生;依境无所得,识无所得生。
> 由识有所得,亦成无所得,故知二有得、无得性平等。"

一切唯是虚妄识所现,识是(世俗)有的,不能说是无。观一切唯识所现,所以遍计所执相——心外的境是空了。先依(依他起)识有而观(遍计所执)境空,进一步,心是由境为缘而起的,没有境也就没有心识可得(依他起也名"胜义无自性"),识也就泯寂不起了。这样,有所得的识、无所得的境(即三相的前二相),都不可得,无二无别而显平等法性——圆成实相。三相是唯识的,而且是依三相而阐明唯识观行的。如《辩中边论·

---

① 《辩中边论颂》(大正三一·四七七下)。

辩相品》、《摄大乘论·所知相分》、《大乘庄严经论·述求品》，都是说三相，也就是说唯识。所以瑜伽学的大乘不共，法相是唯识的，唯识是法相的，决不是对立的①。《唯识三十论》，说转变的识，共十六偈；说唯识与三相，共九偈；行证仅五偈。依此而集大成的《成唯识论》，广明转变的识，占了全论十卷的六卷半，这所以后代的唯识学者，对于三相即唯识、唯识即三相的原则，不免渐渐地模糊了。

唯识(vijñapti-mātratā)、唯心(citta-mātratā)，经中并没有显著的差别，但在习惯上，瑜伽学是被称为"唯识"的。佛法以离恶行善、转迷启悟为宗旨，所以如说一切以心识为主导，那是佛教界所公认的。但如说"三界唯心"，"万法唯识"，那是"后期大乘"所不共的；与"初期大乘"的"一切皆空"，可说是大乘的两绝！唯心(识)的思想，是从瑜伽者——定慧的修持经验而来的。汉支娄迦谶所译《般舟三昧经》说：修般舟三昧(pratyutpan-na-buddha-saṃmukhâvasthita-samādhi)的，在三昧中见佛，与佛问答。"自念：佛无所从来，我亦无所至。自念：欲处、色处、无色处(以上即三界)，意心所作耳。我所念即见，心作佛，心自见，心是佛，心佛心是如来，心是我身，心见佛。"②《解深密经》卷三(大正一六·六九八上——中)说：

> "诸毗钵舍那观三摩地所行影像，彼与此心……当言无异。何以故？由彼影像唯是识故。善男子！我说识所缘，

---

① 太虚大师说："法相必宗唯识"，即依本论文义而说。

② 《般舟三昧经》(大正一三·八九九中)。《般舟三昧经》卷上(大正一三·九〇五下——九〇六上)。《大方等大集贤护分》卷二(大正一三·八七七中)。

唯识所现故。……此中无有少法能见少法,然即此心如是
生时,即有如是影像显现。"

"若诸有情自性而住,缘色等心所缘影像,……亦无有
异。而诸愚夫由颠倒觉,于诸影像,不能如实知唯是识。"

《解深密经》所说"唯识所现",也是在说明三摩地
(samādhi)的境界,然后说到一般人心所行影像,也是唯识的。
这与《般舟三昧经》所说,从知道佛是自心作,再说三界唯心,是
相同的。"唯识所现"的思想,是这样来的。又如《摄大乘论本》
说:"诸瑜伽师于一物,胜解种种各不同;种种所见皆得成,故知
所取唯有识。"①《阿毗达磨大乘经》所说唯识的理由,主要也还
在禅观的经验②。但禅观经验,不是一般人所知的,这怎能使人
信受呢?《般舟三昧经》说了多种梦境,及麻油、水精、净水、明
境,能见自己影像的譬喻③。《解深密经》也说明镜喻④。《阿毗
达磨大乘经》说:"菩萨成就四法,能随悟入一切无义。"在定慧
经验外,又多举一例:如人见是水,鱼见是窟宅,鬼见为火,天见
为七宝庄严⑤。不同类的有情,所见彼此"相违",可见唯是自心
的变现。依瑜伽行而引出的"三界唯心"、"万法唯识",在瑜伽
者是修验所证明的,但万象森罗,说一切是唯识所现,到底是一
般人所不容易信解的。所以世亲造《唯识二十论》,陈那作《观

---

① 《摄大乘论本》卷上(大正三一·一三七中)。
② 《摄大乘论本》卷中(大正三一·一三九上)。
③ 《般舟三昧经》卷上(大正一三·九〇五上——下)。
④ 《解深密经》卷三(大正一六·六九八中)。
⑤ 《摄大乘论本》卷中(大正三一·一三九上)。《摄大乘论释》卷四(大正三
一·四〇二下)。

所缘（缘）论》，破斥外境实有的世俗所见，是道理所不能成立的。外境实有不能成立，反证"唯识所现"的可信，近于一般的唯心哲学了！

梁真谛译出《摄大乘论释论》等，所传的唯识说，被称为"一（识）能变"说。唐玄奘广译这一系的论典，以《成唯识论》为主，称为"三（类识）能变"说。这二系，在我国很有诤论，其实是依据的经论不同，思想的着重不同。如无著的《摄大乘论》说：依阿赖耶识为种子而生起的，一切都是识。类别一切法为十一种识："谓身、身者、受者识，彼所受识，彼能受识；世识，数识，处识，言说识，自他差别识，善趣恶趣生死识。""身"识，是眼等五根（身）；"身者"识是染污意；"受者识"是无间灭意：这三识，是六内界。"彼所受识"是色等六外界。"彼能受识"是六识界。从识中十八界种子而生起的，就是十八界法；从识种变现一切，一切都是识。上来五种识，是有情的一切；其他六种识，"世识"（时间）等只是上五种识的差别安立[1]。依《摄大乘论》，"缘起"是摄持种子阿赖耶识，"缘所生法"是转识的有见有相，依此来成立唯识。如《摄大乘论》卷中（大正三一·一三九上）说：

> "若处安立阿赖耶识识为义识，应知此中余一切识是其相识，若意识识及所依止是其见识；由彼相识是此见识生缘相故，似义现时，能作见识所依止事：如是名为安立诸识成唯识性。"

---

[1]　《摄大乘论本》卷中（大正三一·一三八上、下）。

一切唯识,有两个层次:一、依阿赖耶种子识而现起一切法,
一切都是以识为性,都名为识。《摄论》类别为十一识,这是依
缘起的因果关系说。二、在现起的一切法(识)中,又分为二,见
识与相识,或名为"似义影像"、"分别影像"①。七识等是见,是
分别影像;六尘等一切法是相,是似义影像。虽然都是依阿赖耶
种子而现起的,见与相也有相互缘生的意义,但又构成能所关
系。使人信解唯识的,主要还在能所——相不离见、相依见起
(认识论)的正理。无著《大乘庄严经论》也是这样,如说"自界
及二光"。"自界"是阿赖耶识中的自种子,"二光"是能取光与
所取光,光(ābhā)是显现的意思。又说:"能取及所取,二相各
三光,不真分别故,是说依他相。"显现为所取相的,是"句光"、
"义光"、"身光";显现为能取相的,是"意光"、"受光"、"分别
光"②。从识种子所显现的,能取(grāhaka)与所取(grāhya),各
有三类,是依他起相。在《菩提品》说到转依时,有五根——
"身";意根——染污的"意";"义"——五尘;"受"——五识;
"分别"——第六意识;安立——器世间,与"句"(形迹)相当③。
《大乘庄严经论》与《摄大乘论》,都是从种识而现为能取所
取——见与相的;一切依种子识而显现,成为一识转变的唯识,
这是无著论的唯识说。然而摄持种子的阿赖耶识,也有识的了
别与所取,如《瑜伽师地论》卷五一(大正三〇·五七九下)说:

---

① 《摄大乘论本》卷中(大正三一·一三八下)。
② 《大乘庄严经论》卷四(大正三一·六一三上)。卷五(大正三一·六一三
下——六一四上)。
③ 《大乘庄严经论》卷三(大正三一·六〇五上)。

"略说有四种业：一、了别器业；二、了别依业；三、了别我业；四、了别境业。此诸了别，刹那刹那俱转可得。"①

为了成立阿赖耶识，提出这四类了别作用；这不是一识所能了别，是同时有多识俱起所了别的。了别器与了别依，是属于阿赖耶识的了别作用。多识同时俱起的了别作用，与弥勒的《辩中边论》说相同，如说："识生变似义，有情、我及了。"②似"义"是变似色等诸境性——"器世间"；似"有情"是"依"眼等根而现似有情；似"我"是染污意所执自我；似"了"是前六识所了的粗"境"。阿赖耶识所了别的，说得详细些，如《瑜伽师地论》卷五一（大正三〇·五八〇上）说：

"略说阿赖耶识，由于二种所缘境转：一、由了别内执受故；二、由了别外分别器（世间）相故。了别内执受者，谓能了别遍计所执自性妄执习气，及诸色根根所依处。"

"阿赖耶识缘境微细，世聪慧者亦难了故。"③

阿赖耶识既称为识，当然有它的了别所缘作用，只是深潜微细的存在，不是一般人所能觉了的。阿赖耶识所了别的，自体以外的是器世间；自体内的，有遍计所执习气——种子，及有色根身与根所依处。这是与《解深密经》所说相近的，如说："一切种子心识，……依二执受：一者，有色诸根及所依执受；二者，相名

---

① 《决定藏论》卷上（大正三〇·一〇一九上）。

② 《辩中边论》卷上（大正三一·四六四下）。异译《中边分别论》卷上说："尘根我及识，本识生似彼"（大正三一·四五一中），解作从种子识生了。

③ 《决定藏论》卷上（大正三〇·一〇一九上——中）。

分别言说戏论习气执受。"①《解深密经》说明有情身分最初生起，所以没有提到器世间，但说到了执受名言戏论习气。在阿赖耶识的执受了别中，有种子，可见这是着重赖耶现行的。阿赖耶与前七识，同样是现行识，那就阿赖耶与七转识一样，应有自性、所依、所缘、助伴（心所相应）、作业等②。世亲所造的《唯识三十论》颂，正是依据《解深密经》、《摄决择分》、《辩中边论》颂，可说是继承弥勒的唯识说。重于阿赖耶种子识，重于阿赖耶现行识，义理相通而说明未免差别！

　　大乘不共的唯识说，虽有不同派别，然依虚妄分别识为依止，是一致的。虚妄分别的根本——阿赖耶识，是妄识，刹那刹那的生灭如流；摄持的种子，也是刹那生灭，瀑流那样的恒转。以虚妄分别摄持种子为依，依此而现起一切，"一切唯识现"，是"缘起"的从因果。现起的一切，境不离识，境依识起，"一切唯识现"，是"缘起所生"的依心有境。虽有二系，都是虚妄分别识为依的唯识说，所以我称之为"虚妄唯识论"。综观瑜伽行派，以众生生死事为出发点，"佛法"那样的尊重"缘起"与"缘起所生"。依此说迷妄而生死，转迷染而清净解脱。依缘起以成立一切，多少保持了"佛法"的特色。也就因此，重于正常道的"多闻熏习，如理思惟"。虽发展流行于"后期大乘"时代，倾向"唯心论"，而没有落入偏重信仰与神秘的佛教！

　　佛法，主要是为了转迷启悟，转杂染为清净；瑜伽行派因此而提出转依（āśraya-parāvṛtti）一词。转依是转生死为涅槃，转迷

①　《解深密经》卷一（大正一六・六九二中）。
②　自性等五义，如《瑜伽师地论》卷一（大正三一・二七九上、二八〇中）。

妄为菩提;生死杂染等所依转去了,转而显现成就的,名为转依。
"佛法"说"依于缘起"。"大乘佛法"说"依于胜义","依无住本
立一切法";或说"依如来藏故有生死,依如来藏故涅槃":含义
虽可能不同,而以"真常"为依,却是一致的。瑜伽行派怎样的
说明转依呢?《瑜伽论·本地分》说:"与一切依不相应,违背一
切烦恼诸苦流转生起,转依所显真无漏界"①;转依是一切依寂
灭的无漏界。《摄决择分》以阿赖耶识成立还灭说,"阿赖耶识
是一切戏论所摄诸行界。……由缘真如境智,修习多修习故而
得转依;转依无间,当言已断阿赖耶识"。生死杂染是以阿赖耶
识为依的,阿赖耶识灭而得转依。"转依是常";"真无相界",
"清净无为离垢真法界","是有","无戏论相,又善清净法界为
相","非众缘生,无生无灭"。总之,转依是转生死杂染而得清
净法界,也就是不可思议的般涅槃界②。《大乘庄严经论》是大
乘不共法,《菩提品》中,以"一切种智为佛身(之)体",是转依
所成的,如说:"二障种恒随,彼灭极广断,白法圆满故,依转转依
二道成。"众生无始以来,有二种障的种子随逐(阿赖耶识)。现
在彻底地、全部地断灭了,也就是生死依转灭了,那就"佛体与
最上圆满白法相应";"一、得清净出世智道,二、得无边所识境
道,是名转依"③。这似乎只是转去杂染法,转得清净法,而实转
依是要"缘真如(圆成实性)清净境智"修习而得的。所以转依,

　　① 《瑜伽师地论》卷五〇(大正三〇·五七七中)。
　　② 《瑜伽师地论》卷五一(大正三〇·五八一下),又卷八〇(大正三〇·七四
八上——中)。
　　③ 《大乘庄严经论》卷三(大正三一·六〇二下——六〇三上)。

是以无漏界而显出圆满究竟清净的佛身。这样,《菩提品》广说
无漏(法)界甚深,也就是显佛身的甚深。《论》中约种种转变,
而说明种种功德。《述求品》说,"自界及二光"①。自界是阿赖
耶种子识,二光是能取与所取的显现;能取与所取的显现,都有
三类。这样,转依就是:"如是种子转,句、义、身光转,是名无漏
界,三乘同所依。意、受、分别转,四种自在得,次第无分别,刹
土、智、业故。"②上一颂是:阿赖耶种子识灭了,所取的句等三种
显现也灭了,这就是转依的无漏界,通于三乘的般涅槃。次颂
说:能取显现的意、受(五识)、分别(意识)也转灭了,能转得平
等;刹土;智、业等自在。约种种依来说转依,《摄大乘论》也还
是这样,约五蕴而别别地说转依功德。无漏法界的最清净,也就
是一切种智(sarvâkārajñatā)为佛身的最圆满。佛身,"佛法"只
说人间的释尊。"大乘佛法"以释尊为示现的,称究竟圆满的佛
为"法身"或"法性生身"。《庄严论》立三身:自性身(svabhāva-
kāya),也就是法身(dharma-kāya);受用食身(saṃbhoga-kāya);
变化身(nirmāṇa-kāya)。菩萨广大修行而功德圆满,在净土中受
用法乐,所以特立受用身。这三身,都是由法界清净而成的。自
性身以"转依"为相,是受用、变化——二身所依止的③。如约佛
智说,立四智:大圆镜智(ādarśa-jñāna),平等性智(samatā-jñāna),
妙观察智(pratyavekṣaṇā-jñāna),成所作智(kṛtyânuṣṭhāna-jñāna)。
汉译本说,"八、七、六、五识,次第转得故",就是一般所说的"转八

---

① 《大乘庄严经论》卷四(大正三一·六一三上)。
② 《大乘庄严经论》卷五(大正三一·六一四中)。
③ 《大乘庄严经论》卷三(大正三一·六〇六上——中)。

识,成四智",但梵本没有转八、七、六、五识的文义。四智中,圆镜智如如"不动"为其他三智的所依①。《大乘庄严经论》的思想体系,是这样:有漏杂染法,依"自界"——阿赖耶识种子而显现;转依所得的无漏清净法,依无漏(法)界。依无漏界而说三身,自性身为所依;说四智,大圆镜智为所依。自性身与大圆镜智,可能只是约身、约智的不同说明而已。

《摄大乘论》,思想上有了进一步的发展。依《阿毗达磨大乘经》,立《所知依品》,"所知(一切法的所)依即阿赖耶识"。烦恼、业、生——三种杂染,世间、出世间——二种清净,都依一切种子阿赖耶识而成立,所以阿赖耶识是"染净依"。然而有一问题,阿赖耶识是虚妄的、有漏杂染的,怎么清净无漏法能以阿赖耶为依,从染依而转成净依呢?《摄论》是无漏新熏说,解说为:出世的无漏心,"从最清净法界等流,正闻熏习种子所生"。闻熏习"寄在异熟识中,……然非阿赖耶识,(反而)是彼对治种子性。……此熏习非阿赖耶识,是法身、解脱身摄"。在进修中,正闻熏习的种子渐增,有漏杂染的种子也就渐减,"一切种所依转已,即异熟果识及一切种子,无(杂染)种子而转,一切种永断"②。一切种子没有了,阿赖耶异熟果识也就转灭了。依《摄论》说:正闻熏习到出世心种子,"寄在异熟(阿赖耶)识中",而"非阿赖耶识所摄",是法身、解脱身摄的。这可以说:清净无漏熏习,表面上是依阿赖耶识,而实际是依于法身的。"依法身",那就通于以法界为依,以如来藏为依了。《摄论》说到转

---

① 《大乘庄严经论》卷三(大正三一·六〇六下——六〇七中)。
② 《摄大乘论本》卷上(大正三一·一三六下)。

依得涅槃,约三自性说。所依止性,是"通二分依他起性;转依谓即依他起性对治起时,转舍杂染分,转得清净分"①,转得的依他起清净分,就是离染的圆成实性,就是涅槃。说到转依得菩提,佛智也立三身。"自性身者,谓诸如来法身,一切法自在转所依止故。"法身五相中,第一"转依为相,谓转灭一切障杂染分依他起故,转得解脱一切障,于法自在转现前清净分依他起性故",是无边功德白法庄严的常住法身。说到法身的自在,约转五蕴依说;第"五、由圆镜、平等、观察、成所作智自在,由转识蕴依故"。转识蕴得四智,也没有分别,转什么识得什么智。法身依四智自在而得自在,似乎四智都属法身,但《论》上又说:"一由清净,谓转阿赖耶识得法身故。"②转依的依,都约依他起性说,而且是约通二性的依他起说。这样,《摄大乘论》的思想有先后的一贯性,当然还有一难解的结。《论》初立《所知依品》,所知是杂染、清净的一切法,就是三自性:遍计所执性是杂染分,圆成实性是清净分,依他起是可通于二分——杂染、清净的。杂染清净法的因,依此而有杂染清净的,名为所知依。这是依《阿毗达磨大乘经》造的;经颂的"无始时来界,一切法等依",应该是这样的。瑜伽行派的三自性说,从虚妄分别的依他起性说起;虚妄分别——心心所法的根本,是阿赖耶识。依他起性,一般也是约杂染说的,《摄大乘论》已依《阿毗达磨大乘经》,说到依他起通二分了。"杂染清净性不成故",所以随染而成遍计所执性,随净而成圆成实性。依此来说转依,就是转杂染分依他起,

①　《摄大乘论本》卷下(大正三一·一四八下)。
②　《摄大乘论本》卷下(大正三一·一四九上——下)。

成清净分依他起——圆成实性。那么,依他起性的阿赖耶识,为什么不说通二分呢? 问题就在这里:"阿赖耶"是杂染的,为《阿含经》以来的一致论定;通三乘的《瑜伽论》也这样说,所以《摄论》也还说是杂染的(要等到《楞伽经》与《密严经》,阿赖耶才具有清净性)。同时,《阿毗达磨大乘经》是不共大乘法,与声闻佛法隔着一层。无著的时代,细意识持种,说明杂染与清净,是"一分经为量者"所共信的。虚妄的微细识持种,也是引声闻回入大乘的方便,所以《摄论》依《阿毗达磨大乘经》而造,还是以杂染的阿赖耶识为所知依。阿赖耶是杂染的,怎么能说是清净熏习所依? 这才有依附阿赖耶识,而实是法身所摄的解说。依他起性通二分说,可说是"佛法"的"依于缘起"、"大乘佛法"的"依于法性"——二者的折中调和;与龙树的"缘起即空性"说,异曲同工! 但瑜伽行派渊源于北印度的阿毗达磨及经部师,以《瑜伽师地论》为本典,不可能放下"虚妄的阿赖耶种子识"的原则,决定了瑜伽行派的未来。

第八章　如来藏与
"真常唯心论"

第一节　般若学者的佛性说

　　西元四世纪后半起,无著、世亲的瑜伽派兴起,不但论义精严,门下人才济济,出家众也相当严净。这时期,重在如来本具的如来藏说,在重信仰与修持(念佛)的学流中,流行不衰。如来藏说与瑜伽学,有了相互的影响,开展不同的新猷:理论倾向于真常的唯心,事行倾向于念佛。当然,"初期大乘"经与龙树的"一切皆空"说也在流行;佛护(Buddhapālita)与清辨的兴起,使后期龙树学大盛。"性空唯名"、"虚妄唯识"、"真常唯心"——论义的多彩多姿,非常兴盛,而在适应印度的时代文化下,重信仰重修持的倾向,由真常的如来藏心说,推进佛法到另一阶段——"秘密大乘佛法"。这需要分别地来叙述。

　　如来藏与我,瑜伽学者是以真如、法界来解说的;这是无著与世亲论的见解,多少融会了如来藏说。但世亲的弟子陈那,译作"大域龙",依(下本)《般若经》,造《佛母般若波罗蜜多圆集要义释论》,却这样(大正二五·九一三上)说:

"若有菩萨者,此无相分别,散乱止息师,说彼世俗蕴。"

《大般若经》"初分"(上本十万颂),说"实有菩萨"等一段经文,无著论解说为"遣除十种分别"①。"实有菩萨"句,是对治"无相散动分别"的,世亲解说为"显示菩萨实有空体"②,以为菩萨以实有空性为体的。陈那的解说不同,如《释论》说:"谓令了知有此蕴故,除遣无相分别散乱。如是所说意者,世尊悲愍新发意菩萨等,是故为说世俗诸蕴(为菩萨有),使令了知,为除断见,止彼无相分别,非说实性。"③这是说,说有世俗五蕴假施设的菩萨,是为了遣除初学者的断见。陈那这一系,重于论理,接近《瑜伽论》义,所以不取无著、世亲调和真常大我的意见。

如来藏我,是《大般涅槃经》说的。从如来常住,说到如来藏我,我是"常乐我净"——四德之一,是如来大般涅槃的果德。如来常住,所以说众生本有如来藏我:"我者,即是如来藏义;一切众生悉有佛性,即是我义。"④我、如来藏、佛性,约义不同而体性是一。《楞伽经》(世亲同时或略迟集出的)近于瑜伽学而倾向唯心说,也觉得"如来藏我"太近于印度神学的"我"了,所以特加以解释,如《楞伽阿跋多罗宝经》卷二(大正一六·四八九上——中)说:

"世尊修多罗说:如来藏自性清净,转三十二相,入于一

---

① 《大乘庄严经论》卷五(大正三一·六一八中)。《摄大乘论本》卷中(大正三一·一四〇上)。《大乘阿毗达磨集论》卷七(大正三一·六九二下)。

② 《摄大乘论释》卷四(大正三一·三四二下)。

③ 《佛母般若波罗蜜多圆集要义释论》卷二(大正二五·九〇五中)。

④ 《大般涅槃经》卷七(大正一二·四〇七中)。

切众生身中。……云何世尊同外道说我,言有如来藏耶?"

"大慧!我说如来藏,不同外道所说之我。大慧!有时说空、无相、无愿、如、实际、法性、法身、涅槃……,如是等句说如来藏已,如来应供等正觉,为断愚夫畏无我句故,说离妄想无所有境界如来藏门。……开引计我诸外道故,说如来藏,令离不实我见妄想。……为离外道(我)见(妄想)故,当依无我如来之藏!"

《楞伽经》以为:如来藏是约真如、空性等说的,与无著、世亲论相同。《大般涅槃经》说:为声闻说无我,使离我见,然后开示大般涅槃的大我:如来藏我是比无我深一层次的。《楞伽经》意不同:愚夫、外道都是执有自我的,"畏无我句"的,如说无我,众生不容易信受。为了摄引外道,所以说如来藏(我)。如外道们因此而信受佛法,渐渐了解真如、空性等,"离妄想无所有境界",就能远"离不实(的)我见妄想"。说如来藏,与"佛法"说无我一样,不过不是直说无我,而是适应神学,方便诱导"计我外道",称真如为如来藏,故意说得神我一样。说如来藏的意趣如此,所以结论说:"当依无我如来之藏。"如真能了解如来藏教的意趣,佛教也不会步入"佛梵一如"了!

《大般涅槃经》,中天竺的昙无谶,北凉玄始十年(西元四二一)初译。起初只是"前分十二卷",后又回西域去寻访,在于阗得到经本,共译成四十卷①。前分十二卷,与法显、智猛所得的

---

① 《出三藏记集》卷八(大正五五·五九下——六〇上),又卷一四(大正五五·一〇二下——一〇三中)。

《泥洹经》同本;法显与智猛,都是在(中天竺)华氏城老婆罗门
家得来的①。"前分十二卷",是现行本的前十卷五品。这部分,
从如来常住大般涅槃,说到众生本有如来藏我:"我者,即是如
来藏义;一切众生悉有佛性,即是我义。"与《不增不减经》、《央
掘魔罗经》等所说主题,完全相同。富有神我色彩的如来藏我,
与佛法传统不合,所以佛教界,如瑜伽学者等,都起来给以解说,
也就是淡化众生有我的色彩。《大般涅槃经》的后三十卷,思想
与"前分"不同。如来藏说起于南印度;《大般涅槃经》传入中印
度,也还只是前分十卷。流传到北方,后续三十卷,是从于阗得
来的,这可能是北印、西域的佛弟子,为了解说它、修正它而集出
来的。在后续部分中,说"一切众生悉有佛性","佛性即是我",
不再提到如来藏了,这是值得注意的! 佛性的原语为 buddha-
dhātu,也可能是 buddha-garbha(佛藏)、tathāgata-dhātu(如来界)
的异译,意义都是相通的。对众生身中,具足三十二相的如来藏
我——佛性,给以修正的解说,如《大般涅槃经》卷二七(大正一
二·五二四中)说:

> "一切众生定得阿耨多罗三藐三菩提故,是故我说一
> 切众生悉有佛性;一切众生真实未有三十二相,八十
> 种好。"

这是"佛性当有"说。一切众生决定要成佛,所以说众生将
来都有佛的体性,不是说众生位上已经有了。所以说"佛性是

① 《出三藏记集》卷九(大正五五·六○中)。

我",是为了摄化外道,如梵志们"闻说佛性即是我故,即发阿耨多罗三藐三菩提心"。佛然后告诉他们:"佛性者实非我也,为众生故说名为我。"①又有外道听说无常、无我,都不能信受佛的教说,但"佛为诸大众说有常乐我净之法",大家就舍外道而信佛了②。总之,依《大般涅槃经》的后续部分,说一切众生皆有佛性(如来藏我),只是诱化外道的方便而已,与《楞伽经》的意见相同。如来藏我、佛性说,依佛法正义,只是通俗的方便说,但中国佛学者似乎很少理解到!

　　续译的三十卷,可分四部分。一、从《病行品》到《光明遍照高贵德王菩萨品》——五品,明"五行"、"十德",以十一空或十八空来说明一切,可说是依《般若经》义来说明佛性、涅槃的。关于佛性,如《经》上③说:

　　　　"若见佛性,则不复见一切法性;以修如是空三昧故,不见法性,以不见故,则见佛性。"

　　　　"众生佛性,亦复如是,假众缘故,则便可见。假众缘故,得成阿耨多罗三藐三菩提。若待众缘然后成者,则是无性;以无性故,能得阿耨多罗三藐三菩提。"

　　"不见法性,……则见佛性",佛性是"绝无戏论"的空性。一切都是依待众缘而成的,所以是无性(asvabhāva)的、空的。般若、如来、大般涅槃、阿耨多罗三藐三菩提,都是无自性空的,

---

①　《大般涅槃经》卷二七(大正一二・五二五上——中)。
②　《大般涅槃经》卷三九(大正一二・五九一中)。
③　《大般涅槃经》卷二六(大正一二・五二一中、五一九中——下)。

所以依待众缘——修行而能得、能成、能见；随顺世俗而说是有的。佛性是常住无为的；"不说佛（如来）及佛性、涅槃无差别相，惟说常恒不变无差别耳"①。经依缘起无性空说佛性，当然一切众生悉有佛性了。不过众生有佛性，不是芽中有树那样，而是说：以善巧方便修习（空三昧），离一切戏论，不见一切法，就可以见佛性了。

二、《师子吼菩萨品》：本品依十二因缘缘起、第一义空、中道，而展开佛性的广泛论究。如《大般涅槃经》卷二七（大正一二·五二四中）说：

"观十二缘智，凡有四种……下智观者，不见佛性，以不见故得声闻道。中智观者，不见佛性，以不见故得缘觉道。上智观者，见不了了，不了了故住十住地十地。上上智观者，见了了故，得阿耨多罗三藐三菩提。以是义故，十二因缘名为佛性；佛性者即第一义空；第一义空名为中道。（见）中道者，即名为佛，佛者名为涅槃。"

缘起即空的中道，是龙树《中论》所说的。《回诤论》也说："诸说空、缘起、中道为一义。"②观缘起得道，是一切圣者所共的，只是声闻（śrāvaka）与缘觉（pratyeka-buddha）——二乘圣者，第一义空不彻底，所以不见佛性，也就是不见中道。究竟彻见缘起即空即中的，就是佛。十二因缘的真相是："十二因缘，不出生不灭，不常不断，非一非二异，不来不去，非因非果。……非因非

---

① 《大般涅槃经》卷二五（大正一二·五一三下）。
② 《菩提道次第广论》卷一七所引（汉藏教理院刊本三二上）。

果,名为佛性。"①这是参考了龙树的"八不中道"的缘起。缘起
是佛出世也如此,不出世也如此,常住而超越因果的,所以加
"非因非果"句。八不中道的缘起,就是佛性;二乘不见中道,所
以不见佛性,如《大般涅槃经》卷二七(大正一二·五二三
中)说:

> "佛性者,名第一义空,第一义空名为智慧。所言空
> 者,不见空与不空。智者见空及以不空,常与无常,苦之与
> 乐,我与无我。空(无常、苦、无我)者,一切生死;不空(常、
> 乐、我)者,谓大涅槃。……中道者,名为佛性。"

这段文字,应略加解说。第一义空,是缘起胜义空。空为什
么名为智慧? 如《大智度论》说:"般若波罗蜜分为二分:成就者
名为菩提,未成就者名为空";"十八空即是智慧"②。空是空观
(空三昧),观因缘本性空;如到了现见空性,空观即转成菩提。
观慧与菩提,都是般若——智慧,所以"第一义空名为智慧"。
空,怎么不见空与不空? 空是毕竟空(atyanta-śūnyatā),般若是
绝无戏论的,于一切法都无所得,所以空也不可得。然般若无所
见而无所不见,所以见空、无常、苦、无我,也见不空、常、乐、我。
空、无常等是一切生死;不空、常、乐、我,是大般涅槃。二乘但见
空、无常、苦、无我,所以不见中道佛性。佛见空等又见不空等,
所以说见中道,见佛性。即空的中道缘起,曾参考龙树论,是非

---

① 《大般涅槃经》卷二七(大正一二·五二四上)。
② 《大智度论》卷三五(大正二五·三一九上),又卷五七(大正二五·四六五
下)。

常明显的。然龙树所说的缘起中道,是三乘所共的;中道是不落
二边,如落在一边,怎能成圣呢!但《师子吼品》是不共大乘法:
二乘但见一边,不见中道;佛菩萨是双见二边的中道。所说空与
不空,用意在会通《涅槃经》"前分":"空者,谓二十五有(生
死)……;不空者,谓真实善色,常乐我净"(《大般涅槃》)。

　　佛性,一般解说为成佛的可能性。依《师子吼品》说,"佛
性"一词,有不同意义。如说:"佛性者,即是一切诸佛阿耨多罗
三藐三菩提中道种子。……无常无断,即是观照十二因缘智,如
是观智是名佛性。"①"观十二因缘智慧,即是阿耨多罗三藐三菩
提种子,以是义故,十二因缘名为佛性";"观十二缘智……见了
了故,得阿耨多罗三藐三菩提道,以是义故,十二因缘名为佛
性"②。观十二因缘(第一义空)智,能成无上菩提,是无上菩提
的种子(因),所以观智名为佛性。观智是观中道的十二因缘
智,所以十二因缘也名为佛性了。观智与十二因缘,都名为佛
性,其实(八不的)十二因缘,是非因非果的,不过为观智所依
缘,也就随顺世俗,说十二因缘为佛性。这二类——观智与十二
因缘的名为佛性,是约"因"说的。又如说:"佛者,即是佛性。
何以故? 一切诸佛以此为性。"③这里所说的佛性,约"本性"说。
其实,无上菩提与大般涅槃,都是佛的"果"性。依此而论,众生
有没有佛性呢?"一切众生定有如是(即空中道的)十二因缘,

---

①　《大般涅槃经》卷二七(大正一二·五二三下)。

②　《大般涅槃经》卷二七(大正一二·五二四中、上)。

③　《大般涅槃经》卷二七(大正一二·五二四上——中)。

是故说言:一切众生定有佛性。"①约十二因缘说,一切众生是
"定有"佛性的。佛性——佛的果德,"一切众生定当得故,是故
说言:一切众生悉有佛性"②。在众生位,这是当来一定可得的,
所以是"当有"佛性。以中道缘起(或称"正因佛性")来说,即
空的缘起中道,是超越的,虚空般的平等无碍,可以作不同说明:
"云何为有? 一切众生悉皆有故。云何为无? 从善方便而得见
故。云何非有非无? 虚空性故。"③所以,一切众生"定有"佛性,
犹如虚空,要观即空的缘起中道,才能体见的,决不能推想为因
中有果那样。

　　三、《迦叶菩萨品》:继承上一品的思想,而着重因缘说。关
于众生有佛性,"前分"所说的"贫家宝藏"、"力士额珠"等譬
喻,几乎都作了新的解说。分佛性为二类:"佛(的)佛性","众
生(的)佛性"。"佛佛性"是:圆满一切功德,佛性究竟圆满,不
再有任何变易,也就不落时间,所以说"如来佛性,非过去,非现
在,非未来"④。"众生佛性"是:众生位中,"一切善、不善、无
记,尽名佛性"⑤。这一见地,是非常特出的! 如《大般涅槃经》
卷三五(大正一二·五七一中——下)说:

　　　"一切无明、烦恼等结,悉是佛性,何以故? 佛性因故。
　　从无明、行及诸烦恼,得善五阴,是名佛性。从善五阴,乃至

---

　　①　《大般涅槃经》卷三二(大正一二·五五七上)。
　　②　《大般涅槃经》卷三二(大正一二·五五七上)。
　　③　《大般涅槃经》卷二七(大正一二·五二六上)。
　　④　《大般涅槃经》卷三五(大正一二·五七一中)。
　　⑤　《大般涅槃经》卷三六(大正一二·五八〇下)。

获得阿耨多罗三藐三菩提。"

这是不断不常的缘起说。众生在十二因缘河中,生死流转,一切不断不灭的相似相续,如灯焰(流水)一样,前后有不即不离的关系。如没有无明烦恼,就没有生死众生,也没有善的五阴,不能展转增胜到圆满无上菩提。所以,不但善法是佛(因)性,不善法也是佛性,一切是佛所因依的。一般所说的生死河,其实也就是"佛性水"①。这样,十二因缘流中的众生,"众生即佛性,佛性即众生,直以时异,有净不净"②。本品专依因缘说佛性,可说简要精当了!这样,众生有无佛性的说明,也都可以通了,如《大般涅槃经》卷三五(大正一二·五七二中)说:

> "佛性非有非无,亦有亦无。云何名有?一切(众生)悉有,是诸众生不断不灭,犹如灯焰,乃至得阿耨多罗三藐三菩提,是故名有。云何名无?一切众生现在未有一切佛法,常乐我净,是故名无。有无合故,即是中道,是故佛说众生佛性,非有非无。"

说众生有佛性,无佛性,亦有亦无佛性,非有非无佛性,如合理地了解,那是都可以这么说的。否则,就不免大错了。"若有人言:一切众生定有佛性,常乐我净,不作不生,烦恼因缘故不可见,当知是人谤佛法僧!"③文句虽依佛性说,但显然是指通俗而神化的,一切众生有如来藏,具足如来功德的本有论者。在"佛

---

① 《大般涅槃经》卷三六(大正一二·五七九中)。
② 《大般涅槃经》卷三五(大正一二·五七二中——下)。
③ 《大般涅槃经》卷三六(大正一二·五八〇下)。

法"缘起论的立场,如来藏我本有说,不免是毁谤三宝了①!

四、《憍陈如品》:遮破外道的种种异见,说如来常乐我(续译部分,我约得八自在说)净,使外道改宗信佛。全品没有说到佛性的含义。总之,续译部分,是以《般若经》空义,龙树的缘起中道说,缘起说,净化"前分"如来藏——佛性的真我色彩。这是如来藏思想流行中,受到北方"初期大乘"学者的分别、抉择、修正。

第二节　融唯识而成的"真常唯心论"

兴起于南印度的,真实常住的如来藏为依说;起于北方的,虚妄无常的阿赖耶识为依说:二者是恰好对立的。传入中印度(北方人称之为"东方"),因接触而有了折衷与贯通。如来藏,本来不一定说是"心"的,后来也名为"如来藏心"。心在梵文中,有二:一、citta,音译为质多,是"心意识"的心。依契经的习惯用法,是一般心理作用的通称。特有的意义是:"心是种族义,……滋长是心业";"集起故名心"②,表示种种(知识、经验、业力)积集滋长的心理作用。这是一般的,也是"虚妄唯识论者"所说的。二、汗栗驮(hṛd)或干栗驮耶(hṛdaya),是心脏的心肉团心,树木的心。一般树木,中心总是比较致密坚实些,所以

---

① 《大般涅槃经》后续部分,所说"佛性",可参阅拙作《如来藏之研究》第八章第二节。

② 《阿毗达磨大毗婆沙论》卷七二(大正二七·三七一中)。《阿毗达磨俱舍论》卷四(大正二九·二一下)。

解说为坚实,引申为"心髓"、"心要"等。肉团心,在古人的理解中,是个体生命中最重要的部分;一切心理作用,是依此而有的,所以名为汗栗驮心。有偈说:"若远行、独行,无身寐于窟。"①质多心是没有形质的,却潜藏在洞窟里;窟就是心脏。这样,汗栗驮心与质多心,在古人的理解中,是不同的,却不是无关的。关于心质多,《增支部》这样说:"心极光净,而(为)客随烦恼杂染。"②心是极光净(pabhassara)的,使心成为杂染的,是随烦恼(upakkilesa)。随烦恼是客,有外铄而非心自性的意义,后来形成"心性本净(citta-prakṛti-viśuddhi),客尘所染"的成语。心性是否本净,成为"部派佛教"间重要的论辩项目。"初期大乘"的《般若经》等,也说心性本净,但约心的空性说。不但心本净,一切法也是本净的。《大智度论》说:"毕竟空即是毕竟清净,以人畏空,故言清净。"③本性净与本性空(prakṛti-śūnyatā)同一意义,所以不能意解为心本性是怎样清净庄严的④。

佛教界流传的"心性本净"说,瑜伽派怎样解说呢?《瑜伽师地论》卷五四《摄决择分》(大正三〇·五九五下)说:

　　"又复诸识自性非染,由世尊说一切心性本清净故。所以者何?非心自性毕竟不净能生过失,犹如贪等一切烦恼。亦不独为烦恼因缘,如色受等,所以者何?以必无有独于识性而起染爱,如于色等。"

　　①　《摄大乘论本》卷中引颂(大正三一·一三九上)。
　　②　《增支部·一集》(南传一七·一四)。
　　③　《大智度论》卷六三(大正二五·五〇八下)。
　　④　参阅拙作《如来藏之研究》第三章。

　　心识的本性,不是烦恼那样的不清净。如于识而起染爱,那是与烦恼俱起的关系。论心识的自性,可说是本净的。这样的会通经说,不同于"心性本净"的学派,是心识本性无记(avyākṛta)说,继承说一切有部等的思想。但在《辩中边论》,也依心空性来解说了。《辩中边论·相品》,论说空性,末了说:"非染非不染,非净非不净,心性本净故,为客尘所染。"世亲解说为:"云何非染非不染? 以心性本净故。云何非净非不净? 由客尘所染故。"①本净而又为客尘所染,是多么难以理解呀! 无著的《大乘庄严经论》说:"非净非不净,佛说名为如。"②如(tathatā)是空性、心性的异名,实际上是离言而不可说的。说非净非不净,非染非不染,本性清净而为客尘所染,都只是方便安立。关于心性本净,《大乘庄严经论》卷六(大正三一·六二二下——六二三上)说:

　　　"譬如清水浊,秽除还本清,自心净亦尔,唯离客尘故。"
　　　"已说心性净,而为客尘染,不离心真如,别有心性净。"

　　经上说的"自心净",约心的真如(citta-tathatā)说,并非说虚妄分别(vitatha-vikalpa)的心识是本净的。《论》上解说为:"此中应知,说心真如名之为心,即说此心为自性清净。"③"心性净",大乘经每译为"自性清净心"——自性清净的心。"心真如",梵本作"法性心"(dharmatā-citta)。所以论义的抉择,是大

---

①　《辩中边论》卷上(大正三一·四六六中)。
②　《大乘庄严经论》卷三(大正三一·六〇三下)。
③　《大乘庄严经论》卷六(大正三一·六二三上)。

乘经的"自性清净心"说。瑜伽学者约真如说自性清净心,说如
来藏,心还是质多心,虚妄分别心与真如心,有不离的关系,也就
是与如来藏不相离了。真如是可以称为心的,那么对妄心说
"真心",当然是可以的。后魏瞿昙般若流支(Prajñāruci)所译
《唯识论》说,"一者相应心,二者不相应心。相应心者,所谓一
切烦恼结使、受想行等诸心相应。……不相应心者,所谓第一义
谛常住不变自性清净心"①,也不能说不对的。不过真常的清净
心,后代瑜伽学者大都避而不谈,以免有"似我真如"的嫌疑。

　　如来藏我,是一切众生中,具足如来功德相好庄严的。在传
布中,与自性清净心相结合,由于清净的如来藏在众生身中,为
烦恼所覆,与心性清净而为客尘所染,有相同的意义。如来藏的
本义是"真我",在"无我"的佛法传统,总不免神化的嫌疑。说
如来藏是自性清净心——"真心",那如来藏更可以流行了。所
以,《央掘魔罗经》解说为声闻说偈中的"意"说:"此偈意者,谓
如来藏义。若自性清净意,是如来藏,胜一切法,一切法是如来
藏所作。"②《不增不减经》说:"我依此清净真如法界,为众生
故,说为不思议法自性清净心。"③这是说:依清净真如、法界,说
如来藏;依如来藏相应的不思议佛法——清净功德,说为自性清
净心。依真如、法界说,可通于瑜伽学。如来藏与自性清净心相
结合,更说到刹那生灭识的,如《胜鬘师子吼一乘大方便方广
经》(大正一二・二二二中)说:

---

① 《唯识论》(大正三一・六四中)。
② 《央掘魔罗经》卷四(大正二・五四〇上)。
③ 《不增不减经》(大正一六・四六七中)。

　　"若无如来藏者,不得厌苦乐求涅槃。何以故？ 于此
六识及心法智,此七法刹那不住,不种众苦,不得厌苦乐求
涅槃。"

　　"如来藏者,是……自性清净藏。此自性清净如来藏,
而客尘烦恼、上烦恼所染。……自性清净心而有染者,难可
了知。"①

　　《胜鬘经》以如来藏为自性清净藏(prakṛti-pariśuddha-garb-
ha),自性清净藏就是自性清净心。如来藏有空义,有不空义,而
经说"如来藏智是如来空智"——"如来藏者,即是如来空性之
智"②。以如来藏为空性智(śūnyatā-jñāna),对《华严经》所说
"如来智慧,无相智慧,无碍智慧,具足在于众生身中,但愚痴众
生颠倒想覆,不知不见"③,解说上是更为适当的。如来藏依真
如、空性而说,与瑜伽学相同;但与本有的如来智慧功德等相应,
还是不同的。"七法刹那不住",经说是六识与心法智(或作"所
知法")。刹那刹那生灭不住,不能成立受生死苦,求得涅槃;生
死与涅槃,非有常住的如来藏为依不可。如来藏通过自性清净
心,与生灭的妄识,开始了关联的说明。

　　真常清净(如来藏)心,虚妄生灭(阿赖耶)心,是对立的,但
渐渐联合,如《楞伽经》所说"如来藏藏识心"。我以为,《阿毗达
磨大乘经》有重要的中介地位。无著的《摄大乘论》,是依《阿毗

---

　　① 《大宝积经》(四八)《胜鬘夫人会》(大正一一・六七七下——六七八上)。
　　② 《胜鬘师子吼一乘大方便方广经》(大正一二・二二一下)。《大宝积经》
(四八)《胜鬘夫人会》(大正一一・六七七上)。
　　③ 《大方广佛华严经》卷三五(大正九・六二四上)。

达磨大乘经》的《摄大乘品》而造的①。这部经并没有译出,当然
不能充分明了。如"十相殊胜",《摄大乘论》的组织次第,是依
这部经的。《摄论》的成立大乘唯识,大体是依这部经的。《论》
中引用的少数经文,意义是非常特出的! 如《摄论·所知依分》
引用《阿毗达磨大乘经》二偈,如《摄大乘论本》(大正三一·一
三三中)说:

> "无始时来界,一切法等依,由此有诸趣,及涅槃证得。"
> "由摄藏诸法,一切种子识,故名阿赖耶,胜者我开示。"

　　第二偈,明一切种子阿赖耶识,《论》中解说了"摄藏"的意
义。第一偈的界,当然可以解说为种子,但《论》文却没有加以
解说!《究竟一乘宝性论》引用了这一偈,以《胜鬘经》的如来藏
来解说②。"无始时来界"一偈,在当时佛教界,是有不同解说
的。真谛所译《摄大乘论释》,也引《胜鬘经》的如来藏为依止
说,解说第一偈③。也许是真谛所增附的,但事有依据,决不是
真谛自己的臆解。

　　"界",在《摄论》的引经中,可以发见它的意义,如《摄大乘
论本》卷中(大正三一·一四〇下)说:

> "阿毗达磨大乘经中,薄伽梵说:法有三种:一、杂染
> 分,二、清净分,三、彼二分。依何密意作如是说? ……于此
> 义中,以何喻显? 以金土藏为喻显示。譬如世间金土藏中,

---

① 《摄大乘论本》卷下(大正三一·一五二上)。
② 《一乘究竟宝性论》卷四(大正三一·八三九上——中)。
③ 《摄大乘论释》卷一(大正三一·一五六下——一五七上)。

三法可得:一、地界,二、土,三、金。于地界中,土非实有而现可得,金是实有而不可得;火烧炼时,土相不现,金相显现。又此地界,土显现时,虚妄显现;金显现时,真实显现,是故地界是彼二分。……故此虚妄分别识、依他起自性,有彼二分,如金土藏中所有地界。"

经说有杂染分、清净分、彼二分。"彼二分",是有漏生有漏、无漏生无漏的瑜伽学者所难以同意的,所以说是不了义(密意)说。在了义的解说中,以金土藏——金(土)矿作比喻。如金矿中可有三法:地界,土,金。地界(pṛthivī-dhātu)是金与土所依止的,构成土与金的坚性物质。平时只见泥土,不见金质,如众生"于此识中所有虚妄、遍计所执自性显现"。如开采冶炼,去泥土而显出金质,如经般若火锻炼,那就"于此识中所有真实、圆成实自性显现"。杂染虚妄的遍计所执自性,清净真实的圆成实自性,如土与金。而"虚妄分别识、依他起自性","有彼二分",如金、土所依的地界。《摄大乘论》以依他起为"彼二分",也就是虚妄分别识通二分;譬喻如地界,界也是通二分的。《摄论》以依他起、妄识为"界",通于二分,成为随染、转净的枢纽,是没有定性的。《摄论》解释三性时说:"谓依他起略有二种:一者,依他种子熏习而生起故;二者,杂染清净性不成故。"①依他起中,依种子而生,是依因缘而生的一般解说。而杂染清净性不成,是说可以染、可以净,不一定染、不一定净,正是依他起通二分的特殊意义。"依他起虚妄分别识",当然是有漏的。以

---

① 《摄大乘论本》卷中(大正三一·一三七下)。

此为"界",为"一切法等依",是符合瑜伽的唯识思想的。但以
金土藏譬喻来说:界——虚妄分别识"有彼二分",凡夫如见土
不见金,是没有吗? 金是真实存在的。这样,"彼二分"或"有彼
二分",不是可以解说为具有二分吗! 依他起、虚妄分别识(根
本识是阿赖耶识)的底里,就是圆成实性,不就是可以称为"界"
的如来藏吗? 唯识学不许依他起、虚妄分别识是性净的,但经
"彼二分"的沟通,如来藏与阿赖耶识的结合,顺理成章地出现
于大乘经了。

　　《楞伽经》与《密严经》,无著与世亲的论书中都没有引述,
唐玄奘杂糅所成的《成唯识论》引用这两部经,所以被认为"唯
识宗"所依的经典,其实经义是不属于这一系的。《楞伽经》的
汉译本有三部,宋求那跋陀罗于元嘉二十年(西元四四三)初
译,名《楞伽阿跋多罗宝经》,四卷。集出的时代,应该要比无著
论迟一些。《密严经》的汉译本有两部,唐(西元六八〇年前后)
地婆诃罗(Divākara)初译,这是集出更迟一些的。这两部经,是
如来藏为依止说与瑜伽学系的阿赖耶识为依止说的综合。在
"大乘佛法"思想上,无著(与世亲)论师是非常卓越的! 依部派
佛教而来的细意识说、种子熏习说,成立以虚妄分别的阿赖耶
(种子)识为依止,抉择贯通大乘经说,而形成大乘不共的唯识
论。在这一系经论中,如五法(pañca-dharma)、三自性(trividha-
svabhāva)、八识(aṣṭau-vijñānāni)、二无我(dvidhānairātmya)等
(无著论着重于八识的成立),成为体系精严的论义。无著(传
承弥勒)论是分别叙述的,为《楞伽》与《密严》所融摄,综合的叙
述。如《大乘入楞伽经》说"五法、三自性,及与八种识,二种无

我法,普摄于大乘。"①《大乘密严经》说:"菩萨入于诸地,了知五法、八识、三自性及二无我";"大乘真实义,清净无等伦,远离诸分别,转依之妙道。八种识境界,诸自性不同,五法及无我,差别而开示"②。综合为大乘的重要经义,是显然可见的。无著论所成立的三身,及转识所成的四智③;《楞伽经》一再说到三身④,但二经都没有说到四智。由于这二部经引用了"五法、三自性、八识、二无我"成语,所以一般误以为是瑜伽学的。瑜伽派本是出于定慧修持的瑜伽者,传出了《瑜伽师(或作"行")地论》,学风渐重于义理的思择。而《楞伽》与《密严》,虽也作分别思择,而重在修持;经中到处说"自证圣智","瑜伽","现法乐住自证之境"。这是如来藏系的瑜伽行者,融摄阿赖耶识系的法义,成立自宗——真常为依止的唯心论。

如来藏约真如说;心性本净约心空性说,虚妄分别识不是性本净的:这是瑜伽学。《阿毗达磨大乘经》,说依他起性"彼二分",以"金土藏"为譬喻,是以引起如来藏与阿赖耶识的联合。《楞伽经》也说八识,八识是,"如来藏名识藏心,意,意识及五识身"⑤。

---

①　《大乘入楞伽经》卷五(大正一六·六二〇下)。

②　《大乘密严经》卷上(大正一六·七三〇中),又卷下(大正一六·七四六上——中)。

③　《大乘庄严经论》卷三(大正三一·六〇六上——六〇七中)。《摄大乘论本》卷下(大正一六·一四九上——下)。《大乘阿毗达磨集论》卷七(大正一六·六九〇下)。

④　《大乘入楞伽经》卷一(大正一六·五九一下),又卷一(大正一六·五九六中)。

⑤　《楞伽阿跋多罗宝经》卷四(大正一六·五一二中)。《大乘入楞伽经》卷五(大正一六·六二一下)。《入楞伽经》卷八,但作"阿黎耶识"(大正一六·五五九中)。

如来藏与藏识——阿赖耶识的关系,到底是怎样的?《大乘入楞伽经》卷五(大正一六·六一九中——六二〇上)说:

> "世尊!惟愿为我说蕴界处生灭之相,若无有我,谁生谁灭?而诸凡夫依于生灭,不求尽苦,不证涅槃。"
>
> "如来藏是善不善因,能遍兴造一切趣生,譬如伎儿,变现诸趣,离我我所。……无始虚伪恶习所熏,名为藏识,生于七识无明住地。譬如大海而有波浪,其体相续,恒注不断。本性清净,离无常过,离于我论。其余七识——意、意识等念念生灭。"
>
> "我为胜鬘夫人,及余深妙净智菩萨,说如来藏名识藏,与七识俱起。"
>
> "甚深如来藏,而与七识俱。"①

这段经文,可说是《胜鬘经》义的引申。《胜鬘经》以为,"七法刹那不住,不种众苦,不厌苦乐求涅槃。"惟有"如来藏常住不变",能为依止,才能成立生死与涅槃②。依《楞伽经》说:凡夫、外道们,总以为生死流转,非有我不可。生死如没有所依自体,那一切是生灭的,也就不可能希求涅槃了。依此而说如来藏教,也就说生灭法是不能为依而成立生死的。如经上说:"譬如破瓶不作瓶事,亦如焦种不作芽事。如是大慧!若阴界入性,已

---

① 《入楞伽经》卷七(大正一六·五五六中——下)。《楞伽阿跋多罗宝经》卷四(大正一六·五一〇上——中)。

② 《胜鬘师子吼一乘大方便方广经》(大正一二·二二二中)。《大宝积经》(四八)《胜鬘夫人会》(大正一一·六七七下)。

灭、今灭、当灭,自心妄想见,无因故,彼无次第生。"①这所以要
依如来藏为依止,这种思想,与"瑜伽"是完全对立的。这段经
文,可以另一节经文为参考,如《大乘入楞伽经》卷一·二(大正
一六·五九三中——下、五九四下)说:

> "识,广说有八,略则唯二,谓现识及分别事识。大慧!
> 如明镜中现诸色像,现识亦尔。大慧! 现识与分别事识,此
> 二识(异)无异,相互为因。大慧! 现识以不思议熏变为
> 因;分别事识以分别境界及无始戏论习气为因。……转识、
> 藏识若异者,藏识非彼因;若不异者,转识灭藏识亦应灭,然
> 彼真相不灭。大慧! 识真相不灭,但业相灭。若真相灭者,
> 藏识应灭。"

> "意等七种识,应知亦如是,如海共波浪,心俱和合生。
> 譬如海水动,种种波浪转,藏识亦如是,种种诸识生。"

与宋译《楞伽》相当部分,说"八识",处处说"藏识",而上
(一节)引经文,明确地说:如来藏为善不善的因依。在或善或
恶的五趣、四生中,如来藏如伎儿那样,现起种种变化,而伎儿还
是伎儿。依如来藏而有生死,但如来藏不是作者,不是受者,所
以能离凡俗外道们的我执。在生死中流转诸趣,与《不增不减
经》所说"如来藏即是法身。……从无始世来,随顺世间,波浪
漂流,往来生死,名为众生"②的意义相当。然《楞伽经》融摄了
瑜伽的阿赖耶识,以阿赖耶识来说明,善巧多了! 如来藏为无始

---

① 《楞伽阿跋多罗宝经》卷一(大正一六·四八三下)。
② 《不增不减经》(大正一六·四六七上——中)。

以来的虚伪恶习——虚妄的种种戏论所熏习,就名为藏识。熏习,瑜伽学者也称之为"遍计所执种子","过患之聚"。所以,藏识不外乎自性清净心为烦恼所覆染,形成摄藏一切熏习、现起一切的藏识——现识(khyāti-vijñāna)。现识,如明净的颇胝迦宝(sphaṭika),受外色反映而现为杂染色。这种受熏而转变,称为不思议熏变(acintya-vāsanā-pariṇāma)。现识与分别事识(vastu-prativikalpa-vijñāna)——前七种转识(pravṛtti-vijñāna),俱时而转,如海水与波浪一样。所引的上一节经,还说到,"应净如来藏藏识之名。大慧! 若无如来藏名藏识者,则无生灭";"若无藏识,七识则灭"①。如来藏而被称为藏识,那是为无始恶习所熏变,现起不净,七识也刹那生灭不住了。所以应该净除——舍藏识名字。藏识是依如来藏而幻现的;应该灭去的,是藏识的名字而不是藏识自体。在所引的下一节经中,可见阿赖耶识有业相(karma-lakṣaṇa)与真相(jāti-lakṣaṇa)二分(通二分)。业,《楞伽经》是泛称一切熏习——动能的。藏识所摄藏的业相,也就是藏识之所以被称为藏识的,是应该净除的。但真相不能灭,如灭除真相,那就藏识自体也被灭,这是什么也没有了的邪见。这里的真相,是如来藏别名。如所引经文,第二节说藏识与七识俱转,如海与波浪;第一节说"甚深如来藏,而与七识俱",也是大海与波浪那样。可见《楞伽经》处处说八识,说藏识而藏识有真相(如来藏),是与瑜伽学不同的。瑜伽者说唯识,而《楞伽经》到处说"唯心","唯心所现","唯自心现","唯是心量",也是不

---

① 《大乘入楞伽经》卷五(大正一六·六一九下)。

相同的。《楞伽》虽融摄了瑜伽学,而意在如来藏自性清净心吧①!

魏菩提流支(Bodhiruci)与唐实叉难陀(Śikṣānanda)所译的《楞伽经》,后面增多了《陀罗尼品》与《偈颂品》;《偈颂品》与《大乘密严经》以偈颂说法的风格相近。《密严经》也说五法、三自性、八识、二无我,也类似瑜伽派经典。由于传出迟一些,《楞伽经》说得多少含蓄些的——如来藏与藏识的关系,《密严经》说得更具体,如说:"藏识亦如是,诸识习气俱,而恒性清净,不为其所染";"赖耶体常住,众识与之俱"②。"阿赖耶识本来而有,圆满清净,出过于世,同于涅槃。"③说得最明显的,如《大乘密严经》卷下(大正一六·七四七上)说:

"如来清净藏,亦名无垢智,常住无始终,离四句言说。佛说如来藏,以为阿赖耶,恶慧不能知,藏即赖耶识。如来清净藏,世间阿赖耶,如金与指环,展转无差别。"

阿赖耶识真相,《密严经》更着力地表示出来。《楞伽经》的《偈颂品》,回到了如来藏的本来意义,所以说:"内证智所行,清净真我相,此即如来藏,非外道所知。"④破斥外道所说的我,进而破佛法的无我说,如《大乘入楞伽经》卷七(大正一六·六三

①　参阅拙作《如来藏之研究》第八章(二三九——二四八,本版二一三——二二三)。

②　《大乘密严经》卷中(大正一六·七六五上),又卷下(大正一六·七六八中)。

③　《大乘密严经》卷中(大正一六·七三七下)。

④　《大乘入楞伽经》卷七(大正一六·六三七中)。《入楞伽经》卷一〇(大正一六·五八三上)。

八上)说：

　　"说真我炽然，犹如劫火起，烧无我稠林，离于外道
过。……于诸蕴身中，五种推求我，愚者不能了，智见即
解脱。"

　　以如来藏真我，破斥外道的我，也破佛法所说的无我。以五
蕴中，作五种推求而我不可得，是《中论·观如来品》所说的①。
经上说："蕴中真实我，无智不能知"，如是智者，那就见真我而
得解脱了。有真我的理由，是金银在矿、琴中妙音、地下水、怀
胎、木中火等譬喻②；而最有力的，当然是"内证智所行"的修持
经验了。《密严经》也说："所谓阿赖耶，第八丈夫识，运动于一
切，如轮转众瓶。如油遍在麻，盐中有咸味，……沉、麝等有香，
日月(有)光亦尔……非智所寻求，不可得分别，定心无碍者，内
智之所证。"③阿赖耶识是本净的，名为丈夫识，丈夫是我的异
名。我在哪里？ 如油在麻中，咸味在盐中，光不离日、月一样。
你要分别寻求，是求不到的。除了种种譬喻，就是说修证者所知，
与论师的立场是不相同的。有如来藏(阿赖耶识)我的理由，如理
解些印度神学——奥义书(Upaniṣad)、吠檀多(Vedānta)派所说，
也许会觉得有些共同性的。

　　上面说到：心有质多与汗栗驮不同。阿赖耶识是质多心，如
来藏自性清净心，也还是质多。都可以名为识，所以有"八九种

---

　　①　《中论》卷四(大正三〇·二九下)。
　　②　《大乘入楞伽经》卷七(大正一六·六三七下)。
　　③　《大乘密严经》卷中(大正一六·七三一上——中)。

种识"的话①。《楞伽经》说:"如来、应供、等正觉,性自性第一义心",附注有:"此心,梵音肝栗大。……是树木心,非念虑心。"②这表示了:一方面,从分别思虑的质多心,说到心脏的心,心脏一般是作为分别思虑心的依处;一方面,从一般的心,到达心的深处。通俗的心脏,深彻的真实心,是可以统一的。《楞伽经》说到"普贤如来佛土"③。《密严经》的密严净土,为密宗所推为大日(Mahāvairocana)如来的净土。《密严经》说:"入于无垢月藏殿中,升密严场师子之座。"④这是说,从清净圆满的月轮心,而进入密严(ghana-vyūha)净土。《楞伽经》也说,《楞伽经》宣说者的祖父,是"从于月种生,故号为月藏"⑤,月藏(Soma-gupta)或译为月护。佛从月藏生,与《密严经》意相合。总之,《楞伽》与《密严经》,是在如来藏我的基石上,融摄了瑜伽学——阿赖耶识为依止的唯识学,充实了内容,成为"真常(为依止的)唯心论"。在通俗的譬喻教化下,引向修证,为出现"秘密大乘佛法"的有力因素。

第三节　如来藏与"如来论"

　　如来藏(tathāgata-garbha)说的流行,引起佛教界的广泛回

①　《大乘入楞伽经》卷六(大正一六·六二五上)。《入楞伽经》卷九(大正一六·五六五上)。《大乘密严经》卷中(大正一六·七五九下)。
②　《楞伽阿跋多罗宝经》卷一(大正一六·四八三中)。
③　《大乘入楞伽经》卷三(大正一六·六〇三上)。
④　《大乘密严经》卷上(大正一六·七二三下)。
⑤　《大乘入楞伽经》卷七(大正一六·六三八下)。

响。以"初期大乘"及龙树学解说佛性的,是《大般涅槃经》后出部分。以真如解说如来藏与我,含容如来藏说,而在转染还净中,以虚妄分别识为依止的,是广说唯识的瑜伽派。唯识学为如来藏说者所融摄,成为"真常唯心论"。然代表如来藏说主流的,是《究竟一乘宝性论》等。我在《如来藏之研究》中,已有所说明①。这里略加叙述,及新近理解到的重要意义。

　　代表如来藏说主流的,汉译有一经二论。一、《究竟一乘宝性论》,魏(西元五〇八年来华的)勒那摩提(Ratnamati)译,四卷,坚意(Sthiramati)造。有说是世亲造的,西藏传说是弥勒论。二、《法界无差别论》,唐提云般若译,也是坚意造的。三、《无上依经》,二卷,梁(西元五五五年顷)真谛译。《无上依经》,被编入《胜天王般若经》(梁太清二年,即西元五四八年传来),即《大般若波罗蜜多经》第六会。《究竟一乘宝性论》,有"本论"与"释论"。"本论"偈的内容,所依据的经典,显然可见的是:《大般涅槃经》"前分",《如来藏经》,《不增不减经》,《胜鬘经》,《大集经》的《宝女经》,《如来庄严智慧光明入一切佛境界经》(西元五〇一年初译)。"本论"以体、因、果、业、相应、行——六事,说明如来藏与菩提,显然引用了无著的《大乘庄严经论》;与《大乘庄严经论》的《菩提品》关系极深!《宝性论》立有垢真如(samalā-tathatā),无垢真如(nirmalā-tathatā);转依(āśraya-parāvṛtti);三身——实体身(svabhāvika-kāya),受乐身(sāṃbhogika-kāya),化身(nairmāṇika-kāya);二障——烦恼、智(所知)障(kleśa-

————————

① 　拙作《如来藏之研究》第六章第二节至第四节。

jñeya-āvaraṇa）；二 种（出 世 间）无 分 别 智（dvividha-jñāna-lokôttara-avikalpa）；无漏界（anāsrava-dhātu）等，都是与瑜伽学相合的。但五法、三自性、八识、四智，却没有引用；不取瑜伽学的种子说，不说唯识所现。这可能是学出瑜伽系而自成一派，更可能是如来藏说者引用瑜伽学的法义来庄严自宗。《法界无差别论》以菩提心为主，以十二义来解说。菩提心是菩萨位中，依如来藏而修证圆满的；内容与《宝性论》相通。《无上依经》的组织与内容，与《宝性论》相近，应该是参考过《宝性论》的。信（发菩提心）为种子，般若为生母，定为胎藏，大悲为乳母：在《大乘庄严经论》中，是菩萨善生的因（以福智二聚为胎藏，小异）①。《无上依经》是"为无上菩提作因"②，比《宝性论》为如来藏的因③，似乎要适当些。《无上依经》不取如来藏九喻，如来事业九喻，要接近瑜伽学些，但的确是如来藏说。此外有真谛所译，传为天亲（Vasubandhu）造的《佛性论》，引用瑜伽学的三性、三无性等解说如来藏，但保持如来藏说的立场。真谛译的《摄大乘论释》，引如来藏说去解释《摄论》。这都是折衷说，但由此可以了解，发展中的如来藏说与瑜伽学的关系是很深切的。

　　《宝性论》的主体是四法，"佛性，佛菩提，佛法及佛业，诸出世净人，所不能思议"④。四法是：佛所依止的因——界；圆满证得的（无上）菩提；佛所圆满的一切法，也就是功德（guṇa）；利益

---

① 《大乘庄严经论》卷一（大正三一·五九三中）。
② 《无上依经》卷上（大正一六·四七一上）。
③ 《究竟一乘宝性论》卷三（大正三一·八二九中）。
④ 《究竟一乘宝性论》卷四（大正三一·八四六下）。

众生的事业（karman）。《无上依经》也这样说："如来希有不可
思议。所以者何？为界为性不可思议，为菩提为证得不可思议，
为功德为法不可思议，为利益为作事不可思议。"①《宝性论》初，
归依三宝，而以佛为究竟归依处。这是《论》的序分，"释论"以
三宝为佛性、佛菩提、佛法、佛事业，合称"七种金刚句"。四法
中，佛性——佛界，是如来藏异名，是佛所依因；一切众生有此如
来界，所以众生都能成佛。是一切众生所有的，只是凡圣差别，
有不净、有（不净中）净、有究竟清净，而本性是没有差别的。佛
界，可说是约众生因位说；如依此而成佛，那么菩提是佛体，佛法
是佛的功德，佛业是利益众生的业用，列表如下：

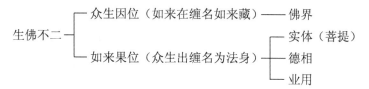

　　"佛性"章，说明"一切众生有如来藏"，"为烦恼所缠覆"。
如来藏是依什么说的？《究竟一乘宝性论》卷三（大正三一·八
二八上——中）说：

　　　　"法身遍，无差，皆实有佛性：是故说众生，常有如
　　来藏。"
　　　　"一切众生界，不离诸佛智；以彼净无垢，性体不二故；
　　依一切诸佛，平等法性身：知一切众生，皆有如来藏。"

---

　　① 《无上依经》卷上（大正一六·四六九中）。

上引偈颂,依梵本,"一切众生界"偈在前,是"本论";"法身遍无差"偈在后,是解释"本论"的"释论"。一切众生有如来藏,《论》依三义来解说:一、佛法身遍在一切众生身中,所以众生不离如来智慧。二、真如是清净无差别,佛与众生,无二无别。三、平等法性身,梵本为佛种性(buddha-gotra),是众生确实有的。依此三义,所以经上说"一切众生有如来藏"。三义,只是一事的三方面说明:从佛法身说到遍在众生身中,是法身义;从众生说到佛性,是种性义;众生与佛平等无差别,是真如义。真如无差别义,是瑜伽学所同说的。依法身遍一切处,说众生具有如来智慧;因为众生有如来藏,所以能厌苦乐求涅槃。法身与佛种性——二义,显然的与瑜伽学不同。如来藏在缠的九种譬喻,解说为"众生贪嗔痴、妄想烦恼等,尘劳诸垢中,皆有如来藏"①:覆障如来藏的,约烦恼说。说如来藏有不净、(不净中)有净、善净——三类,就是众生、菩萨、佛。不净是生死众生;生死依如来藏而有,如《究竟一乘宝性论》卷三(大正三一·八三二下)说:

> "地依于水住,水复依于风,风依于虚空,空不依地等。如是阴界根处,住烦恼业中;诸烦恼业等,住不善思惟;不善思惟行,住清净心中;自性清净心,不住彼诸法。……净心如虚空,无因复无缘。"

"阴界根"是报得的身心自体,依于业及烦恼而有;烦恼从不善思惟(ayoniśo-manasikāra)而起。这都是依于清净心——如

---

① 《究竟一乘宝性论》卷四(大正三一·八三七上)。

来藏,如地、水、风的依于虚空一样。杂染生死——惑、业、苦,依于如来藏,如来藏却不依生死,所以自性清净心是不受染污的。"净心如虚空,无因复无缘",如来藏是无所依住的。这与《维摩诘所说经》的"无住为本"、"无住则无本"、"从无住本立一切法"的意义相合①。依《论》义,生死烦恼等依自性清净心,却不是清净心所生的,《佛说无上依经》卷上(大正一六·四六九中)也说:

> "一切众生,有阴界入胜相种类,内外所现,无始时节相续流来,法尔所得至明妙善。……是法不起无明;若不起无明,是法非十二有分支缘起。"

《经》说如来界是众生法尔所得的至明妙善,不是无明等十二有支生起的因缘,所以如来藏为依为住而有生死,却不能说如来藏——"真如生无明"等的。

"佛界"是一切众生具有的如来藏,是佛的因依。"佛菩提"明佛体,以实体、因、果、业、相应、行、常、不思议——八义来说明。"佛德"是十力、四无所畏、十八佛不共法、三十二相,是依《宝女经》说的。"佛业"是利益众生的事业,举九种譬喻:毗琉璃宝地,天鼓,大云雨,大自在梵天王,日轮,如意宝珠,响,大地,虚空。譬喻中,有帝释、大自在天的比喻,可能会使人感到神与佛同样的不可思议。这九喻,是引用《如来庄严智慧光明入一切佛境界经》的。

---

① 《维摩诘所说经》卷中(大正一四·五四七下)。

　　初期的大乘经中,都说一切法空寂。为什么不说空而说一切众生有如来藏呢?"本论"提出了五点解说。一、心性下劣的"有怯弱心",觉得佛道难行,心生退怯,如知道自心本具如来藏,就能精进不退了。二、修学大乘法的,容易"轻慢诸众生",总以为自己比别人殊胜。如知道如来藏是一切众生所同具的,那就应该像常不轻(Sadāparibhūta)菩萨那样,逢人就说:"我不敢轻于汝等,汝等皆当作佛"了①。这二义,是针对大乘行者说的。三、"执著虚妄法":小乘学者分别蕴处界等自性,执虚妄法是有而不能说没有的。如知道如来藏为依,而有生死与涅槃,就不会执著虚妄法事相了。四、小乘行者以为,成佛是非常希有的,多数人(或少数人)是不能成佛的,这是说没有佛性——成佛可能性的,是"谤真如佛性"。如知道依真如说佛性,佛性是一切众生平等共有的,就不会谤真实法了。这二义,是针对小乘人(一分通于瑜伽学)说的。五、"计著有神我",这是一般人,特别是外道。如《楞伽经》说:"为断愚夫畏无我句","开引计我诸外道","为离外道见故,当依无我如来之藏"②。不说一切法空而说如来藏的理由,"本论"所说的五义,是相当正确的!"释论"却专在如来藏学上说,失去了适应众生的对治、鼓励、诱化的善巧方便③!

　　《究竟一乘宝性论》与《无上依经》,没有得到中国佛教界的重视,然在印度佛法演化史中,是值得重视的。"一叶落而知

---

①　《妙法莲华经》卷六(大正九・五〇下)。

②　《楞伽阿跋多罗宝经》卷二(大正一六・四八九中)。

③　《究竟一乘宝性论》卷四(大正三一・八四〇中——下)。

秋"，《宝性论》与《无上依经》的出现，暗示了印度佛教冬季的迅速来临。一、"佛法"着重于现实的理解，惟有认清问题，才能解决问题。以缘起法为依止，成立生死集与灭。在修行的前提下，多说惑业苦与戒定慧；对究竟理想的涅槃，点到为止，这是证知而不可以言说、表征的，多说是会引人想入非非的。这是以"众生"——人类为本的佛法。"大乘佛法"出现，以悟入无生法忍、得阿毗跋致——不退转为重点，所以说一切法本不生，一切法本性空，一切法本清净等，而广说菩提心、六度、四摄等行门：这是以"菩萨"为主的。虽然《华严经》以毗卢遮那佛为主，说华严世界，而全经还是以菩萨行为主，《入法界品》明善知识的大行。《法华经》开迹显本，而《安乐行品》所说，也是一般菩萨行。佛法是甚深的，菩萨道不易！大乘后期的如来藏说，点出众生身中本有如来藏，使"心怯弱"与"执神我"的众生能坚定学佛的信心。众生本有如来智慧，众生界与法身不二，缩短了人与佛之间的距离。《无上依经》与《宝性论》，就是以如来藏说综贯有关的经典，组成"佛界、佛菩提、佛法（功德）、佛业（义利）"，是佛——"如来"为主的。此后的"秘密大乘佛法"，就是以如来（不是人间的佛）为主的佛法，所以如来藏说的一经一论，可说是秘密佛教的先声。二、《无上依经》与《宝性论》，以"界"、"菩提"、"法"、"业"（义利）为四大主题。在"秘密大乘"中，立四种曼陀罗（maṇḍala）：大曼陀罗、三昧耶曼陀罗、法曼陀罗、业曼陀罗，有四印（mudrā）：大印、三昧耶印、法印、业印，第三与第四都名为"法"与"业"，与《宝性论》等相合。金刚界（vajra-dhātu）有四大品：金刚界、降三世、遍调伏、一切义成就，第一是"界"，第四是"义"(利益)成就,也是相合的。这不是巧合,是以"如来"为主的四义组合,与"界"、"菩提"、"法"、"业"的内容与次第,有一定程度的契合。不过一经一论的内容,对"秘密大乘"来说,还在孕育发展的雏形阶段。三、《究竟一乘宝性论》,依《大唐内典录》说:"一(名)宝性分别七大乘增上论。"①梵本论名为:Mahāyāna-uttaratantra-śāstra。mahāyāna 是大乘。uttara 是上、胜、超出等意义。tantra 音译为怛特罗,大部分秘密教典,不称为经(sūtra)而名为怛特罗,或意译为"续"。怛特罗是印度固有名词,在佛教中,是秘密教典的专用名词。想不到以"界"、"菩提"、"法"、"业"为主题的"如来论",已首先使用这一名词了!所以这一如来藏主流思想的经论,承先启后,占有佛教思想转型期的重要地位!

---

① 《大唐内典录》卷四(大正五五·二六九中)。

第九章　瑜伽·中观之对抗与合流

第一节　瑜伽与中观论师

　　西元四五五年,鸠摩罗笈多王去世,笈多王朝也走向衰落。由于从北方来的白匈奴——哒不断侵入,丧失了西北印度,进而危害中印度。哒的入侵,使北印度的佛法受到了惨重的破坏。北魏的宋云与惠生奉使去印度,时为西元五一九——五二一年。那时的乾陀罗,为哒所征服,"已经二世"①。唐玄奘西游,西元六三〇年顷,经过北印度,所见佛教的衰落情况,及摩醯逻矩罗——弥罗崛(Mihirakula)王的灭法传说,都与哒的侵入破坏有关②。笈多王朝外患严重,内部也告分裂,东北摩竭陀、西南摩腊婆的分立,王朝越来越衰落了。然摩竭陀那烂陀(Nālandā)寺的兴建,对佛教的影响极大。依义净《大唐西域求法高僧传》说:"那烂陀寺,乃是古王室利铄羯罗昳底,为北天苾

---

　　① 《洛阳伽蓝记》卷五(大正五一·一〇二〇下)。
　　② 参阅拙作《北印度之教难·弥罗崛的灭法》(《佛教史地考论》三一一——三二一,本版二〇五——二一一)。

刍曷罗社槃所造。此寺初基,才余方堵。"①玄奘所传:那烂陀寺
是六王次第兴建,才成为八寺合一的大寺。六王是:帝日——铄
迦罗阿迭多(Śakrāditya),觉护——佛陀毱多(Buddhagupta),如
来护——怛他揭多毱多(Tathāgata-gupta),幻日——婆罗阿迭多
(Bālâditya),金刚——伐阇罗(Vajra),戒日——尸罗阿迭多(Śi-
lâditya)②。首创者铄迦罗阿迭多,可能就是鸠摩罗笈多的儿子
塞建陀笈多(Skandagupta)。那时,在梵文学复兴,印度传统宗
教复兴的机运中,因无著、世亲的弘扬瑜伽大乘,大乘的论学急
剧开展,那烂陀寺的建筑越大,那烂陀寺论议的学风也越来越兴
盛了! 玄奘传说:"五印度境,两国重学:西南摩腊婆国,东北摩
揭陀国,贵德尚仁,明敏强学。"③义净说到"西方学法","多在
那烂陀寺,或居跋腊毗国。……英彦云聚,商榷是非"④。摩腊
婆是南罗罗(Lāṭa),伐腊毗(Valabhī)是北罗罗,两国的"风俗人
性"相同,是正量部流行的地区。弘扬如来藏说的坚慧,在这里
(信仰"不可说我"的教区)造论。义净说:"难陀……在西印度,
经十二年,专心持咒。……可十二千颂,成一家之言";道琳"向
西印度,于罗荼国,……重禀明咒"⑤。西印度的罗荼,就是北罗
罗。这里的学风,与摩竭陀是多少不同的⑥。无著、世亲引起的
重论学风,一直延续下去。笈多王朝衰落时,王室都崇仰大乘,

———————————

① 《大唐西域求法高僧传》卷上(大正五一·五中)。
② 《大唐西域记》卷九(大正五一·九二三中——下)。
③ 《大唐西域记》卷一一(大正五一·九三五下)。
④ 《南海寄归内法传》卷四(大正五四·二二九上)。
⑤ 《大唐西域求法高僧传》卷下(大正五一·六下——七上)。
⑥ 真谛三藏是优禅尼人,毗邻伐腊毗。真谛所传的唯识学,有沟通如来藏说
的趋向,也介绍正量部,疑与西部学风有关。

所以那烂陀寺不断地增建。西元六世纪,中印度有伐弹那(Vardhana)王朝兴起。传到曷利沙伐弹那(Harṣavardhana)——戒日王在位(西元六〇六——六四八年)时,以武力统一了中印度,西北印度的部分地区。尊重佛法,奖励文学,在印度历史上,是一位难得的名王。戒日王去世,印度又陷于各自为政的局面。玄奘(西元六二九——六四四年)与义净(西元六七一——六九五年)在印度所见到的,"大乘佛法"似乎还算兴盛,但已不如从前了。西元六九〇年,波罗(Pāla)王朝成立,历代都信仰佛教。达磨波罗(Dharmapāla)王建立了比那烂陀寺更伟大的超行寺(Vikramaśīla),合百零八院为一大寺,但重于"秘密大乘",讲说的大乘论义已成为附庸了。

无著与世亲,仰推弥勒而创开瑜伽行派,以中印度(后来以那烂陀寺为中心,引起佛教界的深远影响。世亲以后,除了瑜伽行派的不断发展,中观派也应时而复兴起来。瑜伽与中观二派,相互对抗,又都是内部分化。大乘论义的非常发达,从世亲以后到西元七〇〇年,约有二五〇年的兴盛。

瑜伽行派:世亲门下,知名的大德不少,主要有安慧、陈那、德光。一、安慧是南印度人,传说前生是听世亲说法的鸠鸟,鸠鸟死后,生在人间,七岁就来摩竭陀,从世亲受学。安慧为世亲的《俱舍论》作释,名《俱舍论实义释》。玄奘传说:为了《顺正理论》的难破《俱舍》,所以将《大乘阿毗达磨集论》及师子觉(Buddhasiṃha)的注释糅合而成《阿毗达磨杂集论》,以申张《俱舍》的正理。安慧的门下,如满增(Pūrṇavardhana)也有《阿毗达磨俱舍广释随相论》的著述。安慧又有(与《阿毗达磨集论》有关的)《五蕴论释》,就是玄奘所译的《广五蕴论》。这样,西藏说他传世亲的阿毗达磨,可说也有部分意义。其实,安慧的著作,还有依据《瑜伽论·摄决择分》,作古《宝积经》释,就是菩提流支所译的《宝积经论》。为世亲的《大乘庄严经论释》作广释;《唯识二十论释》、《唯识三十论释》,现在都存有梵本。安慧作龙树《中论》释,赵宋惟净等译出,名《大乘中观释论》。依西藏的传说,安慧是世亲弟子,与德慧同时;玄奘的传说,安慧是德慧的弟子。安慧属于世亲的学系,是无疑的事实,但西藏的传说是不足信的。不但传说的故事——鸠鸟与七岁就到远地受学,充满了神话与传奇的成分,而安慧的《中论释》,已评论到清辨的《般若灯论》。清辨与护法同时,而护法是陈那的弟子。安慧造(《中论释》)论的时代,一定是在西元六世纪中。安慧是不可能亲受世亲教导的,所以玄奘说他是德慧的弟子,似乎更合理些。德慧也有《唯识三十论》的注释与《中论释》;所作《俱舍论》的部分注释,就是真谛译的《随相论》。德慧的学风,与安慧的确是相近的。二、陈那,南印度人,依犊子部出家。传说不满犊子部的"有我"说,离开了来亲近世亲。曾在东(南)方欧提毗舍(Oḍiviśa)的岩洞中专修;后应那烂陀寺众的邀请,来那烂陀寺,广破外道。在那烂陀寺,著作了阿毗达磨的《俱舍论释》;唯识的《观所缘颂释》,玄奘译为《观所缘缘论》;般若的《佛母般若摄颂》,赵宋施护(Dānapāla)译出,名《佛母般若圆集要义论》。还有有关因明的《因明正理门论》,玄奘译;《因轮决择论》等。玄奘所译商羯罗主(Śaṅkarasvāmin)的《因明入正理论》,西藏传说也是陈那造的。陈那再回到欧提毗舍,将有关因明的种种论义,汇集而成著名的《集量论》。陈那的门下，护法是南印度人，从世亲的弟子法使（Dharmadāsa）出家，后来从陈那受学。护法曾主持那烂陀寺，在金刚座（大觉寺）说法三十多年，著作有：《唯识三十论释》；《二十唯识论释》，唐义净译，名《成唯识宝生论》；注释提婆的《瑜伽行四百论》颂，玄奘译出后二百颂释，名《大乘广百论释论》。护法门下，人才济济，如胜友（Viśeṣamitra）、最胜子（Jinaputra）、智月（Jñānacandra），都有《唯识三十论》的注释。玄奘去印度时，为那烂陀寺众尊称为"正法藏"的戒贤，也是护法的弟子，是玄奘求学"瑜伽"的老师①。亲光（Bandhuprabha），可能是戒贤的弟子。戒贤与亲光，都有《佛地经》的释论；玄奘译的《佛地经论》，作"亲光等造"。戒贤还有一位在家弟子——胜军（Jayasena），年青时曾从安慧学。玄奘曾从胜军修学了两年，《唯识决择论》可能是胜军所造的。陈那下护法一系，是重在"唯识"的。陈那的另一弟子，是自在军（Iśvarasena），受学陈那的因明。南印度的法称（Dharmakīrti），精通世间的学问。到摩竭陀来，从护法出家修学。后来从自在军听讲陈那的《全因明要集》，一再听受，发觉陈那所说的还有可以改进的地方，自在军就鼓励法称为陈那的因明作注释。法称到处破斥外道，后到频陀耶山区专心著作，作了七部量论——《量论评释》，《定量论》，《正理一滴论》，《因一滴论》，《观相属论》，《成他相续论》，《论诤正理论》。法称的著作，成为量论的权威，得到很多学者

---

① 窥基传说，护法年三十二就死了。然从护法的不少著作，济济多士的不少弟子，及玄奘与义净都说他著有《杂宝声明论》二万五千颂的事实看来，窥基的传说是不宜采信的！

的研究与注释。法称等,是陈那下重因明的一系。三、德光,摩偷罗(Mathurā)或说秣底补罗(Matipura)人,从世亲修学大乘。留意于僧伽的清净,特重毗奈耶,有《毗奈耶分别文句注》、《律经》与《律经释》等,是依《根本说一切有部律》的。玄奘门下,不满意德光而有所讥刺①,然从佛法来说,是一位末世难得的律师。

中观派:龙树系的中观派,早期传入我国的,知道龙树、提婆、罗睺罗跋陀罗(Rāhulabhadra)的次第传承。如依梁真谛所传,罗睺罗跋陀罗已与如来藏说相结合;其他的传承,就不知道了。据西藏所传,与世亲同时代,中印度有名叫僧护(Saṃgharakṣa)的,据说是从罗睺罗蜜多罗(Rāhulamitra)的弟子龙友(Nāgamitra)处受学的;而罗睺罗蜜多罗就是罗睺罗跋陀罗的弟子。僧护与世亲同时(推定为西元三六〇——四四〇年),当然不可能是西元二世纪中造《修行道地经》的僧护。罗睺罗蜜多罗与龙友,事迹不详,在西元三、四世纪间,龙树学显然是相当衰落了!僧护有两位著名的弟子,佛护与清辨,清辨或译为"分别明"。佛护,南方人,从中印的僧护受学,著有《根本中论释》,后来回南方去弘法。佛护的弟子莲华觉(Kamalabuddhi),再传弟子月称(Candrakīrti),南方萨曼多(Samanta)人,在南方出家,从莲华觉受学龙树宗义,曾任那烂陀寺座主,是一位卓越的中观学者!他注释龙树论,如《根本中明句论》、《六十如理论释》、《七十空性论释》;又注释提婆的《四百论》——《瑜伽行四百论广释》;又依

---

① 《大唐西域记》卷四(大正五一·八九一中——下)。

《十地经》，作《入中论》（于六地中广破瑜伽学派），有法尊的译本。这一学系，后为西藏学者所推崇。清辨，生于南印度王族。出家后，来中印度，从僧护听受大乘经及龙树的论义。回到南方，造《中论》的注释，名《根本中般若灯论》，唐波颇蜜多罗（Prabhākaramitra）译，名《般若灯论释》。清辨又造《中观心论》与注释《中观心思择焰论》；《大乘掌珍论》，玄奘译，藏译本缺。清辨在南印度，常随比丘有一千多人，法门是相当兴盛的①！弟子三钵罗多陀（Sampraduta），再传室利崛多。室利崛多的弟子智藏（Jñānagarbha），欧提毗舍人，著《分别二谛论》，在东方——滿伽罗（Baṅgala）地方，宣扬清辨的宗风。后来有观誓（Avaloki-tavrata），著《般若灯论》的"广释"。佛护与清辨不知道龙树的《大智度论》、《十住毗婆沙论》，只是依龙树《中论》等五论、提婆的《四百论》等颂文，研求弘扬，可称为后期的龙树学。因为对立破的意见不同，渐分成二系，后来称佛护系为"随应破派"（Prāsaṅgika），清辨系为"自立量派"（Svātantrika）。近于"随应破派"的中观者，还有寂天（Śāntideva），为南印度的搜罗史吒（Saurāṣṭra）王子。为了避王位而到东印度，在般遮摩僧诃（Pañcama-siṃha）王处协助国政多年，才到那烂陀寺，从胜天（Jayadeva）出家。胜天是护法以后，继任那烂陀寺座主的，所以寂天应该是西元六、七世纪间人。据说寂天从文殊闻法，编集了《学处要集》、《诸经要集》、《入菩萨行论》（颂）。寂天在那烂陀寺，平时表现得懒散、懈怠，所以并不受人尊敬。但在一次诵经

_____

① 多氏《印度佛教史》（二〇六）。

大会中,寂天诵出了《入菩萨行论》,这是从来没有听说过的,这才引起会众的尊崇。后来,寂天到羯馂伽(Kaliṅga)去住。末后,他舍弃了出家身份(过在家人的生活),修秘密行。寂天的《入菩萨行论》,以发心、六度、回向为次第。《学处要集》与《诸经要集》,也是以行持为目,广引大乘经,也引"阿含"与"陀罗尼"来说明。在论师们专心思辨论诤的时代,显然地表示了厌倦烦琐思辨而重视实践的学风。寂天的思想,也还是属于中观派的。这三部论,我国赵宋时都已译出。《学处要集》,法护、日称等译,名《大乘集菩萨学论》,题作"法称造"。《诸经要集》,就是法护、惟净等译出的《大乘宝要义论》。《入菩萨行论》,天息灾译出,名《菩提行经》,题作"龙树集颂"。三部论都译出,竟没有传出寂天的名字! 也许是寂天的思想,诱导学者重于实行,为学众所接受,而义理方面,没有独到而不成学派的关系吧!

无著、世亲以来,以中印度,主要是以那烂陀为中心的"大乘佛法",也可说相当的隆盛。在知名的大德中,依多氏《印度佛教史》所载,有一反常的现象,那就是几乎没有摩竭陀人。最多的是南印度人:瑜伽行派中,如安慧、陈那、僧使、德慧、护法、法称;中观派中,如佛护、清辨、月称、观誓、寂天。如加上龙树、提婆、龙叫(Nāgāhvaya)或译龙猛①,重要的大乘论师,无著、世亲以外,几乎多数是南印度人了。摩竭陀以东,及东南欧提毗舍(今 Orissa,《大唐西域记》属南印度)的,瑜伽行派有法使、优婆

---

① 龙叫,就是《楞伽经·偈颂品》所说的龙猛。多氏《印度佛教史》,说龙叫阐明"唯识中道",其实是如来藏说。《印度佛教史》作者多罗那他,属"觉囊巴派",是依《如来藏经》、《入楞伽经》等真常唯心论,自称唯识中道。

塞月官（Candragomin）与无性（Asvabhāva）；中观派有室利崛多、智藏、寂护、师子贤等。时代迟一些的，瑜伽、中观的综贯者，多在东方，这是后来中观与"秘密佛法"结合的重要原因。德光是中印度（偏西）的摩偷罗人，在迦湿弥罗弘法。波罗王朝时期，北方的迦湿弥罗与乌仗那，佛法还在流行，但已多数是秘密行者了。在这三百年中，在家优婆塞而主持佛法，可能出身于婆罗门族的，也多起来了。如法显（西元五世纪初）于巴连弗邑见"大乘婆罗门子，名罗汰私婆迷"，"举国瞻仰，赖此一人弘宣佛法"[1]；《方等泥洹经》（与《大般涅槃经》前分同本），法显就是在此地得到的。西元七世纪上半，玄奘在砾迦国（Takka），见"七百岁婆罗门，……停一月，学经、百论、广百论"[2]；从（西印度人）"居士胜军论师，……首末二年，学唯识决择论"等[3]。瑜伽行派的月官、无性，都是在家优婆塞[4]。大乘菩萨道，本重于在家者的遍及各阶层，普化人群。在家而弘法的人多了，在印度，不免受到印度传统文化——印度神教的影响。"秘密佛教"中，更多的以在家身份主持教法，应该是与此有关的。

第二节　瑜伽学的发展

　　无著、世亲以后，瑜伽行派中，大乘不共的唯识学，着重于世

---

[1]　《高僧法显传》（大正五一·八六二中）。
[2]　《大唐大慈恩寺三藏法师传》卷二（大正五〇·二三二上）。
[3]　《大唐大慈恩寺三藏法师传》卷四（大正五〇·二四四上）。
[4]　本节人地事迹，多参考多氏《印度佛教史》第二十三章——二十六章（寺本婉雅日译本一九一——三〇三）。

亲《唯识三十论》(及《唯识二十论》)的阐扬。依唐玄奘所传,为世亲《唯识三十论》(颂)作注释的,有十家:护法(Dharmapāla),德慧(Guṇamati),安慧(Sthiramati),亲胜(Bandhuśrī),难陀(Nanda),净月(Śuddhacandra),火辨(Citrabhāna),胜友(Viśeṣamitra),最胜子(Jinaputra),智月(Jñānacandra)。《成唯识论述记》说:亲胜与火辨,是世亲同时代的人。安慧是德慧的弟子,净月与安慧同时。护法出于世亲之后;胜友、最胜子、智月,都是护法的弟子①。玄奘所出的《成唯识论》,是以护法说为主,杂糅十家的注释,代表当时的那烂陀寺戒贤一系,集当时唯识学的大成。《唯识三十论》的十家注释梵本,传来中国的已失去了。安慧的《唯识三十释》,有梵本与西藏译本。近有香港霍韬晦的译注本,名《安慧〈唯识三十释〉原典译注》。陈真谛译的《转识论》,是《唯识三十论》释的一本,不知作者是谁,也许是十家注的一种。

传下来的唯识学,有不少的异义。从前,传入中国内地的,有菩提流支所传的地论系、真谛所传的摄论系、玄奘所传的法相(唯识)系,引起了相宗新旧不同的论诤。西藏所传的唯识学以安慧说为主,与玄奘所传的以护法说为主,见解不同,因而有人要分别"唯识古学"与"唯识今学"②。要论述唯识思想的同异,有几点是应该先确认的:一、唯识学是以《瑜伽师地论·本地分》——《十七地论》为根本的。十七地中,以"五识身地"、"意地"为先,表示了一切以心识为主的佛法。关于"心意识",如

① 《成唯识论述记》卷第一本(大正四三·二三一下——二三二上)。
② 吕澂《安慧三十唯识释略抄》(《内学》第三辑——五——一二〇)。

《瑜伽师地论》卷一（大正三〇·二八〇中）说：

> "心，谓一切种子所随依止性，所随依附依止性；体能执受，异熟所摄阿赖耶识。意，谓恒行意，及六识身无间灭意。识，谓现前了别所缘境界。"

唯识学的主要内容，如心、意、识——八识；种子与熏习；转依，《本地分》都已明白地说到。论是弥勒所传，是唯识学所公认的。二、唯识学是在发展中完成的：如种子，《瑜伽论》说因有七义；《摄大乘论》精简为种子六义，所熏四义；《成唯识论》更增立能熏四义①。如成立阿赖耶识，《摄决择分》以八相来证明；《摄大乘论》说得严密些；《成唯识论》引（阿含）经，又以十理成立非有阿赖耶不可②。又如恒行意，《瑜伽论》点到为止；《摄大乘论》成立非别有末那（manas）不可；《成唯识论》说得更详细③。唯识学，是瑜伽行者以修验——唯识所现的信念，与"一类经为量者"的细心受熏持种说，合流而形成的；由浑而划，由简而详，是论师们论究的成就。三、无著与世亲，有异义与新义的成立：如无著的《大乘庄严经论》，依《瑜伽·本地分》，立本有与新熏所成——二类无漏种子；《摄大乘论》却依《摄决择分》，立"出世心……从最清净法界等流正闻熏习种子所生"——无漏种子新

①　《瑜伽师地论》卷五（大正三〇·三〇二中）。《摄大乘论本》卷上（大正三一·一三五上）。《成唯识论》卷二（大正三一·九中——一〇上）。

②　《瑜伽师地论》卷五一（大正三〇·五七九上——下）。《摄大乘论本》卷上（大正三一·一三五中——一三七上）。《成唯识论》卷三·四（大正三一·一五中——一九上）。

③　《瑜伽师地论》卷一（大正三〇·二八〇中）。《摄大乘论本》卷上（大正三一·一三三下——一三四上）。《成唯识论》卷五（大正三一·二四下——二六上）。

熏说①。如《大乘庄严经论》，随顺经部，心所是心的分位差别；
但《摄大乘论》等，又说心与心所相应了②。《瑜伽论》等都说有
五色根，而世亲的《唯识二十论》，为了成立（认识论的）一切唯
识，别立新义："识从自种生，似境相而转，为成内外处，佛说彼
为十。"③这是说"似色现识"——如眼识"从自种子"生，名自种
子为"眼处"了。陈那《观所缘缘论》也说："识上色功能，名五根
应理。"④论师们对唯识义的阐明，可能有不同的异义。即使是
为"本论"作释，有相当见地的论师们，不一定依文作释，总是
决择、会通（甚至修改原文），使论义更精确、更圆满的。所以
论究唯识，唯识的不同派系，应从论师的依据不同、思想不同
去理解！

　　说到"唯识"，梵语有二：一、vijñāna-mātratā：vijñāna，是眼
识、耳识等识。二、vijñapti-mātratā：《大乘庄严经论》以来，到《唯
识二十论》、《唯识三十论》，都使用这一术语；元魏菩提流支以
来，到玄奘、义净，都一致地译为"唯识"。vijñapti，就是表色
（vijñapti-rūpa）、表业（vijñapti-karman）的表，那 vijñapti-mātratā
一词，为什么大家不译为"唯表"，而一致译为"唯识"呢？玄奘
所译的《唯识三十论》中，"尔时住唯识"，及安慧释"非实住唯
识"，梵本也不是唯表，而是 vijñāna-mātratā——"唯识"。又如

　　①　《大乘庄严经论》卷一（大正三一·五九四中——下）。《摄大乘论本》卷上
（大正三一·一三六中——下）。
　　②　《大乘庄严经论》卷五（大正三一·六一三中）。《摄大乘论本》卷上（大正
三一·一三三下）。
　　③　《唯识二十论》（大正三一·七五中）。
　　④　《观所缘缘论》（大正三一·八八八下）。

《唯识二十论》,论题的"唯识",梵语是 vijñapti-mātratā——唯表;而世亲长行说:"安立大乘三界唯识,以契经说三界唯心;心、意、识、了(别),名之差别。"①心、意、识、了,虽然名称不同,而意义是一样的。心、意、识的识,当然是 vijñāna;论题 vijñapti,而以 vijñāna 来解说。vijñāna 与 vijñapti——二词,应有一定程度的共同性! 在我国文字中,"表"与梵语的 vijñapti,意义并不一致。"表业",或解说为"表示自心令他知故"②。依佛法说:表业是思心所为主的内心,表现于身、语的行为,所以身、语行为,依内心而有善恶的差别。表——vijñapti 不是别的,是内心(思等)的表现出来。如经上说:"愚夫希欲,说名为爱;爱所发表,说名为业。"③表是心的表现,如将心识(思等)离去,那"表"就根本不能表示 vijñapti 的意义。总之,vijñapti-mātratā 的意义,是唯识表现,也就是"唯识现";古译为"唯识",正是三界唯心、万法唯识(所现)的意思。大乘唯识学,正为了阐明这一意义,如《摄大乘论》卷中(大正三一·一三八下)说:

> "安立如是诸识成唯识性,略由三相:一、由唯识,无有义故。二、由二性,有相、有见二识别故。三、由种种,种种行相而生起故。"

唯识的基本意义,是一切唯识现,没有外境义的存在。然唯识并非只有心识,而是表现为(能)见、(所)相二分的。"种

---

① 《唯识二十论》(大正三一·七四中)。
② 《阿毗达磨顺正理论》卷三三(大正二九·五三一下)。
③ 《阿毗达磨大毗婆沙论》卷一一二引经(大正二七·六三四下)。

种”，古人解说不一，依《摄论》，是意识遍缘一切而起种种行相。依《摄论》所说“缘起”与“缘起所生法相”来说：缘起是阿赖耶识与转识的互为因缘，着重种子识的变现，就是“唯识”义；缘起所生法相是“彼转识相法，有相、有见，识为自性”，着重于现行识变，就是“二性”义。所以说“唯识”，说“二性”，并不是矛盾对立而都是成立唯识的。无著的《大乘庄严经论》，也是这样。《论》中没有明说第八识的名字（世亲的解释中有），只说“自界”、“种子”、“熏聚”（dauṣṭhulyakāya——粗重身），着重于从（杂染的）种习而现光一切，是“唯识”义。《论》上又说：“所取及能取，二相各三光；不真分别故，是说依他相。”①所取与能取，都是依他起相（paratantra-lakṣaṇa），那是有见有相的“二性”了。依无著的论书，可见无著的唯识说：种子识变现一切，一切“唯识”，是依“因果”说的。“余（阿赖耶识以外的）一切识，是其相识；若意识识，若所依止，是其见识。”②唯识的“二性”义，是依“能所”（认识论）说的。在无著的唯识说中，“唯识”与“二性”，是意义相顺而不是别异的。

　　无著的唯识说，从阿赖耶种子识所生的一切，说见说相，而阿赖耶识的见相，却没有明说，这是值得考虑的！世亲的《唯识三十论》，就是在无著唯识说的基础上，接受《瑜伽论》之《本地分》的“心意识”说；《摄决择分》（《解深密经》的《心意识相品》）的赖耶所缘，及阿赖耶识了别色根、习气及器世间说③，立三类

---

① 《大乘庄严经论》卷四（大正三一・六一三下）。
② 《摄大乘论本》卷中（大正三一・一三九上）。
③ 《瑜伽师地论》卷五一（大正三〇・五七九下——五八〇上）。

识变：阿赖耶识转变，末那转变，前六识转变。约三类现行识来说明唯识，这是世亲不同于无著论的要点所在。《唯识三十论》说识的转变（pariṇāma），先说三类识。第一，"阿赖耶识、异熟、一切种"，是阿赖耶识的（含得因果）"自性"。"不可知、执受、处、了"，是阿赖耶识的"所缘"（与"行相"）。"与触"等，是阿赖耶识的"相应"（《瑜伽论》作"助伴"）。《三十论》先说三类识的"自性"、"所依"、"所缘"、（心所）"相应"、善不善等"性"、苦乐等"受"、生起与不起（暂时的或舍离）等，然后说唯三类识的变现，如《唯识三十论》（大正三一・六一上）说：

> "是诸识转变，分别所分别，由此彼皆无，故一切唯识。"
> "由一切种识，如是如是变；以展转相互力故，彼彼分别生。"

《唯识三十论》，以"唯识无义"为主题。上一颂的"诸识转变"，是分别（vikalpa），依此而起所分别（vikalpita）；所分别是非实有的，"故一切唯识"所现。这是与《辩中边论》相同的，如"虚妄分别"，是三界的心心所法，是依他起相，是"有"的。与分别相对立的所分别——境；或依虚妄分别而引起的二取——能取与所取，是遍计所执相，是没有的。依他起有的，是心心所法——分别；《三十论》也说依他起性是"分别，缘所生"。第二颂，明种子识与前七识互相熏生，为三类分别——识生起不断的因，与《摄论》等相同。有分别"识"而没有所分别的"义"，《唯识三十论》（及《辩中边论》）可说是极端的"唯识无义"说。《唯识三十论》的研究者与注释者,也要注意到,《摄大乘论》的"由二性"成立唯识;《庄严经论》的"所取及能取,……是说依他起"。对古师的论典,不但要了解它,还要会通、决择、发展,所以对《唯识三十论》的"唯识"义,虽同样的依现行识变说,而意见是不能一致了!

关于唯识——心、境有无的见解,玄奘门下所传,共有四说,如《成唯识论述记》卷三本(大正四三·三二〇下)说:

> "安慧立唯一分,难陀立二分,陈那立三分,护法立四分。"

安慧是一分说。近见《安慧〈唯识三十释〉原典译注》,的确是唯有分别,无有所分别的一分说。其实,说一分的,可以有"分别"与"所分别"的一有一无,及"虚妄分别有,于此二都无"的一有二无,不过思想是相通而一致的。有一·二·三·四——四说不同,是可信的;而奘门所解,多少有点揣测,可能由于玄奘所译《成唯识论》是杂糅而成的。在说明"唯识"时,以(护法说)陈那三分说为主的,如《成唯识论》卷一(大正三一·一上——中)说:

> (一)"变,谓识体转似二分,相、见俱依自证起故。依斯二分施设我法,彼二离此无所依故。"
>
> (二)"或复内识转似外境,我法分别熏习力故,诸识生时变似我法,此我法相虽在内识,而由分别似外境现。"

这二说,第一是三分说,第二是二分说。《成唯识论》是以陈那（及护法）说为主的，所以说"变谓识体转似二分"。二分以外有"识体"，就是三分说。如说"变谓识生转似二分"，不就是二分说吗？类似的文句而意义不同的，如《成唯识论》卷七（大正三一·三八下）说：

> （一）"三能变识及彼心所，皆能变似见相二分，立转变名。所变见分，说名分别，能取相故。所变相分，名所分别，见所取故。"

> （二）"或转变者，谓诸内识，转似我法外境相现。此能转变，即名分别。……此所执境，名所分别，即所妄执实我法性。"

第一是二分说，第二是一分说，与安慧释相合。这二说，本来与卷一的二说相当，但《成唯识论》依陈那（三分）说，所以"识能变似见相二分"，引申为"识体转似二分"，成为三分说。《摄论》的"唯识"与"二性"，就是一分说与二分说，意义本来是相通的。但着重"唯识"的，以为所分别（境）是无体的遍计所执性，一切唯是识——分别的显现。而着重"二性"的，以为识能变似见、相分。呈现于心识——分别的对象，是相分——所分别，也是由识种所变现，与见分——分别有同样的存在意义。如安慧说"唯识"无境——一分说，西藏相传，这是"无相唯识"。难陀、火辨等，是"识似见相二分"的二分说，也就是"有相唯识"。三分说、四分说，都是同意"有相唯识"而发展所成的。三分说——相分、见分、自证分，是依据陈那《集量论释·现量品》的，如《成唯识论》引偈说："似境相所量；能取相、自证，即能量

及果:此三体无别。"①量(pramāṇa)是正确的认识。凡是认识,
必有"所量"的境相——相分,是识所显现的。能取相是见分,
是识——(能)"量"。在能取所取时,有能知对境了解的识自
体,也就是"量果"。对于心(心所)的能知方面,分为量与量果,
所以成为三分。陈那以为:如没有自证分,就没有量果。即使能
取境相,但以后的识体,由于没有自知取境,所以不能自忆心心
所了境的情形。对于这一问题,说一切有部等,认为念(smṛti)
有忆念过去的作用,所以当时虽没有能知自心,但后念能忆念以
前的心。陈那以为:忆念是心所法,念也还是具足三分的,否则
后念也不能忆知前念了。所以在所引的偈颂下,又有一偈说:忆
念也有量与量果二分。在唯识学中,相分(所量)、见分(量)、自
证分(量果),"此三体无别"。没有别体而用有差别,所以可立
为三分。《佛地经论》提到三分时,就说:"如是三分,不一不
异。"②瑜伽唯识学,渊源于说一切有部及经部,坚守"指不自指,
刀不自割"的原则,否认一刹那中心能自知。现在自证分与见
分,是内心的二分,那就可说自证分证知见分的了境情形了。陈
那的三分说,留下待解的问题:自证分能证知见分,那又有谁来
证知自证分呢? 自证分也是不能自知的,因而有护法的四分说,
如《成唯识论》说:"若细分别,应有四分。三分如前(所说),复
有第四证自证分;此若无者,谁证第三?"③护法的四分说,问题

① 《成唯识论》卷二(大正三一·一〇中)。《集量论释略抄》(《内学》第四辑
一一)。

② 《佛说佛地经论》卷三(大正二六·三〇三上——中)。

③ 《成唯识论》卷二(大正三一·一〇中)。参阅《佛说佛地经论》卷三(大正
二六·三〇三中)。

还没有解决:证自证分又有谁来证知呢？如立证证自证分,那样的一直推论下去,也不能解脱这问题的困境。好在说一切有部传下巧妙的论法,可以采用。如"生"能生一切,谁又生这"生"呢？有"生生"能生于"生"。那"生生"又由谁生呢？说一切有部立展转论法:"生"能生"生生","生生"能生"生";"生"与"生生",展转相生,解免了无穷生的过失。"得"也是这样:"得"能得"得得","得得"能得于"得"。"得"与"得得",展转相得,难题也就解决了。四分说者采用了这一论法:"证自证分"能证"自证分","自证分"能证"证自证分",后二分展转相证知,所以四分说就圆满了。三分、四分说,坚守"心不自知"的原则,其实是融摄了大众部所说的心能知他,也能自知的意义。总之,三分说是成立于依识自体,似现见分与相分的意义。说明唯识变现,实不外乎"唯识"与"二性"。三分、四分,是为了论究心识自知而引起的。

　　大乘经重于胜义的现证。在这一原则下,"依于法性","依于胜义",显示发心、修行与佛的果德。大乘经的出现,与论究"佛法"而发达的论书——摩呾理迦、阿毗达磨,范围僧伽的毗奈耶,关系不大,也就很少论到。当然,在"大乘佛法"发扬中,也渐渐地为大乘经师所引用。特别是大乘论师,面对(声闻部派的)现实佛教界,不能不加以考虑。对阿毗达磨等论书,龙树在《大智度论》中,也只多少引用。西元五世纪初,鸠摩罗什"常叹曰:吾若著笔作大乘阿毗昙,非迦旃延尼子比也!"[1]而在印

---

　　① 《高僧传》卷二(大正五〇·三三二下)。

度,西元四、五世纪间,过去论书的论究方法、论究成果,正融入
"大乘佛法"体系中,这就是论书型的经典——《解深密经》、《阿
毗达磨大乘经》,及无著所传出的论典——《瑜伽师地论》、《大
乘庄严经论》、《摄大乘论》、《大乘阿毗达磨集论》。瑜伽行派兴
起于北方,而盛行于中印度,受说一切有部与经部思想的影响极
深,表现出与一般大乘经的不同,这就是充满了摩呾理迦与阿毗
达磨的特色。《大乘庄严经论》,是依《瑜伽》的"菩萨地"造的。
在《菩提品》中,以一切种智为佛身。广说法界的种种甚深,也
就显示了依无漏法界而住的佛甚深。在"菩萨地"的基础上,
《庄严论》融摄了当时众多的大乘经。说诸佛法界后,说佛的三
身:自性身、受用身、变化身;三身说,可能是依《金光明经》的。
又说四智:圆镜智、平等性智、妙观察智、成所作智。转染为净的
一切种智,《庄严论》是以法界为依止的;杂染生死的显现,也就
是"唯识"现,《庄严论》是以(阿赖耶)种子为依止的。《论》上
说:"如是种子转,句(器世间)、义(色等尘)、身(五根)光转,是
名无漏界,三乘同所依。"①这是转舍杂染种习,转安住于无漏法
界的解脱了。依杂染种子而唯识现,依清净法界而住(解脱身
或)佛智,转染依为净依,在说明上,多少带有二元的形迹。依
《阿毗达磨大乘经》而造的《摄大乘论》,作了更好的安立。依阿
赖耶识为依止,成立杂染生死与清净解脱。阿赖耶(杂染)种子
识,唯识现为有漏杂染;阿赖耶识中,"最清净法界等流正闻熏
习",性质是反阿赖耶识的,能引生出世心,杂染尽就转所依而

---

① 《大乘庄严经论》卷五(大正三一·六一四中)。

得法身。闻熏习依附阿赖耶识，其实是"法身、解脱身摄"，这暗示了"唯识"——唯种识显现的底里，就是如如法身①，这也许受到《阿毗达磨大乘经》的影响。《阿毗达磨大乘经》的特点，就是依他起性"彼二分"，"杂染清净性不成故"②。依他起性不是一成不变的，如随染污而转，依他起的杂染分，就是遍计所执性；如随清净（离杂染）而转，依他起的清净分，就是圆成实自性。转依得涅槃，得菩提，《摄大乘论》的后二分——"彼果断分"，"彼果智分"，都是依依他起通二分而说转依的。关于圆成实性，《摄大乘论》引经颂说："若说四清净，是谓圆成实。自性及离垢，清净道、所缘，一切清净法，皆四相所摄。"③"所缘"是"生此境清净"，就是听闻"最清净法界等流"的大乘教法。正法是佛所觉证的，依自证而施设教法，教法并不等于佛所证的，但也不离佛的自证，如摄影一样。教法为清净的所缘境，依此而引生清净，名"生此境清净"，与上文所说到的"正闻熏习"一样。"清净道"是菩提分法、波罗蜜多等菩萨所修的圣道，依圣道能得圆满清净的佛果。"自性"是本来清净的法界、真如等，多约在缠说；"离垢"是法界离一切障垢而显，约出缠说。这四种清净，总摄一切清净法。然"所缘"是境，"清净道"是行，如来果位所有的无量功德，在四清净中属于哪一类？如属于离垢清净，那就与"不空如来藏"说相近，佛智——菩提应该是常住的。《楞伽经》

---

① 《摄大乘论本》卷上（大正三一·一三六中——下）。
② 《摄大乘论本》卷中（大正三一·一四〇下、一三九下）。
③ 《摄大乘论本》卷中（大正三一·一四〇中）。

说"无漏习气非刹那"①,无漏习气不是刹那生灭的,那从无漏习气所现起的无漏功德,当然是常住了。如不属于"离垢清净",那佛果的无尽功德就出于四种清净之外,又与颂说不合。无著论所说的佛,当然是圆成实性。如《庄严经论》以一切种智为佛的"自性";"白法所成身",是无漏清净善法所成身,也就是法身的意义。佛身是转依而得的,"佛体与最上圆满白法相应","一、得极清净出世智道,二、得无边所识境界智道"。所以转依成佛,是以一切种智为佛自性的。然佛一切种智所摄一切白法,与真如无别,是真如清净所显,不是妄分别那样的。《庄严经论》广说佛无漏法界的甚深,以"譬如染画空"作结。说佛是这样那样的,其实佛无漏界是不容分别戏论的。说佛这样那样,是彩色的绘画虚空那样,了无形迹可得。这样的佛,是圆成实性,《楞伽经》等都说正智、真如为圆成实。以此来通释大乘经,特别是后期大乘的如来观,容易得出佛智常住(或一得以后,常住不变)的结论。然《庄严经论》所说的三身,自性身是转依所成的,"一切佛等无差别,微细难知";而为众所见的,在净土中受用法乐的,是受用身;种种变化利益众生的,是变化身。自性身重于契证清净法界,而受用身与变化身,约自利与利他说。佛自利的受用身,刹土、众会、佛号、佛身体等都不同。这可以释通十方佛土的种种差别,但佛佛平等的、自利的真实身,有这样的差别吗? 自性身是自性常;受用身是不(间)断常,变化身是相续常,后二身是无常的,解说经说的常住佛,所以约别义而称之为

---

① 《大乘入楞伽经》卷五(大正一六·六二一下)。

常。《论》说四智,圆镜智"不动",后三智与三身中的后二身,都依圆镜智而起;圆镜智与自性身,有相当的意义,不过自性身约无漏界为所依止说,圆镜智约与真如无别的一切种智说①。无著的《摄大乘论》,在"彼果智殊胜分",也立三身。"自性身者,谓诸如来法身,一切法自在转所依止故。"《摄论》广说法身,法身有五相:"转依为相"、"白法所成为相"、"有无无二为相"、"常住为相"、"不思议为相",而但为成熟菩萨的受用身,多为成熟声闻的变化身,是无常的。法身转五蕴而得自在;转识蕴得四智,那法身是以四智(等)而自在的。《论》中说"念佛法身",说佛受用的十八圆满净土。《摄论》所说法身是如智不二的,超越一切而又显现一切,利济一切有情②。从如智不二的超越性说,法身与自性身相同;法身内证而起不思议用,利济有情,应该与自性身不同。法身常住,四智是常还是无常呢! 又如《庄严经论》的受用身,也称法受用身,是"自利"的,于净土中自受用法乐;而《摄大乘论》的受用身,却是"但为成熟诸菩萨",意义上是不同的。《庄严经论》与《摄论》,都说转识蕴得四智,而没有对转识为智作详细的叙述。汉译本说到转第八、七、六、前五识——四类,分别的得四种智,但梵本中缺。这是译者波罗颇迦罗蜜多罗(Prabhākaramitra),在那烂陀寺亲近戒贤论师,而以当时那烂陀寺的唯识学补充了《大乘庄严经论》③。《唯识三十论》详于三类转变识的分别;从唯识现而论到唯识性;在行果的

---

① 以上,见《大乘庄严经论》卷三(大正三一·六〇二上——六〇七中)。
② 以上,见《摄大乘论本》卷下(大正三一·一四九上——一五一上)。
③ 宇井伯寿《大乘庄严经论研究》(九——一一)。

叙述中,泛称佛果为"法身",对身、智没有明确的分别。唯识学在发展中,对佛果完成精密的叙述,那是世亲以后瑜伽唯识论者的重要任务,以适应佛教界(倾向以佛为主的佛法)的要求。

世亲以后,到戒贤的时代,约近二百年。唯识论者,有以阿赖耶识与如来藏相结合的,是《入楞伽经》与《大乘密严经》,在"虚妄唯识"的假相下,显出"真常唯心"的真义。不忘《瑜伽论》义,以经典形式出现的,有《佛说佛地经》及《如来功德庄严经》。玄奘所译《佛说佛地经》(大正一六・七二一上)说:

> "当知有五种法摄大觉地。何等为五? 所谓清净法界、大圆镜智、平等性智、妙观察智、成所作智。"

大觉地,就是佛地,依此五法而成就圆满大觉佛果的。所说"五法",清净法界(dharmadhātu-viśuddhi)是真如异名,如与四智,作了各别的说明。《成唯识论》引《如来功德庄严经》说:"如来无垢识,是净无漏界,解脱一切障,圆镜智相应。"[①]无垢识,是阿摩罗识(amala-vijñāna)的意译。依此经说,阿摩罗识是转染为净的第八清净识,摄持一切清净无漏种子净无漏界;如阿赖耶识的摄持杂染(及清净)种一样,阿摩罗识摄持净无漏种,现起一切无漏清净的佛法。无垢识与圆镜智相应,也与有漏第八识与有漏心所相应一样。这样,确定了清净法界以外的四智,是有为的清净依他起性,与《瑜伽论・摄决择分》所说"依他起自性,亦正智所摄"相合[②]。正智是无漏智,是依他起性,不是圆成实

---

① 《成唯识论》卷三(大正三一・一三下)。
② 《瑜伽师地论》卷七四(大正三〇・七〇四下)。

性所摄的。还有，佛的无漏智与无漏识相应，也是有漏智那样，与有漏识相应。这是与一般大乘经，从"依智不依识"，而倾向于唯智无识的不同。如与智各别，无漏智与识相应，契合《瑜伽师地论》与阿毗达磨论的见解。

在论书与论师方面，《唯识三十论》的安慧释、不知作者名字的《转识论》，都没有广说佛果。玄奘所译的，"亲光等菩萨造"①的《佛地经论》这样说："无为功德，净法界摄"；"有为功德，四智所摄"②，明确地区别了清净法界与四智的不同。有漏位说一切唯识，依《大乘百法明门论》，一切法略分为五："一切最胜故识，与此相应故心所，二所现影故色，三位差别故不相应行，四所显示故无为。"③无漏位转识成智，《佛地经论》也说："四智具摄一切佛地无漏心及心法，若俱有法不相应行，若所变现品类差别色。"④无漏位依智得名，其实也是心与心所相应的，所以"四智相应心品，……有二十一，谓五遍行，五各别境，十一唯善"。转染成净的八种净识，每一净识都是与二十一无漏善心所相应的⑤。以上《佛地经论》的解说，是大乘而阿毗达磨化的，与《瑜伽师地论》的风格相同。无著论说的三身，《佛地经论》分别为自受用身与他受用身，会通了《庄严经论》与《摄论》的异说。《大乘庄严经论》说到四智，但没有说转什么得什么智。无

---

① 《佛地经》有戒贤释、亲光释。"亲光等菩萨造"，那是糅合而为一本了；玄奘又糅合十师释而成《成唯识论》。玄奘的一再糅译，显然有"定于一"的用意。

② 《佛地经论》卷三（大正二六·三〇一下）。

③ 《大乘百法明门论》（大正三一·八五五中）。

④ 《佛说佛地经论》卷三（大正二六·三〇一下）。

⑤ 《佛说佛地经论》卷三（大正二六·三〇二中——三〇四上）。

性（Asvabhāva）的《摄大乘论释》，说转八、七、六、前五识，别别
地得四智①。《佛地经论》与无性的《摄大乘论释》，是世亲以
下，陈那、护法、戒贤的系统；玄奘杂糅而成的《成唯识论》，所说
转依的意义，就是依此而作更圆满的安立。《成唯识论》约四种
义来说明转依：一、能转道，二、所转依，三、所转舍，四、所转得。
"所转依"有二：持（染净）种依与迷悟依，这是会通了阿赖耶识
为所依和如来藏（真如、法界等）为所依的二大流。"所转得"有
二："所显得"是真如离障的大涅槃，约义立四种涅槃；"所生得"
是大菩提，从无漏种子所生的，就是四智相应心品②。在如、智
差别（不一不异之异），正智是有为依他起性的原则下，抉择、会
通：《成唯识论》所代表的，是西元六、七世纪间那烂陀寺大成的
唯识学。

　　在这里，顺便说到瑜伽唯识传来我国的情形。《瑜伽师地
论·本地分》的"菩萨地"，西元五世纪初，已由昙无谶译出；菩
萨戒以外，没有引发多大影响。西元六世纪初，北印度的菩提流
支等来，译出世亲的《十地经论》等。《十地经论》的宏传，形成
"地论师"一系。"地论师"说：阿梨耶识是真识。《十地经论》
说，"应于阿梨耶识及阿陀那识中求解脱"③，并没有真识的意
味。"地论师"的真识说，可能是从菩提流支所译的《入楞伽经》
的"自相阿梨耶识不灭"中来的④。西元五四六年，真谛来中国，

---

①　《摄大乘论（无性）释》卷九（大正三一·四三八上）。
②　《成唯识论》卷一〇（大正三一·五四下——五七上）。
③　《十地经论》卷八（大正二六·一七〇下）。
④　《入楞伽经》卷二（大正一六·五二二上）。

译出世亲的《摄大乘论释》等,成"摄论师"一系。真谛所译的
《摄论释》,在世亲的解说中,每有所补充、解说(所译其他的论
书,也有这种情形)。如说:"阿梨耶识,界以解为性";"闻熏习
与解性和合,以此为依,一切圣道皆依此生"①。持种、异熟阿梨
耶识外,又立解性梨耶,所以阿梨耶有"真妄和合"的意义,这可
能是从《阿毗达磨大乘经》所说,依他起性"彼二分"而来的。真
谛于八识外,立阿摩罗识——无垢识,也许是《楞伽经》"八九种
种识"的第九识吧! 阿摩罗识的内容,是八地菩萨(及阿罗汉)
舍阿梨耶所得的"转依",又通于初地所证得的,及众生的本净
心②。真谛所译的论典,重于阿赖耶(或作"本识")种子识的转
变,被称为"一能变"说。而最特出的,是对阿梨耶识为所依、如
来藏为所依——两大思想,作了疏解融通的工作。对翻译来说,
不够忠实,但所援引的思想,是存在于当时的教界,并非他个人
的意见。真谛是优禅尼(Ujjayaini)人,近于摩腊婆、伐腊毗。这
一带地方,正量部盛行,当然是不可说我(anabhilāpya-pudgala)
的流行区。真谛所传,代表了中印度西部地区的唯识(唯心)
学。西元七世纪初,玄奘传来了大量的唯识经论,特别是杂糅众
说的《成唯识论》,被称为"法相宗"或"唯识宗"。唯识学,本是
依《瑜伽师地论》为本的。无著的《大乘庄严经论》与《摄大乘
论》,阐扬阿赖耶的种子识变(《摄论》说缘起与缘所生法,已有
种子识变、现行识变二义)。由于会通当时流行的大乘经,也会

---

① 《摄大乘论释》卷一(大正三一·一五六下),卷三(大正三一·一七五上)。
② 参考拙作《真谛三藏阿摩罗识之研究》(《以佛法研究佛法》二七九——二
八八,本版一八九——一九五)。

通了如来藏与大我。依此而发展下去，就有《楞伽》、《密严》等
传出。世亲的《唯识三十论》，依《瑜伽·摄决择分》，阐扬阿赖
耶、末那、前六识——三类现行识变。陈那、护法一系，重视理性
思辨，而思想复归于《瑜伽》。正智是依他起，有为生灭的；智与
识相应；如与智不一。依此来论佛果——三身、四智，都作了详
密的分别；《成唯识论》再也不谈如来藏了。玄奘的西行求法，
主要是"誓游西方以问所惑，并取十七地论（《瑜伽论·本地
分》）以释众疑"；到了那烂陀寺，从戒贤"听瑜伽三遍"①。玄奘
所传的《成唯识论》，是综集当时中印度东部——那烂陀大成的
唯识学。当然是经过近二百年的发展，可说是后起的，但从瑜伽
唯识的发展来说，正是复归于《瑜伽》的古义。

　　成立"一切唯识现"以外，瑜伽行派的卓越成就，是因明的
高度发展。在瑜伽行派以前，从辩论术而来的论理学，是称为正
理——尼夜耶（naiyāyika）与因论（hetuśāstra）的。"正理"，本是
真理的意义，其后演化为思惟论究真理的方法。大抵由于种种
沙门团兴起，印度传统的婆罗门教徒迫得发展辩论术。其中特
重思辨以求真理得解脱的，形成尼夜耶派，有《正理经》；胜论
（Vaiśeṣika）也以究理著名；数论（Sāṃkhya）、弥曼萨（Mīmāṃsā）
等婆罗门教分流出的教派，都多少有论理的学风，西元一世纪
起，渐渐地流行起来。尼夜耶派的《正理经》，明十六谛（或作十
六句义）。一、量（pramāṇa），立现量、比量、譬喻量、声量（教
量）。量是正确的知识，可作为知识的准量。正确的知识，依此

---

　　① 《慈恩三藏法师传》卷一（大正五○·二二二下），卷三（大正五○·二三八
下）。

四量而得,所以《方便心论》说知四量名"知因"。二、所量(prameya),是所知的对象。三、疑(saṃśaya),四、用(prayojana):对所知见的事理,不能确定疑;所以有求解决的作用。五、宗——悉檀(siddhânta),是立者所主张的,有遍所许宗、先禀承宗、傍准义宗、不顾论宗——四宗。六、喻(dṛṣṭânta),是举例。七、支分(avayava),就是比量的五支:宗,因,喻,合,结(决定)。八、思择(tarka)。九、决(nirṇaya),义理决定。以上,是论证的重要事项。以下,是实际论辩,论证的谬误或失败,如十、论议(vāda),彼此互相论议。十一、纷议(jalpa);十二、坏义(vitaṇḍā);十三、似因(hetu-ābhāsa);十四、难难(chala);十五、诤论(jāti);十六、堕负(nigrahasthāna),论议失败。从十六句义,可见与未来因明的关系。思惟分别与论辩,依龙树的中道观,是不能证知正理而得解脱的,所以龙树作《回诤论》与《广破经》,彻底地评破了《正理经》。然思辨正理的方法,主要是为了自宗与他宗间的辩难;受一般异教学风的影响,佛教也不得不采取、修改正理派的论法,作为维护佛法的方便。魏吉迦夜(Kiṃkara)译出的《方便心论》说:"如为修治庵婆罗果,而外广植荆棘之林,为防果故。今我造论,亦复如是,……为护法故。"①《方便心论》,经录都佚名,"高丽藏本"也如此,但"宋藏本"以下,都作"龙树菩萨造",是不足信的。又有陈真谛的《如实论·反质难品》,"如实"可能是"正理"的异译。《反质难品》,与《集量论》所破的《成质难》相合。传说是世亲所造,为陈那所否认。《方便心论》

---

① 《方便心论》(大正三二·二三中)。

与《如实论》,都是佛教徒参照《正理经》的论法,多少修正,作为立正破邪的方便。《瑜伽师地论·闻所成地》,以为"五明处"是三乘学者所应该正确了解的。五明中的因明,是"于观察义中诸所有事"。"诸所有事",共七种:"一、论体性,二、论处所,三、论所依,四、论庄严,五、论堕负,六、论出离,七、论多所作法。"七事,都是有关对敌论方立论的事,瑜伽行派早期的修学因明,显然还是辩论法。七事中的"论所依",为辩论的主要依据。立论:"所成立义",有自性与差别;"能成立法"有八:"一、立宗,二、辩因,三、引喻,四、同类,五、异类,六、现量,七、比量,八、正教量。"《显扬圣教论》所说相同,名之为"论法"①。《大乘阿毗达磨集论》,名为"论轨",简略些,内容大致相合。只有"能成立法"的前五法,作:立宗、立因、立喻、合、结,那是与《正理经》的五支作法完全一致了②。传说世亲有《论轨》、《论式》、《论心》的三部著作,都已失传!

因明的革新而大有成就的,是世亲的弟子陈那。陈那的因明八论,玄奘译出了《因明正理门论本》、《观所缘(缘)论》。义净译出了《集量论》,可惜佚失了;又译出《取因施设论》、《观总相论颂》。吕澂依藏译本,出《集量论释略抄》,并与《因明正理门论》互相比对印证,又译出《因轮决择论》。玄奘所译的,商羯罗主的《因明入正理论》,是依《集量》、《理门》而作的,陈那因明论的特色,如《瑜伽论》等立三种量,陈那但立现量(pratyakṣa-

---

① 《瑜伽师地论》卷一五(大正三〇·三五六上——三六〇下)。《显扬圣教论》卷一一(大正三一·五三一上——五三五中)。

② 《大乘阿毗达磨集论》卷七(大正三一·六九三中——下)。

pramāṇa)与比量(anumāna-pramāṇa)——二量。至教量或圣教量——每一教派的经说(如吠陀、佛经、新旧约),如不为对方所信受,就不能成为定量。如经教所说,正确而可以为他所接受的,那一定是符合现量与比量的。所以但立二量,不取圣教量,也就是以理为宗,而不是信仰为先的。明显呈现而离分别的智,是现量。现量有四类:(五)根识所了;意(五俱意)也有离分别的;心与心所的自证分;瑜伽者离分别的直观。比量是推理的正确知识,有自比量与他比量。自比量,是自己推理的正知;以自己的正知,为了使他了解而立量,是他比量。旧时是五支作法,陈那简化为三支:宗(siddhânta),因(hetu),喻(dṛṣṭânta)。如立"声无常宗。所作性故因。诸所作者,皆见无常,如瓶等同喻;诸是常者,见非所作,如虚空等异喻"。比量的三支中,因三相是最重要的,三相是"(遍)是宗法性,同品定有性,异品遍无性"。《顺中论》说到:若耶须摩论师说言……"彼因三相";因三相是"朋宗中之法,相对异朋无,复自朋成"①。《成实论》说:"十六种(句)义,是那耶修摩(所)有。"②若耶须摩或译那耶修摩(Nāya-suma),是正理学徒的意思。《如实论》说:"我立三种相:是根本法,同类所摄,异类相离。"③这可见"因三相"是陈那以前所旧有的,陈那是对"因三相"作更合理的论列。如《因轮决择论》,就是说明因三相的正因,及不具三相的过失。在因明论理的卓

---

① 《顺中论》卷上(大正三〇·四二上)。《顺中论》传为无著所造,对正理派的宗、因、喻等,取彻底否定的态度,与无著的思想不合。

② 《成实论》卷二(大正三二·二五六上)。

③ 《如实论》(大正三二·三〇下)。

见外,依佛法来说,是将重于认识论的现识变现,与重于论理学的正知——量论,结合起来;也是为了成立唯识变现,所以在认识论与论理学上痛下功夫。如唯识学中,立相分、见分、自证分;因明中,立所量、(能)量、量果——自证。又在现量中,立瑜伽者的直观,与修持佛法的宗教经验相结合。陈那的因明,或称量论,不是一般的,而是以世俗的"因论",作为成立、理解唯识现的方便。

陈那再传弟子法称,造了七部量论,《释量论》是最重要的一部。法称的论书文字艰涩,起初不受人尊重,后得弟子天主慧(Devendramati)与释迦慧(Śākyamati)的精研注释,才流行起来。玄奘没有提到法称,也许他的著作还不大流行;义净就说到"法称则重显因明"了①。法称的论书,与天主慧等释论,西藏都有译本。近来法尊译出《释量论》,及依僧成的《释量论疏》略出《释量论略解》,多少可以了解一些。《释量论》是依据《集量论》,解说而有所修正发展的。如陈那的宗、因、喻——三支,还是传统五支说的简化。对他而成立自宗,或评破对方的主张,一定先要揭出自己的见解(或否定对方的主张)——宗;其次说明理由——因;然后从同类、异类两方面,举事例来证成——喻。宗、因、喻的三支次第,主要是适合于对他的辩论。法称修改为近于喻、因、宗的次第:如凡是所作法,都是无常的,如瓶盆等;声也是所作法;因而得到"声是无常"的结论。这一次第,近于西方逻辑的三段论法,是顺于自己正确推理的次第(自比量)。法

_____

① 《南海寄归内法传》卷四(大正五四·二二九中)。

称着重于自己正确的推理,使这一方法能普遍应用于自己对佛法的正确思惟,所以《释量论》四品,第一品就是《自义比量品》。陈那在"宗过"中,有"决定相违":如甲方以三支比量,成立自宗;乙方也成立一比量,与甲方的立义相反,而比量的三支却都没有过失。这就成了立敌双方对立,相持不下的局面,名"相违决定"。"相违决定",近于西方逻辑中的"二律背反"。法称不立"相违决定",以为正确的思惟必有所决定,也就是正理定于一,所以否定了"相违决定"。然身在相对的世间,运用世间的名言分别,思惟世间的事理,陈那立"相违决定",可能还是正确的! 陈那的《集量论》初说:"归敬为量、利诸趣,示现、善逝、救护者。释成量故集自论,于此总摄诸散义。"一般造论的,多数先归敬佛(法、僧),说明造论的所为——动机与目的所在。《集量论》初的一颂,上二句是归敬为量的佛,下二句说明造论的所为。这本是造论的一般情形,法称却据此一颂,成立第二《成量品》(二八五·五颂)。《成量品》说释尊开示四谛,使人如实知四谛:知苦、断集、证灭、修道。佛是依此修习而成,具足大悲等功德。佛所知、所说,无不是究竟正确的,是真正的"量士夫",可作为我们闻思的准量。在"量论"、"因论"的发展中,法称的著作与后起的解说,在世间"认识论"与"论理学"中,应有值得研究的价值!

"量",是认识论;"因明",是论理学(逻辑),都只是世间的学问。在瑜伽唯识派中发展起来,对佛法的影响极大,几乎成为学佛者必修的科目。因明为五明之一,无著、世亲以来,非常重视它。由于正理派等势力增强,学风重视辩论,瑜伽行派不能不研究来求适应,而为了成立"唯识",应该是发展的主因。"唯心"或"唯识所现",是瑜伽行者修验的心境,而说明一切唯识所现,说种子识变是不够的,必须依现行识——分别所分别中去说明。唯识理论的诱发者,是经部。经部以为:十八界种子生一切法,是实有的,而约六根、六境——十二处生识来说,是假有的。如《顺正理论》说:"(经部)上座作如是言:五识依根缘境,俱非实有。极微一一不成所依、所缘事故,众微和合方成所依、所缘事故。……极微一一各住,无依缘用,众微和合,此用亦无,故处是假,唯界是实。"①在认识论中,经部是说根与外境是非实有的,但依种子界所生色,是实有的。如种子是依心识而相续有的,从种子识生起的色等,不也可以说非实有吗? 在认识论——能所关系中,经部以为眼识所见的色,是眼识的表象,而不是实色,瑜伽唯识者也是这样说的;所以瑜伽唯识兴起,经部就被融摄而消失了。释尊说"二和生识",如眼识生起,一定要有青、黄等色为所缘;有眼根——"清净色",等于视觉神经的生理机构作所依,眼识才有生起的可能。瑜伽行者成立"唯识",说色是眼识的表象,眼根是生识的功能②。这是但立能识、所识,而完成"唯识无义"的定律。法称但说唯识现,没有说阿赖耶识,可能是阿赖耶识的行相、所缘,微细难知,在能所相关的认识论中,不容易说明阿赖耶识的所缘是唯识所现吧! 总之,成立"唯识"与量论的发展是密切相关的。然从印度的辩论术而来的,

---

① 《阿毗达磨顺正理论》卷四(大正二九·三五〇下)。
② 《唯识二十论》(大正三一·七五中)。《观所缘缘论》(大正三一·八八八下——八八九上)。

无论是正理、胜论等论法,《瑜伽论》的因明,陈那、法称大成的量论,都不是推求未知的事理,发展新知,只是为了维护自己的宗教而努力——以种种论理方法证明自宗是正确的。以因明来说,立自、破他,无非是维护佛法的方便。法称的时代,佛教界倾向于如来果德及对人(师长)的诚信。《释量论》特立《成量品》,论证佛智的完全正确,多少是为了适应时代的要求①。

第三节　中观学的复兴

世亲时代,中观者僧护先后得到了两位弟子——佛护与清辨,衰落的中观学这才重振而开始了新的机运。后期中观的著作,西藏的译本不少;汉译的仅有清辨的《般若灯论》、《大乘掌珍论》,及莲华戒的《广释菩提心论》等。近来,法尊译出月称的《入中论》,及从所译的《菩提道次第广论》、《辨了不了义善说藏论》,多少知道一些。衰落的中观学忽而兴盛起来,可说是瑜伽行派所激发的。瑜伽行派的根本信念是,经说"一切法无自性空",是不了义的;三自性中,遍计所执自性是无空的,依他起自性与圆成实自性是有(自性)的,这才是了义的(如《解深密经》说)。龙树依《般若》等经造论,那时没有《解深密经》,没有三自性说,当然不会评论后起的经论。后起的瑜伽行派,却以先前所

①　以上陈那、法称的《量论》,曾参考吕澂所译《集量论释略抄》、《因轮决择论》,及《因明正理门论证文》(《内学》第四辑一六五——二七〇);法尊所译《释量论略解》(台湾佛教出版社出版)。

说"一切法无自性空"为不了义,中观派自然会起来声辩。似乎龙树的后学兴起了诤论,其实诤论的原因,应该是以"一切法无自性空"为不了义的瑜伽行者。复兴的中观学,在确认"一切法无自性空"是了义的这一点上是一致的,与瑜伽行派对立。但在瑜伽行派的兴盛中,中观者或多或少地受到影响,也就渐渐地分化了。分化的原因,还有重要的是:一、"后期大乘"经的流行,应给以解说。二、论究《中论》、《四百论》等深观,而不知龙树的大论,如《大智度论》、《十住毗婆沙论》,所以在缘起事的安立方面,不免无所适从而所见不同了。

佛护著《中论释》,大体依《根本中论无畏释》。清辨著《根本中论般若灯释》(即《般若灯论》),论中评论了佛护释,如《般若灯论》卷一(大正三○·五二下、五三上)说:

"(佛护)释曰:诸法无有从自体起,彼起无义故;又生(应)无穷故。(评曰)彼不相应,此义云何? 以不说因及譬喻故,又不能避他说过故。"

"佛护论师释曰:他作亦不然,何以故? 遍一切处一切起过故。论者清辨言:彼若如此说过,即所成能成颠倒故,谓自俱因起体过故。或时有处随一物起故,先语相违。又若异此,遍一切处一切起过,此语能成他起过故,此不相应。"

在解说《中论》破"自生"与"他生"等处,清辨不同意佛护的破他方法。如破"自生",佛护以为:自(体)生(自体)是自体已有而说再生,那是毫无意义的。已有,何必再生呢? 如有自体而要更生,那就该生生无穷了! 这样的破斥,不提自己的意见,只从对方的主张中(如"自生"),指出对方语意的内在矛盾,这确是龙树常用的破法。清辨不同意这一破法,认为要破斥他宗,应说因与譬喻,也就是要应用三支比量(anumāna-pramāṇa)的方法。如清辨《掌珍论》说:"真性有为空,如幻,缘生故。无为无有实,不起,如空华。"①明有为、无为空,就立了两个具足宗、因、喻的比量。清辨(与护法时代相当)在异教的正理派、瑜伽行派的因明立破影响下,也觉得破他是应该这样的自立比量,所以评破了佛护。起初,佛护与清辨门下,都没有觉得有太大的问题,到了佛护再传的月称,作《根本中论明显句释》,才揭发清辨与佛护间的根本歧异。依月称说:一般的比量,是依某些共同("极成"、"共许")的见地,而论究彼此的不同,到底什么是正确的。然在中观者的不共见地中,与中观以外的学派,不可能有共许的,所以立量(或立或破)是不可能的,如《辨了义不了义论》广说②。"一切法无自性空",原则上是中观派一致的。然胜义(paramârtha)中"一切法无自性空",而世俗(saṃvṛti)中,清辨以为缘起法是有自相的,自相也就是自性。在彼此共许的自相有法下,可以立量。然依月称说:《中论》说缘起无自性,无自性所以是空的。"以有空义故,一切法得成",缘起如幻如化,也是无自性的。这不是一般人所有的共识,所以自立比量以破他,是不可能的。对无明(avidyā)所蔽的众生,只有从对方的见解中,指出他自义的矛盾,使他"触处难通",从反

---

① 《大乘掌珍论》卷上(大正三〇・二六八中)。

② 《辨了不了义善说藏论》卷四(汉院刊本二五——二八)。

省而理解自相有的谬误,引向胜义的修证。《入中论》卷二
(汉院刊本一八)说:

> "痴障性故名世俗,假法由彼现为谛,能仁说为世俗
> 谛,所有假法唯世俗。"

世俗,有覆障的意义。缘起如幻,而在众生(无明覆障)心
境,现起谛实相,如来也就随世俗而称之为(世俗)谛。在圣者
心境,缘起如幻,可说"唯世俗"而不再是"谛"了。《中论》青目
释也说:"一切法性空,而世间颠倒故生虚妄法,于世间是实。"①
从破他的方法中,发见清辨所说因缘生法,世俗谛是自相有的,
应"自立量"以破他,所以称为"自续"或"自立量派"
(Svātantrika)。佛护与月称,随他所说而难破,所以称为"应成"
或"随应破派"(Prāsaṅgika)。这是有关胜义的观察与二谛安
立的。

后期中观学,在"后期大乘"经论流行的时代,引起种种新
的问题。"佛法"所开示的,是生死的解脱。"后期大乘"的《胜
鬘经》,提出了两类生死。生死是烦恼(kleśa)、业(karman)、(生
死)苦(duḥkha)的延续。《胜鬘经》在一般的烦恼——四种住地
(与一般所说,见所断、修所断烦恼相当)外,别立无明住地
(avidyā-vāsa-bhūmi)。在有漏的善恶业外,别立无漏业(anāsrava-
karman)。在一般的生死,一次又一次的分段生死外,别立意生成
身(manomaya-kāya)的不可思议变易死(acintya-pariṇāma-cyuti)。

---

① 《中论》卷四(大正三〇·三二下)。

无明住地为因,无漏业为缘,得意生身的变易生死①。这是在共三乘所断的五趣生死外,别有大乘菩萨不共的生死,究竟解脱,才能成佛。说明大乘的不共,有二乘共断的烦恼障(kleśâvaraṇa),佛菩萨所断的智所知障(jñeya-āvaraṇa)。在离执证空方面,声闻离我执,证补特伽罗无我(pudgala-nirātman),或名生空——补特伽罗空(pudgala-śūnyatā);大乘更离法执,证法无我(dharma-nirātman),也就是法空(dharma-śūnyatā)。这些论题,解说上或多少差别,却是"后期大乘"所共说的。对于这,清辨的《般若灯论释》卷一一(大正三〇·一〇六中——下)说:

> "二乘之人见(人)无我故,烦恼障尽,乘彼乘去,是名说……断烦恼障方便已。"

> "为大乘者,说二无我为最上法,说断智所知障方便已。"

清辨所说的,显然是随顺"后期大乘"的:二乘得人无我,断烦恼障;大乘得二无我,更断所知障。然月称的见解不同,如《菩提道次第广论》卷一七(汉院刊本二八)说:

> "如明显句论云:……由内外法不可得故,则于内外永尽一切种我我所执,是为此中真实性义。悟入真实者,慧见无余烦恼过,皆从萨迦耶见生,通达我为此缘境,故瑜伽师当灭我。"

> "由我不可得故,则其我所我施设处法亦极不可得。犹

① 《胜鬘师子吼一乘大方便方广经》(大正一二·二一九下——二二〇上)。

如烧车,其车支分亦为烧毁,全无所得。如是诸观行师,若时通达无我,尔时亦能通达蕴事我所皆无有我。"

无我,《入中论》说:"无我为度生,由人法分二。"①无我也就是空性,由于所观境不同,分为二无我或二空。无我与空的定义,同样是(缘起)无自性,所以能通达无我——我空的,也能通达无我所——法空。反之,如有蕴等法执的,也就有我执。这样,大乘通达二无我,二乘也能通达二无我。不过二乘在通达人无我时,不一定也观法我(如观,是一定能通达的),"于法无我不圆满修"。经说二乘得我空,大乘得法空,是约偏胜说的。无明障蔽,对补特伽罗与所依蕴等法,起谛实相,不知是没有自性的,这是生死的根源,也就是十二支中的无明。执我、法有自性,是烦恼障的根源,那什么是所知障呢?《入中论释》说:"彼无明、贪等习气,亦唯成佛一切种智乃能灭除,非余能灭。"②二乘断烦恼,佛能断尽烦恼习气(所知障),确是"佛法"所说的。月称的见解,与龙树《大智度论》所说,大致相同。

后期的"大乘佛法",是以如来藏我,自性清净心说;阿赖耶识为依止说;二流合成的"真常唯心论"为主流的。后期流行的特出思想,代表"初期大乘"的中观者,怎样在保持中观思想下,去应付、处理这新传出的思想呢?清辨造《中观心论》及释论《思择焰》,在《中观心论》的《入抉择瑜伽行真实品》中,对瑜伽行派作了广泛的批评。《大乘掌珍论》所说"入真甘露已具分

---

① 《入中论》卷五(汉院刊本二〇)。
② 《入中论》卷四(汉院刊本一九)。

别"①,就是指《中观心论》说的。清辨的《般若灯论》也批评了
"三自性",但汉译本的译者传承瑜伽学的波罗颇蜜多罗,却把
它略去了。《十地经》说"三界唯心",清辨以为:经意是遮破外
道所说,离心别有作者、受者——我,不是说外境非有。《楞伽
经》说:"外境悉非有,心似身、财、处,现为种种义,故我说唯
心。"清辨解说为:这是说外境不是自性有的;依境而有种种心,
似彼境行相而生。经上所说的"唯心",都不是"唯识变现"的意
义,彻底否定了瑜伽行派的唯识说②。实践的方法,依《辩中边
论》说:"唯识无义",是依妄分别识(及心所)的有,遮遣外境的
非有;再依外境的非有,识也就不可得——境空心寂。这样,境
无与识有,都归于无所得,平等平等,也就是契入真如。这一进
修次第,真谛所译《十八空论》,称之为"方便唯识"、"正观唯
识"③。清辨的《般若灯论》④说:

> "若先许唯识,后仍遍舍者,与其以泥污后而洗,初即
> 勿触远离为妙。"
>
> "先即同修,无须悭悋!"

依清辨的意见,"识"终归是无所得的,那为什么不直捷了
当地观境与识都是虚妄无实,要分成先后次第呢!月称对唯识
说也作了详细的评判。经上所说的"唯心",如《十地经》,是为
了遮破外道的作者、受者;《楞伽经》说,是为了遣除外境的执

---

①　《大乘掌珍论》卷上(大正三〇·二七二上),卷下(大正三〇·二七五上)。

②　《辨了不了义善说藏论》卷三(汉院刊本一五——一六)。

③　《十八空论》(大正三一·八六四上)。

④　《辨了不了义善说藏论》卷三引文(汉院刊本一八——一九)。

著。《入中论》引经说："如对诸病者,医生给众药,如是对有情,佛亦说唯心。此教显彼是不了义。"①医生的应病与药,当然是随宜方便;以治病为喻来说"唯心",显然唯心(唯识)是不了义教。又广引《楞伽经》说,"为除愚夫无我恐怖",佛说类似神我的如来藏。结论说:"是故如是行相契经,唯识师计为了义者,已由此教,显彼所说皆非了义。"②如来藏与阿赖耶识,来自不同的思想系,但在稍迟的"后期大乘"经中,联合起来,发展到如《密严经》所说:"佛说如来藏,以为阿赖耶,恶慧不能知,(如来)藏即赖耶识。"③瑜伽行者对于这一经说,似乎没有去解说。《入中论释》依此而说:"随一切法自性转故,当知唯说空性名阿赖耶识。"④说如来藏是不了义,如来藏就是阿赖耶识,阿赖耶识当然也是不了义了。月称以为,成立阿赖耶识,是为了众生的业果相续。其实业入过去,并不等于消灭,过去业是能感报的,所以立阿赖耶识是没有必要的(为钝根,可以这样方便说)。业入过去而是有的,是"三世有"说,但这是三世如幻有,与萨婆多部的三世实有说不同。陈那立自证分,能证知见分,后起心才能知前心的了境。月称以为:"念"有忆念过去的作用,所以立自证分是多余的;而且有"心能自知"的过失。瑜伽行者成立"唯识"的种种譬喻,《入中论》一一地给以评破,成立缘起的心与境,胜义中都是空的,而世俗中都是有的——无自性的有。在世俗安立

---

①　《入中论》卷三(汉院刊本三一)。

②　《入中论》卷三(汉院刊本三二——三三)。

③　《大乘密严经》卷下(大正一六·七四七上)。

④　《辨了不了义善说藏论》卷五引文(汉院刊本一四)。

方面,如三世有,念能忆知过去,有心有色等,近于萨婆多部,不同的是一切如幻,没有自性,所以有的称他为"随婆沙行"。《入中论》卷二到卷五,对瑜伽行者的依他起性自相有及唯识无境说,作了最彻底的批评。

瑜伽行者所宗依的《解深密经》,立三自性,说遍计所执(我法)是空的;依他起、圆成实性是有的。这一理论体系,是说一切有部的"我及我所无空,有为,无为有"的大乘化。《解深密经》依三自性立三无自性,解说《般若经》等一切法无自性。这一思想,容易为经部等所接受,所以在三时教中,称此第三时教为"普为发趣一切乘者"。约这点说,是有诱导二乘入大乘作用的(经部等多就大乘化了)。第二时教是:"依一切法皆无自性,无生无灭,本来寂静,自性涅槃,以隐密相转正法轮,虽更甚奇,甚为希有,而于彼时所转法轮,亦是有上、有所容受,犹未了义,是诸诤论安足处所。"到第三时教,才是"于今世尊所转法轮,无上无容,是真了义,非诸诤论安足处所"①。后期的中观者,依缘起有,说一切法空无自性,与瑜伽行派所宗的《解深密经》不合,那当然要对《解深密经》的三性说作一番解说了。清辨是说世俗谛中有自相的,所以《般若灯论》中说:能遍计与所遍计,都是世俗依他有的。说遍计所执"相无自性",是约胜义说的。依他起的"生无自然性",是无自性生,也是"胜义无生"。"故于胜义,若色自性,若色生等空,为圆成实。"②这样的解说《解深密经》的三自性、三无自性,那是说瑜伽行者的解说错了！月称

①　《解深密经》卷二(大正一六·六九七上——中)。
②　《辨了不了义善说藏论》卷三(汉院刊本一二——一五)。

《入中论》卷三(汉院刊本三一)说：

> "如是行相诸余经,此教亦显不了义。(释)如是行相
> 经为何等? 谓如解深密经,于遍计执、依他起、圆成实三自
> 性中,遍计执无性,依他起有性。"

《解深密经》的三自性说,月称论定为不了义的,与瑜伽行
派的见解相反。《辨了不了义论》解说为:如于一切法空无自性
中,能安立生死业果与解脱,那《般若经》与《中论》所说,当然是
究竟了义的。如不能于无自性中,安立生死业果与解脱的,对一
切法无自性空的教说,会引生极大断见的,那就应如《解深密
经》,也就是如瑜伽行者这样说了①。约根性的利钝来会通,似
乎比清辨的解说好些,因为这是与《解深密经》说相合的。《解
深密经》说,"已种上品善根,已清净诸障,已成熟相续,已多修
胜解,已能积集上品福德智慧资粮"——五事具足的根性,听了
第二时教的"一切法皆无自性,无生无灭,本来寂静,自性涅
槃",能够深生信解,如实通达,速疾能证最极究竟。对这样根
性,当然无所谓"隐密",也就用不着再解释深密了。由于一般
根性,五事不具足,引起不信,毁谤大乘,或颠倒解说等过失,这
才说三自性、三无自性的第三时教,再来解释一番②。这一解
说,确是《解深密经》说的,也许瑜伽行者不以为然,但约应机设
教来说,中观与瑜伽,应该是可以并存的。

---

① 《辨了不了义善说藏论》卷五(汉院刊本一五——一六)。
② 《解深密经》卷二(大正一六·六九五中——六九六上)。

第四节 对抗与合流

后期中观派的清辨与月称,在所造的论书中,评破了瑜伽行派。瑜伽者的唯识说、依他起与圆成实有自相说等,月称认为是不了义的,是为劣机所作的方便说;清辨是彻底地加以否定,认为不合经文的意义。瑜伽行派的对策,是为龙树的《中论》、提婆的《四百论》作注释。如安慧的《中论》注释,汉译名《大乘中观释论》。与安慧同时的德慧,也有《中论》注释,已经失传了。护法为《四百论》作注释,玄奘译名《大乘广百论释论》,但仅是后二百颂的注释(西藏有全译)。由于月称的《四百论释》纠正护法的曲解,护法的弟子提婆设摩又作《中论》注释。龙树与提婆,在大乘佛教界有崇高的声誉,后起的瑜伽行者是不适宜进行批评的。所以为龙树、提婆论作释,似乎表示意见的和同。如破外道与声闻部派,当然依文解说;如有关大乘法义,与中观者所见不合的,当然要依《解深密经》的了义说,来抉择《般若》、《中论》等"隐密"教了。如护法的《大乘广百论释论》,解说"虚妄分别缚,证空见能除",广叙依他起有与依他起空(可能指安慧与清辨)的双方论辩,然后提出:"心境有三:一者,有言有相心境;二者,无言有相心境;三者,无言无相心境。"①这就是三自性说。第二,依他起离言而为言所依,"亲证为先,后方起说",所以依他起有性,却不能说自相实有。这样,为龙树、提婆论造释

---

① 《大乘广百论释论》卷一〇(大正三〇·二四六上——二四九下)。

论,似乎推崇前辈,其实是评中观者而表达自宗的意见。这就是传说中的"空有之诤"。中观与瑜伽者的论诤,不只是文字(笔墨)上的论诤,还采取印度当时流行的公开辩论。据多氏《印度佛教史》说:南印度清辨的弟子们,不满意安慧的《中观释论》,到那烂陀寺来,与安慧的弟子争辩①。安慧的在家弟子月官,到那烂陀寺来,与月称作了七年的长期论辩②。德慧的《中论》注,破斥清辨;清辨的弟子三钵罗多陀,与德慧在南方的婆罗保梨,也作了长期的论辩③。到底是谁胜利了呢? 佛法是否能专凭口舌以定成败呢? 在这重认识论("量论")、重论理学("因明")的时代,对内对外,爱好口舌的论诤。论辩的结果,往往是败者被诬辱、被驱逐(或自杀),或改变信仰。以"佛法"的精神来说,可说是走向歧途了! 传说:瑜伽行派大成"量论"的法称,与婆罗门鸠摩罗梨罗(Kumārila)辩论得胜,鸠摩罗梨罗就改信佛法。法称又与商羯罗辩论,商羯罗失败,投河自杀。商羯罗转生,十五六岁时,又与法称辩论失败而自杀。到第三生,十二岁时,再与法称辩论失败,终于归信佛教④。法称的论辩法义,真是高明极了! 然在印度历史中,鸠摩罗梨罗与商羯罗,是复兴印度教的著名人物,西元七五〇——八五〇年间在世。法称是西元七世纪人,是不可能与这二人辩论而使之信佛的。反之,印度教复兴,使"大乘佛法"衰落的,鸠摩罗梨罗与商羯罗正是重要人物。凭法称辩论

---

① 多氏《印度佛教史》(寺本婉雅日译本二〇六)。
② 多氏《印度佛教史》(寺本婉雅日译本二二四——二二五)。
③ 多氏《印度佛教史》(寺本婉雅日译本二三〇)。
④ 多氏《印度佛教史》(寺本婉雅日译本二四九——二五五)。

的神话传说,是不能改变印度佛教没落的事实!

　　中观者说一切法无自性空,是究竟了义的;瑜伽者说一切法无自性空,是不了义的。如上文所说,"大乘佛法"内部诤论不已。依一般思想进展的情形,双方对立,论诤不已,总会有第三者——折中、综贯的思想出来。"大乘佛法"的折中综贯者,首先是圣解脱军(Vimuktasena)传出的《现观庄严论》。圣解脱军,传说生于中印、南印的交界处,耆婆罗(Jvāla)洞窟附近,是(世亲弟子)觉使(Buddhadāsa)的外甥,从鸡胤部出家。解脱军的传承,极不明白。有的说:从世亲听受《般若经》,般若论义是从僧护学的。有的说:解脱军是陈那的弟子,般若论义是从清辨学习的。传说《现观庄严论》是弥勒造的,所以一般就说解脱军是世亲的弟子。《现观庄严论》是"中本般若"经的论,分八品,七十义,但与"中本般若"的二万五千颂本,有些地方不大合适。后来,解脱军在波罗奈,遇到奔陀伐弹那(Puṇḍavardhana)地方的寂铠(Śāntivarman)优婆塞;寂铠从奔陀伐弹那,到南印度的普陀洛(Potala),从观自在(Avalokitêśvara)菩萨处取来的二万颂《般若经》,是分作八品的。圣解脱军这才造了一部《二万五千颂般若经现观庄严论释》。也有人说:寂铠到普陀洛去,共有三次,第三次才取到了二万颂的《般若经》;取经的旅程,充满了神秘的气息。后来,圣解脱军在东方一小王国中,三十年弘扬《般若》①。圣解脱军的事迹,暗昧而富传奇性:一、师承不明确。二、八品《般若经》的来历太离奇。二万颂、八品的《般若经》,末

---

　　①　多氏《印度佛教史》(寺本婉雅日译本二〇八——二〇九)。

后有《弥勒问品》,说三性,是其他经本所没有的。三、玄奘与义
净都没有说到解脱军与《现观庄严论》,西方来的大德也没有说
起。四、圣解脱军以后的传承,在多氏《印度佛教史》中,直到达
磨波罗王时(西元七六六——八二九年在位),说到师子贤
(Siṃhabhadra)从遍照贤(Vairocanabhadra)受学《现观庄严论》,
那已是义净去印度后一百年了。如解脱军真是世亲弟子,那从
解脱军到遍照贤,三百年间的传承不明! 传说解脱军是陈那弟
子,从清辨受学,可能与护法、月称同一时代(西元五、六世纪
间)。解脱军在东方弘传(奔陀伐弹那也在恒河东岸,与东印度
相邻接的);《现观庄严论》在东方兴盛起来,这是值得注意的!
从传说佛身说,是从二身、三身而进展到四身的。无著的《大乘
庄严经论》立三身:《敬佛品》的三身,是自性身、受用身、化身;
《菩提品》的三身,受用身作"法食"——法受用身(dharma-
saṃbhoga)①。法受用身,泛说受用,如《摄大乘论》所说"大乘法
乐为所受故"。但《摄论》又说,"但为成熟诸菩萨故"②,那又偏
重在他受用了。《楞伽经》说三身,也不一致。经立法(性)佛
(dharmatā-buddha),从法(性)佛而顿现的报佛(niṣyanda-buddha)
与化佛——三(身)佛。报佛,又名为法性所流佛(dharmatāniṣ-
yanda-buddha)。niṣyanda 是"等流"的意思,不应该译作"报佛"
的③。但在经初的偈问中,又立变化佛、报佛(vipākaja-buddha)、

---

　　① 《大乘庄严经论》卷一三(大正三一・六六一中),卷三(大正三一・六〇六
上——下)。

　　② 《摄大乘论本》卷下(大正三一・一四九上——下)。

　　③ 《大乘入楞伽经》卷二(大正一六・五九六中)。《楞伽阿跋多罗宝经》卷一
(大正一六・四八六上)。

真如智慧佛(tathatā-jñāna-buddha)①。vipāka 是异熟,通俗译为报,与等流不同。而真如智慧佛,如智不二,也比法(性)佛的含义要广些。约法身说,有约法性及如智不二的差别;约修行(色究竟天)成佛说,有从法性等流所起(符合如来藏说),及福智庄严的报得(符合阿赖耶识为依止说)不同。《楞伽经》后出的《偈颂品》,立四身:"所有法、报(等流义)佛,化身及变化";"自性及受用,化身复现化"②。化身(nirmāṇa-kāya),而《楞伽经》又依化身而立变化(nairmāṇika),大抵化身如释尊,变化是随类现身了。以护法说为主的《成唯识论》立四身,是分别"受用身"为自受用与他受用。《楞伽经·偈颂品》所立四身,是分别化身为化身与变化身。《现观庄严论》立四身,是分别法(性)身为自性身与智法身。用意不同而安立各别,但同样是从三身而进入四身说。这应该是同时代所成立的,所以推定《现观庄严论》成立于西元五世纪末(或六世纪初),应该是非常可能的! 传说《现观庄严论》是弥勒造的,与瑜伽行派应有相当的关系,但思想是归宗于中观派的。如论文是摄《般若经》义而造颂的,却多了(经文所没有的)二颂,如《论》③说:

> "无灭自性中,谓当以见道,尽何分别种,得何无生相?"

---

① 《大乘入楞伽经》卷一(大正一六·五九一下)。《入楞伽经》卷一(大正一六·五二一上)。《楞伽阿跋多罗宝经》卷一,作四佛(大正一六·四八一中)。
② 《大乘入楞伽经》卷六(大正一六·六二七中),卷七(大正一六·六三一下)。《入楞伽经》卷九(大正一六·五六八下、五七四中)。
③ 《现观庄严论略释》卷三(汉院刊本三六)。

"若有余实法，而于所知上，说能尽彼障，吾以彼
为奇！"

后一颂，显然通于评责瑜伽行派，说依他起是有自相的。师
子贤努力《现观庄严论》的弘扬，作《二万五千颂般若合论》、《八
千般若现观庄严光明释》、《般若经论现观庄严释》等。弘扬《现
观庄严论》，也就是弘扬《般若经》。在波罗王朝时代，《现观庄
严论》大大地发扬；传入西藏，成为学者必修的要典。

传说为弥勒造的《现观庄严论》，有综贯瑜伽与中观的意
趣，但自成一家。勉强说综合中观与瑜伽的，是寂护，或译静命
（Śāntirakṣita）系。寂护是东印度人，从智藏学，造了一部智藏
《二谛分别论》的释论。智藏是东（南）方欧提毗舍人，在藩伽
罗，从室利崛多闻法。室利崛多、智藏、寂护，都是东（南）印度
人，都以为依他缘生法，在世俗谛中是自相有的，所以可依自立
比量来破他，也被称为自续——自立量派（Svātantrika），可说是
继承清辨的学风。寂护的主要著作，是《中观庄严论》（颂），及
自己的注释。寂护的弟子莲华戒，著《中观庄严论精释》、《中观光
明论》等。西元七四七年，寂护应西藏乞栗双提赞王（Khri-sroṅ-
lde-btsan）的礼请，与弟子莲华戒到西藏，奠定了西藏佛教的初
基。师子贤也是寂护的弟子，弘扬《般若》与《现观庄严论》。西
元六六〇年开创的东方波罗王朝，崇信佛法，寂护这一综合学派
发展起来。但那时，印度教越来越盛，"大乘佛法"在各处衰落
下来。在东方波罗王朝的护持下，维持了一段较长时期。不过
已进入"秘密大乘佛法"时代，"密主显从"，"大乘佛法"与"秘
密佛法"深深地结合而流传。

寂护是自立量派,在世俗自相有中,取"唯识"说,所以不同于清辨,而被称为"随瑜伽行"。《中观庄严论释》①说:

> "应观何义为世俗事? 唯心心所为自体耶? 抑为亦有外法体耶? 此中有依后义者,如说:经说唯心,破作者、受者故。有余思云:虽诸因果法,亦皆唯有识;诸自所成立,亦皆住唯识。"

心外有法体的,是清辨说。"有余思云",是寂护自己的意见。寂护在世俗谛中,成立唯识似外境现;进观胜义,那是心也无自性了。如《中观庄严论》说:"由依止唯心,当知无外事;次由依此理,当知心无我。"这是比较容易会通"后期大乘"的"唯心"说。寂护以为:世俗唯识而胜义皆空,也是龙树的意见,如《中观庄严论》引(《六十颂如理论》)文说:"此中皆无生,亦皆无有灭,故知生灭法,当知唯是识。宣说大种等,皆是识所摄,彼离智所见,岂非皆颠倒!"②这样,世俗唯心,胜义心空,瑜伽行与中观的综合,是龙树的本意。不过这二颂,在宋施护所译《六十颂如理论》,文意并不是这样的③。

"随瑜伽行中观派"的寂护,对瑜伽行派法称的七部量论,是相当推崇的,曾为法称的《论义正理论》作注释。法称是瑜伽行中的"随理行"者,从量论——认识论的论究中,论定唯识是

---

① 《辨了不了义善说藏论》卷三(汉院刊本一九)。
② 《辨了不了义善说藏论》卷三(汉院刊本一九——二〇)。
③ 宋施护所译《六十颂如理论》,此二颂作:"若生法灭法,二俱不可得,正智所观察,从无明缘生";"大种等及识,所说皆平等,彼智现证时,无妄无分别"(大正三〇·二五四下、二五五中)。

究竟的。寂护深受法称的影响,虽远源于清辨的中观自立量派,而在所造的《中观庄严论》,也是以认识论来论法义浅深的。自世亲造《俱舍论》,众贤造《顺正理论》,有部——萨婆多部与经部的思想,经论辩而明确。瑜伽行派以这二部为声闻法的代表,如世亲的《唯识二十论》,陈那的《观所缘(缘)论》,都评破了这二家(其实部派思想复杂,这只是代表当时的重要思想而已)。中观派与瑜伽行派,又论诤不已,形成当时佛教界的四大思想——有部见、经部见、唯识见、中观见。《中观庄严论》,就是以这样的次第,叙述评论,而以中观最为究竟的。有部与经部,继承"佛法"的现实立场,主张外界(物质色世界)是存在的。有部以为:心识的认识外界,外界的形相是存在于外界,而不是存在于心识中的。这一见解,被称为无形象行相知识论(anākāra-jñāna-vāda)。经部以为:外界是存在的,但心识不能直接认知外界,在心识的认识中,识上现起色等行相形象而后了解;行相是识的一分,所以知识到的,只是识自身的一分。这一见解,被称为有形象知识论(sākārajñāna-vāda)。寂护以为经部的有形象论,胜过有部的见解。寂护依瑜伽行派的观点:知识与外界物质——心与色的本质是不同的,心识不可能认识与自己相异的对象,所以对承认外界存在的部派,都批评为不能成立。瑜伽行派是心外无物的唯心论,但也分为二派:陈那、护法、法称等,是有形象论(sākāra-vāda),也称为形象真实论(satyākāra-vāda)。外界是不存在的。刹那的心体,表现为所知的形象相分,这是二分说;或所了的形象相分,与能了的作用见分,及觉知了境作用的识自体自证分,是一心的三分说。了别的相与见,也是(从种子生的)依他起性,不能说是没有的,所以也被称为"有相唯识"。安慧等是无形象论(anākāra-vāda),也称为形象虚伪论(alī-kākāra-vāda)。这是唯识无境,或唯有虚妄分别而没有能取所取;在唯识现中,唯有识体而已。在这一次第中,寂护是以瑜伽唯识为优越的,显然以形象虚伪论是更胜于形象真实论的。寂护对有部、经部,唯识有形象论、无形象论,一一加以批判,更上一层,当然是极无自性的中观了。在寂护的批判中,表示了后后的胜于前前。依此而论,"随瑜伽行"的寂护应该是:世俗谛中,是无形象的唯识说;胜义谛中,是自立量派的中观说。寂护真的是这样综合了瑜伽与中观——二大乘吗!在"随瑜伽行中观派"的发展中,有的更分为二系:与形象真实派一致的中观者,如寂护、莲华戒、解脱军;与形象虚伪派一致的中观者,如师子贤。后者又分为二系:如急达里(Jitāri)是有垢论者,迦姆波罗(Kambala)是无垢论者。这些传说,是比较迟些的。

在修行次第中,寂护引《入楞伽经》的三颂(一〇·二五六——二五八颂)来表示。依《空之哲学》所引,略述如下:

"瑜伽行者体会到唯有心,便不以外界为有。住于真相中,更超越了唯心。"

"他超越了唯心,更超越了都无显现;安住于无显现的瑜伽中,见到了大乘的真理。"

"不用勉力无功用所达到的,是寂静,依本愿而清净。由于没有显现,故能体会到最高智慧的无本体性。"

对于这三颂,莲华戒有解说。著作《般若波罗蜜多论》的宝作寂(Ratnākaraśānti),也引用这三颂而有所解释;文句与意义,都与莲华戒有所不同。《入楞伽经》的《偈颂品》,是后起的(宋译本缺)。我国魏、唐二译,大致相同,而与寂护、宝作寂所引的,却不一致。经文与论师的意见,都在变化发展中。但可以肯定的,这三颂的次第修行,是唯心(也就是唯识)观,与《辩中边论颂》说非常接近。如说:"依识有所得,境无所得生;依境无所得,识无所得生。由识有所得,亦成无所得,故知二——有得,无得性平等。"①颂文大意,是唯心(唯识)观:依唯心而境不可得,进而(与境相对的)心也无所得。心境不现时,有空相(无显现的)显现;进一步,空相也泯寂了,就是"都无显现的瑜伽"——空(所显)性。宝作寂强调,作为最高真实的空,不是别的,正是清净光辉心的本质②。从佛教思想发展来说,《般若经》说一切法空,一切如幻。也说到心清净(prabhāsvara,可译为光明、清净),但"是心非心",不落有、无,一切法也是这样。龙树的《中论》,一切是缘起即空性,一切如幻化。"随瑜伽行"的中观者,脱离了法法平等的立场。瑜伽行派以虚妄分别识为依止,说唯识现。一分说、二分说、三分说,都是生灭识。也说到心性净,如《大乘庄严经论》卷六(大正三一·六二三上)说:

"已说心性净,而为客尘染;不离心真如,别有心性净。"

---

① 《辩中边论颂》(大正三一·四七七下)。

② 有关"随瑜伽行中观派",参考吴汝钧所译,梶山一雄《空之哲学》第四章《中观与空义》(三四三——三七五);李世杰所译,一乡正道《瑜伽行中观派》(《中观思想》二三九——二九五)。

> "不离心之真如,别有异心,谓依他相,说为自性清净。此中应知! 说心真如名之为心。"

说心清净,是约心的真如性说,没有依他起的心,而可说为清净的。《辩中边论颂》也说:心性本净,是"空性异门"①。"后期大乘"别有如来藏、自性清净心一流,瑜伽行派以空性去解说,其实如来藏与自性清净心法门,是别有见解的。《楞伽》与《密严经》等,使如来藏与阿赖耶识相结合,到达"如来清净藏,亦名无垢智,常住无始终,离四句言说";"如来清净藏,世间阿赖耶,如金与指环,展转无差别"②。这不只是空(所显)性与心性的统一,而是空性与真心的统一。世俗安立是:不离如来藏的阿赖耶识,变现一切。(法称以后,重在认识论的唯识,所以每泛说六识了。)显示胜义,空性与真心——无垢识、无垢智的统一。晚期的印度佛教偏重论议,只说中观派与瑜伽行派,而不知"如来藏我"、"清净心",正发展为经典,潜流、渗入于二大乘中。被称为瑜伽行的中观者,努力弘扬般若,而主要是传为弥勒造的《现观庄严论》。追随"随理行"的瑜伽者,引《楞伽经》来表示观行次第,以中观的空为究竟。返观"初期大乘"的《般若经》与《中论》,距离是太遥远了! 严格地说,这不是中观与无著、世亲的瑜伽行的综合,而是倾向真常唯心的(还不是"如来藏自性清净心"的主流)与"秘密大乘"更接近的一流。

---

① 《辩中边论颂》(大正三一·四七八上)。
② 《大乘密严经》卷下(大正一六·七四六上)。

第十章 "秘密大乘佛法"

第一节 "秘密大乘"的时地因缘

在"大乘佛法"（及部派佛法）流行中，秘密化的佛法，潜滋暗长，终于成为"秘密大乘佛法"，广大流行，为印度后期佛教的主流。发展，应有适宜于发展的环境，自身（大乘）也应有发展的可能，所以"秘密大乘"的发展，应从大乘与环境关系中去理解。秘密化的佛教，不论说是高深的、堕落的，或者说"索隐行怪"，但无疑是晚期佛教的主流，是不能以秘密而忽视的。在中国佛教史上，善无畏（Śubhakara-siṃha）、金刚智（Vajra-bodhi）、不空（Amoghavajra），在西元七一六——七七四年间，先后到中国来，传授《大日经》、《金刚顶经》等法门。又传入日本，被称为"密教"，与"显教"（"佛法"与"大乘佛法"）对称。显教与密教的名称，可能是引用《大智度论》的。但《智论》所说的"显现示"与"秘密"，指声闻法与大乘法说①；也可说是含容二乘的与不共

① 《大智度论》卷四（大正二五·八四下——八五上），卷六五（大正二五·五一七上——中）。

二乘的二类大乘。现在也称之为"秘密",虽是随顺旧来的名称——"密教"、"密宗",而主要是:这一系的佛教,有不许公开的秘密传授,及充满神秘内容的特征。

善无畏等传来"秘密大乘",唐代也就进入衰乱时期,传译也就中断了二百年。赵宋开宝六年(西元九七三),中印度的法天来中国,天息灾(后改名"法贤")、施护也来了,成立译经院。宋代所译的,有不少的秘密教典,但中国汉地(及日本)佛教已自成一格,"禅"、"净"盛行,对译典已缺少探求的兴趣了!"秘密大乘"的教典大量地传入西藏,我们才多少知道印度佛教的末后情形。"秘密佛教",也是先后发展而传出的,可依内容而分为不同的部类。中国汉地(及日本)过去以《大日经》为"胎藏",与《金刚顶经》合称二部大法,称为"纯密",而称以前所译出的为"杂密"。西藏所传,"秘密大乘"的部类也有不同的分类法,一般分为四部:一、事续(kriyā-tantra);二、行续(caryā-tantra);三、瑜伽续(yoga-tantra);四、无上瑜伽续(anuttara-yoga-tantra)。tantra——怛特罗,原义为线、线的延伸——续,与经——修多罗(sūtra)的意义相近。怛特罗是印度神教教典的一类,"秘密大乘"也采用了这一名词。不过译为华文的,还是译作"经"或"教"(如"教王")的。"事续",大抵与过去所说的"杂密"相近,部类繁杂,有四部总续:《秘密总持》、《苏悉地续》、《妙臂问续》、《后静虑续》。唐输波迦罗——善无畏所译的《苏悉地羯啰经》(三卷);《苏婆呼童子请问经》(三卷),与法贤异译的《妙臂菩萨所问经》(四卷),就是四部总续中的二、三——两部。"行续",《毗卢遮那现证菩提经》,与善无畏所译的《大日经》——《大毗卢遮那神变加持经》(六卷)相当;藏译还有《金刚手灌顶续》。"瑜伽续",《摄真实会》为本。金刚智所译《金刚顶瑜伽中略出念诵经》(四卷),及不空所译《金刚顶一切如来真实摄大乘现证大教王经》(三卷),都是略译;宋施护全译的,名《佛说一切如来真实摄大乘现证三昧大教王经》(三十卷)。这样,过去所传的杂密、胎藏、金刚界——三部,与四部续中的前三部相当。"无上瑜伽续",分"父续"与"母续"(也有分"父续"、"母续"、"无二续"的)。"父续"中,《密集》为上,及黑与红的《阎曼德迦》、《无上幻网》、《金刚心庄严经》等。宋施护所译的《一切如来金刚三业最上秘密大教王经》(七卷),就是《密集》;法贤所译的《佛说瑜伽大教王经》(五卷),就是《无上幻网》。"母续"中,《胜乐》为上,及《欢喜金刚》、《时轮》、《幻顶座》、《大印点》、《佛平等和合》等①。四部续是次第成立的,但某些思想可能早已有了;而"无上瑜伽"盛行时,也还有"事续"等传出,是不可一概而论的。

"秘密大乘"的传布,依多氏《印度佛教史》说:西元四、五世纪间,与无著、世亲同时的僧护以前,乌仗那人有修密法而成就的,但非常隐密,一般人都不知道;等到知道,已成就而消失不见了。从僧护那时起,"事续"与"行续"渐渐地流行;(西元六、七世纪间)法称以后,"瑜伽续"盛行,"无上瑜伽续"也流行起来②。依中国佛教的传译来说,如吴黄龙二年(西元二三〇),竺

---

① 四续的内容,依法尊所译的、克主所造的《密宗道次第》(原名《续部总建立广释》)所说。

② 多氏《印度佛教史》(寺本婉雅日译本一七〇——一七一、二七三)。

律炎译出《摩登伽经》；支谦也在那时（西元二二三——二五四年间）译出《华积陀罗尼神咒经》、《无量门微密持陀罗尼经》等，可见雏形的"事续"，早已在流行了。元魏菩提流支在西元五一〇年前后来中国，译出的《入楞伽经·偈颂品》说："佛众三十六，是诸佛实体。"异译作"佛德三十六，皆自性所成"①：这就是"瑜伽续"——《金刚顶经》的三十七尊说。唐代传来的《金刚顶经》，虽是"瑜伽续"，然依《金刚顶经瑜伽十八会指归》的内容而论，"无上瑜伽"的《密集》、《无二平等》等，都已在内。"瑜伽续"与"无上瑜伽续"，起初本是总称为"大瑜伽续"（mahāyoga-tantra）的。多氏的这一传说，与事实还相去不远。

秘密教典的传出，充满神奇的传说。法身（dharma-kāya）说、法性所流身（dharmatāniṣyanda-kāya）说、化身（nirmāṇa-kāya）说，《楞伽经》已有三身说法不同的叙述②。为了表示秘密教典的殊胜，也就叙述为法身说等。然从流传人间来说，都是应用印度语文，出现于印度的教典。多氏《印度佛教史》（二二·一四章），说到龙树以前，有大婆罗门罗睺罗跋陀罗，又名萨罗诃（Saraha）的，弘传密法。大婆罗门而传佛法，可能会融摄神教于佛法。秘密教典的传出，传说与龙树、提婆有关，如多氏《印度佛教史》（二九章）说：在提婆波罗（Devapāla）王父子（西元七〇六——七六五年）时代，摩登伽（Mātaṅga）见到了提婆，修习成就，因而得到了龙树、提婆的一切真言教典。在八世纪而会见了

① 《入楞伽经》卷九（大正一六·五七四中）。《大乘入楞伽经》卷七（大正一六·六三一下）。
② 《大乘入楞伽经》卷二（大正一六·五九六中）。

提婆,纯是信仰的传说。有名为龙智的,梵语 Nāgabodhi(龙觉),
或 Nāgabuddhi(龙觉者)。唐开元八年(西元七二〇),金刚智到
中国来,说到金刚智在南天竺从龙智学习七年。西藏的传说,多
氏《印度佛教史》一再说到龙智,如(二二章)说,大婆罗门萨罗
诃、龙树师资、成就者舍婆梨(Śavari)间,师资相承,所有的真言
与注释,都交与龙智;在提婆波罗王(西元七〇六——七五三
年)时代,流行起来。又(二五章)说,胜天(Jayadeva)是护法
(dharmapāla)以后的那烂陀寺住持;胜天的弟子毗流波
(Virūpa),在南方吉祥山(Śrīparvata)从龙智学降阎魔法。(二
九章)说,提婆波罗王父子时代,罗睺罗也见到了龙智,"圣系"
开始流行。(一七章)说,龙智是东印度藩伽罗人,童年就追随
龙树;出家后,作龙树的侍者。龙树去世后,龙智在吉祥山修行
成就,寿命等同日月。在传说中,说龙智是龙树的弟子,而龙树、
提婆的秘密教法也就不断流传出来。依传说而论,龙智是西元
七、八世纪的秘密瑜伽行者,一位养生有术的出家者。经毗流
波、罗睺罗等传出的密法,大概多少采用流行南方的(后期)龙
树学,因而传说为龙树的传人。如真是龙树弟子,那佛法传入中
国,西元五——七世纪间,怎么不曾听说过呢? 其实龙智所传
的,只是"秘密大乘佛法"的一部分。"秘密大乘"是由众多的秘
密瑜伽者传出来的。在瑜伽行派与(后期)中观派思想的启发
下,瑜伽者凭自身的种种修验,适应印度神教而渐渐形成。成立
而传出来的,不一定是传出者所编的,有些是从师承传授而来
的。由于"秘密大乘"重视师承的传授,所以密典的传出,反而
比大乘经的传来还多保留一些史实的成分。多氏《印度佛教

史》（四三章）曾说到，很多甚深的"无上瑜伽续"，是由成道者各位阿阇梨传来，逐渐出现（人间）的。如吉祥萨罗诃（Śrīsaraha）传来《佛顶盖》；卢伊波（Lūi-pā）传来《普行瑜祇》；流婆波（Luvapā）与海生（Sareluha），传来《嬉金刚》；黑行（Kṛiṣṇacaryā）传来《相合明点》；游戏金刚（Lalitavajra）传来《黑降阎魔尊三品》；甚深金刚（Gambhīravajra）传来《金刚甘露》；俱俱利波（Kukkurīpā）传来《摩诃摩耶》，毗睹波（Piṭopā）传来《时轮》。这些秘密教典，就是由这些人传出来的①。

"秘密大乘"的某些内容，渊源相当早，但发展成为印度晚期佛教的主流，与印度神教的融合有关。西元四世纪初，笈多王朝兴起，梵文学兴盛起来。二大史诗的完成，《往世书》的撰作，促成婆罗门教的复兴，被称为印度教。韦纽与自在天的信仰大盛，与梵天——三天②，成立"一体三神"的教理。印度教的兴起，约与瑜伽行派同时。瑜伽行派发展唯识学，成立佛果的三身、四智说。受瑜伽行派影响的如来藏学，如《究竟一乘宝性论》，立"佛界"、"佛菩提"、"佛法"、"佛事业"，以阐明佛果功德。印度教一天天兴盛，佛法受到了威胁，部分重信仰、重加持、重修行（瑜伽）的，在如来果德的倾向中，摄取印度群神与教仪（印度教又转受佛教的影响），而"秘密大乘"的特色，显著地表现出来，流行起来。西元五世纪末，笈多王朝衰落了，小邦林立。伐弹那王朝成立；西元六〇六年，曷利沙伐弹那登位，就是玄奘

---

① 以上，参考多氏《印度佛教史》二二章以下。

② 《大智度论》卷二，已说到摩醯首罗天、韦纽天、鸠摩罗天——梵童子等三天（大正二五·七三上）。

所见的戒日王。戒日王死后,印度纷乱极了!印度教的著名人物,北印度的鸠摩罗梨罗、南印度的商羯罗,在西元七五〇——八五〇年间出世。二人都游化各地,擅长辩论,对印度教的光大起着决定性的作用;佛教受到了严重的伤害,南印度与北印度的佛法都衰落下来。幸好东方藩伽罗,现在孟加拉地方,西元六九〇年,瞿波罗在那里成立了波罗王朝,后来扩展到摩竭陀。王朝共十八世(西元一一三九年灭亡),护持佛法著名的,共有七世,称"波罗七代"。在波罗王朝的护持下,"大乘佛法",主要是"秘密大乘",得到长期而畸型的隆盛。瞿波罗王崇敬佛法,在那烂陀寺附近,建欧丹多富梨寺(Odantapurī)。第四代达磨波罗王,西元七六六——八二九年时,版图扩大了,国势很兴盛。王在恒河边,建室利毗讫罗摩尸罗——吉祥超行寺(Śrīvikramaśila),中央是大佛殿,四周建立一般的(大乘等佛法)五十四院,秘密乘的五十三院,百零八院的大寺,规模比那烂陀寺大多了。达磨波罗王时,密乘已非常隆盛!王尊敬师子贤,师子贤继承寂护,属于"随瑜伽行"的中观派;流行在东方的《现观庄严论》(《般若经》的论),师子贤也努力弘扬,所以般若与中观,在东方非常盛行。"后期大乘"的般若与中观,都是通过自性清净心,而与"秘密大乘"深深结合的。西元九五五——九八三年,十一世遮那迦王(Caṇaka)时,超行寺的学风最胜,立护寺的六人,称为"六贤门",都是精通"大乘"与"秘密大乘"的。印度在邦国林立的纷乱中,回教——伊斯兰教徒西元十世纪后半占领了高附,渐渐地侵入印度内地,佛教(及印度教)的寺院、财物、僧徒,受到了严重的破坏伤害。波罗王朝末期及后起的斯那(Sena)王朝时,回教的侵入到达印度各地。欧丹多富梨寺与超行寺都被毁灭，那烂陀寺也只剩七十人。西元十二世纪末，印度佛教渐渐地没落消失了！义理高深的"大乘佛法"、神通广大的"秘密大乘佛法"，对当时佛教的没落，显然是无能为力的！唉！"诸行无常"，释尊所说是真实不虚的！

　　"大乘佛法"起于南方，"秘密大乘佛法"又从哪里兴起传布呢？《嬉金刚怛特罗》说到怛特罗乘的四处圣地：Jālandhara，Oḍḍiyāna，Paurṇagiri，Kāmarūpa。《成就法鬘》也说到：Oḍiyāna，Pūrṇagiri，Kāmākhyā，Sirihaṭṭa——四处，是秘密佛教盛行的地区。日本所译、Bhattāchārya 所著《インド密教学序说》，立"发生的场所"一章，显然是以四圣地为秘密乘发生的地区。Kāmarūpa 就是迦摩缕波，与 Srihaṭṭa 都在现在的阿萨密（Assam）地方。东印度是秘密乘盛行地区，因而有人以 Oḍḍiyāna 为现在的奥里萨（Orissa）；但有的以为是印度西北的乌仗那，学者间的见解不一①。其实，"秘密大乘"盛行于东方，即使四圣地都在东方，也并不等于是"发生的场所"。印度的政治不统一，经常在各自据地独立的状态下，但（各）宗教的游行教化，一直是全印度畅行无阻的。如教界而有新的倾向，会迅速地遍达各地。从西元四世纪末到九世纪止，"秘密大乘"的不断传出，是不可能出于同一地区的。传出的地点不限于一地，主要是山林、溪谷，适宜于瑜伽者修行的地区。平地与都市，那是理论发达，发扬广大而不是创发者：这是"佛法"、"大乘佛法"、"秘密大乘佛法"

---

　　①　《インド密教学序说》（五四——五八）。《望月佛教大辞典·补遗》一（三一九上——三二〇上）。

所共同的。"秘密大乘"传出的地区不一,主要是:一、北方的乌
仗那:这里是丘陵山谷地区,就是末阐提(Madhyāntika)所开化
的罽宾。"佛记罽宾国坐禅,无诸妨难,床敷卧具最为第一,凉
冷少病。"①传说阿难弟子多坐禅,是佛法传化于北方的一系。
《大唐西域记》卷三(大正五一·八八二中)说:

> "乌仗那国……好学而不功切,禁咒为艺业。……并学
> 大乘,寂定为业。善诵其文,未究深义;戒行清洁,特闲
> 禁咒。"

乌仗那是大乘佛教区。义理的论究差一些,但重于禅定,持
诵经典,对禁咒有特长,这是秘密瑜伽行发展的适当地区。多氏
《印度佛教史》说到:乌仗那地方,修秘密法而得成就的不少,但
行踪秘密,一般人不容易知道。到了无著、世亲的时代,"事续"
与"行续"开始流行起来。游戏金刚从乌仗那的"法库"中,请得
《降黑阇魔怛特罗》,流布人间②。乌仗那是传出密法的地区之
一。据《八十四成就者传》,Udyāna 是五十万城市的大国,分出
二王国:一名Śambhala,就是香跋拉;一名 Laṅkāpuri③。这不妨
说得远一些:《大唐西域记》说,乌仗那、商弥(Śamī)、梵衍那
(Bāmiyān)、呬摩呾罗(Himatala),都是释(Śākya)种,是释尊在
世时,释迦族被残破而流散到这里来的。这就是塞迦(Saksa)
族,也就是《汉书》"塞种王罽宾"的塞种。传说流散的释种中,有

① 《阿育王传》卷五(大正五〇·一二〇中)。
② 多氏《印度佛教史》(寺本婉雅日译本二六〇——二六一)。
③ 《インド密教学序说》所引(五六)。

名为奢摩(Śama)的,或作闪婆(Śambha),或作商莫迦(Śyāmaka)。
奢摩所成立的小国,玄奘译作商弥。《往五天竺国传》说:"至拘
纬国,彼自呼云奢摩褐罗阇国。……衣着言音,与乌长仗那国相
似。"①"奢摩褐罗阇"(Śama-rāja),意思是奢摩王。奢摩,是有
悠久传说的英雄人物。塞迦族与波斯人,有长期合作的关系;在
波斯古史中,以奢摩王为理想的英雄。流传下来的奢摩王国,在
波谜罗川(Pamirs),也就是 Wakhan 谷西南七百里,在今 Kunar
河上流,是乌仗那四邻的小国。奢摩、闪婆、商莫迦,语音虽小有
变化,而就是从乌仗那分出的Śambhala——香跋拉。由于这里
是古代的英雄人物,《华严经》已传说为菩萨住处:"乾陀罗国
(古代同称罽宾)有一住处,名苫婆罗窟,从昔以来,诸菩萨众于
中止住。"②苫波罗窟,就是香跋拉(商弥)山国。传说中,香跋拉
国王因陀罗部底(Indrabhūti),与《密集》有关。而香跋拉王子月
贤(Candrabhadra)到南天竺得到了《时轮》,集成《时轮根本恒特
罗》。《时轮》中说到基督教、回教,并说在未来某一时期,香跋
拉国的大军将出而扫荡一切,达成世间清净,佛法兴盛。这一传
说,是以古代英雄——奢摩的传说为依据,受回教统治的苦难事
实,而引出香跋拉复兴的预言。从乌仗那分出的另一国家 Laṅ
kāpuri,是"悬"的意思,这就是乌仗那西邻的滥波(Lampāka);在
绀颜(Śyāmāka)童子的故事中,滥波正是"悬"的意思。以上的
说明,肯定四圣地中的Oḍḍiyāna,是北方的乌仗那,与分出的香
跋拉国有关。乌仗那一带,与"秘密佛教"的关系深远,不能以

---

① 《往五天竺国传》(大正五一·九七七下)。
② 《大方广佛华严经》卷四五(大正一〇·二四一下)。

晚期的盛行于东方印度,而将乌仗那、香跋拉移到东方去的。还
有,传译《大日经》的善无畏,传说是中天竺的释种。其实,释种
被破灭离散,迦毗罗卫一带的释种早已衰微消失了。传说善无
畏在那烂陀寺修学密法,在北天竺得到《大日经》;而《大日经》
第七卷的"供养法",是在迦腻色迦大塔处得来的,正表示了北
方释(塞迦)族传出密法与仪轨的意思①。二、玄奘《大唐西域
记》,几乎没有说到密法流行的情形,只说清辨于"执金刚神所,
至诚诵持执金刚陀罗尼",入阿素洛宫②。玄奘重于论义,没有
说到密法流行,并不等于没有。迟一些,义净去印度(西元
六七一——六九五年),在所著《大唐西域求法高僧传》,说到了
当时密法兴盛的情形。当时去印度的留学僧,如玄照、师鞭、道
琳、昙闰,都是向西印度——罗荼(Lāṭa)国求学密法。同时去印
度的无行禅师,在寄回中国的信上说:"近有真言密法,举国崇
重。"真言密法的兴盛是全国性的,这决非短期间事! 西印度的
罗荼,就是《西域记》所说的"南罗罗"与"北罗罗"——摩腊婆与
伐腊毗。义净传说:明咒藏——持明藏(Vidyā-dhara-piṭaka),是
龙树的弟子难陀,在西印度专修十二年而得到的,"撮集可十二
千颂,成一家之言"③。难陀,没有其他的传说,未必是事实,但
西印度的罗荼,曾有"持明藏"的传出,为多数人所求学,却是明
确的事实。三、对于"秘密佛法",南印度是不容忽略的。多氏

---

① 以上参阅拙作《初期大乘佛教之起源与开展》第七章第三节,梅尾祥云《秘
密佛教史》,《密宗教史》(《现代佛教学术丛刊》七二·五五——六〇)。

② 《大唐西域记》卷一〇(大正五一·九三一上)。

③ 《大唐西域求法高僧传》卷下(大正五一·六下——七上)。

《印度佛教史》,说到毗流波等到吉祥山,从龙智修学密法而传布出来。中国内地与西藏,都说到从南天竺铁塔,得到了密法。铁塔古称驮那羯磔迦(Dhānyakaṭaka)大塔,就是 kistnā 河南岸的阿摩罗婆底(Amarāvatī)大塔。据近代考证,这是《大唐西域记》中,驮那羯磔迦国的西山——阿伐罗势罗(Aparaśaila)寺的大塔。在大塔西北五十公里处,就是吉祥山,当地仍称之为龙树山。驮那羯磔迦城南的大山岩,就是清辨持诵执金刚(Vajradhara)真言的地方①。在安达罗王朝下,南印度都接受了印度的神教。南印度民族,凡不是阿利安人,通称为达罗毗荼(Drāviḍa)人。《大唐西域记》,别有一达罗毗荼国。《一切经音义》卷二三(大正五四·四五一中)说:

> "达利鼻荼……其国在南印度境,此翻为销融。谓此国人生无妄语,出言成咒。若邻国侵迫,但共咒之,令其灭亡,如火销膏也。"

达罗毗荼的语音,与梵语系不同,听来隐密而不易了解。加上神秘咒术的信仰,所以传说得非常神秘。《瑜伽师地论》也说:"非辩声者,于义难了种种音声,谓达罗弭荼种种明咒。"②达罗毗荼,在唐译(四十)《华严经》中,就译作"咒药"。这里的弥伽医师,了知一切"语言秘密",也与密语有关。"秘密大乘"的内容,当然不限于明咒,但这是"三密"之一,与夜叉的语音隐密有关,到底是"秘密大乘"发展的重要因素。南印度佛教,对于

---

① 《密宗教史》(《现代佛教学术丛刊》七二·四二——四七)。
② 《瑜伽师地论》卷三七(大正三〇·四九四中)。

"秘密大乘"的传出,决不能说是无关的。四、印度东方值得注意的,多氏《印度佛教史》中的欧提毗舍,古称乌荼,就是现在的奥里萨。《西域记》说:多学大乘法,外道也不少①。这里,是《华严经·入法界品》中善财(Sudhana)童子的故乡福城(Bhaddiya)的所在地②。在《入法界品》中,执金刚神的地位,在十地菩萨以上;婆须蜜善知识,有"以欲离欲"的方便,都与后起的"无上瑜伽"意趣相合。一九六一年前几年,台湾的《拾穗》杂志,登载了一篇《古刹乱神记》的文字。地点是奥里萨,事实是诱惑王女。从文字中,不能断定是印度教的性力派(Śākta),或是"秘密大乘"的"无上瑜伽",但情况总是相近的。从以上的略述,可论定"秘密大乘佛法"的传出是不限于一处的。由于各地的佛法衰落,大乘与秘密大乘,集中到波罗王朝的护持下,形成一枝独秀。然从"秘密大乘佛法"的传出来说,北印度的塞迦族,南印度的达罗毗荼族,不应忽略它的重要地位!

第二节 如来(藏)本具与念佛成佛

"秘密大乘佛法",是"大乘佛法"而又"秘密"化的。是"大乘",所以也以发菩提心为因,圆满成就如来为果。"秘密大乘"也根源于"佛涅槃后,佛弟子对佛的永恒怀念",只是距离释尊的时代越长,理想与信仰的成分越强,在"大乘佛法"孕育中,终

---

① 《大唐西域记》卷一〇(大正五一·九二八中)。

② 参阅拙作《龙树龙宫取经考》(《佛教史地考论》二一一——二二一,本版一四一——一四七)。

于成为富有特色的"秘密大乘"。本来,发菩提心,修菩萨行,成如来果;菩萨为因,如来为果,是大乘法的通义。但从大乘而演化为"秘密大乘":依如来果德而修,修如来因,成如来果;对修菩萨因行的大乘,也就称"秘密大乘"为果乘(phalayāna)了。我在《印度之佛教》中,称"后期大乘"为"如来倾向之菩萨分流"。倾向如来的进一步发展,就是"如来为本之佛梵一如"——"秘密大乘佛法"①。

　　"秘密大乘佛法",论法义,本于如来藏与清净心;论修行,本于念佛、唯心。在发展中,融摄中观与唯识,更广泛地融摄印度神教,成为"秘密大乘"。不断地发展,所以有事续、行续、瑜伽续、无上瑜伽续,四部续——怛特罗的不同层次的成立。

　　"佛法"说无我,否定各种自我说,也否定《奥义书》以我为主体的"梵我不二"说。"无我"说是佛法的特色所在,为佛教界所共信共行,"初期大乘"也还是这样。部派佛教中立"我"的,只是为了解说记忆、业报等问题,而不是以"我"为体证的谛理。到了"后期大乘",又提出了与"我"有关的问题,如《大般涅槃经》"前分"卷七(大正一二·四〇七上、中)说:

　　　"佛法有我,即是佛性。"

　　　"我者,即是如来藏义。一切众生悉有佛性,即是我义。"

　　众生是有我的,我就是如来藏,也就是佛性。在众生身(心

———————

① 参阅拙作《印度之佛教》(重刊本四——八,本版三——五)。

相续)中有如来藏、我,与神教的神我思想相近。在印度世俗语言中,如来与我是有同样意义的。众生身中是有如来(我)的,只是如人还在胎藏中,没有诞生而已。所以众生有如来藏,就是众生有能成佛的佛性。佛性在梵语中,是 Buddha-dhātu——佛界,是佛的体性或因性;或是 Buddha-gotra——佛种姓,如世间的血统一样,有佛的种姓,所以能够成佛。依此,说一切众生都能成佛,一性、一乘①。说得具体些,众生有佛那样的智慧,如《华严经》说:"如来智慧,无相智慧,无碍智慧,具足在于众生身中,……与佛无异。"②众生不但有如来的智慧,而且是如来那样的相好庄严,如《如来藏经》说:"一切众生贪欲恚痴诸烦恼中,有如来智,如来眼,如来身,结跏趺坐,俨然不动。……有如来藏,常无染污,德相备足,如我如来无异。"③稍后传出的《不增不减经》,说到众生与如来的关系:众生界就是如来藏,如来藏就是法身。法身(如来藏)在生死流转中,名为众生;发心修菩提行,名为菩萨;如出离一切障碍,就是如来④。这样,众生有如来藏,就有如来法身,常住不变,如来与众生的界性是没有差别的。约在缠、出缠说,有众生、菩萨、如来等名字;如约体性说,众生就是如来。说得彻底些,众生本来是佛。这是如来藏、我,在契经中的本义⑤。《不增不减经》说:"法身即众生界";"依此清净真如、法

① 《大法鼓经》卷下(大正九·二九七中)。
② 《大方广佛华严经》卷三五(大正九·六二四上)。
③ 《大方等如来藏经》(大正一六·四五七中——下)。
④ 《佛说不增不减经》(大正一六·四六七上——中)。
⑤ 以上,参阅拙作《如来藏之研究》第四章第四节至第五章第三节。

界,为众生故,说为不可思议法自性清净心"①。《经》约真如、法
界来解说众生界与法身;为什么又要说为不可思议自性清净心
呢? 自性清净心,就是心性本净。"为众生故",在四悉檀中是
"为人生善悉檀"。佛法(第一义)太深了,众生每"自卑"、"懈
怠",觉得这不是自己所能修学的,所以"为众生故",说众生有
如来藏,如来藏就是本清净心。心本清净(有"光明"的意义),
众生这才觉得易学易成,激发向上希求的精进。所以,"为众生
故"说自性清净心,虽不了义,却富有启发鼓励的作用。如来藏
自性清净,但在众生位中,为贪嗔痴等烦恼所染污,与经说的
"心性本净,为客尘所染",意趣相同,所以《胜鬘经》等,如来藏
与自性清净心,也就合而为一了②。"为众生故",说自性清净
心;"开引计我诸外道故,说如来藏"③。类似神教的真我、真心,
部分的经师、论师,多少加以净化,但深受印度神教影响的一分
重信仰、重修行、重神秘的佛弟子,却如贫人得宝藏一样,正为这
一法门而努力。

　　"大乘佛法"的"念佛"与"唯心",开展出一崭新的境界。
佛法是重于止(śamatha)、观(vipaśyanā),或定(samādhi)、慧
(prajñā)修持的,通称为瑜伽(yoga)。修止的,如修四根本禅
(dhyāna),与身体——生理有密切关系,所以有"禅支"功德,而
无色定是没有的。修观慧,有胜解作意与真实作意。胜解作意
(adhimokṣa-manaskāra)是假想观,如不净观念(aśubhāsmṛti)成

---

① 《佛说不增不减经》(大正一六·四六七中)。
② 《胜鬘师子吼一乘大方便方广经》(大正一二·二二二中)。
③ 《楞伽阿跋多罗宝经》卷二(大正一六·四八九中)。

就,见到处是青瘀脓烂。真实作意中,有自相作意(svalakṣaṇa-manasikāra),如念出入息;共相作意(sāmānya-lakṣaṇa-manaskāra),如观"诸行无常"等;真如作意(tathatā-manasikāra),如观"一切法空","不生不灭"等①。胜解作意对修持有助益,但不能得解脱。胜解观成就,自心所见的不净或清净色相,与事实不符,所以是"颠倒作意"②。这种"三摩地定所行色",大乘瑜伽者是看作"现量"、"性境"的。念佛(观)与唯心,与瑜伽行者的胜解观有关,"初期大乘"经已说到了,如汉(西元一七九年)支娄迦谶译出的《佛说般舟三昧经》(大正一三·八九九下)说:

> "欲见佛,即见。见即问,问即报答,闻经大欢喜。作是念:佛从何所来? 我为到何所? 自念:佛无所从来,我亦无所至。自念:欲处,色处,无色处,是三处界意所作耳。(随)我所念即见,心作佛,心自见,心是佛,心(是如来)佛,心是我身。(我)心见佛,心不自知心,心不自见心。心有想为痴,心无想是涅槃。"

般舟三昧,是"现在佛悉立在前"的三昧。如三昧修习成就,定中能见十方现在的一切佛。经中举念阿弥陀佛——当时盛行西北方的佛为例,如观想成就,能见阿弥陀佛;渐渐增多,能见十方一切佛,如夜晚见虚空中的繁星一样。在这段经文中,可以理解到:一、念(观想)佛成就,能见佛现前。二、见了佛,可以

---

① 《瑜伽师地论》卷一一(大正三〇·三三二下)。
② 《论事》(南传五七·三八八——三九一)。《入中论》卷三(汉院刊本一五)。

问佛,佛为行者解答说法。无著观想弥勒,见弥勒菩萨,而有瑜伽《十七地论》的传出;"秘密大乘"的本尊现前,能答能说,都是这一类宗教的事实。三、见到佛,佛没有来了,自己也没有去;明明的佛现在前,因此理解到"意所作"——唯心所作,连三界也都是自心所作的。四、从自心作佛,理解到心是佛,心是如来。中国禅者的自心是佛、即心即佛,都不出这一意义。五、可以见佛,与佛问答,可以求生净土,但"心有想是痴无明,心无想是涅槃",要达到解脱、成佛,还是离不了真实——真如作意的。《般舟三昧经》说到:"(见佛)于三昧中立者,有三事:持佛威神力,持(念)佛三昧力,持本功德力。"①见佛现在前的三昧成就,要具备三项条件。在自己(过去及今生)所集的功德善根力,修念佛三昧的定力以外,还有"佛威神力",也就是佛的加持(adhiṣṭ-hāna)力;念佛见佛的法门,"他力"是不可或缺的。《华严经·入法界品》,善财所参访的解脱长者,成就的"如来无碍庄严"法门,也见十方佛:"一切诸佛,随意即见。彼诸如来不来至此,我不往彼,知一切佛无所往来,我无所至。知一切佛及与我心,悉皆如梦。"②所说与般舟三昧相近,但没有说"唯心所作",而说"悉皆如梦",《般舟三昧经》也是以如梦来解说随意见佛的。这一法门,在西元四世纪发展出瑜伽行派。《解深密经》的《分别瑜伽品》,正是从瑜伽行者的修验,得出"我说识所缘,唯识所现

---

　　①　《般舟三昧经》卷上(大正一三·九〇五下)。《大毗卢遮那成佛神变加持经》卷三(大正一八·一九上)所说"以我功德力,如来加持力,及与法界力"三力,可与《般舟三昧经》三力参阅。

　　②　《大方广佛华严经》卷四六(大正九·六九五上)。

故"的结论①,引出"虚妄唯识"的大流。在一般修行瑜伽的实行中,念佛观兴盛起来。西元五世纪初,姚秦鸠摩罗什所译的《思惟要略法》、东晋佛陀跋陀罗所译的《观佛三昧海经》、宋昙摩蜜多(Dharmamitra)所译的《五门禅经要用法》等,都说到念佛见佛。当时的佛教界——"声闻佛法"与"大乘佛法",由于"佛像"的流行,而观佛见佛的法门正或浅或深地在流行。这还是代表声闻行与"初期大乘"行,而与"后期大乘"如来藏说相结合的,如宋畺良耶舍(Kālayaśas)所译《佛说观无量寿经》(大正一二·三四三上)说:

> "诸佛如来是法界身,遍入一切众生心想中。是故汝等心想佛时,是心即是三十二相、八十随形好。是心作佛,是心是佛。诸佛正遍知海,从心想生,是故应当一心系念,谛观彼佛!"

《观无量寿经》所说,是基于如来藏心的观佛。《究竟一乘宝性论》,以三义解说众生有如来藏;《观经》的"如来是法界身,遍入一切众生心想中",与《宝性论》的初义——"佛法身遍满"(众生身)相合②。如来遍在众生身心中,所以观三十二相、八十随形好的佛,就是观自心是佛,佛从自心中显现出来。众生本有如来藏,自性清净心,念自心是佛;三者的统一,为"秘密大乘佛法"的解行基础。

《楞伽经》说"如来藏藏识心",统一了自性清净如来藏与阿

---

①　《解深密经》卷三(大正一六·六九八上——中)。
②　《究竟一乘宝性论》卷三(大正三一·八二八上——中)。

赖耶识。《大乘密严经》进一步地说:"如来清净藏,世间阿赖耶,如金与(金)指环,展转无差别。"①如来藏法门,本意在说明众生在生死流转中有清净的如来藏,《密严经》却用来解说阿赖耶识了,如说:"此识遍诸处,见之谓流转,不死亦不生,本非流转法。"阿赖耶识是非流转法,是常住不变清净的,所以说:"定者观赖耶,离能所分别,……住密严佛刹,清净如月轮。"②"真常唯心论"者的解说,与"秘密大乘"是一致的,如不空所译《金刚顶一切如来真实摄现证大教王经》卷上(大正一八·三一三下)说:

> "藏识本非染,清净无瑕秽,长时积福智,喻如净月轮。"

阿赖耶识约在缠的清净说,那如来藏呢?《大乘密严经》卷上(大正一六·七二四下、七二五中)说:

> "如来常住,恒不变易,是修念佛观行之境,名如来藏,犹如虚空,不可坏灭,名涅槃界,亦名法界。"
>
> "三十二胜相,如来藏具有,是故佛非无,定者能观见。"

如来藏就是如来;涅槃界与法界,是如来,也就是如的异名。这是修念佛如来观行者的境界。如来藏具有三十二胜相,就是佛,是"定者"(观行者)所见的;众生不能见,也就因此名为如来藏了。"修念佛观行者"一句,非常重要! 如来藏是佛,智慧相

---

① 《大乘密严经》卷下(大正一六·七七六上)。
② 《大乘密严经》卷中(大正一六·七六六上),卷上(大正一六·七五三上)。

好圆满,不能作理性去解说。《般舟三昧经》等,从观想念佛见佛,理解到一切唯心造。念如来藏,是观自身本有的佛。这是从唯心——(众生)阿赖耶识所现,进展到阿赖耶识自性清净就是如来藏,如《大乘密严经》卷下(大正一六·七七一下、七七三下)说:

> "若能入唯识,是则证转依;若说于空性,则知相唯识。"
>
> "法性非是有,亦复非是空;藏识之所变,藏以空为相。"

依上一偈,"若说于空性,则知相唯识",这不是世俗中安立唯识,胜义契入空性,"随瑜伽行中观者"的思想体系吗?依下一偈,法性是非有非空的;空,是说藏识所变现的一切,这是如来藏空义,如说:"空者,谓无二十五有,……一切有为行";"空如来藏,若离、若脱、若异,一切烦恼藏"①。如依瑜伽唯识,"空"是约遍计所执自性说的。《楞伽经》也说:"空者,即是妄计性句义。"②融摄唯识的"真常唯心论"——《密严经》,空是识藏在生死中变现的一切,是如来藏说。《密严经》与"秘密大乘"关系极深,如说:"显示法性佛种最上瑜祇";"瞻仰金刚藏,大力瑜伽尊"等③。一再说到瑜伽、瑜祇,还说:"当生摩尼宫,自在而游戏,与诸明妃众,离欲常欢娱。"④《密严经》的宣说者——金刚藏(Vajragarbha),在"秘密大乘"中,是金刚萨埵(Vajrasattva),普

---

① 《大般涅槃经》卷五(大正一二·三九五中)。《胜鬘师子吼一乘大方便方广经》(大正一二·二二一下)。

② 《大乘入楞伽经》卷二(大正一六·五九八下)。

③ 《大乘密严经》卷上(大正一六·七二四中),卷下(大正一六·七七一上)。

④ 《大乘密严经》卷中(大正一六·七六三上)。

贤(Samantabhadra)的别名;《楞伽经》中也说到普贤王(Samant-abhadra-rāja)如来。赵宋施护译《大乐金刚不空真实三昧耶经》(大正八·七八五下)说:

"一切有情如来藏,以普贤菩萨一切我故。"

这部经的译本很多,与《大般若经》第十分(理趣分)相当。一切有情众生如来藏,是约普贤菩萨为众生的"我"体说的。玄奘译为"普贤菩萨自体遍故",或译作"一切自性故"①。如来藏是"我",始终流行在佛教界,上文是出现于《般若经》中。《大日经》是被认为近于般若思想的,但"我"也一直出现在"经"中,如说:"位同于大我";"彼能有知此,内心之大我"②。《密严经》说到:金刚藏菩萨住在密严国土中,"复见解脱藏,住在于宫中,身量如指节,色相甚明朗,如空净满月,如阿恒思花"③。不禁联想到《大般涅槃经》所说:"凡夫愚人所计我者,或言大如拇指,或如芥子,或如微尘";"我相大如拇指,或言如来,或如稗子;有言我相住在心中,炽然如日"④。如来藏是我,为了表示与外道说不同,多少予以理性化;但为了适应世俗,又回到神我式了。"身量如指节"而明净如满月心的,与"大如拇指"而"炽然如日"的,差别应该是不太多的。

---

① 《大般若波罗蜜多经》(第十分)卷五七八(大正七·九九〇中)。《遍照般若波罗蜜经》(大正八·七八三上)。

② 《大毗卢遮那成佛神变加持经》卷一(大正一八·五下),卷六(大正一八·四〇下)。

③ 《大乘密严经》卷中(大正一六·七六三下)。

④ 《大般涅槃经》卷二(大正一二·三七八下),卷八(大正一二·四一二下)。

《华严》、《法华》等大乘经,对佛果的功德赞叹不已。但对应机的教化来说,缺少具体的综合说明。以法相分别见长的瑜伽行派,对佛果有了具体的说明。唯识是八识(及心所),转染成净,也就是转八识为四智:大圆镜智、平等性智、妙观察智、成所作智。这是无著的《大乘庄严经论》、《摄大乘论》所说的①。真如与智慧,瑜伽行派是作差别说的,所以《佛地经》的"有五种法,摄大觉地"②,清净法界(dharma-dhātu-svabhāva)与四智,还是如智差别的。但《密严经》说:"如来清净藏,亦名无垢智。"③如来清净藏,是清净法界的异名,不只是清净如,也是无垢智,这是如智不二的。如与智不二,那《佛地经》的五法,可以称为五智;清净法界就是(或作法界体性)清净法界智(dharma-dhātu-svabhāva-jñāna)了。四智与五法,瑜伽行派的说明佛德,为秘密行者所融摄,如以五智配五佛,彰显佛的果德。又如如来藏说的《究竟一乘宝性论》,是深受瑜伽行派影响的。《论》的主题是"佛性界,佛菩提,佛法及佛业"④。《论》明四事,以众生本有的佛性——如来藏为依,经修证而成佛的大菩提、佛的功德法,而起佛的利生事业。四法与"秘密大乘"的四种曼荼罗、四种印,在次第与名义上都有部分的共同。"秘密大乘"的主要理论,决定是以如来藏为本,融摄瑜伽行派的果德而展开的。

"秘密大乘"立本初佛(ādibuddha),依文义说,是本来佛、根

① 《大乘庄严经论》卷上(大正三一·六〇六下——六〇七中)。《摄大乘论本》卷下(大正三一·一四九下)。

② 《佛说佛地经》(大正一六·七二一上)。

③ 《大乘密严经》卷下(大正一六·七七六上)。

④ 《究竟一乘宝性论》卷四(大正三一·八四六下)。

本佛、最初佛。这一名词,应该是从如来藏我,在众生身心相续中,具足如来那样的智慧,如来那样的色相端严。众生本有如来藏,常住不变,也就本来是佛,是最初的根本佛,而有"本初佛"一词。世亲注释《大乘庄严论》,说到了本初佛:"若言唯有最初一佛,是佛应无福智二聚而得成佛,是义不然!"①"最初一佛",就是本初佛。世亲评破"本初佛"的不合理,是"虚妄唯识论"的见解。佛是修成的,以般若、大悲,广集无边福智功德而后成佛,怎能说有本初佛呢!但如来藏说是本有论者,众生本有如来藏,常恒不变,可说本初就是佛了。众生颠倒,所以说发心、修行、成佛,那只是显出本有佛性而已。进一步说,佛无在无不在,众生世间的一切,可说没有一法而不是佛的。生佛不二,是"大乘佛法"所能到达的理境。"秘密大乘"依佛的果德起修,以观佛(菩萨、天)为主,所以说法的、观想的本尊,都可说是本初佛。如《大毗卢遮那成佛神变加持经》——《大日经》卷三(大正一八·二二中——下)说:

> "我一切本初,号名世所依,说法无等比,本寂无有上。"

这是说,毗卢遮那是本初佛。本初佛发展到顶峰的,是时轮(kāla-cakra)法门。在印度摩醯波罗(Mahīpāla)王时(西元八四〇——八九九年),毗睹波(Viṭopā)开始传来时轮法门。当时,在那烂陀(Nālandā)寺门上,贴出那样的文字:

> "不知本初佛者,不知时轮教。不知时轮教者,不知标

---

① 《大乘庄严经论》卷三(大正三一·六〇七下)。

帜的正说。不知标帜正说者,不知持金刚的智身。不知持
金刚的智身者,不知真言乘。不知真言乘的是迷者,是离世
尊持金刚之道的。"

《时轮》以为:本初佛是一切的本源,是本初的大我。超越
一切而能出生一切,主宰一切。本初佛思想是如来藏说发展为:
约众生说,是众生自我;约世间说,是万化的本源,宇宙的实体;
约宗教的理想说,是最高的创造者(ādideva),时轮思想达到了
顶峰。本初佛也名持金刚(Vajradhara)、金刚萨埵。本具五智,
所以又名五智我性(pañcajñānâtmika)。怛特罗所说的五佛,是
本初佛所显现的,所以本初佛——持金刚,是五部佛的总持①。
"后期大乘"的如来藏我、自性清净心、唯心的念佛观,融摄了
《般若》的平等不二,《华严》的涉入无碍,及中观、瑜伽学,成为
"秘密大乘"的根本思想。发展到《时轮》,也就是印度"秘密大
乘"的末后一着。

"秘密大乘"是佛法的潜流,依"大乘佛法"的发展而渐渐流
行起来。西元四世纪,无著的大乘论流行。从此,"大乘佛法"
倾向于义理的开展(如"佛法"的阿毗达磨),那烂陀寺的讲学风
气,主要是龙树的中观系、无著的瑜伽系;论到大乘,就以"中观
见"、"唯识见"为准量。阿赖耶(妄)识为依止的唯识说,为如来
藏说者引入自宗,成为"真常唯心论",思想与中观不同,也与瑜
伽唯识不合。而唯识学者,如《成唯识论》,引《楞伽》与《密严

①　本初佛,参阅栂尾祥云《密宗教史》(《现代佛教学术丛刊》七二·五八——
六〇)。《望月佛教大辞典》(三六下——三七上)。

经》以成立自宗。随瑜伽行的中观者——寂护,竟引《楞伽经·偈颂品》文作为大乘正见的准量。印度晚期佛教为大乘论义所拘束,对如来藏说缺乏合理的处理,不及中国佛教的判别了! 西元七四七年,寂护应西藏乞嘌双赞王(Khri-sroṅ-lde-btsan)的邀请,进入西藏;又有莲华生(Padma-saṃbhava)入藏。当时的密法,是与寂护的(随瑜伽行)中观相结合的。西元一〇二六年,阿提沙(Atiśa)入藏,所传是月称系的中观。在西藏,中观派受到特别的尊重,尽管彼此的意见不一致,而大都以"中观见"自居。对如来藏系经论,异说纷纭,如《密宗道次第》所说①。其实,觉曩巴或译爵南(Jo-naṅpa)派,说依他起自性如兔角,如来藏"他空"说为究竟了义,正是(如来)"藏心见"。但受到经说"三转法轮"所拘,与《解深密经》同一法轮,自称"唯识见",造成矛盾!"唯识见"也是"他空"说,但所空的是遍计所执自性,依他起自性是不能说是空的。"秘密大乘"多说本有的显发,如俱生欢喜(sahajānanda)、俱生瑜伽(sahajayoga),只是如来藏的性具功德,是纯正的中观与唯识所不许的。代表印度晚期的西藏,高推"中观见",以如来藏为不了义说,却又推与如来藏思想相契合的"秘密大乘"为最上,不免采取二重标准了!

　　四部怛特罗——四续,是次第成立的。"事续"都是事相的修法。"行续",如善无畏译出的《大日经·住心品》②说,"出世间心"是唯蕴无我的共二乘行;"无缘"——"他缘乘心",是"法无我性"的。无缘疑是无所缘境(他缘或是依他缘生),因而能

---

① 《密宗道次第》(《现代佛教学术丛刊》七三·二六四)。
② 《大毗卢遮那成佛神变加持经》卷一(大正一八·三上——中)。

"觉心不生"（境空心寂），是共"大乘行"。"空性"，"极无自性心"，是"真言行"。唯蕴而没有人我，是二乘知见。无缘而"阿赖耶自性如幻"，是"唯识见"。"极无自性空"（而观缘起），是"中观见"；《大日经》显然是中观与真言行相结合了。这一次第，与随瑜伽行的中观者相合。善无畏与寂护的时代相同，这一浅深次第，怕寂护也是有所承受而不是自创的。"瑜伽续"以下，都是（如来）"藏心见"；善无畏所传，也不纯是中观的极无自性空义，如《无畏三藏禅要》说："三摩地者，更无别法，直是一切众生自性清净心，名为大圆镜智。上自诸佛，下至蠢动，悉皆同等，无有增灭。"[1]这不是佛智本具吗（取《金刚顶经》意）？近见《曲肱斋丛书》中，《大手印教授抉微》（《现代佛学大系》三九·一〇五五）说：

> "大手印属俱生智见（或曰'法身见'），对于前唯识见，中观见，皆有不共特异之处。……或称如来藏心，或称圆觉妙心，或曰自性清净心，或曰真如妙心，或曰涅槃妙心，此属佛教果位法身的。"

作者是修学西藏密法的，揭出与"唯识见"、"中观见"不同的"法身见"，可见在西藏，"中观见"与"唯识见"以外的（如来）"藏心见"，也是存在的。不过，如来藏、我、自性清净心等，起初着重在众生本具，是"后期大乘"的一流。倾向如来，以此为果德而起修，才成为"秘密大乘"的特法。

---

[1]　《无畏三藏禅要》（大正一八·九四五中）。

第三节　金刚乘与天行

　　"大乘佛法"兴起,传出十方现在的无数佛名。现在有佛在世,可以满足"佛涅槃后,佛弟子对佛的永恒怀念"。但佛名众多,佛弟子的信心,散漫而不容易归一。"佛法"中,释尊有二大弟子。在大乘流行中,东方妙喜(Abhirati)世界的阿閦佛、西方极乐(Sukhāvatī)国土的阿弥陀佛,受到特别尊重,等于是释尊(法身)的两大胁侍。阿閦佛,是从"大目"如来听法而发心的①。《贤劫经》说:阿弥陀佛前身,也是大目如来前生的弟子②。"大目",唐译《不动如来会》是译作"广目"的。大目与广目,推定为卢舍那(Rocana),"广眼藏"的意思。卢舍那就是毗卢遮那(Vairocana),只是大乘初期使用不纯的梵语,所以称为卢舍那。这样,阿閦与阿弥陀,是(约二身说,释尊的法身)毗卢遮那佛的两大胁侍。东方金刚部(Vajra-kula),阿閦如来为部尊;西方莲花部(Padma-kula),阿弥陀佛为部尊;中央如来部(Tathāgata-kula),释尊也就是毗卢遮那为部尊。"大乘佛法"虽没有这一组合,而事续(kriyā-tantra)的三部说,无疑是由此而来的。行续(caryā-tantra)也还是三部说。大乘经中,如来法会,每有十方菩萨(也有佛)来会,随来的方向而坐。下方来的,不知是坐在哪里的! 在众多的十方佛中,具有代表性的四方四佛,在"后期大乘"经中出现。南方与北方的,没有东西二土佛那样受

---

① 《阿閦佛国经》卷上(大正一一·七五二上——中)。

② 《贤劫经》卷一(大正一四·七中)。

到普遍推崇,所以四方四佛,起初是多种多样的①;《大日经》也
有不同的二说②。瑜伽续《金刚顶经》说:东方阿閦不动佛,南方
宝生(Ratnasaṃbhava)佛,西方阿弥陀无量寿(或"观自在王")
佛,北方不空成就(Amoghasiddhi)佛,毗卢遮那——大日如来在
中间,为以后密乘的定说。《金刚顶经》中,从佛出现的菩萨,都
名为金刚(Vajra);受了灌顶(abhiṣecana)后,就取一"某某金刚"
的名字;"秘密大乘"也被称为金刚乘(vajrayāna)了。到底金刚
是什么意义? 金刚是金刚杵,印度因陀罗(Indra)神(即佛教的
帝释)所持的武器,有坚固、不坏、能摧破一切的意义。"秘密大
乘"的金刚,可从四方来者四方坐的集会说起。

　　佛教说:须弥(Sumeru)山顶,有忉利(Trāyastriṃśa)天,帝释
是忉利天王。低一些,须弥山四方山上,有四大王众天。忉利天
集会时,帝释在中间;东方提头赖吒(Dhṛtarāṣṭra)天王在东方
坐,南方毗楼勒叉(Virūḍhaka)天王在南方坐,西方毗楼博叉
(Virūḍhaka)天王在西方坐,北方毗沙门(Vaiśravaṇa)天王在北
方坐。这一集会方式,如《长阿含经》(三)《典尊经》、(四)《阇
尼沙经》所说,与五方五佛的集会方式,不是一致的吗? 特别是
中间的帝释,手持金刚杵,是地居天——夜叉、龙等鬼神的统摄
者。帝释自身也是夜药叉,如《大毗婆沙论》引《帝释问经》说:
"此药叉天帝释,于长夜中其心质直。"③《阿毗达磨大毗婆沙论》

---

　　① 《望月佛教大辞典》(一九八七下——一九八八上)。
　　② 《大毗卢遮那成佛神变加持经》卷一(大正一八·五上),卷五(大正一八·
三六下)。
　　③ 《阿毗达磨大毗婆沙论》卷一(大正二七·二下)。

卷一三三(大正二七・六九一下——六九二上)说:

> "苏迷卢须弥顶,是三十三忉利天住处。……山顶四角,
> 各有一峰。……有药叉神,名金刚手,于中止住,守护诸天。
> 于山顶中,有城名善见。……城有千门,严饰壮丽。门有五
> 百青衣药叉,……防守城门。"

金刚手(Vajrapāṇi)就是执金刚(Vajradhara),以手持金刚杵
得名。四角都有金刚手,可见金刚手是不止一位的。《大智度
论》说:"有人言:天帝帝释九百九十九门,门皆以十六青衣夜叉
守之。"①帝释是夜叉,守护者也都是夜叉;帝释统摄四天王,而
北方的毗沙门,也是夜叉。夜叉多数是持金刚杵的,所以须弥山
上的地居天,真可说是(夜叉)金刚王国了。夜叉——执金刚
神,在印度的传说中是分为五部族的,如《大般若经》说:"一切
不退转菩萨,……常有五族执金刚神,随逐守护。"②从集会的方
式说分为五部族说,"秘密大乘"而称为金刚乘,与帝释统摄的金
刚王国,是有深切关系的!进一步说,"佛法"一向传说,有一位
护持释尊的金刚神。这位护持者,大乘的《密迹金刚力士经》说
是天菩萨——密迹金刚,并说到了"三密"。帝释坐六牙白象,
与普贤菩萨是一样的;普贤是综合释尊弟子——目犍连与帝释
而大乘化的菩萨③。依《华严经·入法界品》,十地以上的菩萨,

---

① 《大智度论》卷五四(大正二五·四四八上)。
② 《大般若波罗蜜多经》(第二分)卷四四九(大正七·二六五下)。《摩诃般
若波罗蜜经》卷一七(大正八·三四二上)。
③ 参考拙作《文殊与普贤》(《佛教史地考论》二三三——二四三,本版一五
四——一六〇)。

是执金刚神①,与普贤行地相当。"秘密大乘"的组织,是适应印度神教,取象于夜叉王国而成的。五方五佛,作为十方一切佛的代表。在"大乘佛法"中,"一切佛是一佛","是一佛而不碍一切佛",所以不只代表一切佛,而主要是表征一佛的佛德(每一佛都可以为主尊而表征一切)。起初,以毗卢遮那佛为主,四方四佛为伴,就以四德来表征佛德,如四佛表征常乐我净四德,表征四曼陀罗、四印等法门。在发展中,毗卢遮那佛与四佛平等,那就表征一佛的五德,如五智等。五佛、五部,所以由持金刚来统摄。"秘密大乘"摄取种种事相而兴起,采取表征主义,成为"秘密大乘佛法"的特色。

　　"秘密大乘"的集会,取法于诸天(鬼神)的集会方式。"佛法"中,《长部》(二〇)《大会经》(《长阿含》一九《大会经》):有四位净居天人来,说偈赞叹三宝。于是佛为比丘说:有无量数的天族来会,各地区的夜叉众;四方四大王众天王所统摄的、龙、夜叉、犍达婆等,地天、水天、火天、风天、日天、月天等;也有梵天来会,护持三宝,魔不能娆乱。《长部》(三二)《阿吒曩胝经》,《十诵律》作"阿吒那剑",附注说:"晋言鬼神成经。"②唐代译出,但已失去了。这部经是:毗沙门以(统摄的)夜叉众都能信佛,所以说"护经"以护持四众弟子。护经的内容,是赞叹七佛的佛法清净,所以领导四王天的部族守护四众得安乐。这两部经中,夜叉占有重要的地位。西元七世纪,锡兰王最胜菩提四世(Agga-

———————

①　《大方广佛华严经》卷六七(大正一〇·三六四上——中)。
②　《十诵律》卷二四(大正二三·一七四中)。

bodhi Ⅳ)时,锡兰开始念诵"护经",以求消灾而降吉祥①。《长部》是"吉祥悦意"、"世间悉檀",有适应世俗的特性。鬼神来会,也只是归信赞叹,自动地愿意护持。"佛法"容忍印度民间信仰的鬼神,也就默认鬼神的限度能力,但三宝弟子是不归依天(鬼)神,也无求于鬼神的(对在家众,似乎没有严格的禁止)。鬼神有善的,也有恶的,善的归依护持,恶的会娆乱伤害,所以"部派佛教"中,有降伏暴恶夜叉、毒龙的传说。如佛法南传,赤铜鍱部说释尊三次到锡兰降伏夜叉与恶龙②。传到北方,说一切有部有佛与金刚手菩萨到北天竺降伏夜叉、龙王等的传说③。依汉译的《一切有部律》,显然已有供养天神、乞求护助的事缘④,暗示了佛教适应世俗,采取神教式的祈求。

　　"大乘"的神教化倾向,越来越显著。一、由于释尊的"本生",也有是天神(鬼)的,所以"大乘佛法",不但梵天与帝释转化为文殊与普贤,龙、夜叉、犍闼婆、紧那罗(Kiṃnara)等,有的也是大菩萨了。如参加华严法会的,有十佛世界微尘数菩萨;(十)佛世界微尘数的执金刚神,身众神,足行神,道场神,主城神,主地神,主山神,主林神,主药神,主稼神,主河神,主海神,主水神,主火神,主风神,主空神,主方神,主夜神,主昼神,(八部众的)阿修罗王,……乾闼婆王,月天,日天,三十三天王——以上是地居天的;须夜摩王天,……广果天王,大自在天王(与色

---

① 净海《南传佛教史》(四二)。
② 《岛史》(南传六〇·五——一七)。
③ 《根本说一切有部毗奈耶药事》卷九(大正二四·四〇上——四一下)。
④ 《根本说一切有部苾刍毗奈耶》卷二三(大正二三·七五三下)。

究竟天相当)①。这样,民间传说的鬼天与畜生天,都是大菩萨了。《华严经》所说的华藏庄严(kusumatala-garbha-vyūhâlaṃkāra)世界,藏是胎藏(garbha),莲花胎藏,表示莲实是本有的。《十地品》是金刚藏(vajragarbha)在佛前说的。来会的菩萨,是金刚藏,宝藏,……如来藏,佛德藏,也都以胎藏为名(仅问者名解脱月)。《华严经》的泛神与胎藏思想,都是从印度神教中来的。二、通俗化、神秘化的信仰,祈求鬼神以消灾、降吉祥、护法,在大乘佛教界流行。西元三、四世纪,已片段地译传我国。如《孔雀王神咒经》,说众多的夜叉、罗刹女、女鬼、龙、河神、山神、大仙等,虽漫无组织,而神教式的信行正深深地渗入佛教。三世纪译出的《摩登伽经》,说二十八宿,七曜的吉凶。《大集经》的一部分,都有这一倾向,如《月藏经》。《大集经》的一部分菩萨(成立经典),取法于地居天:如中央是须弥(山)藏;须弥山以上的,是虚空藏;须弥山外四洲,是地藏;旋绕于须弥山腰的,是日藏与月藏。这几位菩萨,也都以胎藏为名。印度神教的胎藏思想,这样的与(地居)天神(鬼畜)相关联,不断地融摄在佛法中。三、西元四世纪,印度梵文学复兴,旧有的婆罗门教演化为印度教。印度的两大史诗——《罗摩衍那》、《摩诃婆罗多》,传说极早,而完成现有的形态,约在西元二——四世纪。十八种《往世书》,传出更迟一些,但民间的神话传说早已存在,而在发展演变中完成。这些神的传说,形成自在天——湿缚、毗纽、梵天,"三天一体"的神学(信行者各有所重)。梵天妃是辩才天

① 《大方广佛华严经》卷一———四(大正一〇·二上——二一中)。

（Sarasvatī）；毗纽又名那罗延（Nārāyaṇa），妃名吉祥天（Śrī-ma-hādevī），都出现在大乘经中。尤其是湿缚天，天后乌摩（Umā），又名突伽（Durga）；别名非常多，如多罗（Tārā）、不空（Amoghā）、千手（Sahasrabhujā）、千眼（Sahasranetrā）、青颈（Nīlakaṇṭha）、马头（Hayagrīvā），后来都成为观自在（Avalokitêśvara）菩萨的化身①。湿缚天，似乎着重于女性，如湿缚与乌摩所生的长子，毗那夜迦（Vināyaka）又名欢喜自在天（Nandikêśvara），双身相抱的欢喜天，唐代已传来我国了②。佛法是含容印度群神的，在这印度神教复兴的气运中，为了适应，"大乘佛法"本着深义的修验——法法平等、事事无碍而进一步地融摄，也就成为"纯密"——"秘密大乘佛法"。依佛天的德性，组成各安其位的大集会（曼荼罗），是《大日经》。如《大毗卢遮那成佛经疏》卷二〇（大正三七·七八七下、七八八上、中）说：

> "此八叶及中胎，五佛四菩萨，岂异身乎！即一毗卢遮那耳。"

> "（为方便化度）渐次流出入第一院，次至第二院，次至第三院。虽作如此流出，亦不离普门之身。其（外院）八部之众，皆是普现色身之境界也。"

> "当知一切大会漫荼罗，皆是一身，无别身也；即是普门身，即是法界身，即是金刚界身也。"

《大日经》的"大悲胎藏生漫荼罗"，中央是莲花胎藏与八

① 《望月佛教大辞典》（二三二下——二三三上）。
② 《大使咒法经》（大正二一·二九九下）。

叶,大日如来(等)所安住。由中向外,有三重院,安立如来、菩萨、天神等。这表示佛所显示,由深而浅,可以摄化一切众生。修学者应机而入,终归佛道。然从佛的立场来说,这一切无非是佛的显现。《大日经》的思想与《华严》相近,而根柢是"胎藏"的本具说。如无著的四智说,《宝性论》的四法说,受瑜伽及接近瑜伽派思想的影响,"秘密大乘"组成五佛五部说的,是《金刚顶经》,一切金刚化了,可说是名符其实的"金刚乘"。

"秘密大乘"的修持,随部类不同而不同,然以念佛观自心(自身)是佛为本,结合身、语而成三密(trīṇi-guhyāni)行。三密中,口(语)密(vāg-guhya)是极重要的!语密,是真言(mantra)、明(vidyā)、陀罗尼(dhāraṇī),泛称为咒语。真言与明,从神教中来,婆罗门是"读诵真言,执持明咒"①的。真言是"三吠陀经",明是一句、二句到多句,祈求持诵的;有些久远传来,不知道意义(秘密)的语句。在"佛法"中,认可明咒的某种力量,但(考虑到对社会人心的副作用)佛弟子是绝对禁止的。不过在部派流行中,治病、护身的咒语,显然已有条件地容许了②。法藏部是使用咒语的,如南传的《大会经》,只说诸天鬼神来集会、赞叹、归依,而法藏部所传《长阿含经》的《大会经》,将部分鬼神的名字,作为世尊的"结咒"③。《三论玄义》说:法藏部立五藏,在三藏以外,别立"咒藏"与"菩萨藏"④。流传到北方的乌仗那,民间

---

① 如《长部》(三)《阿摩昼经》(南传六·一三二)。
② 参阅拙作《初期大乘佛教之起源与开展》第八章第三节第一项。
③ 《长阿含经》(一九)《大会经》(大正一·八〇上——八一中)。
④ 《三论玄义》(大正四五·九下)。

盛行禁咒,法藏部与说一切有部都多少融摄了印度古传与当地民间的咒语。明咒的称为语密,是与夜叉有关的,《大智度论》卷五四(大正二五・四四八上)说:

> "诸夜叉语,虽隐覆不正而事则鄙近。……天帝帝释九百九十九门,门皆以十六青衣夜叉守之。此诸夜叉语言浮伪,情趣妖诒,诸天贱之,不以在意,是故不解其言。"

夜叉语音的隐密难解,不是与金刚语密的意趣相通吗!"大乘佛法"兴起,下本的《般若经》说:不退菩萨是"不行幻术,占相吉凶,咒禁鬼神"的[1],与"佛法"的精神一致。然为了普及流通,极力赞扬读诵《般若经》的功德。诸天拥护般若法门,所以读诵《般若经》的:鬼神不得其便,不会横死;在空闲处与旅途中,没有恐怖;魔王外道不能毁乱佛法;说话能为人所信;烦恼减少;在军阵中不会死伤;毒不能伤,火不能烧;不遭官事;诸天增益精力;为父母亲属所爱护[2]。这类现世利益,印度神教是以祈神诵咒来求得的。《大般若波罗蜜多经》(第五分)卷五五七(大正七・八七三上)说:

> "般若波罗蜜多,是大神咒,是无上咒!"[3]

《般若经》的适应世俗,可说是以读诵《般若经》来替代民间的咒语。般若波罗蜜多"是一切咒王",有一切咒术的作用,而

---

[1] 《大般若波罗蜜多经》(第五分)卷五六二(大正七・九〇二上)。《小品般若波罗蜜经》卷六(大正八・五六五上)。

[2] 《小品般若波罗蜜经》卷二(大正八・五四一下——五四四下)。

[3] 《小品般若波罗蜜经》卷二(大正八・五四三中)。

胜过一切咒术。其他大乘经,也大都是这样的。同时,重信愿的
大乘经,称念佛、菩萨的名号,也有这样的功德。如吴支谦所译
《佛说八吉祥神咒经》,受持讽持八方国土的如来名号,也有这
类现生功德,称念佛名也就称为"神咒"了①。诵大乘经,称念
佛、菩萨名号,作用与持咒相同,大大流行;佛说、菩萨等说的咒
语,也自然会流行。佛菩萨说,那也可称为"真(实语)言"了。

　　与"语密"有深切关系的,应该是菩萨行的字门陀罗尼。字
(akṣara),是一般所说(拼音文字)的字母,为一切语文的根本。
《般若经》与《华严经·入法界品》,都说到四十二字母②。四十
二字,是南印度古传的字母,法藏部也曾学习③。陀罗尼是
"持",忆持不忘的能力,也就能通达法义。如《大智度论》说:
"四十二字是一切字根本。因字有语,因语有名,因名有义;菩
萨若闻字(音),因字乃至能了其义。"④四十二字是一切字根本,
而第一"阿"(A)字,是一切字根本。"阿"是最初的喉音,经颊、
舌、齿、唇,而有种种语音,所以阿是最初的、根本的。"阿"——
喉音,什么意义都不是,所以被看作超越的——"不"、"无"。依
"阿"而发展出四十二字,一切语文(所表示的),也就一切本质
都是超越的,可从一切文字而通达实相。"阿提,秦言初;阿耨
波陀,秦言不生",所以"入阿字门,(能通达)一切法初不生故"。
如罗(ra)是尘垢的意义,所以"入罗字门,一切法离尘垢故"。

---

　　① 《佛说八吉祥神咒经》(大正一四·七二中——七三上)。
　　② 《摩诃般若波罗蜜经》卷五(大正八·二五六上——中)。《大方广佛华严
经》卷五七(大正九·七六五下——七六六上)。
　　③ 参阅拙作《初期大乘佛教之起源与开展》第十章(七四四——七四七,本版
六三六——六三九)。
　　④ 《大智度论》卷四八(大正二五·四〇八中)。

这样的从一一文字,能通达实相,是菩萨修行的法门。(唱)诵字母而能通达深义,如《华严经》说:"唱如是字母时,……入无量无数般若波罗蜜门。"①吴支谦所译《无量门微密持陀罗尼经》,说到四十二字中的八字;其他大乘经,说到的不少(不限于四十二字),也与"密语"有关②。部分"后期大乘"与"秘密大乘"教典,改用五十字母③,那与一般的梵文相同,不过意义还是一样的。一切不离四十二字,不离阿字本不生,那世间语文,即使是外道咒术,不一样的可以即事入理("当相即真")吗!这样的唱念字门陀罗尼,与一般诵持咒术的,形式上是没有太多差别的。终于字门陀罗尼,演化为佛菩萨等明咒,"秘密大乘"的教典,也被称为"陀罗尼藏"了④。声本不生而显出一切,一切是本来如此,在"秘密大乘"中,不但一切本来如是,也表征了佛(菩萨、金刚)德的本来如是。印度神教有"声显论",以为声性常住不变,随缘显发为无量音声,而音声当体常住。音声的神秘力,神教的"声显论",与佛教的"字门陀罗尼",原理是相当接近的!

　　"佛法"说"三法印","大乘佛法"说"一实相印"。印(mudrā)或译"印契",是标相、标帜的意义。如说三法印,证明这是"佛法",与佛说相符合,是可信可行的,所以名为"印"。大乘经中,有由此而契入的"门句";不可破坏,不可动转的"金刚

---

　　①　《大方广佛华严经》卷七六(大正一〇・四一八中——下)。
　　②　参阅拙作《初期大乘佛教之起源与开展》第十四章(一二四二——一二五〇,本版一〇六〇——一〇六八)。
　　③　《文殊师利问经》卷上(大正一四・四九八上——中)。《文殊问经字母品》(大正一四・五〇九中——五一〇上)。《大毗卢遮那成佛神变加持经》(《字轮品》)卷五(大正一八・三〇中——下)。
　　④　《大乘理趣六波罗蜜多经》卷一(大正八・八六八下)。

句"；与实相相符的"印句"。《大集经·陀罗尼自在王品》，说
"大海陀罗尼"，内容是"无所有印"到"颇印"（四十二字中的二
十六字）①。《大宝积经·被甲庄严会》，说"虚空印"到"涅槃
印"——十六印②。《等集众德三昧经》，说"八种法句"，内容是
"空印句"到"灭尽印句"③。"大乘佛法"的印，是印定甚深义
的。在世俗中，印是"符信"：物品、书写、雕刻，凡用作证明的，
都是印；我国所用的印、玺、关防（近代有签字、指印），都是。在
译传的教典中，传出的明咒，起初是没有"印"的。（传为东晋所
译的）《灌顶神咒经》，初说"文头娄"（mudrā）——印：以圆木写
（应该是镂写）五方神王的名字，以印印身，可以治病；随印所向
处，可以止风、火，退盗贼等④。梁代失译的《阿吒婆拘鬼神大将
上佛陀罗尼经》，才见到以手指结成的种种印（有的伴有身体的
动作）⑤，这就是一般所说的"手印"——身密（kāya-guhya）了。
两手、五指不同结合所成的不同的手印，都是有所表征的，如定
印、智印、转法轮印、施无畏印等。一切咒语，与不同的手印相结
合。修持时，手结印契，口诵真言，心存观想；佛、菩萨、金刚所
说，有加持力，如修得"三密相应"，就能深达如来内证功德，通
达《大日经》所说："乃至身分举动住止，应知皆是密印；舌相所

---

① 《大方等大集经》（二）《陀罗尼自在王菩萨品》（大正一三·二三下——二
四上）。
② 《大宝积经》（七）《被甲庄严会》（大正一一·一四〇下——一四一上）。
③ 《等集众德三昧经》卷中（大正一二·九七九下——九八〇上）。
④ 《灌顶神咒经》卷七（大正二一·五一五中——五一六上）。
⑤ 《阿吒婆拘鬼神大将上佛陀罗尼经》（大正二一·一八一中——一八三
下）。

转众多言音,应知皆是真言。"①这是适应世俗(印度神教也有手
印)所开展的秘密法,手印变化繁多,与语密的明咒一样。西藏
传有"大印",依"俱生智见"而进修成佛,一般称之为"大手
印",可见"手印"在"秘密大乘"中的影响了!

三密中的意密(mano-guhya),以观自身是佛为主,是从(观
想)念佛发展而来的。在三摩地中,见佛现在前,而理解到"三
界唯心"、"自心作佛"、"自心是佛"。念佛观与众生有如来智
慧、本有如来庄严色相的如来藏我相会通,所以观佛的,特重于
色相庄严。如《金刚幕续》说:由"佛慢瑜伽,成佛非遥远。佛具
三十二,八十随好相,以彼方便修,方便谓佛形。"②修天佛色身
为方便而即身成佛,可说是"秘密大乘佛法"的特色所在。"秘
密大乘",一般分为四部续。"事续"的传出,是杂乱的;分为三
部,每部又分部尊、部主、部母等,那是密乘发展以后所组成的。
为了治病、消灾、求财富等;护持佛法,如法修行等现生利益,佛
教界有了结坛,请神、供养、诵咒等事行,有些说不上是大乘的。
由于陀罗尼而明咒流行起来。有些天神已经是菩萨了,求天神
的,也当然求菩萨,更进而求佛了——所求的主尊,称为本尊。
执持金刚的夜叉(天),有重要地位,而密咒又与夜叉的语音隐
密有关,所以金刚手、金刚藏等,每成为密法的请问者、宣说者。
天与佛的名义,在观念上、使用上,也日渐融和。如《金刚幕续》
所说的"佛慢瑜伽",佛慢或作天慢,佛瑜伽也就是天瑜伽,修佛
色身也称为修天色身。本来,天神等是佛异名,《楞伽经》已这

---

① 《大毗卢遮那成佛神变加持经》卷四(大正一八·三〇上)。
② 《密宗道次第广论》卷一所引(北京菩提学会刊本一九)。

样说了。在印度神教复兴中,天与佛的差距,越来越小了!念佛观,般舟三昧是观阿弥陀佛等,于自心中现起。起初求天、求佛的密法,也是这样。等到与如来藏我思想相结合,那就不但观本尊现在前,也要观想自身是本尊,进而如《大日经》所说:"本尊即我,我即本尊。"①"事续"是否也自修为天佛,本尊? 是否修本尊入自身? "事续"所说是不一致的。《密宗道次第论》分为三类:"不自修为天,唯于对方修本尊而取悉地"的,是旁机;也"自修本尊"的,是"事续"所化的正机;修"入智尊",也就是修本尊入自身中的,是正机而修行支分圆满的②。旁机与正机,只是后人的综合会通,实际上,这是"事续"在发展中的先后历程。"事续"与"行续",在正修念诵时,不外乎修六天:真实天,声天,字天,色天,印天,相天。观自我与本尊天的真实性,名真实天。缘本尊的真言音相,名声天。想心如月轮,(梵文)咒字于空中显现,次第安布(即"字轮观"),名字天。于自心轮,修成本尊与自我不二的天慢(慢,是不自卑而观自身是佛的自尊),名色天。以本尊的三昧耶印,印心、额等身分,名印天。修已生起本尊相,坚固明了,名相天③。六天的修习,不外乎观自身与本尊(意密),以咒声、咒字(语密),以印印身(身密),三密行的修持。"行续"的《大日经》,说到有相与无相。依经说,应有二类意义:一、如《经》说:"凡愚所不知,邪妄执境界,时、方相貌等,乐欲无

---

① 《大毗卢遮那成佛神变加持经》卷六(大正一八·四一上)。
② 《密宗道次第论》(《现代佛学丛刊》七三·二八六)。
③ 《密宗道次第广论》卷三(北京菩提学会刊本二四——二七)。

明覆。度脱彼等故,随顺方便说。而实无时、方,……唯住于实
相。"①这是密乘行者,在布置坛场——漫荼罗(maṇḍala)时,要
选择地点、时间,说善说恶,所以引起问题:佛法是无相无为,
"何故大精进佛,……而说此有相"? 依上文所引的经意:人类是
愚痴爱著,迷信时间与地理的吉凶,为了适应世间,引导众生,也
说应机的方便了。所以经末说:"甚深无相法,劣慧所不堪,为
(适)应彼等故,兼存有相说。"②二、《大毗卢遮那成佛神变加持
经》卷六(大正一八·四四上)说:

> "诸尊有三种身,所谓字、印、形像。彼字有二种,谓声
> 及菩提心。印有二种,所谓有形、无形。本尊之身亦有二
> 种,所谓清净、非清净。……有想故成就有相悉地,无想故
> 随生无相悉地。"③

字、印、形像,也就是观心中的语、身、意——三密。于有相事上
修持,成就也只是有相的成就——悉地(siddhi);如不著相,那
三密的修持,能成无相悉地。"无相",不只是离相,如约华严宗
意,这是即事而理、理事无碍的无相。《无畏三藏禅要》(大正一
八·九四五中)说:

> "三摩地者,更无别法,直是一切众生自性清净心,名
> 为大圆镜智。上自诸佛,下至蠢动,悉皆同等。……假想一
> 圆明,犹如净月。……其色明朗,内外光洁。……此自性清

---

① 《大毗卢遮那成佛神变加持经》卷一(大正一八·四下——五上)。
② 《大毗卢遮那成佛神变加持经》卷七(大正一八·五四下)。
③ 《密宗道次第广论》卷五(北京菩提学会刊本三——九)。

净心,以三义故,犹如于月:一者,自性清净义;……二者,清凉义;……三者,光明义。……观习成就,不须延促,唯见明朗,更无一物。……性常清净,依此修习,乃至成佛,唯是一道,更无别理。"

善无畏是《大日经》的传译者。弟子们记下来的禅要,是比"胜义菩提心"深一层的,修"三摩地菩提心"的禅要,内容是修表征如来藏自性清净心的"月轮观"。"事续"与"行续",都有月轮观,可说是"密乘"修行的基石。"瑜伽续"的《金刚顶经》,修五相而成佛身,也还是这样。《经》上说:一、"我见自心净月轮相";二、"如来如其所有净月轮相,我亦得见自心净月轮相";三、"见净月轮中妙金刚杵相";四、"见一切如来身即是己身";五、"现成正觉"①。这五相,"一是通达心;二是菩提心;三是金刚心;四是金刚身;五是证无上菩提,获金刚坚固身"②。又如《金刚顶经瑜伽观自在如来修行法》说:"见心圆明如净月";"于心中想一莲花,能令心月轮圆满益明显住";"于净月轮观五智金刚,……自身即为金刚界";"想莲花中出无量光明,……有观自在王如来,与诸圣众前后围绕,……当知自身还为彼佛,众相具足";"具萨婆若智,成等正觉"③。这也是"五相成身",不过以莲花部的观自在王如来为本尊,所以于月轮中先现起莲花。

---

① 《佛说一切如来真实摄大乘现证三昧大教王经》卷一(大正一八·三四二上——中)。《金刚顶一切如来真实摄大乘现证大教王经》(大正一八·二○七下——二○八上)。

② 《金刚顶瑜伽中发阿耨多罗三藐三菩提心论》(大正三二·五七四中)。

③ 《金刚顶经瑜伽观自在王如来修行法》(大正一九·七七下)。

月轮（candracakra），表征如来藏自性清净心。金刚杵（vajra），执持金刚的（夜叉）天菩萨，为"密乘"发展的重要基素；以金刚表征智慧，坚固不变而能摧坏一切障。莲花（padma），表征大悲胎藏生一切佛；而莲花八叶，象征心脏，所以月轮观是于胸臆前现起的。月轮、金刚、莲花，"密乘"的表征是多样的，成为瑜伽行者重要的观行。

　　"无上瑜伽续"的特色，是"以欲离欲"为方便，而求"即身成佛"。即身成佛，"瑜伽续"的传译者不空已说到："修此三昧者，现证佛菩提"；"父母所生身，速证大觉位"①。"无上瑜伽续"后来居上，认为修"三摩地菩提心"，虽有即身成佛的名目，还不可能有即身成佛的事实。要修"滚打军荼利菩提心"、"赤白菩提心"，才真能即身成佛；或在中阴身成佛，或转生成佛②。总之，迅速成佛，现生成佛，是"秘密大乘"行者所希求的，也就因此而觉得胜过"大乘佛法"的。大乘菩萨发心修行，瑜伽行派随顺说一切有部，说三大阿僧祇劫成佛；依龙树："佛言无量阿僧祇劫作功德，欲度众生，何以故言三阿僧祇劫？三阿僧祇劫有限有量！"③菩萨的发心作功德，利益众生，是要见于事实的。如释尊在过去生中，为了有利于人（众生），一直在牺牲（布施）自己的体力、财力，甚至献出自己的生命。大乘如《维摩诘经·方便品》，维摩诘长者所作的利生事业。善财童子参访的善知识，不

----

　　①　《金刚顶经一字顶轮王瑜伽一切时处念诵成佛仪轨》（大正一九·三二○下）。《金刚顶瑜伽中发阿耨多罗三藐三菩提心论》（大正三二·五七四下）。

　　②　《密宗道次第广论》卷二二（北京菩提学会刊本一三）。

　　③　《大智度论》卷四（大正二五·九二中）。

只是出家的、苦行的，也有法官、医师、建筑师、语言学者、航海家、艺术家、慈善家……。菩萨是从利他事业中弘扬佛法，净化自己。"未能自度先度他，菩萨于此初发心。"菩萨的心行，是何等的伟大！但对一般人来说，菩萨行到底是太难了！适应世间，"大乘佛法"有了"易行道"的方便，如《十住毗婆沙论》卷五（大正二六·四〇下——四一中）说：

> "至阿惟越致不退转地者，行诸难行，久乃可得。……若诸佛所说有易行道，疾得至阿惟越地方便者，愿为说之！"

> "答曰：如汝所说，是懦弱怯劣，无有大心，非是丈夫志干之言也！……若汝必欲闻此方便，今当说之！……有以信方便，易行疾至阿惟越致。"

利益众生的菩萨道，是大行难行。以"信"为方便的易行道，是一般宗教化的，如念（观想）佛、称名、礼敬、忏悔、劝请、随喜、回向（这些方便，也是"秘密大乘"念诵的方便）。以信行方便，养成坚定成佛的大心，或进修菩萨的难行大行，或往生他方净土，不退阿耨多罗三藐三菩提心。重信心、重加持、重念佛，虽然往生净土，不会再退失大心了，而成佛还是遥远的。一般的宗教信行，总是希望能立即达成理想的。成就佛果是最理想的，可是太难又太久了些！顺应世间心行，如来藏我的法门出现：如来的无边智慧、无边色相庄严，众生是本来具足的。在深信与佛力加持下，唯心（观）念佛法门，渐渐地开展出依佛果德——佛身、佛土、佛财、佛业为方便而修显，这就是"果乘"、"易行乘"了！

"易行",本来是为了适应"心性怯劣"的根性,但发展起来,别出方便,反而以菩萨的悲济大行为钝根了!寂静的《四百五十论释》说:"若唯修诸天真实佛胜义性而非诸天色身,是则须经多无数劫乃得成佛,非速疾成。"这是说,不修天色身的"大乘",是不能迅速成佛的。持祥的《扎拏释俱生光明论》引文为证说:"修习成佛因,谓修佛瑜伽,何不遍观察,果由似因生?"又,"一切秘密经说:总之佛陀果,从定慧出生,除佛瑜伽行,行者不得佛"。这是说:不修佛瑜伽,也就是不修天色身的天瑜伽,是不能成佛的。宗喀巴(Tsoṅ-kha-pa)的《密宗道次第广论》,引上说而加以说明:"故无凡庸身相好而可立为色身相好之因,须于彼生新修能感相好等流之因,此(则)除修天瑜伽,更无余事。"肯定说非此生修天瑜伽,是不可能成佛的①。这是"秘密大乘"者别立成佛的理由,与"大乘佛法"所见不同了!宗喀巴随顺"果由似因生"的理由,以为佛色身的相好庄严,要从"新修能感相好等流之因",修天色身的等流因(niṣyanda-hetu),才能得佛身相好庄严的等流果(niṣyanda-phala)。"大乘佛法"不修天色身,所以不能成佛,但这是"秘密大乘"者的见解。大乘法中,无著《摄大乘论》(及《金光明经》)等立三身:自性身,也名为法身;受用身;化身。《楞伽经》最初发问(三译相同):"云何变化佛?云何为报佛?真如智慧佛,愿皆为我说!"②真如智慧佛(tathatājñāna-buddha)是如智不二的,与自性身即法身相当。报(生)佛(vipākaja-buddha),约修异熟报因(vipāka-hetu),得异熟生

---

① 以上引文,见《密宗道次第广论》卷一(一九)——卷二(七)。
② 《大乘入楞伽经》卷一(大正一六·五九一下)。

（vipākaja）果说。如约受用法乐说，名受用身（佛）。变化佛就是化身佛。续出的《楞伽经·偈颂品》，二译都立四身："自性及受用，化身复现化。"①依"梵本入楞伽偈颂品"，四身是："自性及受用，变化并等流"②。《楞伽》的三身与四身，名义不同而没有实质的差别。三身说的化身，含义广。四身说的化身，如释尊；"复现化"是等流身，随类普应的种种身相。《楞伽经》在三身说法处，又立法佛、法性所等流佛、化佛③。法性等流佛，与报异熟佛、受用佛相当。法性等流，如佛依自证而出教，称为"法界等流"一样，不是说修等流因而得等流果，反而这是被称为报——异熟生身的。《广论》又说："波罗蜜多乘大乘说：色身体性之因，谓诸最胜福德资粮。相好等之别因，谓迎送师长等。"④意思说，大乘也是要修等流因的。其实，菩萨的大行，是在般若摄导下，以布施、持戒、忍辱等，广修利济众生行，成为人世间值得称扬赞叹的佛法。总之，"大乘佛法"所说的相好庄严身，是圆满报异熟身，不是依等流因而成的。"秘密大乘"别说修天色身为等流因，只能说"后来居上"，别创新说，不能以此来说修"波罗蜜多乘"不能成佛的。

　　"无上瑜伽续""以欲离欲"的法门，"瑜伽续"早已说到了，如《佛说一切如来真实摄大乘现证三昧大教王经》卷五（大正一八·三五五中）说：

---

①　《大乘入楞伽经》卷六（大正一六·六三一下）。
②　《略述金刚顶瑜伽分别圣位修证法门》（大正一八·二九一上）。
③　《大乘入楞伽经》卷二（大正一六·五九六中）。
④　《密宗道次第广论》卷二（北京菩提学会刊本五）。

　　"复次,宣说秘密成就:若男子,若女人,谓应遍入于婆
儗中。彼遍入已,想彼诸身普遍展舒。"①

　　在一般的灌顶后,教示四种成办悉地智印。然后说"秘密
总持堪任法门":先说誓;次"示秘密印智";再说如上所引的"秘
密成就"。婆儗,唐不空译作婆伽,是女根(女人生殖器)的梵
语。"遍入于婆儗中",正是男女和合双修的法门。《一切如来
真实摄大乘现证大教王经》——《金刚顶经》的广本,宋施护译
为三十卷。《经》上不断地说到:"金刚莲花两相合";"莲花金刚
杵入时";"金刚莲花杵相合,相应妙乐遍一切";"莲花金刚杵相
合,此说即为最上乐"②。这一法门,唐不空(传《金刚顶经》)是
知道的,他在《大乐金刚不空真实三昧耶经般若理趣释》中说:
"想十六大菩萨,以自金刚与彼莲花,二体和合,成为定慧。是
故瑜伽广品中,密意说二根交会,五尘成大佛事。"③"瑜伽续",
一般以为只是观想金刚杵与莲花二体和合,不空解说为定与慧。
唐代传来的"密乘",大抵是以定慧双运来解说的。也许在重伦
常道德的中国,这一成佛的秘密大法,还不能被容忍,不空才要
方便地解说一番。

　　修天色身,以"欲贪为道",是"秘密大乘"一致的,由于所化
的根机不一,所以分为四部续。如《结合》说:"笑、视及执手,两

---

　　① 《金刚顶一切如来真实摄大乘现证大教王经》卷下(大正一八·二二〇
上)。
　　② 《佛说一切如来真实摄大乘现证三昧大教王经》卷八(大正一八·三六七
下),卷二七(大正一八·四三〇上)等。
　　③ 《大乐金刚不空真实三昧耶经般若波罗蜜多理趣释》卷下(大正一九·六
一二中)。

相抱为四；如虫住、四续。""如虫住"，以虫为譬喻，"如虫从树生，即食其树"，就是"依欲离欲"的意义。《后分别》也说："由诸笑及视，抱与两相合，续亦有四种。"秘密的续部中，所修本尊，是有明妃的；实行男女二根（金刚、莲花）和合交会的，是"无上瑜伽续"。前三部续也有以贪欲为道的表示，如相顾而笑的，相爱视的，执手或相抱的，这虽不及两两交会，而表征贪欲为道是一致的。因此，"续部之名，亦名笑续，视续，执手或抱持续，二相合续，共为四部"①。"秘密大乘"四续的分类，是依据欲界天、人等而安立的。如《瑜伽师地论》说：欲界中，除地狱有情"皆无欲事"外，其他都是有淫事的。如人、鬼（夜叉等）、傍生（龙等）、四大王众天、忉利天（上二天是地居天），都是"二二交会"成淫事的。时分夜摩天"唯互相抱"；知足兜率天"唯相执手"；乐化（Nirmāṇa-rati）天"相顾而笑"；他化自在天（Paranirmi-ta-vaśa-vartin）"眼相顾视"而成淫事②。经、论中分五类，四续依此而立，大体上可说是一致的。"佛法"中，人、鬼、畜及地居二天，是交合成淫的；向上是相抱、执手、顾笑、爱视，越高级的欲事越轻微。再高一级的是梵天，那就没有淫欲了，所以称出家法为"离欲梵行"。"秘密大乘"与夜叉（yakṣa）等地居天有关，所以颠倒过来：顾笑是浅的"事续"，爱视是"行续"，执手或抱持是"瑜伽续"，二二交会是最殊胜的"无上瑜伽续"。理解与行为，与"佛

---

①　引证及解说，见《密宗道次第广论》卷二（北京菩提学会刊本一七——二〇）。

②　《瑜伽师地论》卷五（大正三〇・三〇〇上——中）。《长阿含经》（三〇）《世记经》（大正一・一三三下）。《佛说立世阿毗昙论》卷六（大正三二・二〇一下）。

法"恰好相反。而且，人间——人与傍生的淫事，是二根交合而出精的；地居二天的夜叉等，二根交合，却是出气而不出精的。"无上瑜伽续"，也是修到和合不出精而引发大乐的。"秘密大乘"进展到"无上瑜伽"，对印度神教的天神行，存有一定程度的关系。

重信心、重加持、重修行、"贪欲为道"的"秘密大乘佛法"中，"无上瑜伽续"分"父续"、"母续"，有《密集》、《时轮》、《胜乐》、《喜金刚》等多部，因传承修验不同，修行的名目与次第也不能一致。在胜义观中，有依"中观见"的，有依（如来）"藏心见"的（我以为"藏心见"是主流）。然不同中有一共同倾向，就是怎样转化现生的业报身为如来智身。重在"修天色身"（"生起次第"是胜解观，"圆满次第"是真实观），所以在色身上痛下功夫，这就是"无上瑜伽""贪欲为道"的特色。转业报身为佛天身的修持，扼要地说，如《教授穗论》①说：

> "修金刚念诵者，遮止左右风动，令入中脉。尔时猛利本性炽然，溶化诸界，证大乐轮。"

试略为叙说。一、脉（dhamani）：脉是风气所行，识所依的，全身共有七万二千脉，重要的如《教授穗论》说："脉谓阿嚩都底，从顶髻至摩尼杵头及足心际。然于顶髻，顶，喉，心，脐，密轮（俗称'海底'），摩尼中央，如其次第，有四，三十二，十六，八，六十四，三十二，八支于莲花及薄婆伽中，作脉结形"；"拉拉那与惹萨那等诸脉，上自头轮乃至密轮，结如铁锁，缠绕阿嚩都底而

---

① 《密宗道次第广论》卷二一所引（北京菩提学会刊本二五）。

住"①。在无数脉中,有三脉是最重要的。左脉名拉拉那(lalanā),右脉名惹萨那(rasanā),中脉名阿嚩都底(avadhūti)。中脉本来是从顶髻直贯密轮以及足心(涌泉穴)的,但顶髻轮有四脉,顶轮有三十二脉,喉轮有十六脉,心轮有八脉,脐轮有六十四脉,密轮有三十二脉,莲花摩尼或婆伽有八脉,都与中脉——阿嚩都底形成脉结。而左脉与右脉,也是头顶直到密轮,与中脉纠缠不清,而中脉不能畅通。所以修风直通中脉,是"贪欲为道"的要目。二、风(vāyu):释尊所教示的念出入息——安那般那念(ānâpāna-smṛti),也是修风的。如"息念成已,观身毛孔犹如藕根,息风周遍于中入出"②,也有生理上的修验,但目的不在色身,只是以修息为方便,依止观而心得解脱。风,"佛法"说是色法("无上瑜伽"说心息不二),"轻动为性",是不限于出入息的。如血液循环等,内身的一切动态,都是风的作用,所以《瑜伽论》说:"谓内身中有上行风,有下行风,……有入出息风,有随支节风。"③"无上瑜伽"说五风与十风,如《密意授记经》说:"(持)命,下遣,上行,周遍,平等住;龙,龟及蜥蜴,天授与胜弓。"依《摄行》说,"心间,密相,喉内,脐中,一切身节,即为持命,下遣,上行,平等,周遍(风所行)之处",这是五根本风。龙、龟等五风,依《金刚门经》,名为行、遍行、正行、善行、决定行——五支分风;这是心息相依,"依止眼(等)根,引生色(等)识"等缘虑境界的作用。两类五风,合为十风。五根本风依左

---

① 《密宗道次第广论》卷二一所引(北京菩提学会刊本一六)。
② 《阿毗达磨大毗婆沙论》卷二六(大正二七·一三六上——中)。
③ 《瑜伽师地论》卷二七(大正三〇·四三〇中)。

右鼻孔而出入：入从鼻孔入，经喉、心、脐中（与"丹田"相通）而遍及全身，又上行而从鼻孔出。修风也还是念出入息，只是方便不同。三、明点，或译春点（tilaka）：明点是人身的精液，但不限于（男）精子、（女）卵子，而是与身体的生长、壮盛、衰老有关的一切精液。依现代名词说，如男女两性荷尔蒙等。人在成年以后，会逐渐衰退，或不平衡（病态），或因体力、心力的消耗过分而早衰。在人来说，这是"生"的根源；约佛说，也是成就佛色身的根源。所以明点也称为菩提心。在五种（愿菩提心，行，胜义，三摩地，明点——赤白二）菩提心中，明点菩提心是最殊胜的。修"无上瑜伽"的，依金刚念诵，修风瑜伽，使风不经左、右而进入中脉。"由业风行动，于脐轮炽然，由得春（点）知足，由安住等至。"这是说，由心修习坚固，策动风力，进入中脉，使脐下风生长广大，炽然如火。脐轮下，是军荼利处；军荼利风生火炽，就是修得"瓶气"，与"拙火"的引发。修军荼利气与火热，能溶化一切精力为明点，成为转业报身为天色身的前提，所以赤白二菩提心，也名为军荼利（或译为"滚打"）菩提心。如修到提、降、收、放自在，明点降到摩尼端而不会漏失，就应该与实体明妃进行"莲花、金刚杵相合"，而引发不变的大乐（mahāsukha）。相合（samapatti），与等至——三摩钵底的梵音相近，也有两相和合而到达（"欲仙欲死"）的意义，也就称男女交合为入定。所以说："由得春（而喜乐）知足，由安住（相合而）等至。"这样的修行，如胜义光明与如虹霓的幻身，无二双运，达到究竟，就能即身成佛了。即身成佛，非修天色身不可，非与明妃实行和合大定不可，所以这一修行，名为"具贪行"。西藏所传，也有说不修实体明印,修"智印"(观想杵莲和合,达乐空不二),也可以成佛。然以"贪欲为道"、"以欲离欲"为方便,是一致的定论①。

作者没有修学密法,没有如上所说的修持经验,只是从印度佛教解行的演变,略为论列。如上所说的种种修持经验,应该确认为是有相当事实的。如古代中国的方士,修吐纳(也是修风的一类)等法,也就发见了任、冲、督(脊骨内的)、带等奇经八脉;汉代就有(男女和合的)《素女经》。又如印度神教的"哈札瑜伽",也说到三脉、五轮;"军荼利瑜伽"立六轮;性力派也是从男女和合中求解脱。人类的身体,是有共同性的。在修行者以修风而引生的定力中,会发现身体内一些平常不知道的事。修持的浅深,能不能成仙、生天,姑且不谈。中国的方士、道流,与印度神教的瑜伽派、性力派,与"无上瑜伽"的某些共同性,是不妨作比较研究的。从前读过的某一道书说:"只修性,不修命,此是修行第一病!只修祖性不修丹,万劫千生难入圣。"性、命双修的主张,不是与"无上瑜伽续"所说,不修天色身,不可能成佛,是同样的意趣吗?

"秘密大乘佛法",是晚期印度佛教的主流("大乘佛法"附属而行)。创发、弘传、盛行于印度东方,达八百年(西元五〇〇——一二〇〇)。传说中得大成就的,得大神通的,真不知有多少!但在回军的摧残、印度神教的攻讦下,竟于西元十二世纪,迅速地衰灭了!

---

① 修风、脉、春点,依《密宗道次第广论》卷二一(二六)起,卷二二(五)止。参考《曲肱斋丛书》的《密宗灌顶论》(《现代佛学大系》四〇·一二八一———一二九四)。

中华书局

初版责编 陈 平